D1552117

FRANCE

A Cultural Review Grammar

FRANCE

A Cultural Review Grammar

Rebecca M. Valette
BOSTON COLLEGE

Jean-Paul Valette

HARCOURT BRACE JOVANOVICH, INC.

New York   Chicago   San Francisco   Atlanta

COVER: *Front*: photo by Almasy, Neuilly, France
Back: photo from the French Embassy Press and Information Division.

The authors wish to thank the following for kind permission to reprint copyrighted material:

Librairie Générale de Droit et de Jurisprudence, for the article by Georges Lasserre on pp. 296-97; reprinted from André Siegfried, ed., *Aspects de la société française* (Paris: Librairie générale de Droit et de Jurisprudence, 1954).

Presses Universitaires de France, for the speech by Charles de Gaulle on p. 278; reprinted from *L'année politique en France 1967,* P.U.F., 1968, p. 389.

Georges Borchardt, Inc., for "Prière aux masques," by Léopold Senghor, on p. 312.

Editions Denoël, for the selection by Jean-Jacques Servan-Schreiber on pp. 248-49; from *Le Réveil de la France* by Jean-Jacques Servan-Schreiber, © by Editions Denoël, Paris 1968.

Librairie Arthème Fayard, for the selections by Raymond Aron on pp. 264-65; from *La Révolution introuvable* by Raymond Aron (Paris: Librairie Arthème Fayard, 1968).

Acknowledgments continued on page 387.

Charts and maps by Rino Dussi

Cartoons by Jean–Pierre Umy

Drawings in chapter 5 by Carol Robson

ISBN: 0-15-528760-5

Library of Congress Catalog Card Number: 72-82077

Printed in the United States of America

Preface

France: A Cultural Review Grammar provides an integrated intermediate course in French. The cultural content of the lessons is designed to interest and inform students generally, and the language, especially in the earlier lessons, is simple and direct. The grammar review sections cover all the basic patterns and structures of French and lead students to a minimal acceptable level of communicative competence without placing heavy emphasis on the more difficult features of the language. The program, in effect, provides a nice balance between familiarizing the students with contemporary French culture and strengthening their command of the French language.

The book has been organized to permit partial or full individualization of instruction. We have deliberately chosen culture rather than literature as a point of departure for presenting the language. We share the conviction that students' interests today encompass the attitudes, values, and behaviors of a whole society rather than those represented in random literary writings. An early acquaintance with the culture of French-speaking people can permit a deeper appreciation of their literature in later or supplementary studies. The text contains twenty lessons, each divided into two related parts: culture and language.

The cultural part of each lesson begins with an original essay presenting aspects of contemporary France. The essay is followed by *Questions simples,* which allow students to demonstrate their comprehension of what they have read, and *Questions d'application,* which ask them to elucidate textual references and to draw explicit comparisons between French and American culture. With the *Composition* (*Composition dirigée* and *Composition guidée* in the early lessons; *Composition libre, Sujets d'exposé,* and *Sujets de polémique* in the later ones), students have an opportunity to express themselves orally or in writing on topics related to the main cultural theme. The pieces appearing in the last five lessons are brief selections by contemporary writers. Students are invited to analyze and discuss them in the light of their own experiences and impressions.

The language part of each lesson develops the students' command of French in the area of vocabulary (*Word Study*) and basic structures (*Language Study*). The corresponding exercises, which can be performed orally or in writing, are generally built around the cultural theme of the lesson. For the students' convenience, these exercises and the corresponding grammatical explanations appear on facing pages.

The variety of cultural material and the relative independence of the subjects covered allow for great flexibility in the program. Some instructors will prefer to go through the lessons in the order of presentation. Others may schedule the various assignments in a way that will best fit the cultural interests of the students as well as their need for language improvement.

An accompanying Student Workbook is specifically aimed at developing writing skills. The exercises, which reflect the cultural themes of the lessons, are cross-referenced to the corresponding language sections of the student text.

A Tape Program contributes to the development of the listening and speaking skills. It contains five types of activities:

—Listening Comprehension Activities. The initial listening activity of each tape is an adaptation of a segment of the cultural essay of the lesson, interspersed with questions. Some of these questions go beyond the text and elicit background knowledge. Each question is followed by a model answer against which students can compare their own responses. The listening comprehension activity at the end of each lesson tape consists of a short, unfamiliar passage followed by true-false statements.

—Pronunciation Activities. Students practice pronouncing words that are related to the lesson topic. These words are used in complete sentences.

—Listening for Signals Activities. In these activities students focus their attention on specific grammatical elements embedded in complete sentences. They learn to listen for distinctions in tense, gender, number, and so on.

—Speaking Activities. Students play a role in specific situations where they use the structural patterns under review. Their speech is guided by a model and reinforced by the context in which it occurs.

—Spot Dictations. Students listen to the tape and complete the passage that appears in their Workbook.

The Instructor's Manual contains the script for all the Listening Comprehension Activities.

* * * * *

With an increased control of another language and an insight into another culture, students also gain an increasing awareness of their own culture and are better able to see in perspective their own heritage and way of life. This book has been designed to help them attain those goals.

Rebecca M. Valette
Jean-Paul Valette

Contents

FRANCE

A Cultural Review Grammar

Première Partie

Aperçu d'un peuple

1

Présentation de la France

Comment présenter la France ? Avec des statistiques ? Pourquoi pas ? Les statistiques sont utiles. Elles situent un peuple dans son cadre physique, économique, social, politique. Elles facilitent les comparaisons. Elles suggèrent des observations générales. Elles donnent des réponses simples aux questions compliquées. Essayons.

Où habitent les Français ?
Combien sont-ils ?
Que font-ils ?

Voici les réponses du statisticien :

OÙ HABITENT LES FRANÇAIS ? LE CADRE PHYSIQUE

La France est située à l'extrémité ouest de l'Europe. Elle a une superficie de 550.000 kilomètres carrés (équivalent à 211.000 milles carrés).[1] Par sa superficie, la France est donc égale aux quatre cinquièmes du Texas, ou — si vous préférez — à deux fois le Wyoming ou deux fois l'Oregon. Si on la compare à l'Est des Etats-Unis, la France occupe un territoire aussi grand que les six états de la Nouvelle Angleterre, la Pennsylvanie, l'Ohio et l'état de New York réunis.

Le centre géométrique de la France est à peu près situé à Moulins. Traçons un cercle autour de ce centre. Le cercle qui entoure la France a un diamètre de 1.100 kilomètres (ou 700 milles). C'est la distance approximative entre New York et Chicago (ou encore entre San Francisco et Seattle, ou Dallas et Atlanta).

[1] Un kilomètre = 0,62 mille; 1 kilomètre carré = 0,39 mille carré.

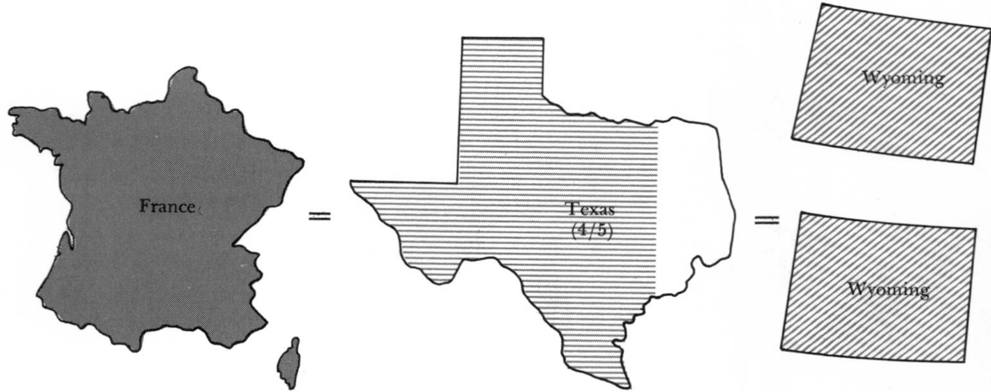

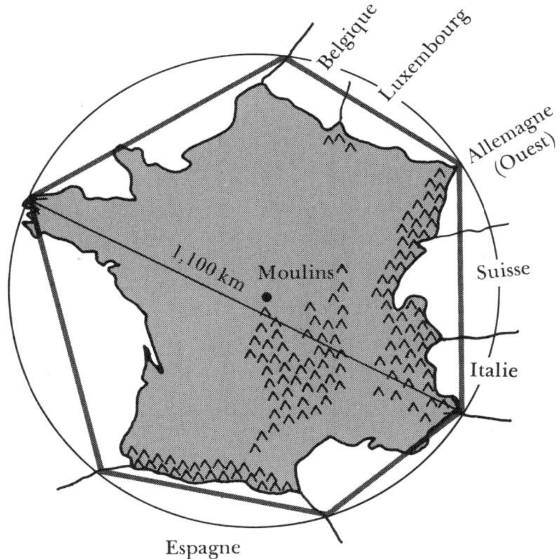

La France n'a pas la forme d'un cercle, mais d'un hexagone. Les Français affectionnent cette forme géométrique. En France, le terme « hexagone » a un caractère semi-officiel : il désigne le territoire métropolitain.

Regardons cet hexagone. Les montagnes occupent le tiers du territoire. Certaines sont très élevées : le Mont Blanc, situé dans les Alpes françaises, est le sommet de l'Europe (4.800 mètres). Des plaines et des plateaux constituent le reste du pays. Des frontières naturelles forment les côtés de l'hexagone :

Montagnes. A l'est et au sud-est, les Alpes séparent la France de la Suisse et de l'Italie. Au nord, les Vosges la séparent de l'Allemagne. Au sud, les Pyrénées donnent à la France et à l'Espagne une frontière commune.

Mers. Trois mers, la mer du Nord, la Manche et la Méditerranée, et un océan, l'Océan Atlantique, complètent les frontières naturelles de la France.

Observation : La France est un pays varié, un pays riche en contrastes géographiques.

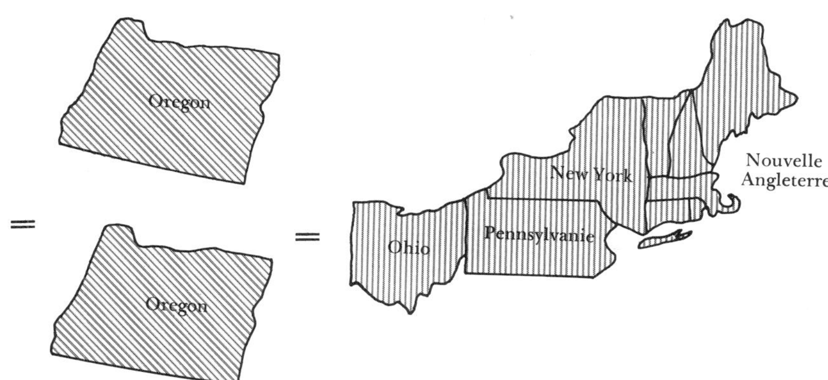

Combien y a-t-il de Français ? La population

Il y a 50 millions d'habitants en France. C'est le quart de la population des Etats-Unis,[1] et un et demi pour cent ($1\frac{1}{2}\%$) de la population du globe. Ce n'est pas énorme, mais à l'échelle européenne ce n'est pas négligeable. Par sa population, la France est après tout le quatrième pays du Marché Commun (après l'Allemagne, l'Angleterre et l'Italie), et le cinquième pays d'Europe (après l'Union Soviétique, l'Allemagne, l'Angleterre et l'Italie).

Comme la population américaine, la population française est jeune. Examinons la pyramide des âges : 33,5 pour cent de la population a moins de 20 ans et seulement 17,7 pour cent des Français ont plus de 60 ans. L'âge moyen est de 31 ans.

Observation : Par sa population, la France joue un rôle important en Europe. Cette population, jeune et dynamique, contribue à la vitalité économique du pays.

Que font les Français ? Activités économiques et habitat

Vingt millions de Français travaillent. Ces Français constituent la population active de la nation.

[1] Cinquante millions d'habitants, c'est la population totale de la Nouvelle Angleterre, de la Pennsylvanie, de l'Ohio et de l'état de New York.

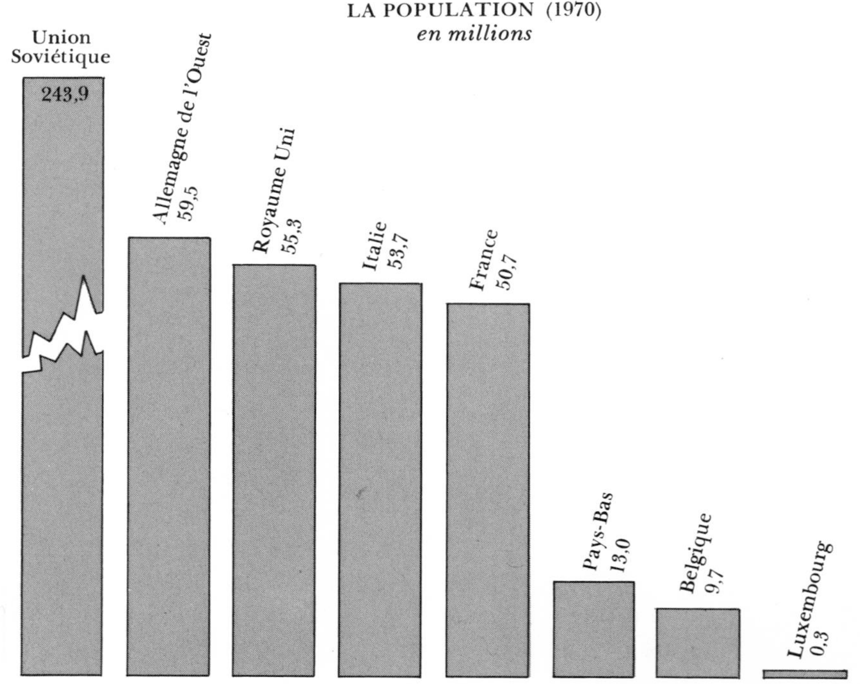

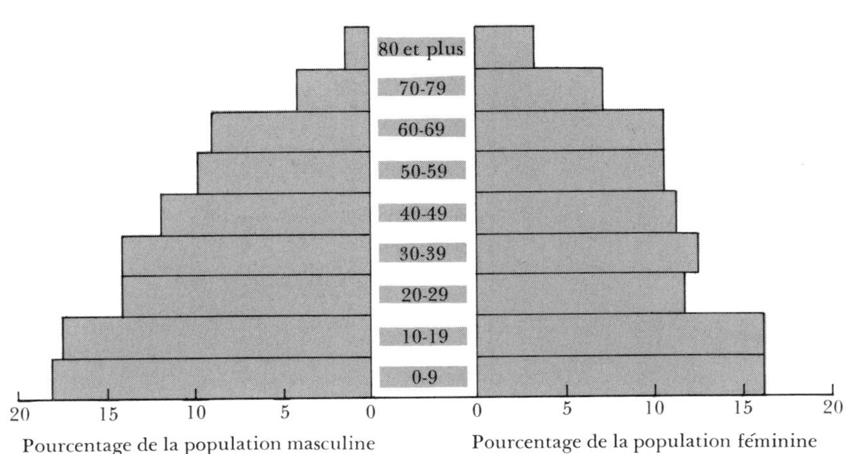

La répartition par activités est très différente en France et aux Etats-Unis. L'agriculture reste encore une activité très importante. Aujourd'hui elle occupe 15 pour cent de la population, contre 5 pour cent seulement aux Etats-Unis. Les diverses industries occupent 40 pour cent de la population active, contre 33 pour cent aux Etats-Unis. Le secteur tertiaire (c'est-à-dire le secteur des services) occupe 33 pour cent des Français actifs. Cette catégorie comprend les commerçants, les professions libérales (médecins, notaires, avocats). Les diverses administrations occupent le reste, c'est-à-dire 12 pour cent de la population active.

La répartition géographique de la population reflète un certain équilibre entre villes et campagnes, mais cet équilibre n'est pas stable. A l'heure actuelle, la population rurale représente 35 pour cent de la population française. Paris est la seule très grande ville française. Avec sa banlieue, elle a huit millions

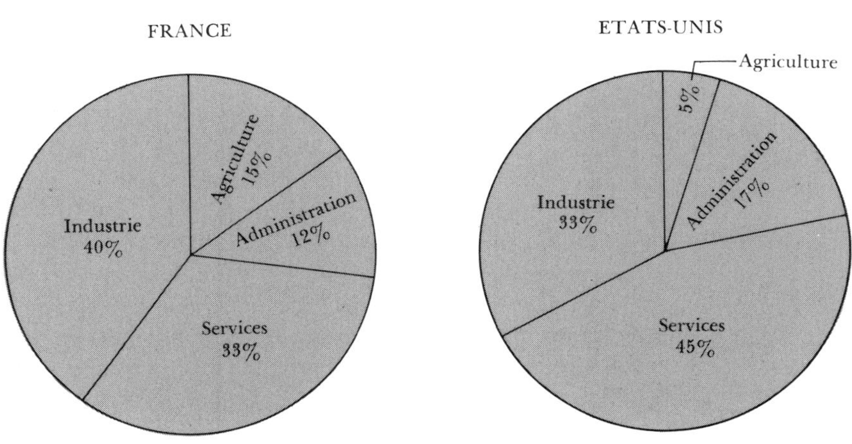

LES GRANDES AGGLOMÉRATIONS FRANÇAISES

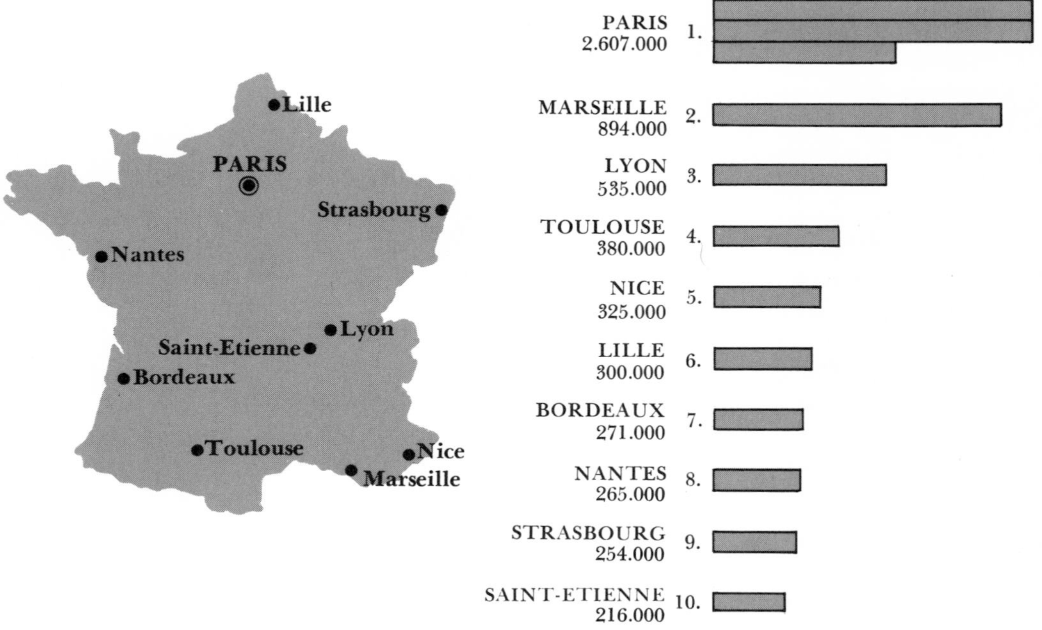

d'habitants, c'est-à-dire 16 pour cent de la population française. Il y a trente et une autres villes de plus de 100.000 habitants et ces villes représentent 20 pour cent de la population.

Bien sûr, cette situation change rapidement. Un massif exode rural pousse les habitants des campagnes vers les grandes villes, comme Lyon, Marseille, Toulouse et Bordeaux, et aussi vers d'autres centres urbains moins importants comme Grenoble, Strasbourg et Amiens.

Observation : Les activités professionnelles des Français sont multiples et très variées. Ces diverses activités donnent à la France une économie diversifiée et équilibrée.

* * * *

Voilà donc quelques statistiques et quelques observations. Nous trouvons dans ces observations générales la notion de contraste et la notion d'équilibre. Les deux notions ne sont pas limitées au cadre humain et physique de la France. Elles caractérisent pratiquement tous les aspects de la civilisation française.

L'utilité des statistiques est limitée. Il n'y a par exemple aucun point de comparaison entre les dimensions numériques de la France (0,4 pour cent de la superficie des continents; 1,4 pour cent de la population du monde) et son importance dans le monde. Les statistiques révèlent mal la personnalité d'un peuple. Les pages de ce volume sont destinées à présenter un portrait plus concret de la France, des Français et de la société française.

Questions simples

1. Où est située la France par rapport aux autres pays européens ?
2. Comparez la France aux Etats-Unis, du point de vue de la superficie.
3. Où se trouve le centre géométrique de la France ?
4. Quelle forme géométrique a la France ?
5. Quelle partie du pays les montagnes occupent-elles ?
6. Quelles sont les montagnes qui séparent la France de l'Allemagne ?
7. Quelles sont les montagnes qui séparent la France de l'Espagne ?
8. Quelles sont les montagnes qui séparent la France de la Suisse et de l'Italie ?
9. Quelles sont les autres frontières naturelles de la France ?
10. Quelle est la population de la France ?
11. La population française est-elle jeune ou vieille ?
12. Qu'est-ce que c'est que la « population active » d'un pays ?
13. Quelle est la population active de la France ?
14. Combien d'habitants a Paris ?
15. Y a-t-il d'autres villes en France aussi grandes que Paris ?
16. Quel pourcentage de la population française est considéré comme rural ?
17. Quelles sont les deux caractéristiques que les auteurs appliquent à la civilisation française ?
18. Quels sont les avantages des statistiques ?
19. Quels sont les désavantages des statistiques ?
20. Est-ce que les dimensions physiques de la France reflètent son importance dans le monde ?

Questions d'application

21. Où est situé votre état ?
22. Comparez votre état à la France du point de vue de sa superficie.
23. Quelle forme géométrique a votre état ?
24. Y a-t-il des montagnes ? Si oui, lesquelles ?
25. Votre état a-t-il des frontières naturelles ? Lesquelles ?
26. Quelle est la population de votre état ?
27. Quelles sont les grandes villes de votre état ?
28. Votre état a-t-il surtout une population rurale ou une population urbaine ?
29. Est-ce que vous habitez la campagne, la banlieue ou la ville ?
30. Comment pensez-vous gagner votre vie ? dans l'agriculture ? dans l'industrie ? dans le secteur des services ? dans l'administration ?

Composition dirigée

Ecrivez un petit paragraphe pour décrire votre ville. Utilisez les phrases modèles.

Phrases modèles :

J'habite la ville de ———. Cette ville est située dans l'état de ———. Elle a ——— habitants. Ces habitants sont principalement d'origine ———. Les principales activités de ma ville sont ———. Ma ville est originale parce que ———.

Word Study

A. Cognates

French-English **cognates** are words that look alike and have a similar meaning in the two languages. They are derived from the same root word (usually Latin).

La distribution géographique de la population reflète l'importance de l'agriculture.

In the above sentence, all the content words are cognates.[1]

Written language. Some French-English cognates are written exactly the same in both languages (*la population*). Others exhibit spelling changes which often follow a predictable pattern (*les statistiques* – statistics).
Spoken language. French-English cognates never sound the same in the two languages.

The major difficulty with cognates is that their ranges of meaning in French and English do not necessarily correspond.

With perfect cognates (*les mots apparentés*), there is an exact correspondence between the English and the French meanings of the cognates:

les statistiques	statistics	**Les statistiques** *sont utiles.*
le centre	center	*Où est* **le centre** *géométrique de la France ?*

With partial cognates (*les mots en partie apparentés*), there is only a partial correspondence between the English and the French meanings of the words:

regarder	to look at	*Je* **regarde** *Pierre.*
	to regard	*Cela* **regarde** *Pierre.*
présenter	to present	*Je* **présente** *un livre à Marie.*
	to introduce	*Je* **présente** *Pierre à Marie.*
important	important	*Les statistiques ne sont pas très* **importantes**.
	large, big, sizable	*Marseille est une ville* **importante**.

False cognates (*les faux amis*) look alike in French and English, but have different meanings:

actuel	present, not actual	*La situation* **actuelle** *est intolérable.*
rester	to remain, stay, not rest	*En juillet je* **reste** *à Paris.*

[1] For English-speaking persons, the French language is relatively easy to read because of the existence of tens of thousands of cognates. About 60 per cent of the words in English are related to French.

Exercices

1 Identiques ou différents. Voici une liste de dix-huit mots pris dans le texte. Quels mots ont exactement la même orthographe (*spelling*) en français et en anglais ? Quels mots ont une orthographe différente ? Décrivez les différences.

1. (une) question
2. (une) observation
3. (une) population
4. (une) nation
5. physique
6. économique
7. politique
8. géométrique
9. géographique
10. (une) activité
11. (une) vitalité
12. (une) personnalité
13. (une) extrémité
14. (une) société
15. (un) hexagone
16. (une) plaine
17. (un) terme
18. (une) pyramide

2 Remploi. Dans les phrases 1 à 8, les mots en italique sont des mots apparentés. Dans les phrases 9 à 16, les mots en italique sont de faux amis. Employez chaque mot en italique dans une nouvelle phrase.

1. La *géographie* de la France n'est pas très compliquée.
2. La France a un *climat* tempéré.
3. La *population* française est relativement jeune.
4. La *société* française est hiérarchisée.
5. Un Français sur cinq a une *automobile.*
6. Marseille est un grand centre *urbain.*
7. L'*économie* française est stable.
8. Il y a beaucoup de *contrastes* en France.
9. Quelle est la situation *actuelle* des Français ?
10. *Actuellement* la France est un pays prospère.
11. Lyon est une *grande* ville.
12. Beaucoup de Français ont des emplois de *bureau.*
13. Je *reste* une année à Paris.
14. Il y a un très bon livre sur la France à la *librairie* Durand.
15. Quel est le sujet de votre *lecture* ?
16. J'*attends* un ami français.

Language Study

B. Numbers

Cardinal numbers. For the written forms of the cardinal numbers, see p. 315 of the Appendix.

NOTES: 1. French uses periods (*points*) where English uses commas (*virgules*): 1.000 = *mille*, 2.000 = *deux mille.*

2. Similarly, French uses commas where English uses periods or decimal points: 3,333 = $3\frac{1}{3}$; 1,5 = $1\frac{1}{2}$.

Ordinal numbers. Ordinal numbers are adjectives used for ranking.

La France est le **quatrième** *pays du Marché Commun.*

GENERAL PATTERN for the formation of ordinal numbers: cardinal numbers (minus *-e*, if any) + **ième**

deux	⟶ *deux***ième**	*onze*	⟶ *onz***ième**
trois	⟶ *trois***ième**	*douze*	⟶ *douz***ième**
vingt	⟶ *vingt***ième**	*treize*	⟶ *treiz***ième**
vingt et un	⟶ *vingt et un***ième**	*quatre-vingt-onze*	⟶ *quatre-vingt-onz***ième**

EXCEPTIONS: *un* ⟶ *premier* *une* ⟶ *première* *cinq* ⟶ *cinq***u***ième*

Fractions. The ordinal numbers are used as nouns to form fractions.

Un **cinquième** *égale deux* **dixièmes.** $(\frac{1}{5} = \frac{2}{10})$

NOTES: 1. The following fractions have specific forms: $\frac{1}{2}$ = *un demi*, $\frac{1}{3}$ = *un tiers*, $\frac{1}{4}$ = *un quart.*

2. **La moitié de...** is used to express *half of* or *one half of.*
La moitié de la population is *half of the population.*

Percents and multiplication

1 % = *un pour cent*	1 × 3 = *une fois trois*
20 % = *vingt pour cent*	20 × 5 = *vingt fois cinq*

3 Populations urbaines. Voici les dix plus grandes villes françaises. Quelle est la population de chaque ville ? (Voir l'illustration de la page 6.)

Modèle : Paris. **Paris a une population de huit millions d'habitants.**

1. Marseille
2. Lyon
3. Toulouse
4. Nice
5. Lille
6. Bordeaux
7. Nantes
8. Strasbourg
9. Saint-Etienne

4 Grandes villes françaises. L'illustration de la page 6 indique la place respective des dix plus grandes villes françaises. Pouvez-vous répondre aux questions suivantes ?

Modèle : Est-ce que Marseille est la première ville française ?
Non, Marseille est la deuxième ville française.

1. Est-ce que Toulouse est la quatrième ville française ?
2. Est-ce que Strasbourg est la deuxième ville française ?
3. Est-ce que Nice est la cinquième ville française ?
4. Est-ce que Nantes est la septième ville française ?
5. Est-ce que Lille est la troisième ville française ?
6. Est-ce que Saint-Etienne est la neuvième ville française ?

5 Comparaisons franco-américaines. Indiquez l'importance de chaque activité économique, d'après les illustrations à la page 5. Employez des fractions au lieu de pourcentages.

Modèle : administration / France
L'administration occupe à peu près un huitième des Français.

1. diverses industries / France
2. secteur des services / France
3. agriculture / France
4. diverses industries / Etats-Unis
5. secteur des services / Etats-Unis
6. agriculture / Etats-Unis

C. Verb forms

In French, all simple verb forms are composed as follows:

> GENERAL PATTERN:
>
> simple verb form = stem + ending

The type of stem and the type of endings indicate the **tense** of the verb.

Regular verbs. The stem and endings can be predicted (directly or indirectly) from the infinitive.
Irregular verbs. Not all stems and endings can be predicted from the infinitive.

D. Regular verbs in -er: present tense

The regular **-er** verbs[1] form their present tense like **regarder** (*to watch, to look at*).

> GENERAL PATTERN for the present tense of regular **-er** verbs:
>
> infinitive stem (infinitive minus **-er**) + present endings for **-er** verbs

*je regard***e**	*nous regard***ons**
*tu regard***es**	*vous regard***ez**
*il regard***e**	*ils regard***ent**

In spoken French, the endings *-e*, *-es* and *-ent* are silent.

NOTE: In a few **-er** verbs, the stem is subject to modifications. These verbs can be grouped into five categories, according to the final letters of the infinitive.

-ger	:	**g→ge** before *a* or *o*	*changer : nous chan***ge***ons*
-cer	:	**c→ç** before *a* or *o*	*tracer : nous tra***ç***ons*
-yer	:	**y→i** before mute *e*[2]	*essayer : j'essa***i***e*
-érer	:	**é→è** before mute *e*[2]	*préférer : je préf***è***re*
-e + consonant + *-er*	:	**e→è** before mute *e*[2]	*acheter : j'ach***è***te*
		consonant doubles before mute *e*[2]	*appeler : j'appe***ll***e*

[1] Over 90 per cent of French verbs, including almost all of the cognate verbs, have an infinitive in *-er*. The most frequently used verbs in any language, however, are the irregular ones.

[2] Before the endings *-e*, *-es*, *-ent* in the present and, except verbs in –érer, in the future and conditional stems.

Vocabulaire utile

Voici quelques verbes en **-er** qui se trouvent dans le texte :

COGNATES	OTHER MEANINGS	NONCOGNATES	
changer (de)		donner	*to give*
constituer		essayer	*to try*
occuper		habiter	*to live*
préférer		jouer	*to play*
représenter		regarder	*to look at*
ressembler (à)		rester	*to remain, to stay*
séparer		travailler	*to work*
tracer	*to draw*	trouver	*to find*

Voici d'autres verbes en **-er** fréquemment utilisés :

aider	*to help*	acheter	*to buy*
commencer	*to begin*	aimer	*to like, to love*
décider	*to decide*	demander	*to ask (for)*
employer	*to use*	dépenser	*to spend*
passer	*to spend (time)*	gagner	*to earn, to win*
payer	*to pay (for)*	parler	*to speak, talk*
voyager	*to travel*	penser	*to think*

Exercices

6 Petites conversations. Répondez à la série de questions avec **je** (si le professeur s'adresse à un étudiant) ou avec **nous** (si le professeur s'adresse à plusieurs d'entre vous).

A. L'école. Est-ce que vous commencez vos études à cette université ? Depuis quand êtes-vous ici ? Que pensez-vous de cette école ? Quels cours préférez-vous ? Avez-vous l'intention de changer de cours ?

B. Le travail. Est-ce que vous gagnez de l'argent ? Où travaillez-vous ? Est-il difficile de trouver du travail dans cette ville ? Comment dépensez-vous votre argent ? Qu'est-ce que vous achetez le plus souvent ? Essayez-vous de faire des économies (*to save money*) ?

C. Les loisirs. Etes-vous sportif ? Trouvez-vous le temps de faire du sport ? Quels sports aimez-vous ? Regardez-vous souvent des matchs de football américain ? Voyagez-vous beaucoup pendant les vacances ? Où passez-vous de préférence vos vacances ? Avez-vous de l'argent de poche ? Comment utilisez-vous cet argent ?

E. Regular verbs in -er: imperative forms

The imperative forms are used to give commands.

GENERAL PATTERN for the imperative forms of regular **-er** verbs:

tu-form	= present tense minus *-s*	*Regarde !*	Look!
vous-form	= present tense	*Regardez !*	Look!
nous-form	= present tense	*Regardons !*	Let's look!

F. The irregular verbs être and avoir

The verbs **être** (*to be*) and **avoir** (*to have*) are the two most frequent verbs of the French language.

Present tense of **être**: *je suis, tu es, il est, nous sommes, vous êtes, ils sont.*
Present tense of **avoir**: *j'ai, tu as, il a, nous avons, vous avez, ils ont.*

G. Adjective-noun agreement

Adjectives must agree in gender (masculine, feminine) and number (singular, plural) with the nouns they refer to.

GENERAL PATTERN for regular adjective endings:

	MASCULINE	FEMININE
SINGULAR	— *grand, riche, français*	**-e** *grand***e***, riche, français***e**
PLURAL	**-s** *grand***s***, rich***es***, français*	**-es** *grand***es***, rich***es***, français***es**

NOTES: 1. If the masculine form ends in *-e*, the feminine does not add an *-e*.
2. If the singular form ends in *-s*, the plural does not add an *-s*.

H. Comparisons with adjectives

GENERAL PATTERN to express comparisons with adjectives:

plus	+ adjective + **que**	**plus** *intéressant* **que**	more interesting than
moins	+ adjective + **que**	**moins** *intéressant* **que**	less interesting than
aussi	+ adjective + **que**	**aussi** *intéressant* **que**	as interesting as

NOTES: 1. The French often say **moins grand que** (*less big than*) where English speakers prefer *smaller than.*

La France est **moins grande que** *les Etats-Unis.*

2. Sometimes the second part of the comparison is not expressed.

La France est **moins** *grande.*

3. The comparative of *bon* (*bonne*) is *meilleur* (*meilleure*).

7 Parlons de nos amis. Le professeur va poser des questions sur les réponses à l'exercice précédent.

Modèle : Est-ce que Paul (le nom de l'étudiant) gagne de l'argent ?
Oui, il gagne de l'argent.

Comment est-ce que Marie et Anne (les noms de deux étudiantes de la classe) dépensent leur argent ?
Elles achètent des disques.

8 La Richesse. Dites que les personnes suivantes sont riches et ont de l'argent.

Modèle : ce financier
Ce financier est riche. Il a de l'argent.

1. nous
2. vous
3. moi
4. les Français
5. les Américains
6. toi
7. Aristote Onassis
8. John Paul Getty
9. cette banque

9 Questions et réponses. Formez des phrases d'après le modèle.

Modèle : Les statistiques sont utiles. Et la géographie ?
Elle est utile aussi.

1. Les questions sont simples. Et les réponses ?
2. Cet hexagone est grand. Et ce cercle ?
3. La France est riche. Et les Etats-Unis ?
4. La population française est jeune. Et la population américaine ?
5. Ce village est riche. Et cette ville ?
6. Ce sommet est élevé. Et cette montagne ?
7. Ce travail est différent. Et cette activité ?
8. Ce résultat est important. Et cette décision ?
9. Cette automobile est française. Et ce produit ?
10. Ce problème est compliqué. Et ces solutions ?

10 Comparaisons interurbaines. Regardez l'illustration à la page 6. Comparez la première ville aux deux autres. (Les noms des villes sont masculins.)

Modèle : Marseille / Paris, Lyon
Marseille est plus grand que Lyon, mais moins grand que Paris.

1. Nice / Toulouse, Nantes
2. Nantes / Strasbourg, Toulouse
3. Lyon / Paris, Saint-Etienne
4. Lille / Nice, Saint-Etienne
5. Toulouse / Lyon, Bordeaux
6. Bordeaux / Strasbourg, Marseille

I. Comparisons with nouns

GENERAL PATTERN to express comparisons with nouns:

plus de	+ noun + **que**	**plus d'***argent* **que**	more money than
moins de		**moins d'***argent* **que**	less money than
autant de		**autant d'***argent* **que**	as much money as
		autant de *voitures* **que**	as many cars as

NOTES: 1. **Que** and **de** become **qu'** and **d'** in front of a vowel sound.

Il y a plus **d'***habitants à New York* **qu'***à Paris.*

2. The *s* in **plus de** is pronounced, but the *s* in **plus grand** is not.

3. Sometimes the second part of the comparison is not expressed.

Il y a plus d'habitants à New York.

11 Comparaisons internationales. L'illustration donne le nombre d'automobiles, de télévisions, et de téléphones pour cent habitants. Comparez les divers pays d'après le modèle.

Modèle : France / Allemagne
En France, il y a plus d'automobiles, mais moins de télévisions et moins de téléphones qu'en Allemagne.

1. France / Italie
2. France / Belgique
3. France / Hollande
4. Allemagne / Italie
5. Hollande / Belgique
6. Allemagne / Hollande

	France	Allemagne (Ouest)	Italie	Belgique	Pays-Bas
Automobiles	28	20	14	19	14
Télévisions	14	24	13	18	21
Téléphones	14	18	12	18	20

L'entrée triomphale de Louis XIV, le Roi Soleil, dans la ville d'Arras.

2

Un Peu d'histoire : grandeur — déclin — renouveau

Il y a deux sentiments bien ancrés chez beaucoup de Français : la conviction de la supériorité de leur héritage et la nostalgie de la grandeur de leur pays. Cette nostalgie remonte au « Grand Siècle », époque à laquelle la France est incontestablement la nation la plus puissante et la plus féconde du globe. La période de la suprématie française dure un siècle et demi. Elle s'étend approximativement de l'avènement de Louis XIV (1643) à la chute de Napoléon (1814). A cette époque créatrice va succéder une période tumultueuse, mais à bien des égards stérile. L'image de la France se ternit. Son rôle de grande puissance faiblit. Apparemment ce déclin n'est que temporaire, et l'on assiste actuellement à un renouveau de l'influence française à travers le monde.

La grandeur — du grand siècle à la chute de Napoléon

Montesquieu

Le Grand Siècle (1643 – 1715). C'est le siècle de Louis XIV. Ce monarque règne sur la nation la plus riche et la plus puissante du monde. A l'exception de la Russie, la France est aussi la nation la plus peuplée de l'Europe. Son agriculture, son industrie, son commerce sont prospères. Ses armées sont fortes. Politiquement et économiquement, la France n'a pas de rivale.

Voltaire

Le Siècle des Lumières (1715 – 1789). La suprématie française va se manifester aussi dans le monde des idées. « Le Siècle des Lumières » marque sans doute l'apogée de la civilisation française. Les philosophes français sont alors les « maîtres à penser » de l'Europe entière. Ils vont avoir en effet une influence considérable sur leurs contemporains et sur les générations futures. Montesquieu (1689 – 1755) dans son *Esprit des Lois* énonce la théorie politique de la séparation des pouvoirs qui va inspirer les auteurs de la Constitution des Etats-Unis. Voltaire (1694 – 1778) prêche la tolérance et la justice sociale. Il déclare sa foi dans la raison, l'esprit scientifique et le progrès. Rousseau (1718–1778) exprime le principe, alors nouveau, de la souveraineté du peuple. Ces idées neuves connaissent un grand succès, mais elles vont à l'encontre du système politique d'alors. Elles vont donc contribuer à la chute de la monarchie française.

Rousseau

L'Episode révolutionnaire (1789 – 1799). Les causes de la Révolution sont multiples : attaques des philosophes contre le principe monarchique, mais aussi misère du peuple, aspirations politiques de la bourgeoisie, désarroi des finances.

La Révolution est une période généreuse de l'histoire de France. Elle affirme l'égalité des hommes, abolit l'esclavage et donne à la France sa devise :

Une des causes de la Révolution, vue par l'imagerie populaire.

Sur ce portrait, Napoléon Ier n'était que le brillant général Bonaparte.

« Liberté, Egalité, Fraternité ». C'est une époque innovatrice qui substitue la république à la monarchie, réforme les institutions, découpe la France en départements et établit le système métrique. Mais, c'est aussi une période troublée, marquée par de violents conflits internes et par des guerres pratiquement sans fin.

L'Héritage napoléonien (*1800 – 1814*). Napoléon, général de la Révolution, s'impose aux Français par son génie militaire. Il ne réussit pas à maintenir la paix en Europe. La France est constamment en guerre avec ses voisins. L'épopée napoléonienne est marquée par des victoires retentissantes, mais très coûteuses. Quand il abdique, Napoléon laisse une France exsangue et appauvrie. Cette France est toutefois fortement organisée. Napoléon donne au pays une solide structure administrative, un système d'enseignement, un code juridique et bien d'autres institutions durables.

Le déclin – du Premier Empire à la IVe République

D'une révolution à une autre (*1815 – 1871*). La Révolution de 1789 n'est pas la seule révolution française. D'autres révolutions, en 1830 et en 1848, aboutissent à des changements de régime, mais elles n'accomplissent pas leurs objectifs. Elles remplacent en effet des gouvernements impopulaires par d'autres gouvernements aussi impopulaires, ou tout au moins aussi inefficaces. La Commune de

Une victoire symbolique : pendant la Commune de Paris (1871), les insurgés renversent la statue de Napoléon.

Paris, qui s'installe en 1871 pendant la guerre franco-prussienne, provoque la plus sanglante des révolutions françaises.

Guerres européennes et entreprises coloniales (1871 – 1958). Entre 1871 et 1958, la France connaît une paix très éphémère. Humiliée en 1870, elle prend sa revanche en 1918, mais 1918 conduit à 1939. La victoire coûte très cher. La France perd en effet 1.400.000 hommes pendant la première guerre et 200.000 autres pendant la seconde. Ces pertes privent la France d'une grande partie de sa jeunesse et l'affaiblissent considérablement.

1914 . . . Ces glorieux soldats partent pour quatre années de combat et de misère.

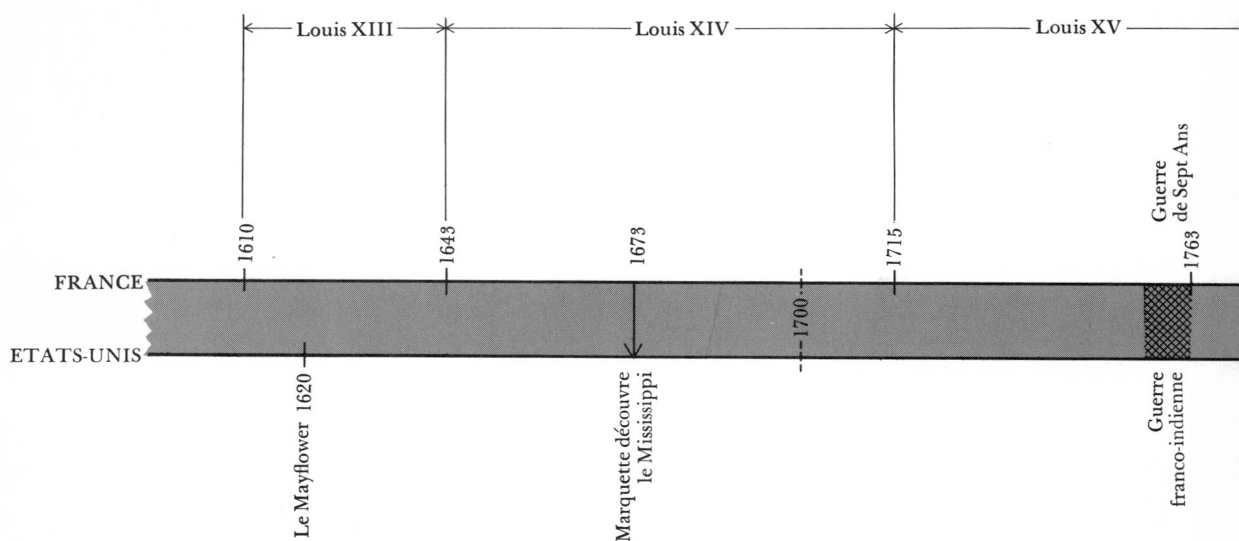

La défaite de 1870 inspire au gouvernement français sa politique coloniale. Amputée en Europe de deux provinces,[1] la France cherche des compensations sur d'autres continents. En moins de vingt ans, elle colonise la moitié de l'Afrique et s'implante en Asie. Si les gains économiques de ces aventures coloniales sont modestes, les conséquences politiques en sont désastreuses. En effet, après la seconde guerre mondiale, les mouvements nationalistes vont engager la France dans deux conflits catastrophiques, en Indochine d'abord et en Algérie ensuite. Puissance colonisatrice, elle ne peut jouer de rôle international sérieux.

Durant cette période, la politique intérieure de la France n'est guère plus brillante. L'instabilité gouvernementale est un trait permanent de la Troisième

[1] L'Alsace et la Lorraine.

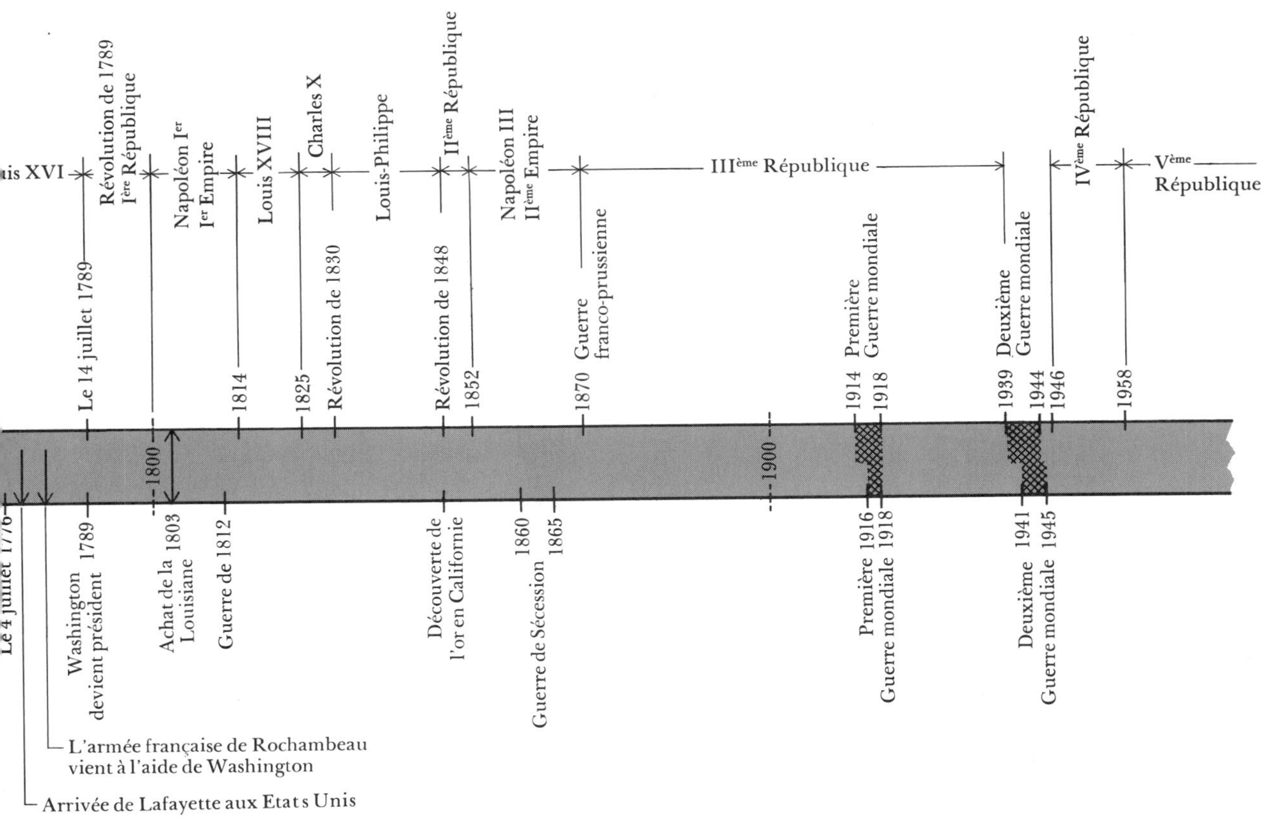

et de la Quatrième Républiques. Mais cette instabilité est stérile, car si les gouvernements changent, ils continuent à ignorer les problèmes fondamentaux de la France. La France est tournée vers le passé, et non vers l'avenir. La crise coloniale va précipiter la chute de la Quatrième République.

Le Renouveau (1958–) : la Cinquième République. L'avènement de la Cinquième République et la présidence du Général de Gaulle marquent un certain renouveau français. La première tâche de de Gaulle est de redonner du lustre à la politique internationale de la France. Pour cela, il faut à tout prix liquider l'empire colonial. La politique décolonisatrice s'accompagne d'initiatives diplomatiques : désengagement vis-à-vis des blocs, aide aux pays du Tiers Monde,[1] politique de défense autonome.

[1] C'est-à-dire, les pays en voie de développement.

Le passage du pouvoir : de Gaulle est inauguré en présence de son prédécesseur, le président Coty (8 janvier 1959).

A tort ou à raison, l'opinion publique reproche au Général de Gaulle de trop s'intéresser aux problèmes internationaux et de négliger les affaires intérieures. A la suite d'un référendum défavorable, de Gaulle démissionne, mais l'œuvre de rénovation ne fléchit pas. Georges Pompidou, le nouveau président de la République, s'attaque au problème numéro un : la rénovation des institutions. Ces institutions remontent souvent à Napoléon. Il faut les adapter aux exigences d'une économie moderne. Il est sans doute trop tôt pour juger de l'efficacité de ces mesures, mais l'éclipse de la France paraît être terminée.

Questions simples

1. Selon l'auteur, quels sentiments trouve-t-on chez beaucoup de Français ?
2. Comment appelle-t-on le siècle de Louis XIV ?
3. Quels sont les rivaux de la France au « Grand Siècle » ?

4. Comment appelle-t-on le dix-huitième siècle ?
5. Qui sont les « maîtres à penser » de l'Europe au dix-huitième siècle ?
6. Dans quel sens les écrits de Montesquieu inspirent-ils les auteurs de la Constitution américaine ?
7. Qu'est-ce que Voltaire prêche ?
8. Quel principe Rousseau exprime-t-il ?
9. Citez quelques causes de la Révolution française.
10. Quelle est la devise de la République française ?
11. Pourquoi la Révolution est-elle une période généreuse ?
12. Pourquoi est-elle une période troublée ?
13. Quelles sont les réalisations de Napoléon ?
14. Pourquoi l'épopée napoléonienne est-elle coûteuse ?
15. Quelle est la plus sanglante des révolutions françaises ?
16. Quelles pertes la France subit-elle au vingtième siècle ?
17. Où se trouvent les colonies françaises au début du vingtième siècle ?
18. Quelles sont les conséquences politiques de cette colonisation ?
19. Comment caractérise-t-on les gouvernements de la Troisième et de la Quatrième Républiques ?
20. Qui vient au pouvoir en 1958 ?

Questions d'application

21. Décrivez la vie en Amérique pendant « le Grand Siècle ».
22. Qui sont les auteurs de la Constitution américaine ?
23. Quels sont les Français qui contribuent à la victoire du Général Washington pendant la Révolution américaine ?
24. Pour financer ses guerres, Napoléon vend la Louisiane aux Etats-Unis. Quelle est la date de cette vente ? Qui est le président des Etats-Unis à l'époque ?
25. Comment les Américains aident-ils les Français pendant la première guerre mondiale ? pendant la deuxième guerre mondiale ?
26. Comment les Américains aident-ils les Français après la deuxième guerre ?
27. Qui est actuellement président de la France ?

Composition dirigée

Aux Etats-Unis actuellement, sommes-nous dans une période de grandeur ? de déclin ? de renouveau ? Adaptez les phrases du texte pour exprimer votre position.

Modèle A : Nous sommes dans une période de grandeur. Les armées des Etats-Unis sont fortes. Politiquement et économiquement nous n'avons pas de rival....

Modèle B : Nous sommes dans une période de déclin. L'image des Etats-Unis se ternit. Notre rôle de grande puissance faiblit....

Word Study

A. Verbs with English cognates in -ate

Many, but not all, English verbs ending in *-ate* have French cognates ending in **-er**.

*humili***er**	humiliate
*amput***er**	amputate

NOTES: 1. The English ending *-cate* corresponds to the French ending **-quer**.

*indi***quer**	indicate

2. If the English contains *e* + a single consonant, the French cognate contains **é**.

*appr***é***cier*	appreciate

B. Nouns in -tion

Most English nouns ending in *-tion* have direct cognates in French. These French cognates are always feminine.

la *constitu***tion**	constitution
la *na***tion**	nation
la *révolu***tion**	revolution

C. Expressions introduced by à

Many French expressions begin with the preposition **à**.

à *bien des égards*	in many respects
à *la suite de*	following
à *l'encontre de*	contrary to, in opposition to, against
à *l'exception de*	with the exception of
à *raison*	rightly (so)
à *tort*	wrongly (so)
à *tort ou à raison*	rightly or wrongly
à *tout prix*	at any cost

D. Dates

The months of the year are: *janvier, février, mars, avril, mai, juin, juillet, août, septembre, octobre, novembre, décembre.* They are all masculine.

The days of the week are *lundi, mardi, mercredi, jeudi, vendredi, samedi, dimanche.* They are all masculine.

GENERAL PATTERN: The French use cardinal numbers in dates, except for the first:
le 1er mai (*le premier mai*) **le 14 juillet** (*le quatorze juillet*)

NOTES : 1. In abbreviations, the day is given before the month: 14.VII.1789.

2. When reading the year aloud, never omit the word **cent** :
1789 — *dix-sept* **cent** *quatre-vingt-neuf,* 1973 — *dix-neuf* **cent** *soixante-treize.*

Exercices

1 Le verbe exact. Complétez les phrases suivantes avec le verbe approprié. Employez le temps présent.

1. Napoléon ——— en 1815.
   Napoleon abdicated in 1815.
2. La foi en la raison ——— les philosophes français du dix-huitième siècle.
   Faith in reason animated the French philosophers of the eighteenth century.
3. Les Français ——— les grands personnages de l'histoire.
   The French venerate the great men of history.
4. Les troupes alliées ——— la France en 1944.
   The allied forces liberated France in 1944.
5. Moins d'un siècle ——— la Révolution de 1789 et la Commune de Paris.
   Less than a century separates the Revolution of 1789 and the Paris Commune.
6. Vous étudiez l'anglais. ——— donc les causes de la Révolution française.
   You are studying English. So enumerate the causes of the French Revolution.

2 L'expression exacte. Remplacez les blancs par une expression commençant par **à**.

1. Ce principe va ——— des idées courantes.
2. Il veut ——— avoir raison.
3. N'accusez personne ———.
4. ——— la Révolution française est une période innovatrice.
5. ——— on considère Napoléon comme le fondateur de la France moderne.

3 Fêtes. Quand est-ce qu'on célèbre les fêtes suivantes ?

Modèle : Noël (25.XII) **On célèbre Noël le 25 décembre.**

1. la Saint Valentin (14.II)
2. la Saint Patrick (17.III)
3. l'armistice de 1918 (11.XI)
4. l'anniversaire de Washington (22.II)
5. la fête nationale américaine (4.VII)
6. la fête nationale française (14.VII)

4 Questions historiques. Répondez aux questions suivantes :

1. Quand commence la Guerre d'indépendance aux Etats-Unis ? (1775)
2. Quand commence la Révolution française ? (1789)
3. Quand signe-t-on la Constitution américaine ? (1787)
4. Quelles sont les dates de la Guerre de sécession aux Etats-Unis ? (1861 – 1865)
5. Quand commence la Prohibition aux Etats-Unis ? (1920)
6. Quelle est la date de la fondation des Nations Unies ? (1946)

Language Study

E. The irregular verb aller (to go)

Present tense: *je vais, tu vas, il va, nous allons, vous allez, ils vont.*

F. The near future with aller

The near future with **aller** is frequently used in conversational French.

GENERAL PATTERN for the near future: **aller** + infinitive

Je **vais travailler** *ce soir.* — I'm going to work tonight.

G. Regular verbs in -ir: present tense

The regular **-ir** verbs form their present tense like **abolir** (*to abolish*).

GENERAL PATTERN for the present tense of regular **-ir** verbs:

infinitive stem (infinitive minus **-ir**)	+ present endings for **-ir** verbs

*j' abol***is**	*nous abol***issons**
*tu abol***is**	*vous abol***issez**
*il abol***it**	*ils abol***issent**

H. Use of the present tense

The present tense has several uses in French:

1. To indicate an action occurring in the present.

   Je **travaille.** — I work. I am working. I do work.

   NOTE: Whereas there are three forms of the present in English, there is only one form in French.

2. To indicate an action which will occur in the immediate future, or one which occurred in the immediate past.

   Je **vais** *en ville ce soir.* — I'll be going to town this evening.
   J'arrive *de Paris.* — I've just come from Paris.

   NOTE: These uses are generally limited to spoken French.

Vocabulaire utile

Voici quelques verbes en **-ir** :

aboutir	*to lead to*
affaiblir	*to weaken*
choisir	*to choose*
faiblir	*to grow weaker*
fléchir	*to give way, to sag*
grandir	*to grow bigger*
grossir	*to grow fatter, to gain weight*
maigrir	*to grow thinner, to lose weight*
réfléchir	*to reflect upon, to ponder*
réussir à	*to succeed*
unir	*to unite*

Voici d'autres verbes en **-ir** apparentés aux verbes anglais en **-ish** :

abolir	*to abolish*
accomplir	*to accomplish*
bannir	*to banish*
chérir	*to cherish*
démolir	*to demolish*
établir	*to establish*
finir	*to finish*
fournir	*to furnish*
périr	*to perish*
punir	*to punish*
ternir	*to tarnish*

Exercices

5 Questions de fait.

1. Quand est-ce que la France abolit l'esclavage ?
2. Quelle forme de gouvernement les Français choisissent-ils pendant la Révolution ?
3. Combien de Français périssent pendant la première guerre mondiale ?
4. Quels événements affaiblissent la France ?
5. Qui réussit à liquider l'empire colonial français ?
6. Quelles réformes le gouvernement actuel accomplit-il ?

6 Petites conversations.

A. Le régime (*diet*). Essayez-vous de grossir ou de maigrir actuellement ? En fait, grossissez-vous ou maigrissez-vous ? Suivez-vous un régime ? Quels aliments choisissez-vous pour ce régime ? Réussissez-vous à le maintenir ?

B. La pollution. Réfléchissez-vous au problème de la pollution ? Les efforts du gouvernement aboutissent-ils à réduire ce problème ? Doit-on punir les responsables de la pollution ? Comment ? Doit-on bannir toutes les voitures du centre-ville ? Doit-on supprimer les voitures à essence ?

3. To indicate an action which began in the past and is continuing in the present (see Lesson 14-E).

Voilà une heure que **je travaille.** *Il y a une heure que* **je travaille.** **Je travaille** *depuis une heure.*	I've been working for an hour.

4. To narrate a series of past actions in the form of an historical account. This special use of the present is called **le présent de narration** or **le présent historique.** The text of this chapter is written in this style.

I. Plurals of regular nouns

> GENERAL PATTERN for the plural form of regular nouns:
>
> singular noun + **-s** *la ville* *les ville***s**

NOTES: 1. If the singular noun already ends in *-s*, the singular and plural forms are the same: *un pay***s**, *des pay***s**.

2. The final *-s* is not pronounced.

In spoken French, the word which introduces the noun (definite article, possessive adjective, and so on) indicates whether the noun is singular or plural. These words are called *determiners* because they help the listener determine gender and number.

J. The definite article

Definite articles act as determiners.

GENERAL PATTERN of the forms of the definite article (*the*):

SINGULAR	MASCULINE	**le (l')**	**le** *pays*, **l'***homme*
	FEMININE	**la (l')**	**la** *ville*, **l'***idée*
PLURAL		**les**	**les** *pays*, **les** *villes*, **les** *hommes*

The forms in parentheses are used before a word beginning with a vowel sound.

The French definite article corresponds to the English *the.* In addition, the definite article in French is used:

1. In front of geographical names (except names of cities).

   A l'exception de **la** *Russie*, **la** *France est la nation la plus peuplée de* **l'***Europe.*

2. In front of abstract nouns, or nouns used in an abstract, general, or collective sense.

   Nous étudions **l'***histoire. Voltaire prêche* **la** *tolérance et* **le** *progrès.*

7 Questions de fait.

1. Depuis quand les Etats-Unis sont-ils un pays indépendant ?
2. Depuis quand la Californie est-elle un état ?
3. Depuis quand votre état est-il un état ?
4. Depuis quand les femmes ont-elles le droit de vote ?
5. Depuis quand les jeunes de dix-huit ans ont-ils le droit de vote ?
6. Depuis quand le président actuel exerce-t-il ses fonctions ?
7. Depuis quand les Nations Unies existent-elles ?

8 Capitales européennes. Voici quelques pays d'Europe : l'Angleterre, l'Italie, la Suisse, l'Espagne, la Russie, la Belgique. Identifiez les capitales suivantes.

Modèle : Paris **Paris est la capitale de la France.**

1. Moscou
2. Londres
3. Bruxelles
4. Rome
5. Madrid
6. Berne

9 Préférences. Voici des sujets d'étude : la géographie, l'histoire, la physique, la biologie, les mathématiques, les sciences naturelles, la musique, la chimie, la psychologie, la sociologie, la philosophie, le théâtre, l'anglais, le français.

1. Quels sujets préférez-vous ?
2. Quels sujets détestez-vous ?
3. Quels sujets étudiez-vous maintenant ?
4. Quels sujets allez-vous étudiez l'année prochaine ?

10 Opinions. Dites si en général vous admirez (ou si vous n'admirez pas) les personnes représentées par les hommes et les femmes ci-dessous.

Modèle : Napoléon est un génie militaire.
J'admire les génies militaires.
(Je n'admire pas les génies militaires.)

1. Voltaire est un philosophe.
2. De Gaulle est un homme politique.
3. Marie Curie est une savante.
4. Jeanne d'Arc est une héroïne.
5. Simone de Beauvoir est une féministe.
6. Jacques Cousteau est un explorateur.
7. Françoise Sagan est une femme de lettres.
8. Le baron Rothschild est une personne très riche.

K. Demonstrative adjectives

Demonstrative adjectives act as determiners.

GENERAL PATTERN of the forms of demonstrative adjectives (*this, that, these, those*):

SINGULAR	MASCULINE	**ce** (**cet**)	**ce** *pays*, **cet** *homme*
	FEMININE	**cette**	**cette** *ville*, **cette** *idée*
PLURAL		**ces**	**ces** *pays*, **ces** *hommes*, **ces** *villes*, **ces** *idées*

The form in parentheses is used before a word beginning with a vowel sound.

L. Possessive adjectives

Possessive adjectives act as determiners.

GENERAL PATTERN of the forms of possessive adjectives (*my, your, his, her, our, their*):

1. Corresponding to:

		je	**tu**	**il, elle**	
SINGULAR	MASCULINE	**mon**	**ton**	**son**	**mon** *pays*, **ton** *pays*, **son** *pays*
	FEMININE	**ma** (**mon**)	**ta** (**ton**)	**sa** (**son**)	**ma** *ville*, **ta** *ville*, **sa** *ville* / **mon** *idée*, **ton** *idée*, **son** *idée*
PLURAL		**mes**	**tes**	**ses**	**mes** *théories*, **tes** *théories*, **ses** *théories*

The form in parentheses is used before a vowel sound.

2. Corresponding to:

	nous	**vous**	**ils, elles**	
SINGULAR	**notre**	**votre**	**leur**	**notre** *idée*, **votre** *idée*, **leur** *idée*
PLURAL	**nos**	**vos**	**leurs**	**nos** *théories*, **vos** *théories*, **leurs** *théories*

NOTES: 1. The possessive adjective agrees in gender and number with the noun it introduces.

Voici **mes** *idées et* **ma** *théorie sur l'histoire.*

2. Contrary to the English possessive adjectives *his, her, its,* the French possessive adjectives **son**, **sa**, **ses** do not reflect the gender of the possessor. **Son** can mean *his* or *her* or *its.* Similarly **sa** and **ses** can mean *his* or *her* or *its.*

Est-ce la théorie de Voltaire ?	*Oui, c'est* **sa** *théorie.*
Est-ce la théorie de Madame de Staël ?	*Oui, c'est* **sa** *théorie.*
Est-ce la théorie du gouvernement ?	*Oui, c'est* **sa** *théorie.*

11 Le mot exact. Remplacez les blancs par **ce**, **cet**, **cette**, ou **ces**.

1. Voltaire est un philosophe français. ——— philosophe prêche la justice sociale.
2. La Révolution française commence en 1789. ——— révolution dure dix ans.
3. Napoléon s'impose par son génie militaire. ——— génie est sans égal.
4. Napoléon donne à la France une solide structure administrative. ——— structure subsiste aujourd'hui.
5. La France acquiert un empire colonial. ——— empire colonial est gigantesque.
6. La politique intérieure française n'est guère brillante. ——— politique se caractérise par l'instabilité gouvernementale.
7. De Gaulle entreprend des initiatives diplomatiques. ——— initiatives sont très nombreuses.
8. La rénovation des institutions est un problème très important. ——— institutions n'ont pas changé depuis Napoléon.

12 Etudes historiques et politiques. Demandez à vos amis s'ils étudient les sujets suivants. Commencez vos phrases par : Etudiez-vous... Employez un adjectif possessif.

Modèle : la constitution de la France
Etudiez-vous sa constitution ?

1. la constitution du Canada
2. le rôle international de la France
3. les conséquences de la Révolution française
4. les idées de Rousseau
5. la philosophie de Voltaire
6. les théories des philosophes
7. les principes politiques de Montesquieu
8. les victoires de Napoléon
9. l'origine de la Révolution française
10. la politique coloniale de la France
11. le rôle de de Gaulle
12. l'opinion des Français

13 Questions et réponses. Un(e) étudiant(e) questionne un(e) autre étudiant(e) sur ses préférences. L'autre étudient(e) répond.

Modèle : le livre préféré
Etudiant(e) 1: **Quel est ton livre préféré?**
Etudiant(e) 2: **Mon livre préféré est...**

1. l'auteur préféré
2. l'acteur préféré
3. l'actrice préférée
4. l'homme politique favori
5. la femme politique favorite
6. le héros favori
7. l'héroïne favorite
8. la personne préférée

M. Superlative adjectives

GENERAL PATTERN for the formation of the superlative (*the most, the least*):

le plus, la plus, les plus
le moins, la moins, les moins } + adjective

Au dix-huitième siècle la France est la nation **la plus puissante** *du monde.*
In the eighteenth century, France is the most powerful nation in the world.

NOTES: 1. The superlative of *bon* is *le meilleur, la meilleure, les meilleurs, les meilleures.*

2. After the superlative, the preposition **de** is used to express *in.*

Est-ce que la France est le pays le plus important **d'***Europe ?*

14 Opinions.

1. Quel est le plus grand homme français ?
2. Quelle est la période la plus intéressante de l'histoire de France ?
3. Quelle est la période la moins intéressante de l'histoire de France ?
4. Quelle est la cause la plus importante de la Révolution française ?
5. Est-ce que la France est politiquement le pays le plus important d'Europe aujourd'hui ?
6. Quelle est la plus grande héroïne de l'histoire ?
7. Quel est le plus grand héros américain ?
8. Quelle est la période la plus intéressante de l'histoire américaine ?
9. Quelle est la période la moins intéressante de l'histoire américaine ?
10. Quel est le pays le plus important du monde d'aujourd'hui ?

3

Vie économique

Caractéristiques de l'économie française

La France est un pays riche. Son produit national brut[1] la classe actuellement au deuxième rang européen, immédiatement après l'Allemagne.

La France a une économie diversifiée. Son agriculture est la plus prospère d'Europe. L'industrie française comprend tous les secteurs traditionnels (textiles, produits chimiques, automobiles, constructions mécaniques). Elle comprend aussi des secteurs de pointe :[2] les industries aéronautiques et électroniques françaises sont parmi les plus avancées du monde.

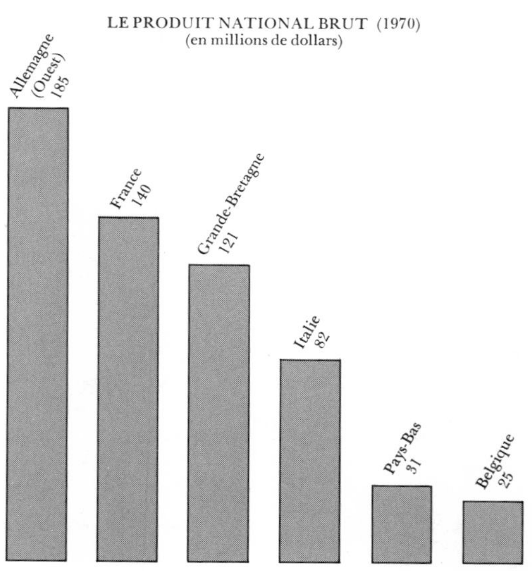

[1] GNP = Gross National Product.

[2] Une industrie de pointe est une industrie très avancée du point de vue technologique.

L'économie française est une économie en transition. On y trouve donc toutes les formes de production des plus archaïques aux plus évoluées. La très grande entreprise coexiste avec la très petite entreprise, l'entreprise moderne avec l'entreprise ancienne.

Agriculture. Dans le domaine agricole, la France est toujours un pays de petites exploitations : 92 pour cent des fermes ont moins de 50 hectares.[3]

La moisson en Auvergne.

Ces fermes subviennent tout juste aux besoins de leurs exploitants. Elles leur assurent le logement, la nourriture et un peu d'argent liquide. Aujourd'hui cependant l'exode rural facilite le regroupement des terres en grandes unités. Ces grandes exploitations, équipées d'un outillage moderne et dirigées comme des entreprises industrielles, sont peu nombreuses, mais elles représentent 60 pour cent des terres cultivées.

[3] Un hectare = $2\frac{1}{2}$ acres, approximativement.

Un vendeur pour un client : les petits commerces, comme cette boucherie chevaline, tendent à disparaître.

Dans les grandes villes, les supermarchés et hypermarchés ont remplacé les petits commerces.

Commerce. La France est encore un pays de petits commerçants. La coexistence sur la même rue du boulanger, du charcutier, de l'épicier, du boucher, du pâtissier, du marchand de légumes est typique du moindre village français. Les petits commerces ont un chiffre d'affaires annuel très bas et tendent donc à disparaître. Les supermarchés, très rares il y a à peine dix ans, commencent à les remplacer, surtout dans les grandes villes.

Industrie. Dans l'industrie, les contrastes sont encore plus accentués. Il y a de très grandes compagnies, de dimensions internationales, comme Renault ou Air France, employant des milliers de salariés. Il y a aussi des centaines de milliers de minuscules ateliers artisanaux, de caractère familial, employant moins de cinq ouvriers.

Renault, l'une des plus grandes firmes françaises, est une enterprise nationalisée.

Le rôle de l'État

Comme la plupart des pays européens, la France a une économie mixte de type semisocialiste. A la suite de nombreuses nationalisations, l'Etat aujourd'hui dirige et contrôle les principales banques, les transports maritimes, aériens et ferroviaires, le gaz, l'électricité, les communications, les chantiers navals, les mines et même les pompes funèbres. Les plus grandes entreprises françaises, comme Renault et Air France, sont souvent des entreprises d'Etat.

De loin, l'Etat dirige aussi le reste de l'économie. La France a en effet une économie planifiée. Tous les cinq ans, un plan fixe le programme des investissements publics. Une des tâches du plan actuel est de favoriser la décentralisation. Pour cela, il faut créer de nouvelles régions économiques, les équiper de routes, d'aéroports, de zones industrielles et leur donner ainsi des avantages sur d'autres régions plus anciennes.

L'Etat a en plus un très grand rôle social. Avec le système des allocations familiales, il aide financièrement les familles nombreuses. Avec la Sécurité Sociale, l'Etat est la providence du travailleur français. Si celui-ci perd son

travail, l'Etat lui donne une indemnité de chômage. S'il tombe malade, il paie ses frais médicaux. Il lui garantit trois semaines de vacances payées chaque année et lui assure une retraite pour ses vieux jours.

UNE SOCIÉTÉ DE CONSOMMATION

La France est un pays où l'on vit bien. La prospérité économique, la protection de l'Etat contre l'adversité, ont radicalement changé les attitudes vis-à-vis de l'argent, surtout chez les jeunes. Pour les générations d'autrefois, l'épargne était une vertu fondamentale (ou, si l'on préfère, l'avarice était le vice national). Pour les générations nouvelles, l'argent n'est pas fait pour être accumulé, mais pour être dépensé. Le développement des loisirs et la recherche du confort sont les conséquences de cette attitude. Le Français d'aujourd'hui prend de longues vacances. Il voyage, et souvent il va à l'étranger. Son foyer s'équipe. Aujourd'hui il a une télévision, un réfrigérateur et une machine à laver, luxes inconnus il y a à peine quinze ans.

L'ÉQUIPEMENT DES MÉNAGES
(en 100%)

	1954	1957	1963	1968
Télévision	1	6	27	62
Réfrigérateur	7	17	41	73
Machine à laver	7	18	31	50

Questions simples

1. La France est-elle riche ou pauvre ?
2. Quelles sont les caractéristiques de l'économie française ?
2. Quelles sont les caractéristiques de l'économie de la France ?
3. Quelles sont les caractéristiques de l'agriculture française ?
4. Quels secteurs comprend l'industrie française ?
5. Qu'est-ce que c'est que l'exode rural ?
6. Les grandes exploitations représentent quel pourcentage des terres cultivées ?
7. Comment voit-on que la France est encore un pays de petits commerçants ?
8. Quelle est la situation actuelle des petits commerçants français ?
9. En France où trouve-t-on les supermarchés ?
10. Nommez deux grandes compagnies françaises.
11. Y a-t-il beaucoup d'ateliers artisanaux en France ?
12. En France, quelles entreprises l'Etat dirige-t-il ?
13. Qu'est-ce que c'est qu'une « économie planifiée » ?
14. Quel est le rôle social de l'Etat ?
15. Comment vit-on en France ?
16. Autrefois quelle était l'attitude des Français vis-à-vis de l'argent ?
17. Quelle est l'attitude des jeunes maintenant ?
18. Comment les jeunes Français dépensent-ils leur argent ?

Questions d'application

19. Comment peut-on caractériser l'économie des Etats-Unis ?
20. Quelles diversifications trouve-t-on dans l'économie américaine ?
21. Trouve-t-on des formes de production archaïques aux Etats-Unis ? Où ?
22. Les fermes américaines sont-elles grandes ou petites ?
23. Dans quels états ou dans quelles régions trouve-t-on de petites fermes aux Etats-Unis ? Où trouve-t-on de grandes fermes ?
24. L'exode rural est-il un phénomène américain ? Où les fermiers vont-ils ?
25. Y a-t-il beaucoup de petits commerçants aux Etats-Unis ? Pourquoi ou pourquoi pas ?
26. Nommez quelques grandes compagnies américaines de dimensions internationales.
27. L'économie américaine est-elle semisocialiste ? Expliquez.
28. Comment l'Etat aide-t-il le travailleur américain ?

Composition dirigée

Dites ce que vous pensez de l'argent. Utilisez les phrases modèles.

Phrases modèles :

Je pense que l'argent est fait pour être ——— (accumulé ? dépensé ?). Je travaille pour gagner de l'argent. (Je ne travaille pas : mes parents me donnent de l'argent de poche.) Je dépense mon argent pour ——— (la scolarité – *tuition* ? le logement et la pension ? des livres ? des disques ? des sorties – *dates* ? des vêtements ?) Je mets ——— de côté chaque semaine. Je fais des économies parce que ———. (Je ne mets rien de côté parce que ———.)

Word Study

A. Parler à vs. parler de

parler à	to talk to	*Nous* **parlons à** *M. Duroc.*	*Il est au téléphone.*
parler de	to talk about	*Nous* **parlons de** *M. Duroc.*	*Il n'est pas là.*

Language Study

B. Contractions with à and de

GENERAL PATTERN for contractions with **à** and **de** and the definite article:

à + *le* → **au**	*Il parle* **au** *directeur.*
à + *les* → **aux**	*Il parle* **aux** *directeurs.*
de + *le* → **du**	*Il parle* **du** *directeur* **du** *supermarché.*
de + *les* → **des**	*Il parle* **des** *directeurs* **des** *supermarchés.*

The following forms do not contract: **à la, à l', de la, de l'**

NOTE: The prepositions **à** and **de** do not contract with direct object pronouns.

M. Duroc aime ce livre. *Il n'a pas envie* **de le** *vendre.*

C. Regular verbs in -re: present tense

The regular **-re** verbs form their present tense like **vendre** (*to sell*).

GENERAL PATTERN for the present tense of regular **-re** verbs:

infinitive stem (infinitive minus **-re**) + present endings for **-re** verbs

*je vend***s**	*nous vend***ons**
*tu vend***s**	*vous vend***ez**
il vend	*ils vend***ent**

In spoken French, the consonant *d* is silent in the singular forms and pronounced in the plural forms.

D. The irregular verb mettre (to put, to place)

Present tense: *je mets, tu mets, il met, nous mettons, vous mettez, ils mettent.*

E. The irregular verb prendre (to take)

Present tense: *je prends, tu prends, il prend, nous prenons, vous prenez, ils prennent.*

Vocabulaire utile

Voici quelques verbes réguliers en **-re** :

attendre	*to wait, to wait for*
entendre	*to hear*
étendre	*to spread*
rendre	*to give back, to render*
vendre	*to sell*

Voici quelques verbes conjugués comme **prendre** :

apprendre	*to learn, to teach*
comprendre	*to understand, to include*
reprendre	*to take back*
surprendre	*to surprise, to take by surprise*

Voici quelques verbes conjugués comme **mettre** :

admettre	*to admit*
commettre	*to commit*
omettre	*to omit*
permettre	*to permit, to allow*
promettre	*to promise*
remettre	*to put back, to postpone*
soumettre	*to submit*
transmettre	*to transmit*

Exercices

1 Sujets de conversation. Répondez à la question suivante avec les réponses suggérées. De quoi parlez-vous ?

Modèle : la France **Nous parlons de la France.**

1. l'économie française
2. le développement des loisirs
3. la recherche du confort
4. les vacances payées
5. les problèmes agricoles
6. le regroupement des terres
7. les grandes exploitations
8. l'attitude vis-à-vis de l'argent

2 Sujets d'intérêt. Répondez à la question suivante en utilisant les réponses suggérées dans l'Exercice 1. A quoi vous intéressez-vous ?

Modèle : la France **Je m'intéresse à la France.**

3 Les fermiers français. Mettez les phrases suivantes au pluriel. Faites les changements nécessaires.

1. Le fermier français admet et comprend la nécessité de transformer son exploitation.
2. Il apprend les techniques de l'agriculture moderne.
3. Quand il reprend le domaine paternel, il l'étend souvent par l'acquisition de terrains voisins.
4. Il vend ses produits à des coopératives commerciales.
5. Il soumet ces produits à des contrôles fréquents.
6. Il ne remet plus indéfiniment la modernisation de son équipement.
7. Il n'attend plus les mauvaises récoltes pour emprunter au Crédit Agricole.[1]
8. Il transmet à ses héritiers une entreprise modernisée.

[1] A bank specializing in farm loans.

F. Direct and indirect object pronouns: third person

GENERAL PATTERN for the forms of third person object pronouns:

	SINGULAR MASCULINE	SINGULAR FEMININE	PLURAL
DIRECT OBJECT	**le** (**l'**)	**la** (**l'**)	**les**
INDIRECT OBJECT	**lui**		**leur**

The form **l'** is used in front of a vowel sound.

Voici **un ingénieur.**
- *L'Etat* **le** *paie.*
- *L'Etat* **l'***emploie.*
- *L'Etat* **lui** *donne des allocations.*

Voici **une industrie.**
- *L'Etat* **la** *dirige.*
- *L'Etat* **l'***administre.*
- *L'Etat* **lui** *donne des subventions.*

Voici **des travailleurs.**
- *L'Etat* **les** *emploie.*
- *L'Etat* **leur** *garantit le travail.*

NOTES: 1. Object pronouns may replace single nouns or noun groups.
2. **Le, la, les** may replace any direct object, either people or things.
3. **Lui, leur** most often replace indirect objects that represent people. (The pronoun *y* is usually used to replace indirect objects which represent things: see Lesson 10-E. With reflexive verbs and with the verb *penser* (to think), the pronoun *y* is also used to replace indirect objects representing people.)

GENERAL PATTERN for word order with object pronouns:

subject + { **le** / **la** / **les** } + { **lui** / **leur** } + verb

L'Etat fournit cette subvention à ces entrepreneurs. — *L'Etat* **la leur** *fournit.*

EXCEPTION: In affirmative commands, the object pronouns follow the verb and are linked to it with hyphens. Direct object preceeds the indirect object !

Donnez cette subvention à l'entrepreneur. — *Donnez*-**la-lui.**
But: *Ne* **la lui** *donnez pas.*

Donnez-la-moi.
But: Ne me la donnez.

4 Questions de fait. Le rôle de l'Etat en France. Employez un pronom complément direct dans vos réponses aux questions suivantes.

Modèle : L'Etat dirige les grandes banques ?
Oui, il les dirige.

1. Il dirige les transports ferroviaires ?
2. Il encourage la production industrielle ?
3. Il dirige la compagnie Air France ?
4. Il possède les mines ?
5. Il administre la Sécurité Sociale ?
6. Il favorise la décentralisation ?
7. Il aide les familles nombreuses ?
8. Il protège le travailleur ?
9. Il facilite l'expansion économique ?
10. Il dirige l'éducation nationale ?

5 Questions de fait (suite). Employez un pronom complément indirect dans vos réponses.

Modèle : Est-ce que l'Etat donne des allocations aux familles nombreuses ?
Oui, il leur donne des allocations.

1. Est-ce que l'Etat assure une retraite aux travailleurs français ?
2. Est-ce qu'il donne une indemnité aux chômeurs ?
3. Est-ce qu'il garantit des vacances payées aux travailleurs ?
4. Est-ce qu'il rembourse les frais médicaux aux travailleurs ?
5. Est-ce qu'il fournit des subventions à certains entrepreneurs ?
6. Est-ce qu'il donne des subventions aux entrepreneurs ?

6 Transformations. Refaites les phrases suivantes en remplaçant par des pronoms (a) le complément direct, (b) le complément indirect, (c) les deux compléments.

Modèle : L'Etat donne cet argent aux malades.
a. **L'Etat le donne aux malades.**
b. **L'Etat leur donne cet argent.**
c. **L'Etat le leur donne.**

1. L'employeur donne son salaire à l'employé.
2. L'ingénieur donne ses conseils aux ouvriers.
3. La Sécurité Sociale rembourse les frais médicaux aux personnes malades.
4. L'Etat assure la retraite au travailleur.
5. Demande ton argent à ton patron.
6. Achetez ces médicaments au pharmacien.

G. First and second person object pronouns

In the first and second person, the direct and indirect object pronouns have the same forms.

GENERAL PATTERN for first and second person object pronouns:

	SINGULAR	PLURAL
FIRST PERSON	**me (m')**	**nous**
SECOND PERSON	**te (t')**	**vous**

The forms in parentheses are used in front of a vowel sound.

Je **te** *parle, mais tu ne* **me** *comprends pas.*

NOTE: **Me** and **te** cannot be used as the last pronoun in an affirmative command. In final position they are replaced by **moi** and **toi.**

*Donne-***moi** *une explication.* But: *Donnez-***m'***en une.*
*Dépêche-***toi.** (Hurry up.) But: *Va-***t'***en.* (Go away.)

H. Verbs with direct and indirect objects

In both French and English, some verbs take a direct object while others take an indirect object.

Direct object: *Le directeur établit* **des plans.**
Indirect object: *Le directeur parle* **aux employés.**

Sometimes, however, a verb which takes a direct object in French takes an indirect object in English, and vice versa.

1. The French verb takes a direct object. It is not followed by a preposition.

attendre	to wait for	*J'***attends** *la décision du directeur.*
chercher	to look for	*Je* **cherche** *un travail bien rémunéré.*
demander	to ask for	*L'employé* **demande** *une augmentation.*
écouter	to listen to	*Les ouvriers* **écoutent** *l'ingénieur.*
regarder	to look at	*L'ingénieur* **regarde** *le plan.*

2. The French verb takes an indirect object. It is followed by **à** + noun.

écrire **à**	to write (to)	*J'***écris au** *directeur.*
jouer **à**	to play (a game)	*Nous* **jouons au** *hockey.*
obéir **à**	to obey	*L'ouvrier* **obéit à** *l'ingénieur.*
répondre **à**	to answer	*Je* **réponds aux** *questions des employés.*
ressembler **à**	to resemble	*Elle* **ressemble à** *sa mère.*
téléphoner **à**	to phone, to call	*Nous* **téléphonons à** *mon employeur.*

7 Recommandations. Un père fait certaines recommandations à son fils qui va à l'université. Le fils répond qu'il suit toujours ses recommandations. Donnez les recommandations du père et les réponses du fils.

Modèle : écrire
Le père : **Ecris-moi.** Le fils : **Je t'écris toujours.**

1. téléphoner
2. donner ton adresse
3. envoyer de tes nouvelles
4. parler de ton université
5. dire la date des vacances
6. promettre de travailler

8 Nouvelles recommandations. Même exercice, mais cette fois ce sont le père et la mère qui font les recommandations.

Modèle : écrire
Le père et la mère : **Ecris-nous.** Le fils : **Je vous écris toujours.**

9 Composition libre. Composez des phrases en utilisant les mots suivants.

Modèles : regarder / le livre **Nous regardons ce livre.**
répondre / le téléphone **Est-ce que tu réponds au téléphone ?**

1. attendre / un ami
2. obéir / les parents
3. écouter / un disque
4. jouer / le rugby
5. chercher / un cahier
6. demander / de l'argent
7. répondre / la lettre
8. ressembler / un frère
9. regarder / la télévision

10 Nouvelles phrases. Formez une nouvelle phrase avec le verbe entre parenthèses. Attention aux prépositions.

Modèle : Marie aime son père. (obéir)
Marie obéit à son père.

1. Je travaille pour ce fermier. (chercher)
2. Elle écoute sa mère. (ressembler)
3. Elle regarde les deux lettres. (répondre)
4. Ils attendent leur salaire. (demander)
5. Nous aimons le basketball. (jouer)

I. Negative sentences

In French, the negation consists of two words: **ne** and another negative word.

GENERAL PATTERN for the negative form of a simple tense:
subject + **ne** + object pronouns (if any) + verb + negative word + complement (if any)

Je **ne** *travaille* { **pas.** / **plus.** / **guère.** / **jamais.** }

Je **n'***entends* { **rien.** / **personne.** }

{ **Rien** / **Personne** } **ne** *bouge.*

NOTES: 1. The word **ne** becomes **n'** before a vowel sound.

2. **Ne** and **n'** always come before the verb.

3. The words **rien** and **personne** are pronouns. They may be used as subjects, direct objects, indirect objects, and objects of a preposition.

The following chart lists the common negative expressions.

NEGATIVE EXPRESSION		AFFIRMATIVE SENTENCE	NEGATIVE SENTENCE
ne... pas	not	*Je travaille.*	*Je* **ne** *travaille* **pas.**
ne... point	not at all	*Je travaille beaucoup.*	*Je* **ne** *travaille* **point.**
ne... guère	hardly (ever)	*Je travaille souvent.*	*Je* **ne** *travaille* **guère.**
ne... jamais	never, not ever	*Je travaille toujours.*	*Je* **ne** *travaille* **jamais.**
ne... plus	no longer, no more	*Je travaille encore.*	*Je* **ne** *travaille* **plus.**
ne... ni... ni	neither... nor	*Je vais à Paris et à Lyon.*	*Je* **ne** *vais* **ni** *à Paris* **ni** *à Lyon.*
ne... personne	nobody, no one	*Je regarde quelqu'un.* *Je connais tout le monde.*	*Je* **ne** *regarde* **personne.** *Je* **ne** *connais* **personne.**
ne... rien	nothing, not anything	*Je regarde quelque chose.* *Je sais tout.*	*Je* **ne** *regarde* **rien.** *Je* **ne** *sais* **rien.**

11 Non ! Répondez négativement aux questions suivantes.

Modèle : La France est-elle un pays pauvre ?
Non, la France n'est pas un pays pauvre.

1. Son agriculture est-elle archaïque ?
2. Ses industries sont-elles démodées ?
3. Les petites entreprises sont-elles toujours modernes ?
4. Est-ce que la plupart des fermes sont grandes ?
5. Est-ce que les petits commerçants gagnent beaucoup d'argent ?
6. La France a-t-elle une économie strictement capitaliste ?
7. Est-ce que les Français vivent mal ?
8. Est-ce que les jeunes épargnent tout leur argent ?

12 C'est fini ! Répondez aux questions suivantes avec **ne... plus**.

Modèle : La France est-elle encore la plus grande puissance du monde ?
Non, la France n'est plus la plus grande puissance du monde.

1. Les ouvriers travaillent-ils soixante heures par semaine ?
2. Les ouvriers paient-ils leurs frais médicaux ?
3. Les jeunes ouvriers font-ils beaucoup d'économies ?
4. Les ouvriers ont-ils très peur de perdre leur travail ?
5. Les ouvriers travaillent-ils toute l'année sans vacances ?

13 La réponse est négative. Répondez aux questions suivantes en employant le mot négatif donné entre parenthèses. Suivez le modèle.

Modèle : Cette ferme a-t-elle cinquante hectares ? (même pas)
Cette ferme n'a même pas cinquante hectares.

1. Les fermiers sont-ils riches ? (guère)
2. La fermière va-t-elle souvent à Paris ? (jamais)
3. Le fermier a-t-il un tracteur ? (pas)
4. Qui habite cette petite maison là-bas ? (personne)
5. Le fermier a-t-il des poulets ? (rien)
6. A-t-il des vaches et des chevaux ? (ni... ni...)
7. Est-il paresseux ? (point)

14 Un fils difficile. Répondez négativement aux questions suivantes.

Modèle : Les parents comprennent-ils leur fils ?
Non, ils ne le comprennent pas.

1. Ecoute-t-il les conseils de sa mère ?
2. Obéit-il à son père ?
3. Ressemble-t-il à ses frères ?
4. Répond-il à ses professeurs ?
5. Apprend-il l'anglais ?
6. Admet-il sa paresse ?

4

Portrait d'un peuple

La France est une nation déconcertante. Elle étonne par les paradoxes et les contradictions qu'elle présente aux historiens, aux sociologues, aux touristes, en somme, à tous ceux qui l'approchent de près ou de loin. Après tout, la France n'est-elle pas la nation

— qui en 1789 décrète le droit inaliénable de l'homme à la liberté, mais qui un siècle plus tard colonise la moitié de l'Afrique ?
— qui prétend être « la fille aînée de l'Eglise », mais où les églises restent souvent vides le dimanche ?
— qui dans sa littérature idéalise la femme, mais qui, pendant des siècles l'asservit politiquement, socialement, et économiquement ?
— où l'instruction est en principe gratuite et ouverte à tous, mais où en fait les classes privilégiées sont pratiquement les seules à bénéficier du système universitaire ?
— où le riche se fait passer pour pauvre et où le pauvre prétend être riche ?
— où les trains sont toujours à l'heure, mais leurs machinistes souvent en grève ?

Quatre Français qui n'ont rien à se dire.

A la terrasse de ce café, la conversation est plus animée.

La personnalité du Français est à l'image de son pays. Elle aussi est faite de contrastes, de paradoxes, d'inconséquences. Ses défauts sont souvent l'envers de ses qualités. Le Français, est-il

généreux ou mesquin et avare ?
sérieux et logique ou capricieux et irréfléchi ?
réaliste ou inconséquent ?
entreprenant et innovateur ou routinier ?
libéral ou conservateur et hésitant ?
rêveur ou terre à terre ?[1]
actif ou passif et paresseux ?
jovial et décontracté ou sombre et maussade ?
naturel et spontané ou affecté et maniéré ?

Ce qui étonne, c'est qu'il est tout cela à la fois. Ainsi, un automobiliste français peut être prévenant et attentif à l'égard de ses passagers. Quand l'occasion se présente, il n'hésite pourtant pas à insulter les malheureux piétons qu'il rencontre sur sa route. Libéral dans ses opinions, il est conservateur dans ses actions. Inventif par nature, il est souvent malhabile dans les réalisations pratiques. D'ordinaire courtois, il est parfois grossier.

On parle souvent de l'individualisme français. L'individualisme est une attitude que les Français considèrent comme une vertu nationale et qu'ils cultivent avec le plus grand soin. L'école, la famille encouragent l'esprit d'initiative, la réflexion personnelle, l'indépendance d'action. Par éducation, mais aussi par goût, le Français est donc un nonconformiste. Il a son opinion qui n'est pas l'opinion générale. Il a sa façon d'agir qu'il ne copie pas sur les actions des autres.

[1] Matérialiste.

Mais comme la personnalité, les attitudes françaises sont souvent contradictoires. Individualiste par éducation, le Français est aussi un être sociable, et parfois très grégaire.

TENDANCES INDIVIDUALISTES

Indépendance vis-à-vis du groupe

Un observateur perspicace a dit que la France n'est pas un pays de cinquante millions de citoyens : c'est un pays divisé en cinquante millions d'individus. Cette observation est assez exacte. Le Français est un solitaire. Il évite les groupes constitués. Bien sûr, les associations culturelles, religieuses, politiques, sportives existent, mais elles n'ont pas le succès qu'elles connaissent à l'étranger. C'est sans doute que les exigences de la vie courante, les distractions, les loisirs, les croyances

sont avant tout l'affaire de l'individu. Dans ces domaines, le rôle de la collectivité ou des organisations

TENDANCES CONFORMISTES

Appartenance au groupe

La société ne règle pas les détails de la vie quotidienne, mais elle l'influence considérablement. L'opinion publique est en effet un guide impérieux de conduite. Si les Français la méprisent par principe, dans leurs actions ils la respectent. Ils sont extrêmement sensibles au « qu'en dira-t-on » et craignent le ridicule. « Le ridicule tue », disent-ils. En

France la mode est particulièrement tyrannique. Tout est en effet sujet de mode : les vêtements bien sûr, mais aussi les automobiles, les spectacles, les vacances et même le langage.

collectives est très limité. Si aux Etats-Unis l'université reconstitue souvent le cadre familial, en France elle a un but unique : assurer l'éducation des étudiants et non pas leur bien-être.

Insociabilité

La philosophie de « chacun chez soi » est une règle cardinale de conduite. En dehors du milieu familial et du groupe d'amis, les relations entre individus sont limitées. En ville, on se parle rarement entre voisins et le plus souvent on s'évite. A la campagne, où les rapports humains sont pourtant plus chaleureux, le paysage est là pour rappeler

le caractère inviolable de la vie privée : murs élevés, volets clos, pancartes menaçantes « chien méchant » ou bien « défense d'entrer sous peine d'amende ». Les étrangers considèrent ce climat de froideur sociale comme de la xénophobie. C'est d'ailleurs à tort, car dans leurs rapports avec les autres, les Français ne font pas de discrimination pour des questions de nationalité.

Sociabilité

Le Français est un être éminemment sociable et courtois, un homme du monde, respectueux de l'étiquette, un charmeur, un homme qui cherche à plaire. Au delà de ce vernis social, le Français est aussi un être capable d'une très grande générosité. Il est loyal et attaché à ses amis qu'il choisit, il est vrai, avec une très

grande circonspection. Quant à son apparent égoïsme, il a toujours fait place à un esprit de solidarité et de camaraderie spontanées aux époques difficiles de l'histoire de France.

Indiscipline sociale

Le Français a l'esprit critique. Il a aussi l'esprit de critique. Il aime « rouspéter », c'est-à-dire, protester. Pour lui, tout est sujet à sarcasme. En politique, il est plus souvent en désaccord qu'en accord avec le régime du moment. Pour lui, les lois sont faites, non pour être respectées, mais pour être transgressées. L'indiscipline est une vertu et la fraude — fiscale ou autre — une sorte de sport.

La liberté semble souvent consister à contredire l'autorité, à tourner les institutions en ridicule, à se dispenser de la religion, et à garder son chapeau sur la tête lorsqu'on joue l'hymne national.

Chauvinisme

Peu respectueux de ses traditions et de ses institutions, le Français les défend à l'occasion et avec vigueur. Il est prompt à proclamer la supériorité de sa culture et la grandeur de son histoire qu'il accommode d'ailleurs à toutes les sauces :[1] feuilletons radiophoniques ou télévisés, bandes dessinées. Il n'admet pas l'existence d'autres cultures. Il tire une fierté démesurée de la qualité de ses vins et de sa cuisine. A tout propos, il met l'orgueil national

en jeu. La victoire d'un champion français dans une compétition internationale est un triomphe national. Sa défaite, une véritable catastrophe.

[1] Qu'il utilise de toutes les façons.

Questions simples

1. Pourquoi la France est-elle une nation déconcertante ?
2. Quand la France décrète-t-elle le droit inaliénable de l'homme à la liberté ?
3. De quelle époque date la colonisation de l'Afrique par la France ?
4. Quelle est la position de la femme dans la littérature française ? dans la société française ?
5. Qui bénéficie surtout du système universitaire en France ?
6. Quelle réputation ont les trains français ?
7. Comment la personnalité du Français est-elle à l'image de son pays ?
8. Quels adjectifs emploie-t-on pour décrire le Français ?
9. Qu'est-ce que c'est que l'individualisme français ?
10. Quelle est l'attitude du Français vis-à-vis des groupes constitués ?
11. Quelle est l'influence de l'opinion publique en France ?
12. Quel est le but de l'université en France ?
13. Qu'est-ce que c'est que la xénophobie ? Les Français sont-ils xénophobes ?
14. Donnez des exemples de la sociabilité du Français.
15. Comment le Français considère-t-il l'autorité ?
16. Comment le Français considère-t-il sa culture et son histoire ?

Questions d'application

17. Les Etats-Unis sont-ils une nation déconcertante ? Pourquoi ou pourquoi pas ?
18. Y a-t-il des paradoxes aux Etats-Unis ? Lesquels ?
19. Quelles sont les qualités de l'Américain ?
20. Quels sont ses défauts ?
21. Y a-t-il des contradictions dans la personnalité américaine ? Lesquelles ?
22. Y a-t-il une vertu nationale aux Etats-Unis ? Laquelle ?
23. Quel est le rôle du groupe aux Etats-Unis ?
24. La mode est-elle tyrannique aux Etats-Unis ? Expliquez.
25. Décrivez la sociabilité américaine.
26. Comment l'Américain considère-t-il ses institutions politiques ?
27. Dans quels domaines l'Américain proclame-t-il sa supériorité ?
28. Quelles sont les similarités et les différences entre l'Américain et le Français ?

Composition dirigée

Faites le portrait d'un ami (d'une amie) ou d'une personne que vous admirez. Utilisez les phrases modèles.

Phrases modèles :

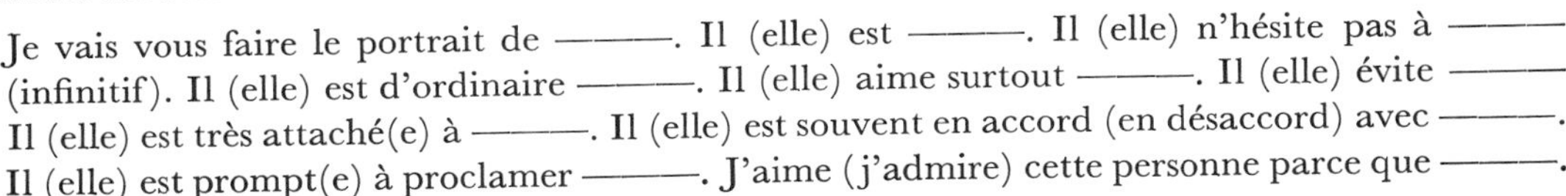

Je vais vous faire le portrait de ———. Il (elle) est ———. Il (elle) n'hésite pas à ——— (infinitif). Il (elle) est d'ordinaire ———. Il (elle) aime surtout ———. Il (elle) évite ——— Il (elle) est très attaché(e) à ———. Il (elle) est souvent en accord (en désaccord) avec ———. Il (elle) est prompt(e) à proclamer ———. J'aime (j'admire) cette personne parce que ———.

(Si vous préférez, faites votre portrait, en employant le sujet *je*.)

Word Study

A. Adjectives in -eux

Many English adjectives in *-ous* refer to character traits. In French many adjectives referring to character traits end in **-eux**.

*curi***eux**	curious
*génér***eux**	generous

B. Adjectives in -ique

Most English adjectives in *-ic* or *-ical* have French cognates in **-ique**.

*log***ique**	logic
*mag***ique**	magic

C. Adjectives in -el or -al

Most English adjectives in *-al* have French cognates in **-el** or **-al**.

*individu***el**	individual
*libér***al**	liberal

Language Study

D. Irregular adjectives: singular forms

1. **Feminine forms.** In written French, the feminine singular form of regular adjectives is made by adding *-e* to the masculine form.

GENERAL PATTERN for the feminine forms of irregular adjectives:

MASCULINE ENDING	FEMININE ENDING	
-er	**-ère**	*fier – fi***ère** (proud)
-el	**-elle**	*personnel – personn***elle**
-et	**-ette**	*net – n***ette** (clear)
-on	**-onne**	*bon – b***onne**
-ien	**-ienne**	*ancien – anc***ienne**
-eur[1]	**-euse**	*rêveur – rêv***euse** (dreamy)
-teur	**-trice**	*innovateur – innova***trice**
-eux	**-euse**	*sérieux – séri***euse**
-f	**-ve**	*actif – acti***ve**

[1] However: *meilleur – meilleure, supérieur – supérieure, inférieur – inférieure.*

Vocabulaire utile

Ces adjectifs sont apparentés à l'anglais.

-EUX	-EL	-AL
ambitieux	exceptionnel	capital
anxieux	individuel	général
capricieux	intellectuel	international
généreux	manuel	libéral
nerveux	naturel	local
prétentieux	personnel	national
religieux	professionnel	original
sérieux	sensationnel	principal

Ces adjectifs sont des mots nonapparentés.

heureux	*happy*	paresseux	*lazy*
malheureux	*unhappy, unfortunate*	peureux	*fearful*

Exercices

1 Transformations. Traduisez.

1. That's serious.
2. That's comical.
3. That's logical.
4. That's critical.
5. He's nervous.
6. He's generous.
7. He's fantastic.
8. He's practical.
9. She's capricious.
10. She's religious.
11. She's cynical.
12. She's romantic.

2 La française. A la page 51, ligne 3, remplacez **est-il** par **est-elle**. Faites tous les changements nécessaires.

3 Garçons et filles. Complétez les phrases suivant le modèle.

Modèle : Jacques est grand. Jacqueline...
Jacqueline est grande. Ils sont grands.

1. Pierre est curieux. Pierrette...
2. Louis est ponctuel. Louise...
3. André est beau. Andrée...
4. François est bon. Françoise...
5. Lucien est pensif. Lucienne...
6. Antoine est coquet. Antoinette...
7. Denis est étranger. Denise...
8. Claude est superficiel. Claudine...
9. Jean est heureux. Jeanne.....
10. Michel est sérieux. Michèle...
11. René est dominateur. Renée...
12. Christian est calculateur. Christine...

2. **Adjectives with two masculine forms.** The following adjectives have two alternate masculine forms when they precede the noun. The form in parentheses is used only when the following word begins with a vowel sound:

MASCULINE	FEMININE			
beau (bel)	**belle**	*un* **beau** *pays*	*un* **bel** *objet*	*une* **belle** *chose*
nouveau (nouvel)	**nouvelle**	*un* **nouveau** *pays*	*un* **nouvel** *objet*	*une* **nouvelle** *chose*
vieux (vieil)	**vieille**	*un* **vieux** *pays*	*un* **vieil** *objet*	*une* **vieille** *chose*

E. Irregular nouns and adjectives: plural forms

Plural nouns and adjectives are formed by adding *-s* to the appropriate singular form, unless the latter already ends in *-s* or *-x*.

GENERAL PATTERN for the plural forms of irregular nouns and adjectives:

SINGULAR ENDING	PLURAL ENDING	
-eau	**-eaux**	*le* **beau** *bat***eau** – *les* **beaux** *bat***eaux**
-al	**-aux**	*un journ***al** *origin***al** – *des journ***aux** *origin***aux**
-ail	**-aux**	*le trav***ail** – *les tra***vaux**

NOTES: 1. Some words in *-al* which simply add an *-s* in the plural are *banal – banals, fatal – fatals, final – finals.*

2. A common word in *-ail* which simply adds an *-s* in the plural is *un détail – des détails.*

F. Position of adjectives

GENERAL PATTERN for the position of adjectives:

determiner + noun + adjective

un droit **inaliénable** *les classes* **privilégiées** *une vertu* **nationale**

NOTES: 1. **Premier, dernier** and the ordinal numbers come before the noun:

ma **première** *opinion* *en* **troisième** *position*

2. A few descriptive adjectives come before the noun: **autre** (*other*), **beau** (*beautiful, handsome*), **bon** (*good*), **grand** (*big, large*), **haut** (*high*), **jeune** (*young*), **mauvais** (*bad*), **même** (*same*), **nouveau** (*new*), **petit** (*small*), **vieux** (*old*).

une très **grande** *générosité*

3. The meaning of some adjectives changes according to their position before or after the noun:

un **cher** *ami*	a dear friend
une montre **chère**	an expensive watch

Vocabulaire utile

Les adjectifs ci-dessous changent de signification suivant qu'ils sont placés avant ou après le nom.

ancien	un ancien associé	*a former partner*
	un meuble ancien	*an antique piece of furniture*
brave	un brave homme	*a decent fellow*
	un homme brave	*a brave man*
certain	un certain ami	*a certain friend*
	un ami certain	*a sure friend*
pauvre	une pauvre femme	*an unfortunate woman*
	une femme pauvre	*a poor woman (i.e., without money)*
propre	ma propre automobile	*my own car (my very own car)*
	une automobile propre	*a clean car*
sale	un sale chien	*a nasty dog*
	un chien sale	*a dirty dog (i.e., not clean)*

Exercices

4 La France. Employez les adjectifs pour décrire la France.

Modèles : a. grand **La France est un grand pays.**
b. grand / industriel **La France est un grand pays industriel.**

1. ancien
2. beau
3. joli
4. pittoresque
5. vieux
6. varié
7. moderne
8. grand / agricole
9. grand / européen

5 La bonne forme ! Donnez la forme appropriée de l'adjectif en italique.

1. *sensationnel* des filles…
2. *libéral* des sénateurs…
3. *social* un problème…
4. *radical* une cure…
5. *principal* l'inspectrice…
6. *original* des actrices…
7. *naturel* un remède…
8. *national* une monnaie…
9. *original* des auteurs…

6 Les autres aussi ! Faites des phrases d'après le modèle.

Modèle : Le lion est un animal féroce. Les tigres.
Les tigres sont des animaux féroces aussi.

1. *Le Monde* est un journal parisien. *Le Figaro* et *France-Soir.*
2. De Gaulle était un général. Leclerc et Giraud.
3. MacMahon était un maréchal français. Joffre et Foch.
4. Un paquebot est un bateau. Un remorqueur et un pétrolier.
5. Versailles est un château. Chambord et Loches.

G. The irregular verb faire (to do, to make)

Present tense: *je fais, tu fais, il fait, nous faisons,*[1] *vous faites, ils font.*

Je **fais** *mes devoirs.*	I'm doing my homework.
Il **fait** *une remarque.*	He makes a remark.

H. Idiomatic expressions with faire

Faire is used in many idiomatic expressions.

faire *partie de*	to be a part of, to belong to
faire *une partie de*	to play (have) a game of
faire *une visite à*	to pay a visit to
faire *une promenade*	to go for a walk
faire *les courses*	to go shopping
faire *la connaissance de*	to meet
faire de + (article + name of sport)	to play (a sport)
faire de + (article + name of instrument)	to play (an instrument)
faire de + (article + name of subject)	to study, to take a course in

Il fait is used in many expressions of time, weather conditions.

il fait	*jour*	it's	day, light
	nuit		night, dark
	froid		cold
	chaud		warm, hot
	du vent		windy
	du soleil		sunny
	de l'orage		stormy
	noir		very dark
	beau		nice
	mauvais		bad
	un sale temps		awful weather

I. Faire vs. rendre

The French do not use the verb **faire** in the expression *to make someone (or something) beautiful, interesting,* and so on. The French equivalent is **rendre quelqu'un (ou quelque chose)** + adjectif.

Le professeur **rend** *cette classe intéressante.*
Cette nouvelle me **rend** *sceptique.*

[1] The *ai* of *faisons* is pronounced like the *e* of *je.*

7 Un verbe à tout faire. Complétez les phrases suivantes avec la forme appropriée du verbe **faire**. Lisez attentivement les phrases. L'expression française avec **faire** est équivalente à l'expression anglaise en italique.

1. Jacques ______ l'idiot.	Jacques *is acting stupid.*
2. Vous ______ vos valises ?	*Are* you *packing your suitcases*?
3. Avec ma voiture, je peux ______ du 150 à l'heure.	With my car I can *do 90 miles an hour.*
4. Combien cela ______-il ?	How much *does* that *cost*?
5. Cela lui ______ de la peine.	That *hurts him.* (That *makes him sad.*)
6. Cela ______ mon affaire.	That *suits me.*
7. Cela ne ______ rien.	That *doesn't matter.*
8. Tu ______ semblant de dormir.	You *are pretending to* be asleep.

8 Questions personnelles. Employez une expression avec **faire** dans vos réponses.

1. Qu'est-ce que vous étudiez...
   a. le lundi ?
   b. le mardi ?
   c. le mercredi ?
   d. le jeudi ?
   e. le vendredi ?
2. Quels sports pratiquez-vous...
   a. en été ?
   b. en automne ?
   c. en hiver ?
   d. au printemps ?
3. De quel instrument jouez-vous ?
4. Qu'est-ce que vous faites...
   a. quand il fait beau ?
   b. quand il fait jour ?
   c. quand il fait chaud ?
   d. quand il fait mauvais ?
   e. quand il fait froid ?

9 Equivalences. Faites des phrases équivalentes en utilisant une expression avec **faire**.

Modèle : J'étudie le français. **Je fais du français.**

1. Il y a de l'orage.
2. Le temps est très mauvais.
3. Nous jouons du piano.
4. Ils jouent au football.
5. Je marche dans la forêt.
6. Nous rencontrons de nouveaux amis.
7. Pour mes achats, je vais au supermarché.

10 Causes et résultats. Complétez les phrases suivantes avec un adjectif.

1. Mes parents me rendent...
2. Mon professeur me rend...
3. L'argent me rend...
4. Les examens me rendent...
5. Le succès me rend...
6. Les mauvaises nouvelles me rendent...

J. The relative pronouns qui and que

The relative pronouns **qui** and **que** can refer to either persons or objects. The pronouns **qui** and **que** are both used to introduce a relative clause.

Qui is the subject of the dependent clause, and it means *who, that, which.*
Que is the object of the dependent clause, and it means *who(m), that, which.*

1. *Je connais l'homme.* **L'homme** *regarde la maison.*
   Je connais l'homme **qui** *regarde la maison.*

In the sentence above, the subject of the relative clause is **qui**, because **qui** replaces *l'homme* which is the subject of *regarde*. The object is *la maison.*

2. *Je connais l'homme. Tu regardes* **l'homme**.
   Je connais l'homme **que** *tu regardes.*

In the sentence above, the object of the relative clause is **que**, because **que** replaces *l'homme* which is the object of *regardes*. The subject is *tu.*

3. *Voici un couteau.* **Ce couteau** *coupe le pain.*
   Voici un couteau **qui** *coupe le pain.*

In the sentence above, the subject of the relative clause is **qui**, because **qui** replaces *ce couteau* which is the subject of *coupe*. The object is *le pain.*

4. *Voici le couteau. J'utilise* **le couteau**.
   Voici le couteau **que** *j'utilise.*

In the sentence above, the object of the relative clause is **que**, because **que** replaces *le couteau* which is the object of *utilise*. The subject is *je (j')*.

> GENERAL PATTERN for the use of the relative pronouns **qui** and **que**:
>
> **qui** + verb group + complement (if any)
> **que** + subject (noun or pronoun) + verb group + complement (if any)

Les Américains **qui** *viennent en France... Moi* **qui** *ne suis pas français...*
Les classes **que** *nous préférons... Le président* **que** *le pays va choisir...*

NOTES: 1. The pronoun **que** becomes **qu'** before a vowel sound.

Je connais la jeune fille **qu'***il aime.*

2. English often omits the object pronoun. The pronoun **que** may never be omitted in French.

La fille **que** *je connais...*	The girl I know... The girl that I know...
Les livres **qu'***il désire...*	The books he wants... The books that he wants...

11 Le mot juste. Remplacez les blancs par **qui** ou **que** (**qu'**).

1. En France, on trouve des personnes ______ sont très individualistes et d'autres ______ sont très conformistes.
2. L'amitié est un sentiment ______ il faut cultiver.
3. Les amis ______ on préfère sont les amis ______ sont loyaux.
4. Les gens ______ critiquent tout sont malheureux.
5. Les gouvernements ______ les Français élisent ne sont pas toujours populaires.

12 Transformations. Transformez les deux phrases en une phrase en utilisant le pronom relatif approprié.

Modèles : a. Voici un garçon. Ce garçon a des idées.
Voici un garçon qui a des idées.

b. Voici un garçon. Je trouve ce garçon trop sérieux.
Voici un garçon que je trouve trop sérieux.

1. Voilà une jeune fille. Cette jeune fille est très indépendante.
2. Voilà des amis. Ces amis sont généreux.
3. Qui est ce garçon ? Vous trouvez ce garçon très routinier.
4. J'ai un ami. Cet ami trouve les Français routiniers.
5. Qui sont ces voisins ? Tu évites ces voisins.
6. Il y a des modes nouvelles. Ces modes ne sont pas toujours originales.
7. Il y a des lois absurdes. Tout le monde respecte ces lois.
8. L'individualisme est une qualité. Cette qualité est parfois un défaut.
9. L'indépendance est une attitude. Les Français admirent cette attitude.
10. Les parents ont des idées. Les enfants trouvent ces idées trop conservatrices.

13 Votre opinion. Complétez les phrases suivantes.

1. La France est un pays qui / que...
2. Les Français sont des gens qui / que...
3. L'éducation française est une éducation qui / que...
4. La mode en France est une mode qui / que...
5. La conversation est un art qui / que...

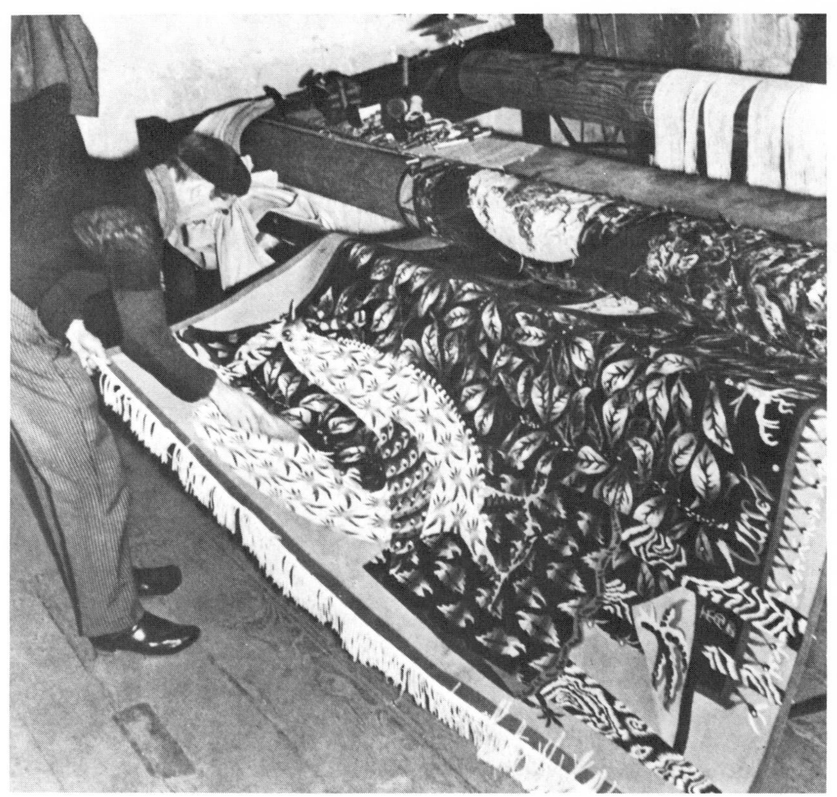

La tapisserie est un art méticuleux.

5

Artistes et artisans

La France est le pays du goût et du bon goût. On la considère souvent comme la patrie des arts, des artistes et des artisans. Comment distingue-t-on artistes et artisans ? En principe, c'est assez simple.

L'artiste est un créateur. Son inspiration est avant tout au service de la beauté. Son art est donc libre et prend des formes pures : peinture, musique, sculpture.

L'œuvre de l'artisan est liée à la vie courante. Elle s'exprime surtout dans le domaine de la décoration : costume, parure, mobilier, tapisserie. Le talent de l'artisan se mesure plus par l'excellence de l'exécution que par l'originalité de l'inspiration.

C'est là la théorie. En pratique, cependant, la distinction est moins nette. L'artiste et l'artisan ont chacun leur art, mais dans les deux cas cet art est à la recherche du beau. L'artisan fait de l'utile qui est beau. L'artiste crée du beau qui n'est pas nécessairement inutile. Les deux domaines ne sont donc pas incompatibles. Picasso décore des assiettes. Buffet peint des réfrigérateurs. Statues et tableaux ornent les intérieurs et la musique, grâce au disque et à la radio, divertit leurs occupants. A l'inverse, la tapisserie, le mobilier, la céramique, œuvres d'artisans illustres ou inconnus, ont pénétré dans les temples de la beauté que sont les musées.

Le mobilier : un produit de l'artisanat

L'artisan français s'est exprimé dans bien des domaines. Les diverses formes d'art artisanal ont connu des fortunes variées. Certaines, comme le vitrail, n'ont plus l'importance d'autrefois. D'autres ont disparu, puis reparu.

La haute couture est un art de luxe.

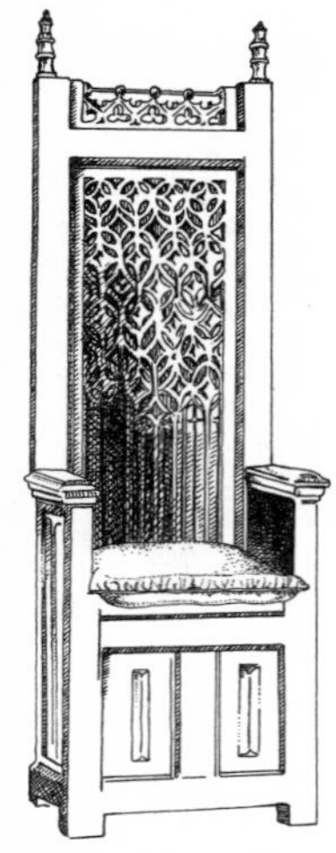

Moyen Âge

Renaissance

Louis XIII

C'est le cas, par exemple, de la tapisserie qui a connu une éclipse au dix-neuvième siècle et s'est ranimée au vingtième siècle avec Lurçat et Gromaire. D'autres encore sont d'origine très récente. Le « gemmail » dont l'objet est de composer une œuvre décorative avec des morceaux de verre de couleurs différentes n'existait pas il y a vingt ans.

C'est sans doute le mobilier qui offre à la fois le plus de continuité dans la qualité, et le plus de variété dans le style. L'histoire du mobilier français est un peu l'histoire de France. Chaque époque a en effet son style auquel on a souvent donné le nom du monarque régnant ou du régime alors en vigueur. Il faut croire que ces monarques ne s'aimaient pas, car chaque style semble être l'antithèse du style qui le précède. Voici quelques-unes de ces époques :

Moyen Âge : austérité. Le mobilier est restreint : lits, chaises, tables, bahuts. Le bahut est un meuble « fourre-tout » dans lequel on entasse le linge, la vaisselle, les provisions. Le mobilier du Moyen Âge est massif et austère. Il est conçu pour servir, non pour plaire.

La Renaissance : richesse de la sculpture. Le mobilier se spécialise. Le bahut médiéval devient armoire, buffet, dressoir, crédence. Les meubles s'ornent de sculptures compliquées parmi lesquelles on trouve des anges, des trophées, des emblèmes, des personnages bibliques ou mythologiques.

Louis XIII : simplicité des lignes. Le mobilier a retrouvé sa simplicité. Le fauteuil Louis XIII est un meuble solide aux lignes sobres et droites. Son dossier est rectangulaire. Les sculptures n'ont pas disparu, mais elles sont très simples : pointe de diamant, losange, croix de Malte.

Louis XV : élégance et excentricité. Le mobilier s'enrichit. Bureaux ou secrétaires, commodes, pendules, divans, bergères. Il devient plus confortable, mais aussi plus tapageur. La courbe remplace la ligne droite. La marqueterie, le bronze, les incrustations de pierre rehaussent la richesse des bois. La dissymétrie prédomine dans l'ornementation.

Louis XVI : élégance et sobriété. Retour à la ligne droite classique. L'ornementation est traitée avec finesse et élégance. L'usage du bronze est plus discret. Les motifs se simplifient et la symétrie réapparaît. Le dossier rectangulaire remplace le dossier en médaillon Louis XV.

Napoléon III : mélange de styles. Le Napoléon III n'est pas un style, mais une combinaison de plusieurs styles. Il n'est pas discret, mais il n'est pas tapageur non plus. Il représente tout de même un certain effort de création. Les artisans de la fin du siècle se contentent au contraire de copier le style d'autres époques.

Les styles contemporains. Il y a eu plusieurs essais, mais ces essais n'ont pas toujours été très heureux. Le Modern Style[1] de 1900 avec ses courbes essaie de donner une certaine impression de légèreté qu'en fait il n'a pas. Le style rectiligne auquel il fait place n'est pas convaincant non plus. Aujourd'hui le mobilier cherche à être fonctionnel, c'est-à-dire à la fois confortable et pratique, mais c'est souvent au détriment de l'élégance.

[1] Ce style auquel on donne le nom de « Modern Style » en français est appelé « Art Nouveau » en anglais.

Artistes

Louis XV

Si, comme on le dit, les artistes n'ont pas de patrie, ils ont des préférences géographiques bien marquées et ces préférences les ont souvent amenés en France.

Les artistes auxquels la France a offert une hospitalité temporaire ou permanente sont légion. Ce furent Léonard de Vinci au seizième siècle et Lulli au dix-septième siècle. Plus récemment Paris a accueilli des milliers d'artistes voyageurs parmi lesquels on trouve des noms célèbres. Peintres : Van Gogh, Picasso, Chagall, Mondrian, Kandinsky, Modigliani. Musiciens : Chopin, Offenbach, César Franck, Stravinsky, Honegger, de Falla. Cause ou conséquence de ces mouvements migratoires, la France est depuis longtemps le centre d'une effervescence artistique considérable. Mouvements, tendances, écoles s'y sont fondés, mêlés, entrecroisés, succédés, sans relâche.

Matisse : un artiste français

Louis XVI

Il n'est pas possible de décrire ici, même brièvement, ces divers mouvements artistiques. Mais on peut présenter l'œuvre d'un seul artiste, Matisse par exemple. Celui-ci n'est pas toujours original, mais il a constamment cherché à se renouveler. C'est donc un artiste chez qui on retrouve une grande variété de styles.

A la recherche d'un style (*1890–1903*). Matisse découvre tard sa vocation. Au départ son style est nettement inspiré d'autres styles. Il subit l'influence de Cézanne, puis celle d'autres Impressionnistes auxquels il emprunte les techniques. Comme eux, il atomise la couleur et la lumière. Mais le choix des couleurs brillantes annonce un style nouveau.

Le Fauve (*1903–1910*). La nouvelle école à laquelle Matisse appartient est celle des Fauves, nom donné par un journaliste à ce groupe d'artistes dont l'atelier lui rappelait un repaire de lions. Matisse est le plus sauvage des Fauves. Chez lui, tout est couleur et toute couleur est violente : rouges, bruns, mauves, auxquels s'ajoutent souvent bleus, jaunes, oranges. La couleur est intense mais le dessin est imprécis. Quelques lignes donnent le contour de l'objet et les nappes de couleur évoquent le reste.

L'attrait du Cubisme (*1911—1917*). Le Cubisme est alors en vogue. C'est le mouvement vers lequel Matisse semble se tourner un instant. Sa peinture se simplifie. Les formes deviennent presque abstraites. Les tons s'atténuent.

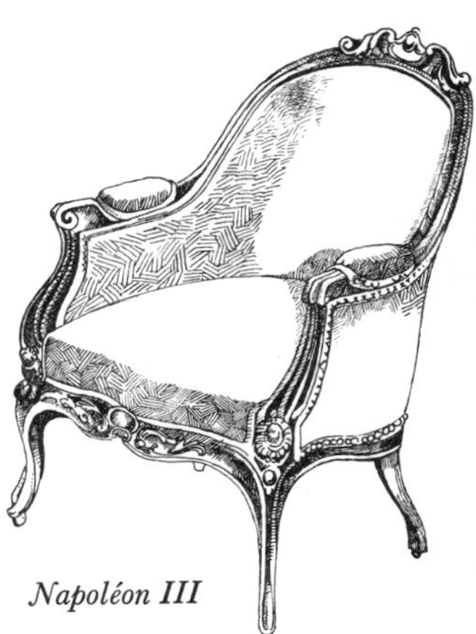
Napoléon III

Le grand Matisse (*1917–1954*). Ce rapprochement avec le Cubisme ne dure pas. Une époque très féconde va suivre. Les styles sont variés mais désormais ils sont purement Matisse.

De 1917 à 1925, la peinture de Matisse évoque surtout la grâce et la légèreté. Le dessin se stylise. Les motifs sont principalement décoratifs. Ce sont des fleurs, des étoffes, des jeunes femmes.

De 1925 à 1929, les couleurs sont plus crues et les formes se compliquent.

A partir de 1930, le dessin se simplifie à nouveau. La forme devient plate et synthétique. La couleur bleue prédomine. Plus tard, le talent de Matisse cherche de nouvelles formes d'expression : il sculpte, il décore des vitraux, il illustre des livres, il dessine des motifs de tapisserie. Il travaille le bois, le verre, le métal. Quand il est mort en 1954, son œuvre avait déjà été l'objet de nombreuses rétrospectives.

A 84 ans, Matisse continue à créer.

Questions simples

1. Quelle est la différence entre un artiste et un artisan, en théorie ?
2. Quelle est la différence entre un artiste et un artisan, en pratique ?
3. Nommez quelques-unes des formes de l'art artisanal.
4. Pourquoi l'auteur parle-t-il surtout du mobilier ?
5. Comment conçoit-on le mobilier au Moyen Age ?
6. Quelle est la différence entre le mobilier du Moyen Age et le mobilier de la Renaissance ?
7. Comment le mobilier Louis XIII et le mobilier Louis XVI se ressemblent-ils ?
8. Comment distingue-t-on le mobilier Louis XV ?
9. Comment caractérise-t-on le mobilier Napoléon III ?
10. Nommez quelques artistes qui ont choisi la France comme patrie.
11. Comment peut-on caractériser l'œuvre de Matisse ?
12. Quelles influences Matisse subit-il dans sa jeunesse ?
13. Qu'est-ce que c'est que l'Ecole des Fauves ?
14. Quels sont les rapports entre Matisse et le Cubisme ?
15. Comment caractérise-t-on l'œuvre du grand Matisse ?
16. Quelles formes d'expression Matisse choisit-il ?

Questions d'application

17. Quel pays est maintenant la patrie des arts ? Expliquez.
18. Y a-t-il des artisans aux Etats-Unis ? Lesquels ?
19. Peut-on dire que l'histoire du mobilier américain est un peu l'histoire des Etats-Unis ? Pourquoi ou pourquoi pas ?
20. Connaissez-vous des peintres français ? Lesquels ?
21. Connaissez-vous des peintres américains ? Lesquels ?
22. Est-ce que l'artiste joue un rôle important dans la société ? Expliquez.
23. Avez-vous un musée préféré ? Quels sont les tableaux que vous aimez le plus ?
24. Avez-vous des reproductions de tableaux dans votre chambre ? Lesquelles ?
25. Collectionnez-vous des affiches (*posters*) ? Lesquelles ?
26. Quels sont vos musiciens favoris ?
27. La musique est-elle importante dans la vie de l'homme ? Pourquoi et comment ?
28. Quelle sorte de musique préférez-vous ?

Composition dirigée

Qui est votre artiste préféré ? Ecrivez un petit paragraphe en utilisant les phrases modèles.

Phrases modèles :

Mon artiste préféré est ———. C'est un peintre (sculpteur, musicien) du ——— siècle. Dans sa jeunesse, cet artiste subit l'influence de ———. Il (elle) emprunte des techniques à ———. Mais l'originalité de cet artiste se trouve dans ———. Pour lui (elle), c'est le (la) ——— qui est important(e). Moi, j'aime ses oeuvres parce que ———. Mon oeuvre favorite de cet artiste s'appelle ———.

Language Study

A. Indefinite adjectives and pronouns

The chart below contains the most common indefinite adjectives and pronouns.

ADJECTIVES	PRONOUNS
chaque (*each, every*) **Chaque** *artiste a son style.*	**chacun, chacune** (*each, each one, every one*) **Chacun** *a son style.*
quelque, quelques (*some, a few*) *J'ai* **quelques** *reproductions de tableaux célèbres.*	**quelqu'un, quelques-un(e)s** (*someone, some, a few*) **Quelques-unes** *sont très belles.* **quelque chose** (*something*) *Dites-lui* **quelque chose.**
autre, autres (*other*) *Les* **autres** *garçons travaillent.* **un(e) autre, d'autres** (*another, other*) *Je veux* **un autre** *tableau.*	**l'autre, les autres** (*the other(s)*) **Les autres** *travaillent.* **un(e) autre, d'autres** (*another, others*) *J'en veux* **d'autres.**[1]
même, mêmes (*same*) *Est-ce que c'est le* **même** *artiste ?*	**le (la) même, les mêmes** (*the same, the same one(s)*) *Oui, c'est* **le même.**
certain(e), certain(e)s, (*certain*) *Il a un* **certain** *talent.*	**certains, certaines** (*certain people, certain ones*) **Certains** *admirent son talent.*
divers(e), divers(es), (*various*) *Matisse a adopté* **divers** *styles.*	
plusieurs (*several*) *J'ai* **plusieurs** *amis en France.*	**plusieurs** (*several*) **Plusieurs** *habitent Paris.*
ne... aucun, aucune (*no, not any*) *Il* **n'***a* **aucun** *style.*	**ne... aucun, aucune** (*none, not a one*) **Aucun ne** *me plaît.*

NOTE: **Quelqu'un** and **quelque chose** (as well as **rien** and **personne**) require **de** before an adjective.

C'est **quelqu'un de** *très intelligent.*
J'ai **quelque chose de** *très intéressant à vous dire.*
Qu'est-ce qui se passe ? **Rien d'***important.*
Qui joue dans ce film ? **Personne de** *célèbre.*

[1] For more on the use of **en**, see Lesson 9-1.

Proverbes

Voici quelques proverbes français :

Personne n'est parfait.
C'est tout ou rien.
Chaque chose a son temps.
Plus ça change, plus c'est la même chose.
Chacun pour soi et Dieu pour tous.

Exercices

1 Définitions. Répondez aux phrases suivantes en utilisant l'adjectif entre parenthèses et l'expression **quelqu'un** ou **quelque chose.**

Modèle : Qu'est-ce qu'un géant ? (très grand)
Un géant est quelqu'un de très grand.

1. Qu'est-ce qu'un clown ? (drôle)
2. Qu'est-ce qu'un artiste ? (très inspiré)
3. Qu'est-ce qu'une énigme ? (mystérieux)
4. Qu'est-ce qu'une rareté ? (très rare)
5. Qu'est-ce qu'un génie ? (supérieurement intelligent)
6. Qu'est-ce qu'un cliché ? (très banal)
7. Qu'est-ce qu'un chef d'œuvre ? (presque parfait)
8. Qu'est-ce qu'un original ? (unique)
9. Qu'est-ce qu'une curiosité ? (bizarre)
10. Qu'est-ce qu'un secret ? (confidentiel)

2 Substitutions. Remplacez les mots en italique par un pronom indéfini de la même famille que l'adjectif indéfini en italique.

Modèle : *Chaque artiste* a son style.
Chacun a son style.

1. *Chaque époque* a ses grands artistes.
2. *Plusieurs artistes* ont imité Matisse.
3. *Quelques œuvres de Matisse* sont exposées à New York.
4. *D'autres œuvres* sont exposées à Paris.
5. *Quelques formes d'art artisanal* ont disparu.
6. J'ai vu *la même reproduction* chez un ami.
7. *Chaque maître* a ses élèves préférés.
8. *Certaines personnes* détestent l'art moderne.
9. *Chaque tableau* est signé.
10. *Quelques artistes* font des choses extravagantes.

B. The partitive and indefinite articles

Nouns can be divided into two categories: count nouns and mass nouns.

Count nouns designate objects which can be counted: pictures, plates.
Mass nouns designate things which cannot be counted: paint, cloth, wood.

GENERAL PATTERN for the indefinite article (*a*, *an*, *some*) and the partitive article (*some*):

1. Indefinite article (used with count nouns)

SINGULAR	MASCULINE	**un**	**un** *portrait*, **un** *artiste*
	FEMININE	**une**	**une** *photo*, **une** *image*
PLURAL		**des**	**des** *portraits*, **des** *images*

2. Partitive article (used with mass nouns)

SINGULAR	MASCULINE	**du** (**de l'**)	**du** *marbre*, **de l'***aluminium*
	FEMININE	**de la** (**de l'**)	**de la** *peinture*, **de l'***étoffe*

The form **de l'** is used before a word beginning with a vowel sound.

NOTES: 1. Depending on the context, some nouns may be either count nouns or mass nouns.

Voici **une** *jolie étoffe.* — This is a nice (piece of) cloth.
Je voudrais **de l'***étoffe.* — I would like some cloth.

2. The indefinite articles and the partitive articles must be used in French, even where the equivalent English sentence would not use an article.

On obtient **du** *vert avec* **du** *bleu et* **du** *jaune.* — One gets green with blue and yellow.
Elle fait **des** *portraits.* — She is making portraits.

3. When a noun is used in a general sense, or in a specific sense (i.e., when followed by some qualifier), the definite article is used.

J'aime **le** *mobilier.* — I like furniture (in general).
Regarde **le** *mobilier de cette pièce.* — Look at the furniture of this room.

4. The partitive article is not used when the noun is the subject.

La *peinture est sur la table.* — Paint is on the table.

5. The partitive article is generally used after the following verbs and expressions: *c'est*, *il y a*, *avoir*, *donner*, *acheter*, *vendre*, *prendre*, *vouloir*, *désirer*, *boire*, *manger*.

Il y a **de la** *peinture sur la table.*

6. The indefinite and partitive articles are omitted after **sans** (*without*) and after **ni... ni...** (*neither... nor...*).

C'est un artiste **sans** *talent.* — *Il n'a* **ni** *clients* **ni** *admirateurs.*

3 Mélanges de couleurs. Qu'est-ce qu'on obtient en mélangeant les couleurs suivantes ? Employez le partitif dans votre réponse.

Modèle : bleu et jaune → vert
Avec du bleu et du jaune, on obtient du vert.

1. blanc et noir → gris
2. rouge et jaune → orange
3. bleu et rouge → pourpre
4. rouge et blanc → rose
5. bleu et blanc → bleu pâle
6. vert et noir → vert foncé

4 Qualités professionnelles. Dites que les personnes suivantes ont certaines qualités. Employez un partitif.

Modèle : artisan — la patience
L'artisan a de la patience.

1. le décorateur — le goût
2. le peintre — le talent
3. Matisse — le génie
4. le musicien — la sensibilité
5. Picasso — la personnalité
6. un véritable artiste — l'originalité
7. le comédien — l'esprit
8. un grand peintre — le caractère

5 Artistes célèbres. Identifiez les artistes suivants.

Modèle : Léonard de Vinci et Modigliani (peintres italiens)
Léonard de Vinci et Modigliani sont des peintres italiens.

1. Braque (peintre)
2. César Franck (compositeur)
3. Auguste Rodin (sculpteur)
4. Utrillo et Cézanne (peintres français)
5. Stravinsky et Honegger (musiciens)
6. Matisse et Picasso (sculpteurs)

6 Matériaux. Voici le nom de quelques matériaux :

le marbre	le béton (*concrete*)	le pastel
le bois (*wood*)	le verre	la laine (*wool*)
la peinture (*paint*)	la pierre (*stone*)	le tissu (*cloth*)
l'argile (*clay*)	le métal	le bronze

Dites avec quels matériaux travaillent les artistes et les artisans suivants. Employez le partitif.

Modèle : le peintre **Le peintre travaille avec de la peinture.**

1. l'architecte
2. le sculpteur
3. l'ébéniste
4. le céramiste
5. la couturière (*dressmaker*)
6. le tapissier (*tapestry maker*)
7. le verrier (*maker of stained glass*)
8. le luthier (*violin maker*)

C. The negative article de (d')

The negative form of the indefinite and partitive articles, both singular and plural, is **de** (**d'**).

Chez moi, j'ai **une** *sculpture moderne.* — *Je n'ai pas* **de** *sculpture classique.*

J'ai **des** *reproductions de Matisse.* — *Je n'ai pas* **de** *reproductions de Picasso.*

Cet artiste a **du** *talent.* — *Mon cousin n'a pas* **de** *talent.*

Ce décorateur a **de l'***imagination.* — *Ma sœur n'a pas* **d'***imagination.*

D. The relative pronoun lequel

The relative pronoun **lequel** consists of two parts: **le** and **quel**, both of which agree in gender and number with the antecedent. The contracted forms of **à** + **lequel** and **de** + **lequel** are similar to the contracted forms with the definite article **le**.

GENERAL PATTERN for the forms of the pronoun **lequel** (*which*):

		lequel	**à + lequel**	**de + lequel**
singular	MASCULINE	**lequel**	**auquel**	**duquel**
	FEMININE	**laquelle**	**à laquelle**	**de laquelle**
plural	MASCULINE	**lesquels**	**auxquels**	**desquels**
	FEMININE	**lesquelles**	**auxquelles**	**desquelles**

When a relative pronoun is needed after a preposition, French uses

lequel, when the antecedent is a thing.

C'est un instrument avec **lequel** *je travaille.*

qui (rather than *lequel*), when the antecedent is a person.

C'est l'homme avec **qui** *je travaille.* (*C'est l'homme* **avec lequel** *je travaille.*)

NOTES: 1. **Lequel** is preferred after the prepositions **sans** (*without*), **parmi** (*among*), **entre** (*between*).

Je vois des touristes **parmi lesquels** *je reconnais des Américains.*

2. The pronoun **dont** frequently replaces **de** + relative pronoun (see Lesson 12-F).

Je vous parle d'un ami. L'ami **dont** *je vous parle habite Paris.*

However, when **de** is part of a prepositional phrase, the relative pronoun to use is **duquel** (**de laquelle, desquels, desquelles**) or **de qui.**

J'habite à coté d'une église. L'église à coté **de laquelle** *j'habite est très ancienne.*

Vocabulaire utile

Voici les principales prépositions françaises :

à	*at, to*	dans	*in*	pour	*for*
après	*after*	de	*of, about, from*	sans	*without*
avant	*before*	entre	*between*	sous	*under*
avec	*with*	par	*by, through*	sur	*on, above*
chez	*at the house of*	parmi	*among*	vers	*toward*

Voici les principales locutions prépositives terminées par **de**:

à cause de	*because of*	au-dessous de	*beneath*
à côté de	*next to*	au-dessus de	*above*
à l'intérieur de	*inside, inside of*	en face de	*across from*
au bout de	*at the end of*	hors de	*outside*
au cours de	*during*	loin de	*far from*
autour de	*around*	près de	*near, close to*

Exercices

7 Avec ou sans. Faites des phrases d'après le modèle.

Modèle : Ce décorateur-ci a du goût. **Ce décorateur-là n'a pas de goût.**
Cet artiste-ci fait un tableau. **Cet artiste-là ne fait pas de tableau.**

1. Ce sculpteur-ci a de l'imagination.
2. Ce musicien-ci a du talent.
3. Cette pianiste-ci a de l'enthousiasme.
4. Ce peintre-ci utilise des couleurs chaudes.
5. Ce musée-ci a des sculptures anciennes.
6. Cet artiste-ci prépare une exposition.
7. Cet artisan-ci fait une poterie.
8. Cette ville-ci a un musée.

8 Transformations. Remplacez le mot en italique par le mot entre parenthèses. Faites tous les changements nécessaires suivant le modèle.

Modèle : Voici *le boulevard* près duquel j'habite. (la rue)
Voici la rue près de laquelle j'habite.

1. Voici *un portrait* sur lequel on reconnaît des artistes célèbres. (une photo)
2. J'admire *la technique* avec laquelle il peint. (le style)
3. Le Fauvisme est *un mouvement* auquel ont appartenu Matisse et Vlaminck. (une école)
4. Voici *une peinture* pour laquelle je donnerais une fortune. (des tableaux)
5. *La statue* près de laquelle vous êtes est très ancienne. (les statues)
6. *Picasso* est l'artiste auquel on pense quand on parle du Cubisme. (Picasso et Braque)
7. *La minutie* avec laquelle cet artisan travaille est vraiment remarquable. (le soin)
8. A Paris, il y a plusieurs *expositions* auxquelles je veux aller. (musées)

E. Reflexive verbs: present tense

Reflexive verbs, very common in French, form their present tense like **se reposer** (*to rest*).

> GENERAL PATTERN for the present tense of reflexive verbs:
>
> | | |
> |---|---|
> | *je* **me** *repose* | *nous* **nous** *reposons* |
> | *tu* **te** *reposes* | *vous* **vous** *reposez* |
> | *il* **se** *repose* | *ils* **se** *reposent* |

NOTES: 1. The reflexive pronoun must always agree with the subject in person, number, and gender:
Je *vais* **me** *reposer*.
2. Reflexive objects always come before the verb, except in affirmative commands: *Reposez*-**vous**. *Dépêchons*-**nous**.
3. In affirmative commands, **te** becomes **toi** (except before **en**):
Repose – **toi.**
Décide – **toi.**
But: *Va* – **t** – **en.**
4. **Me, te, se** become **m', t', s'** before a vowel sound.

Reflexive verbs have several uses in French:

1. To indicate **self-action**, that is, when the action is reflected back on the subject:

Je m'*exprime en français.* I express myself in French.

NOTE: In this example, the French reflexive pronoun **m'**, closely corresponds to *myself*, and the verb **exprimer** has the same meaning in the reflexive and the active forms. Very often, however, the active and reflexive forms of the verb are only loosely related in meaning. The French reflexive verb is frequently best expressed in English by an active verb:

se trouver	to be	(rather than *to find oneself*)
se demander	to wonder	(rather than *to ask oneself*)
s'étendre	to stretch	(rather than *to extend oneself*)

2. To indicate **reciprocity**, that is, when the action is performed among the subjects:

Nous nous *téléphonons souvent.*	We often phone each other.
Ils se *parlent en français.*	They speak to each other (one another) in French.

Here the reflexive object closely corresponds to the English *each other* or *one another.*

3. To replace a passive construction:[1]

Cela ne **se fait** *pas.* That is not done.

Certain reflexive verbs indicate neither self-action nor reciprocity. With these, there is no predictable relationship between the meaning of the active verb and the reflexive verbt

attendre	to wait (for)	**douter**	to doubt
s'attendre à	to expect	**se douter de**	to suspect

[1] For more on the passive, see Lesson 20-F.

Vocabulaire utile

s'attendre à	*to expect*	s'occuper de	*to take care of*
se décider à	*to make up one's mind*	se passer de	*to do without*
se demander	*to wonder*	se rappeler	*to remember*
se dépêcher	*to hurry*	se rendre à (chez)	*to go to*
s'entendre	*to agree, to get along*	se reposer	*to rest*
s'intéresser à	*to be interested in*	se trouver	*to be, to be located*

Exercices

9 Travail de recherche. Trouvez quinze exemples de verbes pronominaux (*reflexive verbs*) dans le texte. Employez chacun de ces verbes dans une phrase originale.

10 Intérêts personnels. Dites que chaque personne s'intéresse à ce qu'elle aime.

Modèle : Tu aimes l'art moderne. **Tu t'intéresses à l'art moderne.**

1. Nous aimons la sculpture.
2. Vous aimez le Cubisme.
3. Nathalie aime le jazz.
4. J'aime les Impressionnistes.
5. Pierre aime la musique classique.
6. Ils aiment le théâtre contemporain.
7. Est-ce que tu aimes la poterie ?
8. Mes sœurs aiment le Surréalisme.

11 Ordres et défenses. Dites aux personnes suivantes de faire l'inverse de ce qu'elles font.

Modèle : a. Pierre s'amuse. **Ne t'amuse pas.**
b. Henri et André ne se dépêchent pas. **Dépêchez-vous.**

1. Jacques s'énerve.
2. Gilbert s'impatiente.
3. François et Claude se reposent.
4. Anne et Sophie se disputent.
5. Marc et Philippe ne se téléphonent pas.
6. Jean-Michel ne se décide pas.
7. Monique ne s'occupe pas du dîner.
8. Eric ne se rappelle pas mon adresse.

12 Comparaisons. Comparez le sens du verbe simple et du verbe pronominal en italique dans les phrases suivantes.

1. Je *lave* ma voiture et je *me lave* ensuite.
2. Quand il *exprime* une idée qui n'est pas personnelle, il *s'exprime* mal.
3. J'aime *faire* des choses qui ne *se font* pas.
4. Je *regarde* Nathalie qui *se regarde* dans le miroir.
5. Je *me rends* chez François et je lui *rends* sa guitare.
6. Je *me demande* pourquoi tu *demandes* cela.
7. J'*entends* Monique qui ne *s'entend* pas avec sa sœur.
8. Comment *trouvez*-vous le restaurant qui *se trouve* rue de Sèvres ?

Deuxième Partie

La Langue et le pays

Français de la Guadeloupe et Français de la Métropole ont combattu côte à côte des Français pendant la Première Guerre Mondiale.

6

Le Français : en France et ailleurs

Au-delà des frontières

Le rayonnement de la France, c'est un peu le rayonnement de la langue française. Bien sûr, le français n'est pas une langue universelle. Son domaine s'étend pourtant bien au-delà des frontières de la France. Dans le monde d'aujourd'hui, le français est

— une langue parlée.
— une langue de culture et de civilisation.
— une langue d'enseignement.
— une langue diplomatique.

Le français, langue parlée. Les francophones, c'est-à-dire les personnes qui s'expriment habituellement en français, sont nombreux. On estime leur nombre à plus de cent millions. Fait plus important, ces francophones ne constituent pas des groupes isolés. Au contraire, on les trouve sur tous les continents.

Où parle-t-on français ?

En France

En France métropolitaine (ou dans l'hexagone) bien sûr, mais aussi en Corse et dans les quatre départements d'outre-mer :
— à la Martinique et à la Guadeloupe. Ces deux îles, françaises depuis le dix-septième siècle, se trouvent dans la mer des Antilles, à quelques centaines de milles des Îles Vierges américaines.
— à la Guyane, petite enclave française dans le continent sud-américain.
— à l'île de la Réunion, dans l'océan Indien.

La devise de Québec, "Je me souviens," s'accorde bien avec l'atmosphère Vieille-France de la ville.

A Abidjan, capitale de la Côte-d'Ivoire, les passants examinent les titres des journaux venus de France.

Sur ce magasin de Pnom-penh, les inscriptions sont en français et en khmer.

A l'étranger

— en Europe. Le français est la langue officielle de la Belgique et du Luxembourg. C'est aussi l'une des quatre langues officielles de la Suisse.

— en Amérique. Historiquement la pénétration du français en Amérique du Nord s'explique par le développement de vastes colonies françaises aux dix-septième et dix-huitième siècles. Aujourd'hui, le français reste une des deux langues officielles du Canada, au même titre que l'anglais. L'existence d'importants îlots linguistiques français dans le Nord des Etats-Unis, en Nouvelle Angleterre, en particulier, résulte de l'immigration canadienne au début du vingtième siècle. On trouve des enclaves linguistiques françaises beaucoup plus anciennes dans le Sud de la Louisiane.

— en Afrique. C'est en Afrique que l'usage du français est géographiquement le plus étendu. Le français est la langue officielle des républiques du Sénégal, du Mali, de la Guinée, de la Côte d'Ivoire, du Congo et de sept autres états africains. C'est aussi la langue auxiliaire du Maroc, de l'Algérie et de la Tunisie. L'expansion coloniale de la France dans ces territoires, aujourd'hui indépendants, explique la présence du français en Afrique.

— en Asie. Le français subsiste au Liban et à un degré moindre en Syrie.

Le français est aussi parlé par des minorités encore importantes au Cambodge, au Laos et au Viet-Nam.

Le français, langue de culture et de civilisation. Le français ne jouit plus de l'éclat et de l'universalité qu'il avait au dix-huitième siècle. Il reste, pourtant, une langue de culture de premier plan. Le prestige intellectuel du français est sans doute dû à la richesse et à la qualité de la littérature française contemporaine. L'abondance des Prix Nobel décernés à des auteurs d'expression française témoigne de la vitalité de cette littérature. Voici les titulaires récents de ce prix :

1947 André Gide, romancier
1952 François Mauriac, romancier
1957 Albert Camus, romancier, philosophe, auteur dramatique
1960 Saint-John Perse, poète
1964 Jean-Paul Sartre,[1] romancier, philosophe, auteur dramatique
1969 Samuel Beckett,[2] auteur dramatique, romancier

[1] Refusa le prix.
[2] Auteur dramatique irlandais qui habite Paris et écrit en français.

PAYS ET TERRITOIRES OÙ L'ON TROUVE DES GROUPES FRANCOPHONES

Le français est une langue officielle des Nations-Unies.

Le français, langue d'enseignement. L'étude du français est au programme d'un très grand nombre d'établissements scolaires à travers le monde entier. Aux Etats-Unis, par exemple, plus de deux millions d'étudiants apprennent le français dans les « high schools » et les universités.

Des organismes français s'emploient aussi à développer l'usage et l'enseignement du français à l'étranger. La plus célèbre de ces associations culturelles, l'Alliance Française, compte 350.000 membres et 75.000 étudiants.

Le français, langue diplomatique. Le français occupe encore une position privilégiée dans le monde diplomatique. C'est l'une des cinq langues officielles des Nations Unies.

En france

Le français est plus que la langue commune des francophones. C'est aussi la langue dans laquelle se sont exprimés de très grands écrivains et des penseurs très célèbres. Il représente donc le patrimoine littéraire et, plus généralement, culturel de la France. A ce titre, les Français considèrent leur langue comme une sorte de bien public et national auquel on doit protection. La protection du français, c'est d'abord le maintien de sa pureté et de son caractère. L'Académie Française, fondée en 1635, a précisément pour tâche de codifier les usages linguistiques, de surveiller étroitement l'évolution de la langue. Mais l'Académie n'a pas le monopole de cette fonction. « La défense de la langue française » est aussi le sujet de nombreuses rubriques dans la presse écrite et même à la télévision. En France en effet, il y a un véritable culte de la langue. Ce culte commence à l'école. Pour le jeune Français, l'orthographe, la syntaxe, la prononciation même, sont des sujets d'études soutenues et parfois fastidieuses. Les règles apprises constituent le bon usage et ce bon usage de la langue fait partie du savoir-vivre, comme les bonnes manières.

Ces diverses protections, ou contraintes, n'empêchent pas la langue d'évoluer. Un signe de cette évolution est l'expansion actuelle du « franglais », c'est-à-dire la pénétration de mots anglais dans la langue française. Les puristes déplorent cette tendance et le gouvernement lui-même essaie de la renverser. C'est là une entreprise bien difficile et les ménagères continuent à faire du « shopping », les administrateurs du « planning » et les ingénieurs commerciaux du « marketing ». Est-ce que l'usage de telles expressions enrichit ou appauvrit la langue ? C'est une question d'opinion.

Langue codifiée, le français n'est pourtant pas absolument homogène. Il y a une langue écrite et une langue parlée, souvent très différentes. On distingue aussi les accents, les dialectes, les patois et les argots.

L'accent ne représente pas une variété de langue, mais une différence de prononciation. Il existe une multitude d'accents locaux qu'on groupe, pour simplifier, en accents méridionaux et en accents du Nord.

Un dialecte est une véritable variété de la langue elle-même. Il se parle et il s'écrit. Il y a autant de dialectes que de régions, mais là aussi on distingue principalement entre dialectes méridionaux (ou parlers de la langue d'oc) et dialectes du Nord (parlers de la langue d'oïl).

Un patois est la corruption populaire et localisée d'un dialecte. Il se parle mais ne s'écrit pas.

L'origine de *l'argot* n'est pas régionale mais sociale et professionnelle. Les argots sont nombreux et divers : argot des militaires, argot des musiciens, argot des sportifs. L'argot transforme les mots ou crée de nouvelles expressions.

* * * *

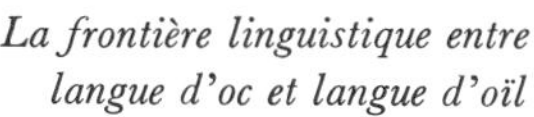

La frontière linguistique entre langue d'oc et langue d'oïl

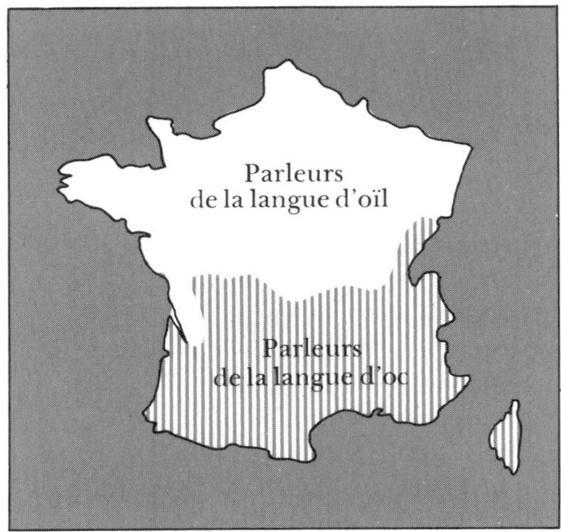

L'ARGOT DES ÉTUDIANTS : UN ÉCHANTILLON

Tu vas à **la surboum** ce soir ?	Tu vas à **la surprise-partie** ce soir ?
Impossible, j'ai **une colle d'histégé** demain.	Impossible, j'ai **un examen d'histoire et de géographie** demain.
Ton **prof** est **sympa** ?	Ton **professeur** est **sympathique** ?
Tu parles ! Il nous fait **drôlement bûcher** !	**Au contraire** ! Il nous fait **beaucoup travailler.**

Voici d'autres expressions :

un amphi	un cours d'amphithéâtre
un bouquin	un livre
la fac	la faculté (c'est-à-dire, l'université)
une manif	une manifestation
coller un élève	refuser un élève à un examen
plancher	aller au tableau
sécher un cours	ne pas assister à un cours

Questions simples

1. Comment l'auteur considère-t-il le rayonnement de la France ?
2. Le français est-il une langue universelle ?
3. Qu'est-ce qu'un « francophone » ?
4. Combien de francophones y a-t-il dans le monde ?
5. Sur quels continents parle-t-on français ?
6. Nommez les quatre départements d'outre-mer.
7. Dans quels pays parle-t-on français ?
8. Comment s'explique historiquement l'usage du français en Amérique ?
9. Comment s'explique historiquement l'usage du français en Afrique ?
10. Pendant quel siècle le français a-t-il eu le plus de prestige ?

11. Nommez quelques auteurs français qui ont récemment reçu le Prix Nobel.
12. A quoi est dû le prestige intellectuel du français ?
13. Qu'est-ce qui représente le patrimoine littéraire et culturel de la France ?
14. Quelle institution a été fondée pour surveiller l'évolution de la langue française ?
15. Pour le jeune Français, quel rôle sa langue joue-t-elle à l'école ?
16. Que signifie le mot « franglais » ?
17. Quelle est la différence entre un dialecte et l'argot ?

Questions d'application

18. Avez-vous visité un pays où l'on parle français ? Lequel ?
19. Connaissez-vous des gens qui parlent français chez eux ? Quel est leur pays d'origine ?
20. Que représente le français pour un Québécois (un habitant de Québec) ?
21. Quels écrivains français du dix-huitième siècle ont influencé les Américains ?
22. Avez-vous lu des œuvres d'un des écrivains cités dans le texte ? Lesquelles ? Qu'en pensez-vous ?
23. Connaissez-vous des Américains qui ont reçu le Prix Nobel de littérature ? Qui ? Qu'est-ce qu'ils ont écrit ?
24. Quelles sont les cinq langues officielles des Nations Unies ?
25. Pouvez-vous donner des noms de Français qui sont ou qui ont été membres de l'Académie Française ?
26. Les Américains prennent-ils trop de libertés avec leur syntaxe et avec leur orthographe ? Pourquoi dites-vous cela ?
27. Connaissez-vous des mots d'argot américain d'origine récente ? d'origine ancienne ? Lesquels ?
28. Y a-t-il des dialectes aux Etats-Unis ? Lesquels ?

Composition guidée

Choisissez A ou B. Ecrivez un paragraphe avec l'aide des questions.

A. Mon métier.

Pourquoi avez-vous choisi ce métier-là ? Quelles sont les qualifications requises ? Quel aspect de ce métier vous attire surtout ? Où peut-on exercer ce métier ? Faut-il connaître le français ? Si oui, pourquoi ? Si non, y a-t-il quand même des possibilités d'employer une seconde langue ?

B. Mon auteur français préféré.

Pourquoi avez-vous choisi cet auteur-là ? Laquelle de ses œuvres vous plaît particulièrement ? Qu'est-ce qui vous plaît dans cette œuvre ? Avez-vous lu ses œuvres en français ou en traduction ? Est-ce que vous recommanderiez les œuvres de cet auteur à d'autres membres de la classe ? Pourquoi ?

Word Study

A. Métiers et professions

An occupation which requires manual skills is **un métier**. It becomes **une profession** when it mainly requires intellectual skills.

Occupations in **-eur.** This group consists mainly of **professions:** *un acteur*, *un chanteur*, *un professeur*. Many are cognates of English words in *-or*. The feminine form of professions in **-eur** follows one of three patterns:

the ending **-rice**	*une act***rice**
the ending **-euse**	*une chant***euse**
the prefix **femme-**	*une* **femme-***professeur*

Occupations in **-ien.** This group contains both **métiers** and **professions:** *un mécanicien*, *un musicien*. Many are cognates of English words in *-ian*. The feminine form of professions in **-ien** takes the ending **-ienne:** *une musicienne*.

Occupations in **-er.** This group consists mainly of **métiers:** *un boucher*, *un boulanger*. It contains few cognates. The feminine form of professions in **-er** usually takes the ending **-ère:** *une bouchère*.

NOTE: The names of occupations are used alone, without the indefinite article, after the verb **être** in sentences of the following type:

Mon frère est acteur.
Je suis étudiant.

B. Talking about people

The French have several words which they use when talking about *people*.

Le peuple – the people of a country or nation

Le **peuple** *français est fier de sa langue.*
Certains **peuples** *d'Afrique parlent français.*

Les gens – people, in the general sense

Ces **gens** *parlent français.*
Il y a des **gens** *qui ne parlent pas anglais.*

NOTE: The plural of *un jeune homme* is *des jeunes gens.*

les personnes – people (persons)
Ces deux personnes *sont l'ambassadeur et son secrétaire.*

Vocabulaire utile

Voici les noms de quelques métiers et professions :

	-EUR	-IEN	-ER	AUTRES
MOTS APPARENTÉS	acteur auteur compositeur docteur professeur	électricien historien mécanicien musicien technicien	boucher fermier plombier	dentiste
FAUX AMIS	conducteur (*driver*) directeur (*manager*)			
AUTRES			infirmier (*nurse*) ouvrier (*worker*)	avocat (*lawyer*) médecin (*doctor*) cadre (*executive*)

Exercices

1 Qualités professionnelles. Faites des phrases suivant le modèle.

Modèle : professeur, la patience.
Pour être professeur, il faut de la patience.

1. musicien, le talent
2. poète, l'inspiration
3. inventeur, le génie
4. ambassadeur, le tact
5. assistante sociale, le dévouement
6. officier, l'autorité
7. soldat, la discipline
8. mannequin, l'élégance
9. mécanicien, l'habileté
10. alpiniste, le courage

2 Opinions.

1. Quels métiers trouvez-vous originaux ?
2. Quelles professions trouvez-vous intellectuelles ?
3. Quels métiers trouvez-vous très utiles ?
4. Quels métiers trouvez-vous inutiles ?

3 Questions personnelles.

1. Aimez-vous les travaux manuels ?
2. Préférez-vous les occupations intellectuelles ?
3. Quel futur métier ou quelle future profession désirez-vous exercer ?
4. Pour quelles raisons principales aimez-vous ce métier ou cette profession ?
5. Quels sont les traits principaux de ce métier ou de cette profession ?

C. Parlez-vous franglais?

Anglicized French is called **franglais**. One type of *franglais* consists in giving English meanings to French words. Here are a few examples of words used by *franglais* speakers :

FRENCH WORD	PURE FRENCH MEANING	FRANGLAIS MEANING
un auditeur	listener	auditor (accountant)
contrôler	to check (verify)	to control (to manage)
une éducation	upbringing	education (instruction)
éduqué	well-mannered	educated (schooled)
misérable	wretched	miserable (bad)
de la monnaie	small change	money (cash)
parquer	to put (in a pen)	to park (a car)
pratiquement	easily, in practice	practically (almost)
réaliser	to accomplish	to realize (to understand clearly)
routinier	lacking imagination	routine (commonplace)
trivial	trite, vulgar	trivial (without importance)

Language Study

D. The expression ne... que

The expression **ne... que** means *only*. The word **que** comes directly before the word it modifies.

Elle **ne** *parle français* **qu'***en France.*	She speaks French only in France.
Elle **ne** *parle* **que** *français en France.*	She speaks only French in France.

E. The relative pronoun où

The relative pronoun **où** replaces nouns indicating place or time. It means *where* or *when*.

Le Canada est un pays **où** *l'on parle français.*
A l'époque **où** *nous sommes, il est utile de parler plusieurs langues.*

NOTE: English often omits the relative pronoun after expressions of time. The pronoun *où* can never be omitted in French.

Le jour **où** *il vient...* { The day he comes... / The day when he comes...

4 Attention au « franglais ». Traduisez. Evitez le « franglais ».

1. J'ai laissé la monnaie sur la table.
2. Il est intelligent, mais sans éducation.
3. Cette conception est pratiquement et théoriquement irréalisable.
4. Actuellement il fait des recherches.
5. Pouvez-vous contrôler les résultats de cette expérience ?
6. On reproche à l'administration d'être routinière.
7. Il est bien éduqué mais mal instruit.
8. Il s'exprime d'une façon triviale.

5 Substitutions. Remplacez le mot **seulement** par l'expression **ne... que**.

Modèle : Il y a seulement une langue nationale en France.
Il n'y a qu'une langue nationale en France.

1. Vous parlez seulement français ?
2. Vous allez seulement en France ?
3. L'Académie Française a quarante membres seulement.
4. Le franglais est seulement une corruption du français.
5. L'accent représente seulement une différence de prononciation.
6. Est-ce que le français est seulement une langue de culture ?
7. Est-ce qu'on parle français seulement en France ?
8. Il y a seulement cinq langues officielles aux Nations Unies.

6 D'autres substitutions. Remplacez l'expression en italique par **où**.

Modèle : Voici le restaurant *dans lequel* on parle français.
Voici le restaurant où on parle français.

1. Le lundi est le jour *pendant lequel* j'ai un cours de français.
2. Quel est le mois *pendant lequel* vous allez en France ?
3. Le siècle *pendant lequel* Louis XIV a régné est appelé le « Grand Siècle ».
4. Le dix-huitième siècle est l'époque *à laquelle* le français a atteint son apogée.
5. 1971 est l'année *pendant laquelle* les Anglais ont adopté le système décimal pour leur monnaie.
6. Est-ce qu'il y a un jour *pendant lequel* vous êtes libre ?
7. Quelle est la saison *pendant laquelle* vous prenez vos vacances.
8. Quels sont les pays d'Afrique *dans lesquels* on parle français ?

F. The irregular verb dire (to say)

Present tense: *je dis, tu dis, il dit, nous disons, vous dites, ils disent.*

G. The irregular verb écrire (to write)

Present tense: *j'écris, tu écris, il écrit, nous écrivons, vous écrivez, ils écrivent.*

H. The irregular verb lire (to read)

Present tense: *je lis, tu lis, il lit, nous lisons, vous lisez, ils lisent.*

I. Pronouns as the subject of être

The personal pronouns, **il**, **elle**, **ils**, **elles**, are used to refer to specific persons and things in the following constructions:

il / **elle** / **ils** / **elles** + **être** + {
adjective
adverb (or adverbial phrase)
noun indicating a profession
}

Voici Jacqueline. **Elle** *est intelligente.* **Elle** *est infirmière.*
Voilà des journaux. **Ils** *sont intéressants.* **Ils** *sont sur la table.*

The pronoun **ce** (**c'**) is used to refer to persons and things in the following constructions:

ce + **être** + {
determiner + (adjective) + noun
proper name
stressed pronoun
}

Est-ce que **c'***est Pierre ? Oui,* **c'***est lui.* **C'***est un étudiant français.*
Est-ce que **ce** *sont mes journaux ? Oui,* **ce** *sont eux.*

The pronoun **ce** (**c'**) is also used in an impersonal sense in the construction:

c'est + {
adverb — **C'***est beaucoup.*
adjective — **C'***est difficile.*
}

NOTE: The impersonal pronoun **il** is used when the adjective is followed by a phrase.

Il *est difficile de parler français sans accent.*
Il *est vrai que le français est une belle langue.*

Vocabulaire utile

Voici quelques verbes conjugués comme :

Dire		**Ecrire**		**Lire**	
contredire	*to contradict*	décrire	*to describe*	élire	*to elect*
interdire	*to prohibit*	inscrire	*to inscribe*	relire	*to reread*
prédire	*to predict*	prescrire	*to prescribe*		
se dire	*to say to oneself*	s'inscrire	*to sign up, to register*		

Exercices

7 Changements de sujet. Remplacez le mot en italique par le sujet donné entre parenthèses. Faites les changements nécessaires.

Modèle : Demain *je* m'inscris à l'université. (nous)
Demain nous nous inscrivons à l'université.

1. *Je* lis un livre français. (il)
2. Est-ce que *tu* écris cette lettre en anglais ? (vous)
3. *Il* relit son exercice. (elles)
4. Comment dis-*tu* cela en français ? (vous)
5. Dans cette lettre, *je* décris mon voyage en France. (elle)
6. *Les Académies* élisent un remplaçant. (l'Académie)
7. *L'Académie* prescrit le bon usage de la langue française. (les Académies)
8. *La grammaire* interdit l'usage de cette construction. (les règles de grammaire)

8 Ecrivains célèbres. Identifiez les écrivains suivants.

Modèle : Voltaire et Rousseau (des philosophes) **Ce sont des philosophes.**

1. Sartre (un philosophe)
2. Gide (un romancier)
3. Saint-John Perse (un poète)
4. Beckett (un romancier irlandais)
5. Hemingway (un auteur américain)
6. Camus et Mauriac (des Prix Nobel)
7. Flaubert et Stendhal (des romanciers français)
8. Arrabal et Ionesco (des dramaturges)

9 Succès professionnels. Faites des phrases d'après le modèle en utilisant un adjectif de votre choix.

Modèle : Sylvie / décoratrice. **Elle est décoratrice. C'est une excellente décoratrice.**

1. Marc / instituteur
2. Jean-Jacques / pharmacien
5. Nathalie / infirmière
6. Paul / professeur
3. Marie-Françoise / dentiste
4. Christine / ingénieur
7. Brigitte / institutrice
8. Charles / médecin

J. Prepositions with place names

GENERAL PATTERN for the use of prepositions with place names:

	IN, TO, AT	FROM
MASCULINE COUNTRIES, ISLANDS	**au** *Canada*	**du** *Canada*
FEMININE COUNTRIES	**en** *France*	**de** *France*
FEMININE ISLANDS	**à la** *Martinique*	**de la** *Martinique*
PLURAL COUNTRIES	**aux** *Etats-Unis*	**des** *Etats-Unis*
CITIES, TOWNS	**à** *Paris*	**de** *Paris*

NOTE: Never use *dans* with the names of countries.

K. Omission of the definite article

The definite article is omitted:

— before nouns in apposition: *Dakar, capitale du Sénégal.*
— after **en**: *Nous sommes en France. Elle va en classe.*

L. The pronoun on

The subject pronoun **on** is commonly used in French:

1. In an impersonal sense (often to avoid the passive).

On *parle français au Canada.*	They speak French in Canada. French is spoken in Canada.
Quand **on** *est content, on sourit.*	When one is happy, one smiles. When a person is happy, he (or she) smiles. When you're happy, you smile.

2. In informal conversation, to replace *nous.*

   *Est-ce qu'***on** *doit parler français en classe ?* — Do *we* have to speak French in class?

NOTE: The pronoun *on* is always followed by a third person singular verb.

10 Le français dans le monde. Servez-vous de la carte à la page 83 pour répondre aux questions suivantes. Les pays du côté gauche sont masculins. Ceux du côté droit sont féminins.

1. Dans quels pays d'Europe parle-t-on français ?
2. Dans quels pays d'Afrique parle-t-on français ?
3. Dans quels pays d'Asie parle-t-on français ?
4. Dans quels pays d'Amérique du Nord parle-t-on français ?
5. Où parle-t-on français aux Etats-Unis ?

11 Le tour des capitales. Faites des phrases d'après le modèle. Employez **du**, **de la**, **de l'** ou **des** devant le nom du pays. Les trois premiers pays sont féminins, les trois derniers sont masculins.

Modèle : Dakar / Sénégal. **Je vais visiter Dakar, capitale du Sénégal.**

1. Madrid / Espagne
2. Hamilton / Bermudes
3. Bruxelles / Belgique
4. Rabat / Maroc
5. Copenhague / Danemark
6. Washington / Etats-Unis

12 Remarques linguistiques. Transformez les phrases en employant le pronom **on**. Faites les changements nécessaires.

Modèle : Les Québecois parlent français. A Québec…
A Québec, on parle français.

1. Les Américains parlent anglais. Aux Etats-Unis…
2. Les Belges disent « septante » au lieu de « soixante-dix ». En Belgique…
3. Les Sénégalais utilisent le français comme langue officielle. Au Sénégal…
4. Les Martiniquais ne prononcent pas les *r*. A la Martinique…
5. Les Français étudient les langues étrangères. En France…

13 Généralisations. Généralisez les phrases suivantes en employant le pronom **on**. Faites les changements nécessaires.

Modèle : Les puristes respectent la grammaire.
Quand on est puriste, on respecte la grammaire.

1. Les Français sont fiers de leur littérature.
2. Les diplomates parlent plusieurs langues.
3. Les écrivains pensent au Prix Nobel.
4. Les poètes aiment la nature.
5. Les philosophes cherchent la vérité.
6. Les romanciers utilisent leur imagination.

14 Transformations. Remplacez les mots en italique par le pronon **on**. Faites tous les changements nécessaires.

Modèle : *Les gens* parlent français à Abidjan.
On parle français à Abidjan.

1. Est-ce que *nous* allons à la conférence ?
2. *Nous* sommes bien ici.
3. Est-ce que *les gens* parlent français à Montréal ?
4. Qu'est-ce que *les gens* pensent de l'Amérique en France ?
5. Est-ce que *la population* parle avec un accent dans le Midi de la France ?
6. Quand *une personne* parle bien français, *elle* passe en général d'agréables vacances en France.

7

Contrastes

La France est un pays à la fois d'équilibre et de contrastes. Elle est unique, mais ses visages sont variés.

Paysages :	maritimes et montagnards, plats et accidentés
Climats :	atlantique, méditerranéen, semi-continental
Population :	disséminée au centre, plus dense à la périphérie
Activités :	agricoles au sud et à l'ouest, industrielles au nord et à l'est

Est-ce qu'on retrouve cette diversité dans les attitudes, dans les habitudes, dans la façon de voir et de penser, en somme dans l'art de vivre ? Là, aussi, les différences existent, mais aujourd'hui elles tendent à disparaître.

Paris et la province

Qu'est-ce que la province ? La province, dit le dictionnaire, est la France à l'exclusion de la capitale. Cette définition, bâtie sur une antithèse, a provoqué diverses interprétations. L'interprétation courante reflète le point de vue parisien. Paris étant la capitale du goût, de l'élégance, et de l'esprit, la province par contraste représentera le mauvais goût, le rétrograde, le démodé. Cette conception de la province, évidemment toute relative, est moins la création des Parisiens d'origine, que des Parisiens d'adoption, c'est-à-dire des provinciaux établis à Paris. C'est donc, en quelque sorte, le reniement des origines provinciales. Aujourd'hui l'idée d'une province retardataire ne correspond plus à la réalité. La rapidité des communications, les déplacements fréquents, la radio, la télévision, en somme, une plus grande mobilité des idées et des personnes, ont éliminé le retard de la province sur Paris.

Le complexe d'infériorité provincial tend donc à disparaître. Il y a vingt ans encore, un jeune provincial en visite à l'étranger hésitait souvent à révéler ses origines géographiques. Parfois il affirmait même qu'il venait de Paris, ce qui était faux mais qui simplifiait les choses. Il n'avait pas à expliquer son statut de Français de seconde classe. Aujourd'hui cette réserve n'existe plus. Ce même Français admettra sans honte qu'il vient de Tours ou d'Amiens ou de Clermont-Ferrand.

Variété ne signifie donc pas inégalité, mais égalité n'est pas non plus synonyme d'uniformité. Il y a une vie de province bien distincte, avec ses gradations et ses variantes. Elle est plus accentuée à Montbard, petit village bourguignon[1] de sept mille habitants qu'à Annecy qui a soixante mille habitants. Elle est plus visible à Annecy que dans un grand centre métropolitain comme Nice, Marseille, ou Lyon.

En quoi consiste cette vie de province ? C'est à la fois une existence fermée et ouverte. Fermée car elle se confine au cadre local. Ouverte car les

[1] Bourguignon : de la Bourgogne (*Burgundy*).

Cette Bretonne a revêtu le costume traditionnel pour vendre des produits de l'artisanat local.

A Montbard, en Bourgogne, c'est au café que s'échangent les nouvelles locales.

rapports entre individus y jouent un rôle considérable. Chacun connaît les autres mais il est aussi connu de tous ! Il sait que les détails de sa vie n'échappent à personne. Voilà sans doute le fait essentiel.

La vie de province a ses partisans et ses détracteurs. Les natures indépendantes y trouvent beaucoup de chicanerie, de curiosité malsaine, de médisance, d'hypocrisie, de calomnie. De grands auteurs français, comme Balzac et Mauriac, tous deux originaires de la province, ont longuement décrit l'atmosphère étouffante des villes provinciales. Leurs interprétations sont évidemment très personnelles. Selon d'autres points de vue, plus sociables ou plus indulgents, la vie de province inspire la courtoisie, le respect mutuel, la serviabilité et un sens de la solidarité qui n'existe pas ailleurs. Ainsi un deuil dans une famille est aussi une perte pour toute la communauté. La réussite d'un fils du pays fait honneur à tout le village. Où donc se situe la vérité ? Peut-être juste au milieu de ces opinions contradictoires.

Avec ses 900.000 habitants, Marseille, la plus ancienne ville de France, est aujourd'hui la seconde ville du pays.

Annecy, ville principale de la Haute Savoie, possède un château et des quartiers anciens très pittoresques.

En tout cas, le contraste avec la vie parisienne est très net. En fait, Paris cette métropole de huit millions d'habitants, est une sorte de désert où chacun vit à sa guise, sans se soucier des autres. On ne se déteste pas, on ne s'adore pas, on s'évite purement et simplement. Est-ce par respect de l'individu ou par égoïsme foncier ? Chacun peut y voir ce qu'il veut.

Le midi et le nord

Où commence le Midi ? Au sud de Moulins, où l'accent change déjà, ou à Aix, à quelques kilomètres de la Méditerranée ? Le Midi n'a pas de frontière précise. Le Languedoc, la Provence, en font partie. Quant à l'Aquitaine, c'est moins sûr. Le Midi, c'est avant tout un style de vie, provincial, bien sûr, mais relevé d'ingrédients locaux très marqués. La lenteur y est nonchalance. L'amabilité s'accompagne d'une bonne humeur permanente. L'imagination est facilement déformante. Le travail n'est jamais une vertu fondamentale. L'accent ne connaît pas d'*e* muet et allonge les *on* en *ong* (une *maison* devient une *maisong*). Le soleil, le pastis,[2] et le jeu de boules sont d'autres spécialités locales.

[2] Boisson alcoolisée, au goût d'anis.

Dans le Midi, la pétanque est un sport très pratiqué ... surtout par les plus de 50 ans.

Autrefois les Français du Nord jugeaient avec un peu de condescendance le Méridional qui croyait avoir inventé le paradis terrestre. Le Méridional, sûr de sa sagesse, se laissait juger, mais il considérait comme parfaitement absurde l'existence affairée de son voisin du Nord. Il n'a pas changé d'opinion. Les gens du Nord, par contre, ont modifié leur attitude. Maintenant ils se déplacent volontiers vers le Midi. Mouvements temporaires de milliers de vacanciers parisiens vers les plages de la Côte d'Azur en été. Mouvement permanent d'hommes et d'industries. Il faut donc croire qu'il y a quelque chose de valable dans ce Midi légèrement arrogant et sûr de lui-même.

Questions simples

1. Quels contrastes trouve-t-on dans les paysages français ?
2. Quels contrastes trouve-t-on dans les climats français ?
3. Quels contrastes trouve-t-on dans la répartition de la population ?
4. Quels contrastes trouve-t-on dans les activités économiques ?
5. Les différences dans les attitudes sont-elles aussi fortes qu'autrefois ?
6. Qu'est-ce que la province ?
7. Comment les Parisiens considèrent-ils leur ville ?
8. Comment les Parisiens considèrent-ils la province ?
9. Pourquoi la province n'est-elle plus en retard sur Paris ?
10. Qu'est-ce qui arrive au complexe d'infériorité provincial ?
11. La « vie de province » est-elle partout la même ? Expliquez.
12. Pourquoi dit-on que la vie de province est fermée ?
13. Pourquoi dit-on que la vie de province est ouverte ?
14. Comment Balzac et Mauriac décrivaient-ils la vie de province ?
15. Pourquoi dit-on que Paris est un désert ?
16. Qu'est-ce que le Midi ?
17. Pourquoi le Méridional préfère-t-il sa vie à la vie parisienne ?

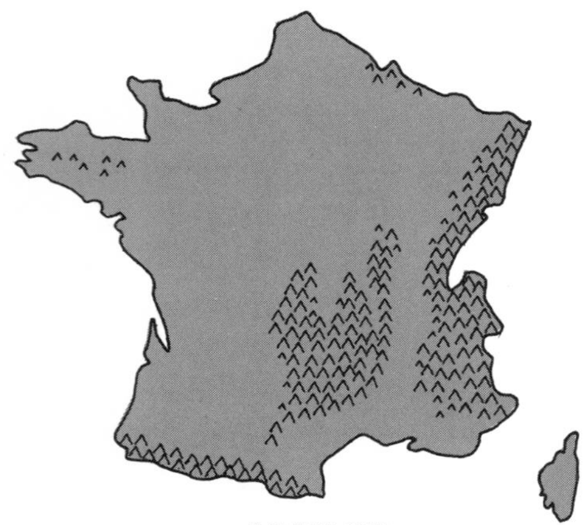

LE RELIEF

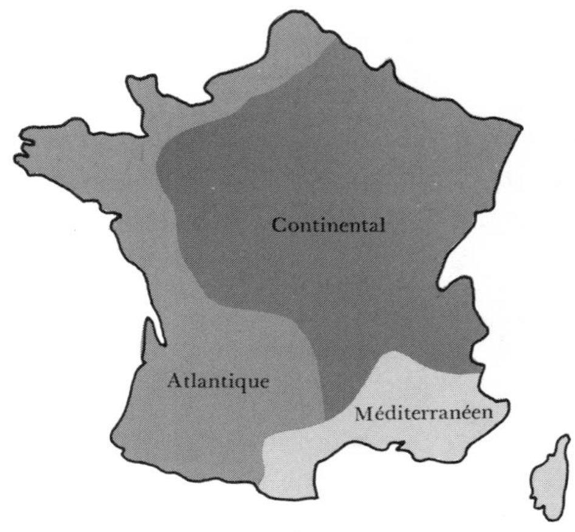

LE CLIMAT

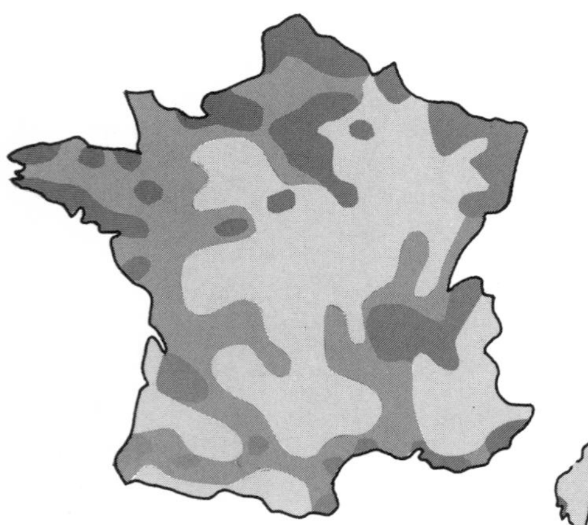

Plus de 100 hab. au km²
De 50 à 100 hab. au km²
Moins de 50 hab. au km²

LA DENSITÉ
DE LA POPULATION

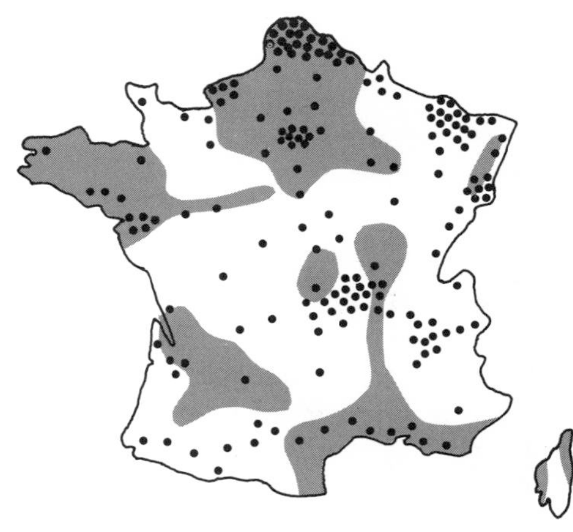

• Concentration industrielle
Production agricole

RÉPARTITION GÉOGRAPHIQUE DE
L'AGRICULTURE ET DE L'INDUSTRIE

Questions d'application

18. Quels contrastes géographiques trouve-t-on aux Etats-Unis ?
19. Si vous alliez en France, préféreriez-vous aller à Paris ou en province ? Pourquoi ?
20. Selon vous, quels sont les avantages et quels sont les inconvénients d'habiter une grande ville ?
21. Aux Etats-Unis quelle ville est la capitale du goût, de l'élégance, et de l'esprit, d'après vous ?
22. Contrastez la vie dans l'Est et dans l'Ouest des Etats-Unis.
23. Est-ce que les différences entre le Sud et le Nord sont uniques à la France ? Expliquez.
24. Comparez les attitudes dans le Sud de la France et celles dans le Sud des Etats-Unis.
25. On dit que le progrès technique a pour effet d'éliminer les particularismes locaux. Est-ce vrai ? Pourquoi ?

Composition guidée

Ecrivez deux petits paragraphes sur l'un des sujets suggérés ci-dessous. Vous parlerez des contrastes qui existaient dans le passé et des contrastes qui existent encore actuellement.

Le premier paragraphe commencera par : « Autrefois »... et tous les verbes seront à l'imparfait. Le deuxième paragraphe commencera par « Maintenant »... et tous les verbes seront au présent. Essayez de vous inspirer du texte quant à votre choix d'expressions et de structures.

A. Le Nord et le Sud
B. Les noirs et les blancs.
C. La ville et la banlieue.
D. Les grandes villes et les petits villages.

Word Study

A. Nouns in -té

Practically all English nouns ending in *-ty* have cognates in **-té**. These cognates are feminine.

*l'uniformi***té** uniformity *la quali***té** quality

NOTES: 1. Spelling modifications in the root of the cognate are frequent.

*la clar***té** clarity *la pure***té** purity

2. Exceptions: la nobl**esse** – nobility; ami**tié** – amity.
3. Not all French nouns in **-té** have English cognates in *-ty*. Sometimes the equivalent English word ends in *-ness* or *-hood.*

*la paren***té** parenthood *la bon***té** goodness

B. Nouns in -ie

English nouns in *-y* (except *-ty*, see above) often have French cognates in **-ie**. These cognates are feminine.

*l'hypocris***ie** hypocrisy *la géograph***ie** geography

NOTES: 1. Nouns ending in *-acy* in English, end in **-atie** in French.

la démocr**atie** democracy

2. Spelling modifications in the root of the cognate are frequent.

la chimie chemistry *la jalousie* jealousy

3. Not all French nouns in *-ie* have English cognates in *-y*: la manie – *mania.*

Language Study

C. Ce qui and ce que

Ce qui and **ce que** introduce relative clauses where there is no antecedent, or where the antecedent is not a noun. **Ce qui** and **ce que** may mean *what* in the sense of *the thing that.* **Ce qui** is the subject of the clause. **Ce que** is the object of the clause.

GENERAL PATTERN for the use of the pronouns **ce qui** and **ce que:**

ce qui + verb group + complement (if any)
ce que + subject + verb group + complement (if any)

Ce qui *est rare n'est pas toujours précieux.* What is rare is not always valuable.
J'aime **ce qui** *est simple.* I like what is simple.
Je sais **ce que** *vous désirez.* I know what you want.
Ce que *vous désirez n'est pas là.* What you want isn't here.

NOTE: **Ce que** may also be followed by an inverted verb-subject.

Ce que *dit mon père est faux.* What my father says is false.

Exercices

1 Jeu de mots. Trouvez les noms correspondants aux adjectifs suivants. (Le mot anglais vous aidera.)

Modèle : hypocrite, *hypocrisy* **l'hypocrisie**
curieux, *curiosity* **la curiosité**

1. stupide, *stupidity*
2. visible, *visibility*
3. supérieur, *superiority*
4. psychologique, *psychology*
5. rapide, *rapidity*
6. dense, *density*
7. mélodieux, *melody*
8. acrobatique, *acrobacy*
9. diplomate, *diplomacy*

2 Travail de remplissage. Complétez les phrases suivantes d'après le modèle. N'oubliez pas l'article défini.

Modèle : *originality* **Pour un artiste, l'originalité est essentielle.**

1. *charity* ———————— est une vertu.
2. *curiosity* ———————— est un défaut.
3. *simplicity* ———————— est la marque des grands esprits.
4. *tyranny* ———————— n'est pas supportable très longtemps.
5. *monarchy* ———————— française a disparu en 1848.
6. *timidity* ———————— n'est pas un vice.
7. *anatomy* Pour être médecin, il faut connaître ————————.
8. *sociology* ———————— est une science relativement récente.
9. *mobility* ———————— des hommes est une caractéristique du vingtième siècle.
10. *bureaucracy* Dans tous les pays on trouve ———————— étouffante.

3 Le Parisien et le provincial. Imaginez que vous êtes parisien (ou provincial). Donnez votre opinion sur les sujets suivants :

1. Ce que vous pensez de Paris.
2. Ce que vous pensez de la province.
3. Ce qui est agréable chez les Parisiens.
4. Ce qui est désagréable chez les Parisiens.
5. Ce que vous aimez faire chez vous.
6. Ce que vous pensez des gens qui vous entourent.

4 Paris et la province. Dans les phrases suivantes, remplacez **les choses** par **ce**. Faites les changements nécessaires.

Modèle : Comprenez-vous les choses qui différencient Paris de la province ?
Comprenez-vous ce qui différencie Paris de la province ?

1. Les Parisiens aiment les choses qui changent.
2. A Paris, les gens ignorent les choses que leurs voisins font.
3. En province, les gens veulent connaître les choses qui se passent autour d'eux.
4. La province, c'est les choses qui ne sont pas Paris.
5. Les choses que j'aime en Provence, c'est le soleil et le climat.
6. Les Méridionaux se moquent des choses que les Parisiens pensent.

D. The irregular verb connaître (to know)

Present tense: *je connais, tu connais, il connaît,*[1] *nous connaissons, vous connaissez, ils connaissent.*

[1] The *î* only appears before the consonant *t*.

E. The irregular verb savoir (to know)

Present tense: *je sais, tu sais, il sait, nous savons, vous savez, ils savent.*

F. Savoir vs. connaître

Both **savoir** and **connaître** mean *to know*.
Connaître is used to indicate *acquaintance* with people, places, and facts.

Connaître always takes a direct object; it is never followed by an infinitive or clause.

Je **connais** *Paris.*
Connaissez-*vous Pierre ? Oui, nous le* **connaissons.**
Nous **connaissons** *la maison où il habite.*
Nous **connaissons** *ses opinions.*

Savoir is used to indicate *knowledge* of a fact or of something that has been learned.

Savoir can stand alone:

François est à Paris. Oui, je **sais**.

Savoir can take a direct object:

Je **sais** *la vérité.*

Savoir can be followed by a subordinate clause:

Je **sais** *où il va.*
Je **sais** *qui est avec toi.*

Savoir can be followed by an infinitive. Here **savoir** means *to know how*:

Je **sais** *jouer au football.*

Sometimes the distinction between **savoir** and **connaître** is very slight:

Je **sais** *la leçon.*	I know the lesson (because I studied it).
Je **connais** *la leçon.*	I am familiar with the lesson (that is, I know which lesson it is and what it's about).

Vocabulaire utile

Voici des verbes conjugués comme **connaître** :

apparaître	*to appear*	paraître	*to seem*
disparaître	*to disappear*	reconnaître	*to recognize*

Exercices

5 L'expression exacte. Formez des phrases avec **il connaît** ou **il sait**.

Modèle : ..... mes amis. **Il connaît mes amis.**

1. ..... la France.
2. ..... les grandes villes de province.
3. ..... où est Annecy.
4. ..... un Français de Clermont-Ferrand.
5. ..... où je vais.
6. ..... quand nous allons en France.
7. ..... qui va à Nice avec nous.
8. ..... si Alain va en province.
9. ..... un petit restaurant d'Annecy.
10. ..... faire la cuisine.

6 Changements de sujet. Remplacez le sujet en italique par l'expression entre parenthèses. Faites tous les changements nécessaires.

Modèle : *Elle* connaît cet artiste. (mes amis)
Mes amis connaissent cet artiste.

1. *Le conflit* entre Paris et la province disparaît. (les contrastes)
2. Est-ce que *vous* reconnaissez cette ville ? (tu)
3. *Ils* paraissent satisfaits de leur voyage en province. (elle)
4. Savez-*vous* où Marie va passer ses vacances ? (il)
5. *Cela* me paraît juste. (ces idées)
6. *Je* ne sais pas où est Montbard. (nous)
7. Est-ce que *tu* connais mon adresse ? (ils)
8. *Je* ne le sais pas. (ils)

7 Savoir et connaissance. Utilisez les renseignements contenus dans chaque phrase pour faire deux nouvelles phrases, l'une commençant par **je connais**, l'autre par **je sais.**

Modèle : Antoine habite la province.
a. **Je connais Antoine.**
b. **Je sais qu'il habite la province.** (**ou : Je ne sais pas où il habite.**)

1. Tours est une ville de province.
2. Les Parisiens ont une opinion particulière de la province.
3. Cette opinion n'est pas toujours juste.
4. Le provincial est fier de sa ville.
5. Balzac a décrit la vie de province.
6. Mauriac est originaire de Bordeaux.

G. Asking questions

There are several types of questions in French.

GENERAL PATTERN for the formation of yes-no questions: A statement may be transformed into a yes-no question in three ways:	
— normal word order and rising intonation + ?	*Jean habite Paris ?*
— **est-ce que** + normal word order + ?	*Est-ce que Jean habite Paris ?*
— verb + pronoun subject (+ complement) + ?	*Habite-t-il Paris ?*

NOTE: For more on inverted questions, see Lessons 8-J and 18-E.

GENERAL PATTERN for questions about the subject:	
qui + verb (+ complement) + ?	*Qui habite Paris ?*

NOTE: For more on subject questions, see Lesson 10-C.

GENERAL PATTERN for information questions about other parts of the sentence:
question word(s) + **est-ce que** + subject + verb (+ complement) + ?

The following statement contains various types of information:

L'année dernière, Pierre et son frère Marc ont voyagé en France en auto.

Each of the following questions requests specific information about the sentence above:

1. **Quand est-ce que** *Pierre et son frère Marc ont voyagé en France en auto ?*
2. **Avec qui est-ce** *que Pierre a voyagé en France en auto l'année dernière ?*
3. **Avec quel frère est-ce que** *Pierre a voyagé en France en auto l'année dernière ?*
4. **Où est-ce que** *Pierre et son frère Marc ont voyagé en auto l'année dernière ?*
5. **Comment est-ce que** *Pierre et son frère Marc ont voyagé en France l'année dernière ?*
6. **Qu' est-ce que** *Pierre et son frère Marc ont fait l'année dernière ?*

NOTES: 1. The use of **est-ce que** is very common in spoken French. Written French prefers the inverted form.

2. In questions of type (6), it is possible to have the verb come before the subject, especially if the subject is longer than the verb:

Qu'est-ce qu'ont fait Pierre et son frère Marc l'année dernière ?

8 Transformations. Transformez les phrases suivantes en questions commençant par **est-ce que.**

1. Nice est sur la Côte d'Azur.
2. Le carnaval de Nice est très connu.
3. Il y a des remparts très anciens à Carcassonne.
4. Amiens est la capitale de la Picardie.
5. C'est à Tours qu'on parle le français le plus pur.
6. Autrefois, il y avait un camp romain près de Clermont-Ferrand.
7. Les Grecs ont fondé Aix et Marseille.
8. Moulins se trouve au centre de la France.
9. Balzac a écrit les « Scènes de la vie de province ».
10. Mauriac est un auteur français contemporain.

9 Questions d'époque et de lieu. Pour chaque phrase, posez deux questions, l'une commençant par **quand** et l'autre par **où**.

Modèle : En été les Parisiens vont sur la Côte d'Azur.
a. **Quand est-ce que les Parisiens vont sur la Côte d'Azur ?**
b. **Où est-ce que les Parisiens vont en été ?**

1. Dans le Midi, on joue aux boules après le dîner.
2. Pendant les week-ends, des milliers de Parisiens vont en Normandie.
3. A Marseille, on boit le pastis à l'heure de l'apéritif.
4. En province, la vie était très calme autrefois.
5. Pendant sa jeunesse, Balzac habitait à Tours.
6. Les Américains ont débarqué en Provence en 1944.
7. Il y a vingt ans, les Français allaient rarement à l'étranger.
8. En France, on célèbre la fête nationale le 14 juillet.

10 Le lieu et la manière. Pour chaque phrase, posez deux questions, l'une commençant par **où** et l'autre par **comment.**

Modèle : Dans le Midi, on parle avec un accent.
a. **Où est-ce qu'on parle avec un accent ?**
b. **Comment est-ce qu'on parle dans le Midi ?**

1. On peut aller à Nice en avion.
2. A Tours, on parle français sans accent.
3. A Paris, les gens vivent d'une façon trépidante.
4. Dans le Midi, on considère le soleil comme une spécialité locale.
5. Dans le Nord, on jugeait les Méridionaux avec un peu de condescendance.
6. Sur la Côte d'Azur, les gens vivent à leur guise.
7. En province, les gens vivent plus nonchalamment qu'à Paris.
8. A Paris, on vit sans s'occuper des autres.

H. The imperfect tense: forms

GENERAL PATTERN for the imperfect tense:

imperfect stem (*nous*-stem of the present tense) + imperfect endings

PARLER	FINIR	VENDRE	FAIRE
(*nous* **parl***ons*)	(*nous* **finiss***ons*)	(*nous* **vend***ons*)	(*nous* **fais***ons*)
*je parl***ais**	*je finiss***ais**	*je vend***ais**	*je fais***ais**
*tu parl***ais**	*tu finiss***ais**	*tu vend***ais**	*tu fais***ais**
*il parl***ait**	*il finiss***ait**	*il vend***ait**	*il fais***ait**
*nous parl***ions**	*nous finiss***ions**	*nous vend***ions**	*nous fais***ions**
*vous parl***iez**	*vous finiss***iez**	*vous vend***iez**	*vous fais***iez**
*ils parl***aient**	*ils finiss***aient**	*ils vend***aient**	*ils fais***aient**

NOTE: **Etre** is the only verb with an irregular imperfect stem: *j'étais, tu étais, il était, etc.*

I. The imperfect tense: uses

The imperfect tense is a past tense. It has several uses in French :

1. To express repeated or habitual actions in the past.

   Autrefois le provincial **hésitait** *à révéler ses origines.*
   In the past, the man from the provinces would (used to) hesitate to reveal his origins.

2. To describe a state which existed in the past.

   Les Parisiens **étaient** *fiers de leur ville.*
   The Parisians were proud of their city.

J. Adverbs in -ment

Many French adverbs of manner are derived from adjectives.

GENERAL PATTERN for transforming an adjective into an adverb:

feminine form of adjective + **-ment**

seul (*seule*)	*seule***ment**	only
franc (*franche*)	*franche***ment**	frankly
économique	*économique***ment**	economically

NOTES: 1. There are certain exceptions to the above pattern: *vrai* *vrai***ment**.

2. When the adjective ends in **-ant** or **-ent,** the corresponding adverb ends in **-amment** or **-emment.**[1]

*const***ant**	*const***amment**	constantly
*appar***ent**	*appar***emment**	apparently

3. The French ending **-ment** corresponds to the English ending *-ly*.

[1] Both endings are pronounced like the word *amant*.

11 Où habitaient-ils? Un groupe d'étudiants américains a passé une année en France. Dites où chacun habitait.

Modèle : toi (à Annecy) **Tu habitais à Annecy.**

1. nous (à Paris)
2. moi (en Provence)
3. vous (en Normandie)
4. toi (à Marseille)
5. Robert (dans le Midi)
6. Linda (dans le Nord)
7. certains étudiants (à Lyon)
8. d'autres étudiants (dans le Languedoc)

12 Autrefois. Mettez les phrases suivantes à l'imparfait. Commencez chaque phrase par **autrefois.**

Modèle : Je lis beaucoup. **Autrefois je lisais beaucoup.**

1. J'aime les voyages.
2. Je passe les étés sur la Côte d'Azur.
3. En été, il fait très beau.
4. Ma sœur fait du ski nautique.
5. Mes parents font des promenades sur la plage.
6. En août, nous voyageons en Provence.
7. Nous visitons les monuments romains.
8. Nous allons au théâtre en plein air.
9. Mon frère explore les châteaux.
10. Mes cousins achètent des cartes postales.
11. Mon père apprécie les vins de Provence.
12. Les vacances finissent en septembre.

13 Travail de recherche. Faites une liste de tous les adverbes en **-ment** que vous trouvez dans la sélection intitulée « Un Peu d'Histoire » (Leçon 2). Donnez l'adjectif correspondant à chaque adverbe.

Modèle : incontestablement **incontestable**

14 Variantes. Remplacez les blancs de chaque phrase par un adverbe formé sur les adjectifs entre parenthèses. Pour chaque phrase, construisez trois versions différentes.

1. (évident, extrême, relatif) Cette conception de la province est ——— exagérée.
2. (rapide, incontestable, apparent) Les différences entre Paris et la province disparaissent ———.
3. (élégant, coûteux, original) Est-ce que les Provençales s'habillent aussi ——— que les Parisiennes ?
4. (intelligent, simple, impartial) Expliquez-nous ——— les différences entre Paris et la province.

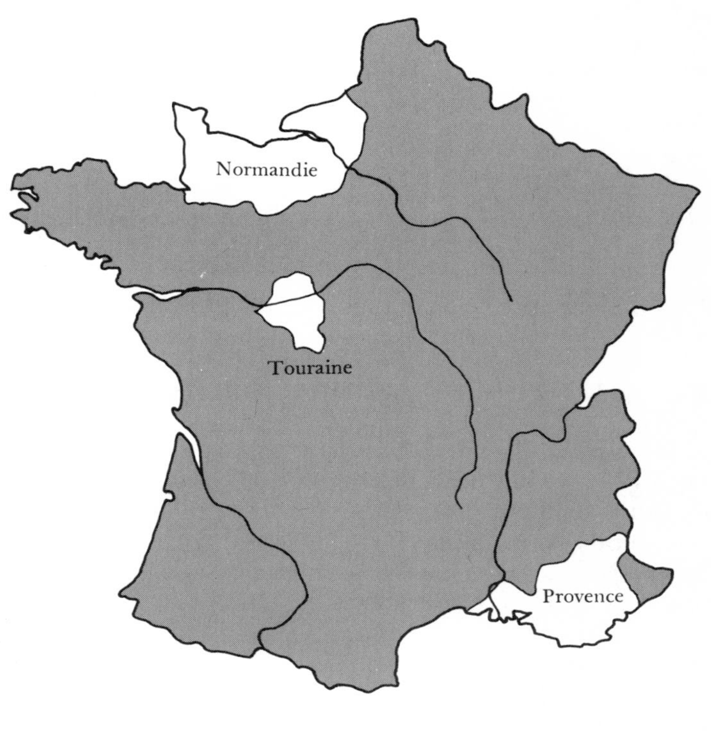

8

Trois Provinces

Victimes administratives de la Révolution française,[1] les provinces ont préservé leur originalité. Celle-ci ne se limite pas aux caractéristiques naturelles et par conséquent immuables des paysages. Elle se manifeste aussi dans la manière de vivre, parfois dans la façon de parler et de penser et souvent dans l'habitat. Quoi de plus différent en effet qu'une ferme normande, une gentilhommière tourangelle et un mas provençal ?

[1] Depuis 1791, les départements remplacent les anciennes provinces.

LES INVASIONS NORMANDES

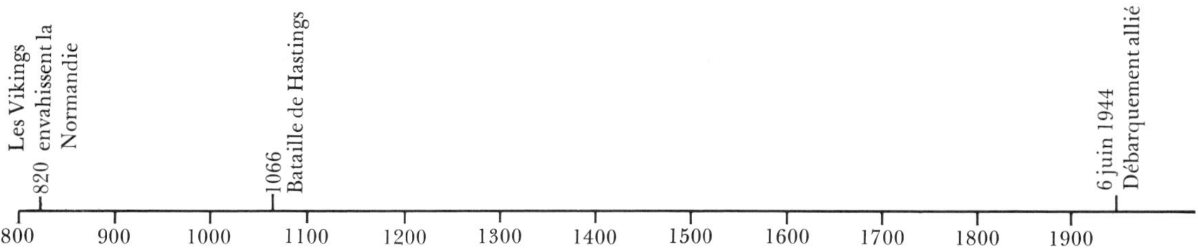

Besnières est aujourd'hui une plage bien tranquille ... C'est pourtant sur cette plage normande que les troupes canadiennes et britanniques prirent part, le 6 juin 1944, au plus grand débarquement de l'histoire.

LA NORMANDIE

Paysages. Pour le Parisien, Normandie est synonyme de week-ends. La Normandie, c'est, suivant les humeurs, l'agitation des plages élégantes ou le calme de la campagne, l'air tonifiant d'une promenade en mer ou la fatigue bienfaisante d'une promenade à travers champs. Les paysages normands sont faits de contrastes, plages et falaises, vallées et plateaux, minuscules hameaux et gros villages, prairies sans arbre et champs de pommiers. La proximité de l'océan donne à la Normandie des hivers doux et humides et des étés frais.

D'une invasion à une autre. Plusieurs invasions spectaculaires constituent sans doute les hauts points de l'histoire normande. La première a eu lieu vers 820. C'est à cette époque que les Normands ou Vikings ont commencé leurs incursions dans la province à laquelle ils ont laissé leur nom. En fait, ils ont

Ce bâtiment de ferme date du 17e siècle. Il est typique de l'architecture normande : toit de chaume, charpente apparente.

d'abord dévasté celle-ci. Puis ils ont remonté la Seine et assiégé Paris. Sous cette menace, le roi de France leur a alors officiellement donné le duché de Normandie qu'ils occupaient déjà.

C'est d'une plage normande que Guillaume s'est lancé en 1066 à la conquête de l'Angleterre. Une autre invasion, mais en sens contraire, a eu lieu neuf cents ans plus tard. Le 6 juin 1944, « le jour le plus long », les troupes américaines du Général Bradley ont débarqué victorieusement sur « Utah » et « Omaha », deux minuscules plages normandes. La libération de la France venait de commencer.

La ferme normande. Aujourd'hui la « fermette normande » a une place de prédilection dans les revues immobilières. C'est une habitation d'un seul étage dont la caractéristique principale est sa charpente apparente. Son toit en pente est en tuiles brunes, et parfois en chaume. Elle s'abrite en général derrière une haie de pommiers. Deux fois et souvent trois fois centennaire, son confort est limité. Modernisée, elle a l'eau et l'électricité.

François Ier, patron des arts et des lettres, résida longtemps ne Touraine où il attira Léonard de Vinci.

Chenonceaux est plus qu'une gentilhommière. C'est un château, peut-être le plus bel exemple de l'architecture de la Renaissance.

La touraine

Paysages. La Touraine est célèbre par la douceur de son climat et par la mollesse de ses paysages. Ceux-ci sont faits de vallées amples et de coteaux peu élevés. Ces coteaux, couverts de vignes, abritent d'excellents crus : vins blancs de Vouvray et vins rouges de Chinon et de Bourgueil. Le val de Loire est jalonné de splendides châteaux, la plupart bâtis pendant la Renaissance.

L'Epoque des rois. La Renaissance a été la grande époque de la Touraine. C'est à cette époque que les rois y ont bâti leurs résidences. La Touraine était alors le centre d'une culture et d'un art nouveau dont les châteaux de la Loire sont de magnifiques exemples.

Blois, à la limite de la Touraine et du Blésois, offre un mélange de style gothique et d'architecture Renaissance. Le château de Blois a été la demeure de deux rois : Louis XII et François I.

Amboise, sur la Loire, est à la fois une forteresse austère et un élégant château. François I y a attiré le grand peintre italien Léonard de Vinci.

LES ROIS DE LA RENAISSANCE

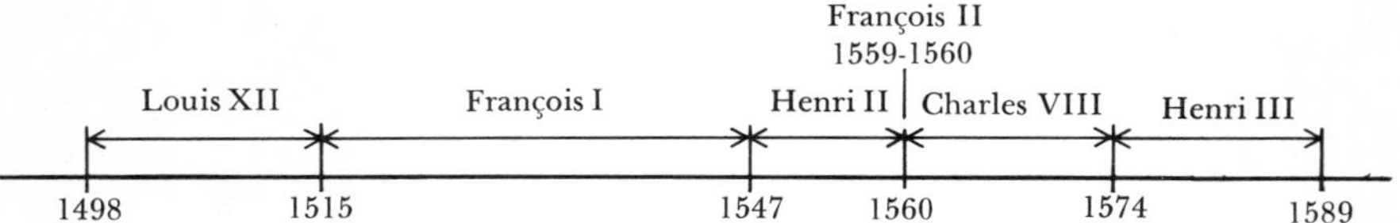

Chenonceaux, résidence d'Henri II, est un excellent exemple de l'architecture de la Renaissance.

La prospérité de la Touraine n'a pas duré. Au dix-septième siècle les rois ont abandonné cette province au profit de Paris, puis de Versailles.

Tours, métropole de province. Pendant longtemps, Tours est restée le type même de la ville de province endormie. En 1950, elle avait cent mille habitants, c'est-à-dire à peu près autant qu'en 1750. Sous l'impulsion d'une municipalité dynamique, Tours a su tirer profit de l'actuelle politique gouvernementale de décentralisation. Aujourd'hui, elle est devenue une ville très active dont l'expansion symbolise le renouveau actuel de la province française. Elle atteindra quatre cent mille habitants en 1985.

La gentilhommière tourangelle. On la trouve sur les bords de Loire. Elle est précédée d'une grille et d'un jardin bien ordonné « à la française ». Elle est construite en pierre blanche et son toit est en ardoises. Elle a deux étages, auxquels s'ajoute, si elle date du dix-septième siècle, un étage mansardé. Des tourettes agrémentent sa façade et son toit s'orne de nombreux clochetons.

La provence

Paysages. La Provence, c'est d'abord un climat perpétuellement ensoleillé, un ciel lumineux, des champs couverts d'oliviers, de figuiers et de vigne, des forêts de pins et d'arbustes méditerranéens. C'est aussi une terre de contrastes. Contrastes de couleur : lavande mauve, terre ocre, ciel bleu. Contrastes de paysages : falaises blanches des Maures, murs de granit rouge de l'Estérel, golfes profonds, plages de sable ou de galets de la Côte d'Azur. Les villes du littoral sont d'importants centres de tourisme : Nice et son carnaval, Cannes et ses festivals, Juan-les-Pins et sa plage de sable fin.

La Provence, province romaine. La Provence doit son nom à la création d'une province romaine au premier siècle avant Jésus-Christ. Mais la pénétration de la civilisation méditerranéenne est bien plus ancienne. Vers 600 avant Jésus-Christ, des marins grecs ont fondé Marseille et ont introduit la culture de l'olivier et du figuier dans la région. Ils ont établi d'autres comptoirs sur le littoral comme Nice[1] et Antibes. Vers 125 avant Jésus-Christ, Rome a envoyé ses légions en

[1] Le nom Nice vient du mot grec « Nike », qui veut dire « victoire ».

Les mas de ce village provençal semblent écrasés par la chaleur.

Les arènes de Nîmes, construites au 1er siècle de notre ère, sont restées presque intactes.

LA PROVENCE GRÉCO-ROMAINE

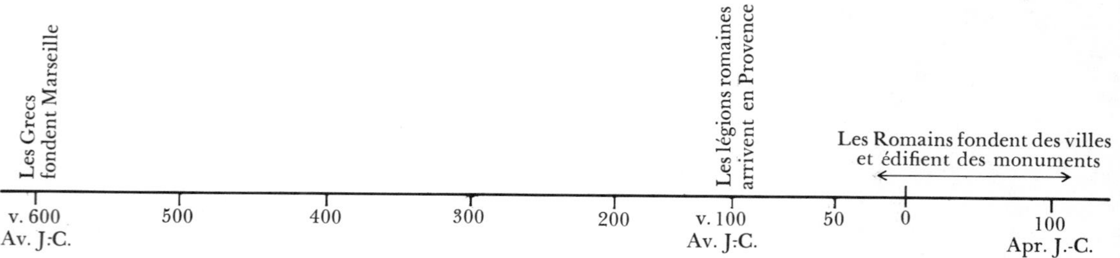

Provence pour protéger le passage vers l'Espagne. La conquête romaine de la Provence venait de commencer. Une florissante civilisation urbaine s'est développée le long du littoral et du Rhône. De cette civilisation, il reste aujourd'hui de monumentaux vestiges. Ce sont les arènes de Nîmes et d'Arles qui, chacune, pouvaient abriter vingt mille spectateurs. A Orange, c'est l'Arc de Triomphe qui évoque les victoires de César. C'est aussi le Pont du Gard, gigantesque aqueduc, étonnamment bien conservé.

Le mas provençal. On le trouve dans tous les villages méditerranéens, dont il constitue l'habitation type. Quand il est isolé, il s'abrite souvent derrière un rideau de cyprès. Son toit de tuiles plates et rouges, ses murs épais et blancs, ses fenêtres petites et rares protègent ses habitants contre le soleil.

Questions simples

1. Quand les provinces ont-elles perdu leur rôle politique ?
2. Quelles divisions administratives ont remplacé les provinces ?
3. Comment se manifeste l'originalité d'une province ?
4. Comment les Parisiens considèrent-ils la Normandie ?
5. Quels contrastes trouve-t-on dans les paysages normands ?
6. Comment est le climat de la Normandie ?
7. Quand les Vikings ont-ils envahi la Normandie ?
8. D'où est venu Guillaume le Conquérant ?
9. Qu'est-ce que c'est que « le jour le plus long » ?
10. Décrivez une ferme normande.
11. Pourquoi la Touraine est-elle célèbre ?
12. Quelle est la grande époque de la Touraine ?

13. Quels rois de la Renaissance ont habité la Touraine ?
14. Où Léonard de Vinci a-t-il habité ?
15. Vers quelle date la ville de Tours a-t-elle commencé à grandir ?
16. Décrivez une gentilhommière tourangelle.
17. Quels contrastes trouve-t-on en Provence ?
18. Quelle est l'origine du nom « Provence »?
19. Quand les Grecs sont-ils venus en Provence ?
20. Pourquoi les Romains sont-ils venus en Provence ?
21. Quelles traces de la civilisation romaine trouve-t-on en Provence ?
22. Décrivez un mas provençal.

Questions d'application

23. Connaissez-vous d'autres provinces françaises ? Lesquelles ?
24. Quelles provinces sont connues pour leur vin ?
25. Quelles provinces sont connues en partie à cause de leur proximité de l'Allemagne ?
26. Quelles provinces sont situées près de la Belgique ?
27. Dans quelles provinces peut-on faire du ski ?
28. Quelles provinces ont des plages ?
29. Comment appelait-on la France au temps de Jules César ?
30. Quel est le nom de la bataille de 1066 ?
31. De quel pays venait Léonard de Vinci ?
32. Pourquoi les Américains ont-ils envahi la Normandie en 1944 ?
33. La connaissance de l'histoire est-elle utile ? Pourquoi ou pourquoi pas ?

Composition guidée

Ecrivez un petit paragraphe sur un des sujets suivants. Employez le passé composé pour la narration des événements. Evitez les descriptions, ou, si vous avez besoin de descriptions, employez l'imparfait.

A. Un excellent (mauvais) souvenir de vacances.

Modèle : Cet été-là nous sommes allés dans les montagnes. Un jour je me suis réveillé plus tôt que d'habitude. J'ai entendu....

B. Un événement historique.

Choisissez un événement dans l'histoire américaine, l'histoire française, l'histoire d'un autre pays, comme vous voulez.

Modèle : Rochambeau et la Bataille de Yorktown. En 1780, le roi de France, Louis XVI, a envoyé une armée française en Amérique. Rochambeau et ses troupes sont arrivés dans le Rhode Island....

Word Study

A. English words in French

The French language has a growing number of words taken directly from the English. Many of these words belong to the vocabulary of sports: *le tennis, le basket-ball, un match.* Other English words frequently used in French are: *un bar, un bifteck* (beefsteak), *un club, un cocktail, un hold-up, un kidnapping, la pop musique, un week-end.*

Some words borrowed from the English have a slightly different meaning in French: *un cargo* (a freighter), *un goal* (a goalie), *un starter* (choke, not the starter, of a car), *une surprise-partie* (an informal party where people dance).

Language Study

B. Nouns modified by nouns

GENERAL PATTERN for one noun modifying another:
main noun + preposition + modifying noun

une table de ping-pong	a ping pong table
une tasse à café	a coffee cup

NOTES: 1. The preposition **de** indicates

— ownership:	*le château* **d'***Henri II*	Henry II's castle
	la ferme **de** *mon ami*	my friend's farm
— geographical origin, destination or location:		
	le vin **de** *Vouvray.*	Vouvray wine
	le train **de** *Paris*	the Paris train
— time:	*l'invasion* **de** *1944*	the 1944 invasion
— content or type:	*une tasse* **de** *café*	a cup of coffee
	une classe **d'***histoire*	a history class

2. The preposition **en** indicates the substance:

une maison **en** *pierre*	a stone house
une maison **en** *bois*	a wooden house

3. The preposition **à** indicates the use:

un verre **à** *liqueur*	a liqueur (brandy) glass

C. Nouns modified by infinitives

Nouns are frequently modified by infinitives. The infinitive is connected to the main noun by a preposition. This construction often corresponds to an *-ing* construction in English:

une salle **à manger**	a dining room
une manière **de vivre**	a way of living

Exercices

1 Jeu de construction. Faites six phrases en employant un mot de chaque groupe suivant :

Verbes : habiter, avoir, porter, regarder
Noms : maison, pièce (*coin*), montre (*watch*), statue
Noms de substance : bois, aluminium, verre, marbre, argent, nickel, cuivre (*copper*), or (*gold*), pierre (*stone*), granit.

Modèle : **Mon grand-père a une collection de pièces en or.**

2 Résidences célèbres. La première colonne contient le nom de châteaux célèbres. La seconde colonne contient le nom des personnes célèbres qui ont habité ces châteaux. Faites des phrases suivant le modèle.

Modèle : Versailles / Louis XIV
Le château de Versailles a été la résidence de Louis XIV.

1. Plessis / Louis XI
2. Amboise / François I
3. Chinon / Charles VII
4. Blois / Louis XII
5. Saché / Balzac
6 La Malmaison / Napoléon I

3 Simple définitions. Complétez les phrases avec une expression formée avec les mots en italique et la préposition **de** (ou **d'**).

Modèle : Un *champ* où il y a des *pommiers* est un...
Un champ où il y a des pommiers est un champ de pommiers.

1. Une *plage* où il y a du *sable* est une...
2. Une *ville* située en *province* est une...
3. Une *bouteille* qui contient du *vin* est une...
4. Un *marchand* qui vend des *fleurs* est un...
5. Un *livre* qui parle d'*histoire* est un...
6. Un *professeur* qui enseigne la *géographie* est un...
7. Un *orchestre* qui joue du *jazz* est un...
8. Une *raquette* avec laquelle on joue au *tennis* est une...

4 Attractions touristiques. Pour chaque endroit entre parenthèses, dites ce qui attire les touristes.

Modèle : le château (Chenonceaux) **Le château de Chenonceaux attire les touristes.**

1. le carnaval (Nice)
2. le festival (Cannes)
3. la plage (Juan-les-Pins)
4. les arènes (Nîmes)
5. l'Arc de Triomphe (Orange)
6. le château (Amboise)
7. les plages (Normandie)
8. la cathédrale (Tours)

D. The passé composé with avoir

The **passé composé** is used to describe a completed past action. It is a compound tense composed of two words : the auxiliary (**avoir** or **être**) and the past participle.

*J'***ai regardé** *la carte.* I looked at the map. I have looked at the map.

GENERAL PATTERN for the **passé composé** with **avoir:**

present tense of **avoir** + past participle

j' **ai regardé**	*nous* **avons regardé**
tu **as regardé**	*vous* **avez regardé**
il **a regardé**	*ils* **ont regardé**

GENERAL PATTERN for the formation of regular past participles:

infinitive stem + participle ending

-er verbs:	**regard**(er)	+ **é**	→	**regardé**
-ir verbs:	**abol**(ir)	+ **i**	→	**aboli**
-re verbs:	**vend**(re)	+ **u**	→	**vendu**

Irregular verbs frequently have irregular past participles.

avoir:	*j'ai* **eu**	*faire:*	*j'ai* **fait**
connaître:	*j'ai* **connu**	*lire:*	*j'ai* **lu**
dire:	*j'ai* **dit**	*mettre:*	*j'ai* **mis**
écrire:	*j'ai* **écrit**	*prendre:*	*j'ai* **pris**
être:	*j'ai* **été**	*savoir:*	*j'ai* **su**

NOTE: The past participle of the **passé composé** conjugated with **avoir** agrees in number and gender with the direct object when (and only when) this direct object comes before the verb (see also Lesson 20-E).

The direct object follows the verb (no agreement): *Tu as visit***é** *les arènes de Nîmes ?*

The direct object precedes the verb (agreement): *Oui, je les ai visit***ées**.

E. The negative form of compound tenses

GENERAL PATTERN for the negative form of a compound tense:

subject + **ne** + object pronouns + auxiliary verb + **negative word** + past participle

Je **n'***ai* **jamais** *été au château d'Amboise.* *Je* **ne** *l'ai* **pas** *visité.*

NOTE: **Personne** as an object comes after the past participle. *Je n'ai rencontré* **personne** *à Blois.*

5 En voyage. Faites des phrases disant que chaque personne entre parenthèses a visité les endroits suivants. Employez le passé composé de **visiter**.

Modèle : (Toi) la cathédrale de Rouen
Tu as visité la cathédrale de Rouen.

1. (Nous) le château de Blois
2. (Vous) les arènes de Nîmes
3. (Moi) la plage de la Baule
4. (Henri) la Normandie
5. (Elles) les châteaux de la Loire
6. (Toi) la cathédrale d'Amiens
7. (Mes frères) le musée du Louvre
8. (Irène) les musées provençaux

6 En voyage (suite). Mettez les phrases suivantes au passé composé.

Modèle : Je fais un grand voyage.
J'ai fait un grand voyage.

1. Je lis un livre sur la France.
2. Je visite la Touraine.
3. Je loge dans un mas.
4. Je mange les spécialités provençales.
5. Je choisis une soupe de poisson.
6. Je regarde une corrida (bullfight) à Nîmes.
7. Je prends des photos.
8. Je réussis ces photos.
9. J'écris à mes amis.
10. Je réponds à mes parents.

7 Variantes. Refaites l'Exercice 5 en remplaçant les noms d'endroits par un complément d'objet direct. Faites attention à l'accord du participe passé.

Modèle : (Toi) la cathédrale de Rouen
Tu l'as visitée.

8 Non ! Refaites les phrases de l'exercice 5 en les mettant au négatif avec d'abord **ne... pas** et ensuite **ne... jamais.**

Modèle : Je fais un grand voyage

a. **Je n'ai pas fait de grand voyage.**
b. **Je n'ai jamais fait de grand voyage.**

9 Questions historiques. Demandez qui a fait les choses suivantes.

Modèle : fonder Nice **Qui a fondé Nice?**

1. dévaster la Normandie
2. assiéger Paris
3. habiter à Blois
4. résister à Amboise
5. bâtir Chenonceaux
6. occuper la Provence
7. fonder Marseille
8. établir un comptoir à Nice

F. The irregular verb venir (to come)

Present tense: *je viens, tu viens, il vient, nous venons, vous venez, ils viennent.*

G. Venir vs. venir de

Venir de is used in French to express the recent past.

	venir de + infinitive	to have just (done something)
But:	**venir** + infinitive	to come (to do something)

Je **viens de** *déjeuner.*	I've just eaten.
Je **viens** *déjeuner.*	I'm coming to eat.

H. The passé composé with être

Most intransitive verbs of motion form the **passé composé** with **être.**

GENERAL PATTERN for the **passé composé** with **être:**

present tense of **être** + past participle

je **suis venu** (*venue*)	*nous* **sommes venus** (*venues*)
tu **es venu** (*venue*)	*vous* **êtes venu** (*venue, venus, venues*)
il **est venu**	*ils* **sont venus**
elle **est venue**	*elles* **sont venues**

Some common verbs of motion conjugated with **être** are:

aller:	*je* **suis allé**	*partir:*[1]	*je* **suis parti**
arriver:	*je* **suis arrivé**	*revenir:*	*je* **suis revenu**
descendre:	*je* **suis descendu**	*sortir:*[1]	*je* **suis sorti**
entrer:	*je* **suis entré**	*tomber:*	*je* **suis tombé** (*I fell*)
monter:	*je* **suis monté**	*venir:*	*je* **suis venu**

Other verbs conjugated with **être** are:

devenir:	*je* **suis devenu**	*naître:*	*je* **suis né** (*I was born*)
mourir:	*je* **suis mort** (*I died*)	*rester:*	*je* **suis resté**

NOTES: 1. The past participle of verbs conjugated with *être* must agree with the subject.

*Les Vikings sont venu***s** *en Normandie.*

2. If the verbs listed above are followed by a direct object, the *passé composé* is formed with *avoir* and the past participle no longer agrees with the subject.

*Les Vikings ont remont***é** *la Seine.*
*Ils sont mont***és** *jusqu'à Paris.*

[1] For the present tense of these verbs, see Lesson 9-C.

Vocabulaire utile

Voici quelques verbes conjugués comme **venir** :

convenir de	*to agree upon*	tenir	*to hold, to keep*
devenir[1]	*to become*	appartenir à	*to belong to*
prévenir	*to warn*	contenir	*to contain*
revenir[1]	*to come back*	maintenir	*to maintain*
se souvenir[1] de	*to remember*	obtenir	*to obtain*
		retenir	*to retain*
		soutenir	*to support, to uphold*

Exercices

10 Transformations. Transformez les phrases suivantes en utilisant le passé récent.

Modèle : J'ai visité la Touraine. **Je viens de visiter la Touraine.**

1. Mon père a acheté une fermette normande.
2. Nous avons fait une promenade dans les champs.
3. Tu as passé trois jours en Normandie.
4. Il a visité la cathédrale de Tours.
5. Vous avez acheté une bouteille de Vouvray.
6. J'ai lu un livre sur la Provence.
7. Tu as appris des choses intéressantes.
8. Mes cousines ont répondu à leur amie de Nîmes.

11 C'est fait ! Mettez les phrases suivantes au passé composé.

1. Jacqueline va en Touraine.
2. Elle reste à l'hôtel.
3. Elle part pour la Provence.
4. Elle arrive à Nice.
5. Elle revient à Paris ensuite.
6. Les Vikings arrivent en Normandie vers 820.
7. Ils viennent à la cour du roi.
8. Ils ne restent pas en Normandie.
9. Ils partent.
10. Ils vont en Angleterre.

12 Le voyage est fini. Mettez les phrases suivantes au passé composé. Attention : Certains verbes sont conjugués avec **avoir**, d'autres avec **être**.

1. J'achète un billet d'avion.
2. Je vais à l'aéroport.
3. Je monte dans mon avion.
4. Il part.
5. J'arrive à Paris.
6. Je rencontre des amies.
7. Elles vont en Provence avec moi.
8. Nous visitons Nice.
9 Nous prenons des photos.
10. Nous rentrons.

[1] Conjugué avec être.

I. The passé composé of reflexive verbs

All reflexive verbs form the **passé composé** with the auxiliary verb **être**.

GENERAL PATTERN for the **passé composé** of reflexive verbs:

reflexive pronoun + present tense of **être** + past participle

je me **suis amusé** (*amusée*)	*nous nous* **sommes amusés** (*amusées*)
*tu t'***es amusé** (*amusée*)	*vous vous* **êtes amusé** (*amusée, amusés, amusées*)
*il s'***est amusé**	*ils se* **sont amusés**
*elle s'***est amusée**	*elles se* **sont amusées**

NOTE: With reflexive verbs, the past participle agrees only with the preceding direct object. Often (but not always) the preceding direct object is the reflexive pronoun. In this case, the ending on the part participle reflects the gender and number of the subject.

*Cette province s'est transform***ée**. (**s'** is a direct object)
*Les touristes se sont amus***és**. (**se** is a direct object)
But: *Elle s'est achet***é** *une carte postale.* (**s'** is an indirect object)

J. Questions using inversion

When the subject of a question is a pronoun, the inversion is preferred to the **est-ce que** form.

Il *est à Paris.* *Est-***il** *à Paris ?*
Il *fait un long voyage.* *Fait-***il** *un long voyage ?*

NOTES: 1. If the *il / elle* form of the verb ends in *-e* or *-a*, the consonant *t* is inserted between the verb and the pronoun.

Il va à Paris. *Va-***t-il** *à Paris ?*
Il aime la ville. *Aime-***t-il** *la ville ?*

2. In the compound tenses (*passé composé*) the inversion involves the subject pronoun and the *auxiliary verb* (not the past participle).

Il a fait un beau voyage. *A-t-***il** *fait un beau voyage ?*
Il est resté à Paris. *Est-***il** *resté à Paris ?*
Il s'est adapté à la vie française. *S'est-***il** *adapté à la France ?*

3. The inversion is not commonly used when the subject is *je*.

Je suis en retard. *Est-ce que* **je** *suis en retard ?*

13 Hier. Mettez les phrases suivantes au passé composé. Commencez chaque phrase par **hier**.

Modèle : Je me prépare pour ce voyage et je prépare ma valise.
Hier je me suis préparé pour ce voyage et j'ai préparé ma valise.

1. Je me trouve à Paris et je trouve la ville magnifique.
2. Je m'arrête ici et j'arrête un taxi.
3. Je mets un tablier (*apron*) et je me mets au travail.
4. Je présente mon frère et je me présente.
5. Je regarde Marie et je me regarde dans la glace.
6. Je lave ma voiture et je me lave les mains.
7. J'attends le facteur car je m'attends à recevoir une lettre.

14 Faits historiques. Mettez les phrases suivantes au passé composé.

1. Le français se parle en Louisiane.
2. Les Vikings s'établissent en Normandie.
3. En 1066, Guillaume le Conquérant se lance vers l'Angleterre.
4. Les rois se bâtissent des châteaux en Touraine.
5. La civilisation romaine se développe en Provence.
6. L'originalité des provinces se préserve par le maintien de certaines traditions.
7. La France se décentralise depuis quelques années.
8. Aujourd'hui la Touraine se ranime.

15 Questions. Pour chacune des phrases suivantes, posez deux questions. Commencez ces questions par **où**, **quand, comment,** suivant le cas. Utilisez l'inversion.

Modèle : En 1791, la France a été divisée en départements.
Quand a-t-elle été divisée en départements ?
Comment a-t-elle été divisée en 1791 ?

1. Les Romains sont venus en Provence au premier siècle avant Jésus-Christ.
2. L'originalité des provinces se manifeste encore aujourd'hui par la façon de penser et de vivre.
3. En Provence, les gens considèrent la vie avec bonne humeur.
4. En été, les Parisiens considèrent la Normandie comme un endroit de vacances idéales.
5. Pendant la Renaissance, les rois sont venus en Touraine.
6. Les troupes américaines ont débarqué en Normandie en 1944.

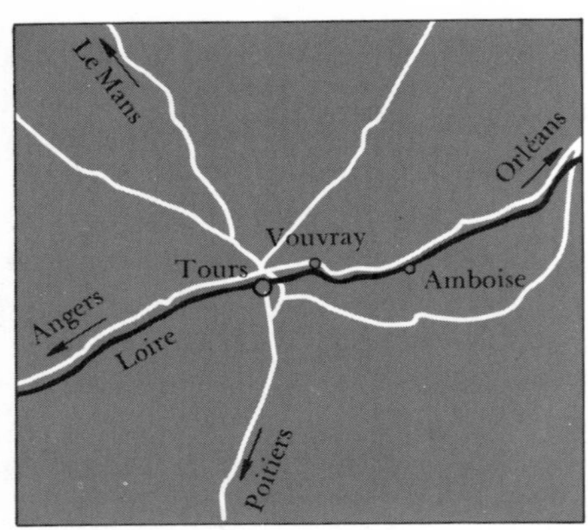

9

Un Village français : Vouvray

La Touraine est célèbre pour ses châteaux. L'un des plus visités, le château royal d'Amboise, se trouve à proximité de la Route Nationale 152. C'est sur celle-ci, à mi-chemin entre Tours et Amboise, que l'on trouve le petit village de Vouvray.

Inventaire d'un village

Un village comme un autre .... A bien des égards, Vouvray est un village comme un autre. Aujourd'hui la commune[1] a 2.720 habitants. Elle en avait 2.617 en 1954, 2.285 en 1901, et 2.418 en 1851. C'est dire que le passage du temps n'en a guère affecté la croissance. Comme toute commune, Vouvray a sa mairie et son bureau de poste.

Vouvray est aussi un chef-lieu de canton.[2] A ce titre elle a son percepteur[3] et sa brigade de gendarmerie.

Comme tout autre village, Vouvray a une forte densité de bistrots (douze au total, c'est-à-dire, un pour 226 habitants) et une multitude de petits commerces. Sur une distance de 300 mètres, on n'en trouve pas moins d'une douzaine : deux bouchers, deux boulangers, trois épiciers, deux charcutiers, deux marchands de légumes. Par contre, il n'y a pas de cinéma et il n'y en aura probablement jamais. Il y a un vétérinaire et deux médecins, mais encore récemment il n'y avait pas de dentiste. Il y avait un cordonnier mais il n'y avait ni magasin de chaussures ni magasin de vêtements.

Un village différent .... Vouvray possède donc toutes les caractéristiques du petit village français typique. Pourtant, ce n'est pas un village ordinaire. Sur la route, à quelques kilomètres du village, un panneau en annonce l'originalité : « Ici commence le terroir du Vouvray ». Ce terroir est célèbre. Il produit un vin blanc fin, doré et léger. Les connaisseurs en ont toujours apprécié la qualité. La production de ce vin est artisanale. La plupart des viticulteurs sont des « propriétaires-récoltants » qui s'occupent de leurs vignes et font leurs vins eux-mêmes. Une dizaine d'entre eux seulement ont une main d'œuvre salariée. La plus grande entreprise n'a que trente employés. Elle exporte pourtant à travers le monde entier.

Rencontres du présent et du passé

Les témoins du passé. Comme presque partout en France, ceux-ci sont nombreux.

Le Château de Moncontour, gentilhommière du quinzième siècle, se dresse au milieu des vignobles. Balzac l'a souvent visité il y a plus de cent ans. Aujourd'hui, c'est le siège d'une importante entreprise viticole.

L'église, construite au treizième siècle, n'a rien de bien remarquable. Comme elle se trouve sur un circuit touristique, elle est illuminée en été.

Le cimetière abrite l'inévitable monument aux morts. La soixantaine de noms qui y sont inscrits en lettres d'or indique que la grande saignée de 1914–1918 n'a pas épargné Vouvray.

[1] La commune est la plus petite division administrative française.

[2] Un canton comprend plusieurs communes. Le canton de Vouvray a actuellement 13.190 habitants, répartis en onze communes.

[3] Tax collector.

Les signes du présent. Il y a dix ans à peine, Vouvray pouvait passer pour un village typique du dix-neuvième siècle. Un siècle de progrès technique n'en avait pas changé le caractère ancien. Mais depuis 1960, les signes du présent ont peu à peu commencé à apparaître. Dans les granges, le tracteur a maintenant remplacé le cheval. Les toits des fermes les plus modestes s'ornent d'une antenne de télévision. Plus riches que leurs parents, les jeunes Vouvrillons se sont motorisés et ont construit de nouvelles maisons. Une banque, Le Crédit Agricole, a ouvert une succursale à Vouvray. La commune s'est également dotée d'un C. E. G. (Collège d'Enseignement Général),[1] preuve que l'enseignement se décentralise en France.

La vie du village

D'un jour à l'autre. Ces signes extérieurs de progrès n'ont guère changé les habitudes. Comme ses ancêtres et comme ses voisins, le Vouvrillon se lève tôt et se couche tôt. A neuf heures les rues sont désertes, même en été. Le seul signe de vie est alors le tremblement de l'image sur l'écran de télévision qu'on aperçoit par les fenêtres ouvertes. Dans la journée, les rues ne sont d'ailleurs pas très animées. Les cafés ne sont plus aussi fréquentés qu'autrefois. Peut-être les paysans sont-ils maintenant plus conscients de la valeur du temps.

[1] A peu près l'équivalent d'un « junior high school » américain.

Vouvray est un village comme un autre . . .

Deux vignerons et deux clients : quatre consommateurs heureux.

Les jours de fête. Trois fois par an les fêtes viennent interrompre la monotonie de la vie quotidienne. C'est d'abord le quatorze juillet organisé par la municipalité puis la kermesse organisée par le curé et enfin la Foire aux Vins organisée par les marchands de vin. Le programme des réjouissances n'est pas original : il comprend le traditionnel bal populaire, la course de vélos et le défilé de la fanfare municipale (baptisée humoristiquement les « Vingt de Vouvray »).

La vie politique. La vie politique s'éveille une fois tous les cinq ans, au moment des élections municipales et nationales. Vouvray est un village assez riche et l'électorat en est relativement conservateur. Le choix est donc restreint : va-t-on voter pour un conservateur traditionnel ou pour un conservateur aux idées légèrement plus évoluées ? Il existe bien une minorité communiste, mais cette minorité n'a jamais été très militante.

* * * *

Pendant des siècles, l'existence de la majorité des Français était géographiquement très circonscrite. Elle se déroulait en effet entièrement à l'intérieur d'un village, fort semblable en général à celui qui vient d'être décrit. Depuis la fin de la dernière guerre, cette situation tend à changer. Bien sûr, le village fournit encore logis et travail à un très grand nombre de Français. Mais les distractions, les vacances, et même les menus besoins du ménage sont autant de prétextes à échapper, au moins temporairement, au cadre étroit du village. Très souvent les jeunes ruraux quittent celui-ci définitivement pour s'installer dans la grande ville la plus proche.

Questions simples

1. Où se trouve Vouvray ?
2. Combien d'habitants ce village a-t-il ?
3. Est-ce que la population a beaucoup changé en un siècle ?
4. Qu'est-ce qu'une commune ?
5. Qu'est-ce qu'un canton ?
6. Quelles sont les petits commerces que l'on trouve dans un village français ?
7. Qu'est-ce qu'un bistrot ?
8. Quelle est la densité des bistrots à Vouvray ?
9. Quelle est la spécialité de Vouvray ?
10. Quelles sont les caractéristiques de la production du vin ?
11. Quels sont les témoins du passé que l'on rencontre dans un village français ?
12. Quel écrivain du dix-neuvième siècle a souvent visité Vouvray ?
13. Quels sont les signes du présent ?
14. Décrivez la journée d'un Vouvrillon.
15. Quelles sont les principales fêtes de l'année ?
16. Expliquez le jeu de mots : « les Vingt de Vouvray ».
17. Est-ce que le village, comme centre d'activités, est toujours aussi important qu'autrefois ? Expliquez.

Questions d'application

18. Quelles sont les caractéristiques d'un village américain ?
19. Habitez-vous un village ou une ville ? Quelle est sa population ?
20. En quel sens votre village (ou votre ville) ressemble-t-il à d'autres villages (ou à d'autres villes) américains ?
21. Qu'est-ce qui distingue votre village ou votre ville des autres ?
22. Quels témoins du passé trouve-t-on dans une ville américaine ?
23. A quelle heure les Américains se lèvent-ils ?
24. A quelle heure se couchent-ils ?
25. Quel rôle joue la télévision aux Etats-Unis ?
26. Quels sont les grands jours de fête aux Etats-Unis ? Expliquez l'importance de chaque fête, comme si vous parliez à un Français qui ne connaîtrait pas vos coutumes.
27. Expliquez l'allusion à la grande saignée de 1914.

Composition guidée

Ecrivez une petite composition sur l'un des sujets suivants.

A. La vie dans un village américain.

Vous pouvez vous inspirer de vos propres expériences, de ce que vous avez lu, de films que vous avez vus au cinéma ou à la télévision, même de votre imagination si vous préférez. Essayez d'adapter les expressions du texte à ce que vous voulez dire.

B. Pourquoi je veux (je ne veux pas) habiter un petit village.

Essayez d'employer les expressions et les structures du texte.

Modèle : Je ne veux pas habiter un petit village. Je me lève toujours tard et je me couche tard aussi. Dans un village on se lève tôt et on se couche tôt....

Verre et bouteille de Vouvray ... Sur le verre est inscrite la devise de Vouvray: Je réjouis les cœurs.

Word Study

A. Determining Gender

It is difficult to predict whether a noun in French is masculine or feminine. There are, however, certain cases where one can be rather confident in determining gender.

1. Using the meaning of a word to predict gender.

MASCULINE	FEMININE
words referring to men *un père, un charcutier*	words referring to women *une mère, la charcutière*

2. Using the ending of a word to predict gender.

MASCULINE	FEMININE
words ending in **-a**, **-i**, **-o**, **-u** (not **-e** or **é**) *un château, un cinéma*	words ending in **-té**, **-tié** *une qualité, une pitié*
words ending in **-ment** *un monument, un vêtement*	words ending in vowel + **-e** *une épicerie, une gendarmerie*
words ending in vowel + consonant *un vin, un cheval*	words ending in **-son**, **-sion**, **-tion** *une maison, une télévision, une production*
words ending in **-isme**, **-ysme** *le réalisme*	words ending in double consonant + **-e** *une antenne, une guerre*
words ending in **-asme** *l'enthousiasme*	words ending in **-ance** *une distance*
words ending in **-age** *un village* (but: *une page, une image*)	words ending in **-ade** *une brigade* (but: *un grade*)
words ending in **-eur**: concrete nouns *un moteur, un tracteur* (but: *une fleur*)	words ending in **-eur**: abstract nouns *une couleur* (but: *un bonheur, un malheur*)
words ending in **-ème** *un système, un problème*	words ending in vowel + **-se** *une thèse, une église*

B. Jour vs. journée

Un jour means *one day* among many. To count days, the word **jour** is used: *quinze jours...*

Une journée means *a whole day*, a day full of activity To talk of a day which is important in itself, the word **journée** is used: *Quelle belle journée ! C'était une journée assez triste...*

A similar distinction exists between **un an** and **une année**.

J'ai vingt ans. Nous allons passer une année en France. Bonne année ! L'année 1973.

Exercices

1 Bon genre. Faites des phrases courtes, en utilisant le nom et l'adjectif indiqués. Pour connaître le genre des noms, consultez le tableau de la page d'en face. Faites l'accord de l'adjectif.

Modèle : fille / intelligent **J'aime les filles intelligentes.**
(ou : **Les filles sont intelligentes.**)

1. limonade / délicieux
2. garage / grand
3. rue / désert
4. carotte / bon
5. raquette / neuf
6. boisson / alcoolisé
7. cataclysme / effrayant
8. dentiste / américain
9. résistance / fort
10. tempérament / doux
11. idéalisme / pur
12. majorité / important
13. médicament / mauvais
14. comparaison / avantageux
15. chapeau / gris
16. situation / embarrassant
17. changement / inattendu
18. thème / dominant
19. pâleur / mortel
20. infirmière / dévoué

2 Le mot exact. Remplacez les blancs par l'une des expressions entre parenthèses.

Modèle : J'ai passé ——— magnifique à Paris ! (un jour / une journée)
J'ai passé une journée magnifique à Paris.

1. Quel ——— sommes-nous aujourd'hui ? (jour / journée)
2. ——— du paysan commence tôt et finit tôt. (Le jour / La journée)
3. En Touraine, ——— d'été sont splendides. (les jours / les journées)
4. Combien y a-t-il de ——— dans un an ? (jours / journées)
5. Pour le vin de Vouvray, 1947 est ——— extraordinaire. (un an / une année)
6. En cent ———, les habitudes n'ont pas beaucoup changé. (ans / années)
7. A Vouvray, s'il fait mauvais en été, ——— est perdue. (l'an / l'année)
8. Le château de Moncontour a plus de quatre cents ———. (ans / années)

Language Study

C. The irregular verbs sortir (to go out) and partir (to leave)

Present tense: *je sors, tu sors, il sort, nous sortons, vous sortez, ils sortent.*
je pars, tu pars, il part, nous partons, vous partez, ils partent.

Passé composé: *je suis sorti; je suis parti.*

D. The passé composé vs. the imperfect

GENERAL PATTERN for expressing past events:

The **passé composé** is used to describe a specific action.
The **imperfect** is used to give background.

*La guerre de 1914–1918 n'***a** *pas* **épargné** *Vouvray. La France* **avait** *besoin de soldats.*
Je **suis allé** *a Tours en 1970. J'***étais** *alors étudiant.*

The chart shows the basic differences between the **passé composé** and the **imperfect**.

PASSÉ COMPOSÉ	IMPERFECT
The **passé composé** is used to describe an event which happened at a certain time:	The **imperfect** tense describes external circumstances, such as time, weather, appearance, and so on.
*Un jour j'***ai rencontré** *Marie.*	*C'***était** *au mois de mai. Il* **faisait** *beau.* *Je* **portais** *un costume léger.*
	The **imperfect** tense describes personal circumstances, such as age, feelings, attitudes, mental states, and so on.
	*J'***avais** *vingt ans. J'***étais** *heureux.* *J'***étudiais** *beaucoup.*
The **passé composé** describes events which are completed and which took place in a definite period of time.	The **imperfect** tense expresses an habitual action of the past (something one *used to do*).
*Cet après-midi-là, j'***ai visité** *le château d'Amboise.*	*Le samedi, j'***allais** *souvent visiter les châteaux de la Loire.*
The **passé composé** describes an event which took place while something else was in progress.	The **imperfect** tense describes an action that was in progress when another action took place (something one *was doing*).
*Je l'***ai rencontrée** *quand...* *Quand je l'***ai vue**...	*...je* **sortais** *du château.* *...elle* **prenait** *un café en face du château.*

3 Questions personnelles. Sorties.

1. Sortez-vous souvent ?
2. Où allez-vous de préférence quand vous sortez ?
3. Est-ce que vos amis (amies) sortent avec vous ?
4. Où êtes-vous allé(e) la dernière fois que vous êtes sorti(e) ?
5. Avec qui est-ce que vous êtes sorti(e) ?
6. A quelle heure est-ce que vous êtes parti(e) de chez vous ?
7. A quelle heure vos amis sont-ils partis de chez eux ?
8. Quand partez-vous en vacances ?

4 En vacances. Pour chaque phrase au présent, faites deux phrases au passé. Commencez la première par **habituellement** et employez l'imparfait. Commencez la seconde par **un jour**, employez le passé composé, et remplacez l'expression en italique par l'expression entre parenthèses.

Modèle : Je visite des *châteaux*. (le château de Blois)
a. **Habituellement, je visitais des châteaux.**
b. **Un jour, j'ai visité le château de Blois.**

1. Je fais une promenade *à pied*. (à bicyclette)
2. Je vais *au village*. (à la plage)
3. Je rencontre *mes cousins*. (une amie)
4. Je passe *chez le boulanger*. (à l'épicerie)
5. J'achète *du pain*. (une bouteille de vin)
6. Je fais *des excursions*. (un pique-nique)
7. Je me promène *en ville*. (à la campagne)
8. Je prends *des photos*. (un film)
9. Je vais *au café*. (au cinéma)
10. Je reste là jusqu'à *six heures*. (sept heures)
11. Je dîne *chez moi*. (au restaurant)
12. Je me couche *tôt*. (tard)

5 Le quatorze juillet. Mettez le paragraphe suivant au passé. Remplacez **aujourd'hui** par **hier** et mettez les verbes à l'imparfait ou au passé composé.

Aujourd'hui c'est le quatorze juillet. Il fait beau. Je me lève. Je mets mon nouveau costume. J'ai l'air très élégant. Je décide d'aller au village. Il y a beaucoup de monde sur la place principale. La fanfare municipale arrive. Les musiciens portent leur uniforme des grands jours. Ils jouent l'hymne national. Le maire fait le même discours qu'il fait chaque année. Je rencontre des amis. Nous allons au bal. Il y a un orchestre de musique populaire. Nous dansons. Comme nous avons chaud, nous allons au café. Le soir, nous allons au feu d'artifice. Tout le village est là. A onze heures je suis fatigué et je rentre.

E. Everything and everyone

Tout (*everything*) and **tout le monde** (*everyone*) are both masculine singular.

Je connais **tout**.	*Je connais* **tout le monde**.
J'ai **tout** *compris.*	*J'ai compris* **tout le monde**.
Tout *m'intéresse.*	**Tout le monde** *m'intéresse.*

NOTE: **Le monde entier** means *the whole world.*

F. The adjective tout

GENERAL PATTERN for the forms of the adjective **tout** (*every, all*):

SINGULAR	MASCULINE	**tout, tout le**	**tout** *village,* **tout le** *village*
	FEMININE	**toute, toute la**	**toute** *ville,* **toute la** *ville*
PLURAL	MASCULINE	**tous les**	**tous** *les habitants*
	FEMININE	**toutes les**	**toutes les** *habitantes*

NOTES: 1. The adjective **tout** agrees in gender and number with the noun it modifies.

2. In the singular, the meaning of **tout** depends on whether or not it is followed by the definite article:

tout	*Comme* **tout** *village français...*	Like any French village . . .
	Tout *village a une église.*	Every village has a church.
tout le	**Tout le** *village assiste à la kermesse.*	The whole village goes to the fair.
toute la	*La kermesse dure* **toute la** *journée.*	The fair lasts the whole day.

3. In the plural, **tous** and **toutes** must be followed by **les**, **ces**, or a plural possessive adjective (**mes**, **tes**, **ses**, **nos**, **vos**, **leurs**).

tous les	*Ils travaillent* **tous les** *jours.*	They work every day.
toutes ces	**Toutes ces** *filles travaillent.*	All these girls work.

4. In French there are three ways of expressing the English *every.*

Every girl knows how to cook:

Toute fille *sait faire la cuisine.*	If you're a girl, you know how to cook.
Toutes les filles *savent faire la cuisine.*	All the girls know how to cook.
Chaque fille *sait faire la cuisine.*	Each girl has learned how to cook.

6 Substitutions. Répondez affirmativement aux questions en remplaçant les mots en italique par **tout** ou **tout le monde**. Faites les changements nécessaires.

Modèle : *Tes amis* sont à la kermesse ?
Oui, tout le monde est à la kermesse.

1. Tu connais *ces personnes* ?
2. *Tes amis* regardent le défilé ?
3. Tu as invité *mes cousins* ?
4. Tu achètes *le pain* au supermarché ?
5. *Les légumes* sont chers ici ?
6. Tu as visité *les exploitations viticoles* ?

7 La totalité. Utilisez l'adjectif **tout** dans vos réponses. Remarquez que cet adjectif a le sens de « la totalité de » (*the whole*).

Modèle : La Touraine est belle ? **Oui, toute la Touraine est belle.**

1. La production du vin est artisanale ?
2. L'électorat est conservateur ?
3. Le village va au bal populaire ?
4. L'église est illuminée ?
5. La ville est en fête ?
6. La commune vote ?

8 Généralisations. Généralisez les phrases suivantes en utilisant le pluriel de **tout.**

Modèle : Les vins français sont bons. **Tous les vins français sont bons.**

1. Les viticulteurs font du vin.
2. Les rues sont désertes.
3. Les fermes ont la télévision.
4. Les jeunes ont des voitures.
5. Les habitants votent.
6. Les gens âgés sont conservateurs.

9 Généralisations (suite). Généralisez les phrases suivantes de deux façons différentes. Employez d'abord l'adjectif **tout** au singulier dans le sens de *every* ou *any*. Employez ensuite l'adjectif **tout** au pluriel.

Modèle : Le paysan français se lève tôt.
a. **Tout paysan français se lève tôt.**
b. **Tous les paysans français se lèvent tôt.**

1. Le boulanger vend du pain.
2. Le boucher vend de la viande.
3. La commune a un bureau de poste.
4. Le docteur a une clientèle.
5. Le curé a une église.
6. Le canton comprend plusieurs communes.

G. Adverbs of quantity

Adverbs of quantity are used to modify verbs, adjectives, or nouns.[1] When they modify a noun, they are followed by **de** (**d'**) and no article.

MODIFYING VERBS	MODIFYING ADJECTIVES	MODIFYING NOUNS
beaucoup (*very much*) *J'aime* **beaucoup** *les fleurs.*	**très** (*very*) *Elles sont* **très** *jolies.*	**beaucoup de** (*many, much*) *J'ai* **beaucoup de** *fleurs.*
trop (*too much*) *J'aime* **trop** *les fleurs.*	**trop** (*too*) *Elles sont* **trop** *chères.*	**trop de** (*too many, too much*) *J'ai* **trop de** *fleurs.*
assez (*rather, well enough*) *J'aime* **assez** *les fleurs.*	**assez** (*rather, enough*) *Elles sont* **assez** *jolies.*	**assez de** (*enough*) *J'ai* **assez de** *fleurs.*
peu (*little, hardly, not very much*) *J'aime* **peu** *les fleurs.*	**peu** (*not very*) *Elles sont* **peu** *chères.*	**peu de** (*few, not many, not much*) *J'ai* **peu de** *fleurs.*
un peu (*a little, a little bit*) *J'aime* **un peu** *les fleurs.*	**un peu** (*a little*) *Elles sont* **un peu** *fanées.*	**un peu de** (*a little, a little bit of*) *J'ai* **un peu** *d'argent.*
ne... plus (*no more, not anymore, no longer*) *Je* **n'***aime* **plus** *les fleurs.*		**ne... plus de** (*no more, not anymore*) *Je* **n'***ai* **plus de** *fleurs.*

H. The pronoun en

The pronoun **en** is used in the following cases:

1. To replace **de** + noun (representing a thing) which has already been mentioned.

   Je viens **de Paris**. — *J'***en** *viens.*
   J'apprécie la qualité **de ce vin**. — *J'***en** *apprécie la qualité.*

2. To replace a noun (representing things or persons) preceded by a number or an expression of quantity.

   Il y a 1.700 **habitants**. — *Il y* **en** *a 1.700.*
   Il y a une douzaine **de petits commerces**. — *Il y* **en** *a une douzaine.*
   Il y a beaucoup **de cafés**. — *Il y* **en** *a beaucoup.*

3. To replace a noun preceded by **du** / **de l'** / **de la** / **des**.

   Ils produisent **du vin**. — *Ils* **en** *produisent.*
   Ils ont **des amis**. — *Ils* **en** *ont.*

4. To replace **de** + verb

   Pourquoi parlez-vous **de jouer au tennis** ? — *Pourquoi* **en** *parlez-vous* ?
   J'ai l'intention **d'aller à Vouvray**. — *J'***en** *ai l'intention.*

   NOTE: **En** comes before the verb (and after **n'** in negative sentences).

   Je ne bois pas de vin. — *Je n'***en** *bois pas.*

[1] For the position of these adverbs which modify verbs in a sentence, see Lesson 14-F.

10 L'homme et le vin. Imaginez que quelqu'un vous demande si les personnes suivantes aiment le vin et combien elles en boivent. Répondez en utilisant l'adverbe entre parenthèses. Faites deux phrases, l'une avec **aimer**, l'autre avec **boire**.

Modèle : Jacques (peu)
a. **Jacques aime peu le vin.**
b. **Il boit peu de vin.**

1. Henri (beaucoup)
2. Robert (trop)
3. Pierre (assez)
4. Gilbert (beaucoup trop)
5. Edouard (un peu)
6. Marc (un peu trop)

11 Transformations. Transformez chaque phrase avec l'une des expressions : **très**, **beaucoup**, ou **beaucoup de.**

Modèles : Ce vin est bon. **Ce vin est très bon.**
Il a du goût. **Il a beaucoup de goût.**
Je l'apprécie. **Je l'apprécie beaucoup.**

1. La Touraine est une province célèbre.
2. Il y a des châteaux anciens.
3. Vouvray produit du vin.
4. Les Français aiment ce vin.
5. Voici une église ancienne.
6. Elle a du caractère.
7. Les touristes l'admirent.
8. Mes amis l'ont aussi admirée.
9. Je me lève tôt.
10. J'ai du travail.

12 Achats. Imaginez que vous passez par Vouvray avec vos amis, et que vous achetez du vin. Quelqu'un veut savoir combien chaque personne a acheté de vin. Répondez en employant **en** et la quantité entre parenthèses.

Modèle : Paul (beaucoup) **Il en achète beaucoup.**

1. Jacques (peu)
2. Isabelle (un peu)
3. Gérard (trop)
4. Monique (une bouteille)
5. Denise (trois caisses)
6. Roger (une pleine voiture)

13 Un viticulteur. Répondez aux questions suivantes en remplaçant les mots en italique par le pronom **en.**

Modèle : Ce viticulteur possède *des vignobles* ? **Oui, il en possède.**

1. Il fait *du vin* ?
2. Il produit beaucoup *de vin* ?
3. Il produit 1000 *hectolitres* par an ?
4. Il possède un *tracteur* ?
5. Il cultive plusieurs *champs* ?
6. Il a huit *enfants* ?
7. Il emploie *des ouvriers* ?
8. Il a l'intention *d'aller à la Foire aux Vins* ?

L'emblème de Paris, un bateau, a d'abord été celui des « Marchands de l'Eau », corporation parisienne qui fit la fortune de la ville.

10

Paris

On ne peut éviter Paris. Paris est le pivot de la vie française. C'est la capitale politique, administrative, intellectuelle, commerciale, financière, industrielle de la France. C'est la ville la plus visitée du pays. C'est une étape obligatoire, même pour les touristes qui lui préfèrent la tranquillité de la province. Tous les chemins de France passent en effet par Paris.

Paris est le symbole de la civilisation française. C'en est aussi l'origine et le point focal.

UN PEU D'HISTOIRE

Paris est une anomalie. A l'origine, rien ne distinguait ce minuscule village de l'Ile-de-France. Quand les comtes de l'Ile-de-France accédèrent au trône de France, elle devint la capitale de celle-ci. Les rois pourtant la dédaignèrent longtemps. Ceux de la Renaissance lui préférèrent la Touraine. Louis XIV bâtit sa résidence à Versailles. C'est la Révolution qui redonna à Paris son importance politique. L'Empire centralisateur de Napoléon consolida celle-ci. Plus tard, le développement des chemins de fer fit de la capitale une très grande ville. Paris qui n'avait qu'un million d'habitants vers 1850, en avait plus du double vingt ans plus tard. La population de la ville n'a guère augmenté depuis, mais celle de la banlieue s'est considérablement développée. Aujourd'hui la région parisienne a huit millions d'habitants, ce qui en fait la quatrième agglomération du monde.

L'histoire de France se superpose souvent à celle de Paris. Les révolutions françaises, et celles-ci furent nombreuses, furent des événements parisiens. La plus récente, celle de mai 1968, commença dans la banlieue parisienne, mais elle ne prit d'ampleur qu'après s'être déplacée à la Sorbonne au cœur même de Paris. En temps de guerre, le sort de Paris a souvent symbolisé celui de la France. Pendant la première guerre mondiale, la protection de la capitale était un impératif absolu. L'occupation de Paris par les troupes allemandes en 1940 marqua la capitulation de la France. Sa libération en 1944 annonça la victoire.

Inauguration du Paris-Orléans, première ligne ferroviaire française.

INAUGURATION DU CHEMIN DE FER DE PARIS A ORLEANS.

étails exacts sur tout ce qui s'est passé sur la route et à l'arrivée du Convoi à Orléans, composé de 1500 personnes. — Brillante réception faite à S. A. R. le duc de Nemours ainsi qu'à monseigneur le duc de Montpensier. — Rapidité avec laquelle le parcours de 30 lieues a été fait. — Discours du Maire d'Orleans. — Revue passée par le Prince. — Banquet offert à LL. AA. RR., où plusieurs toasts furent portés à la gloire de la France. — Discours du duc de Nemours, et toast à la prospérité du chemin d'Orléans, à l'avenir des Chemins de Fer en France. — Retour du Convoi à Paris, à 9 h. 20 m. du soir, étant éclairé par les flambeaux des cantonniers. — Les Heures de Départs. - Les Prix des Places, et les Destinations. — Autres Détails sur le Chemin de Fer de Paris à Rouen.

Paris n'est pas la France, mais...

Il est impossible de concevoir la France sans Paris. La ville elle-même ne représente guère que 6 pour cent de la population française, mais elle en attire tous les talents. On y trouve en effet : 65 pour cent de l'état-major des grandes entreprises françaises, 60 pour cent des gens de lettres et des artistes, 45 pour cent des étudiants et 30 pour cent des médecins. Les médecins, les avocats, les intellectuels, les universitaires, les chercheurs, les plus réputés exercent leur profession à Paris. Les dix Prix Nobel que la France a eus entre 1945 et 1969 ont tous leur résidence principale à Paris.

Paris attire l'élite et fascine le reste de la population. Etre Parisien est en effet presqu'un titre. Pour obtenir celui-ci, il n'est ni suffisant ni nécessaire d'être né à Paris. La moitié des Parisiens sont originaires de la province. Etre Parisien, c'est surtout manifester un certain esprit. Cet esprit est fait de vivacité, d'intuition, de fantaisie. C'est, du moins, l'opinion des Parisiens. Selon les provinciaux, il faut y ajouter un peu de désinvolture, une certaine insolence et beaucoup d'égocentrisme.

Aspects et problèmes d'une métropole

Dans la disposition de ses quartiers, Paris ne ressemble guère aux grandes métropoles américaines. Le centre en constitue la partie la plus attirante, la

A Paris, les artistes étaient aussi de joyeux compagnons. Cette photo qui date de 1913 représente l'atelier de Van Dongen (sous la troisième lanterne à droite) un jour de fête. Parmi les invités, on reconnaî Matisse (l'homme à la barbe au premier plan).

Paris est toujours le paradis des promeneurs ... et de ceux qui les regardent.

plus animée et la plus recherchée. La périphérie, au contraire, est assez défavorisée.

L'Ile de la Cité, au milieu de la Seine, est à la fois le berceau de Paris et son centre géographique. C'est là que s'élève Notre-Dame, la cathédrale de Paris. En face, sur la rive gauche, s'étend le Quartier Latin, domaine des étudiants. Ce quartier universitaire et intellectuel est aussi celui où l'on se détend et où l'on s'amuse. Cafés à la mode, restaurants, boîtes de nuit, caves de jazz jalonnent le boulevard Saint-Michel, le boulevard Saint-Germain et les rues avoisinantes. Plus à l'ouest, se trouvent les « beaux quartiers », résidentiels, élégants, mais un peu austères et pratiquement vides après neuf heures du soir. Sur la rive droite, l'avenue des Champs-Elysées, qui s'étend de l'Arc de Triomphe de l'Etoile à l'Arc de Triomphe du Carrousel, est un autre foyer d'animation. Ses boutiques, ses cinémas, ses cafés sont les plus luxueux et les plus chers de la ville.

A partir de ce centre, Paris se dégrade insensiblement. Les monuments disparaissent. Les immeubles à façade neutre remplacent les hôtels particuliers. Puis les taudis font leur apparition. La banlieue n'est guère plus favorisée. Au nord et au sud, se trouve la « banlieue rouge », c'est-à-dire la banlieue pauvre, ouvrière et à forte majorité communiste.

Paris connaît aussi les problèmes des grands centres urbains. La qualité de l'air ambiant laisse à désirer. L'ancienneté des immeubles, bâtis pour la plupart il y a plus de cent ans, pose de gros problèmes de sécurité et d'hygiène. Le problème de la circulation est sérieux et celui du stationnement est pratiquement insoluble. Il y a en effet plus d'automobiles à Paris que de lieux de stationnement. Paris n'a évidemment pas été conçu pour les problèmes du vingtième siècle — et les solutions à ces problèmes ne sont pas faciles à formuler.

Paris s'est pourtant mis à la tâche et un effort de rénovation a été entrepris. La première étape consista à rajeunir l'ancien. Un décret ordonna aux propriétaires de ravaler la façade de leurs immeubles. La deuxième étape alla plus loin et consista à remplacer l'ancien par du neuf. De nouveaux immeubles et de nouveaux hôtels furent construits le long de la Seine. De nouvelles artères décongestionnent maintenant la ville. Paris se transforme donc et se transforme avec élégance. Une politique de décentralisation a été mise en place. Le secteur universitaire s'est déplacé vers le sud, celui des affaires vers l'ouest. La banlieue s'élargit et se modernise. Des villes-satellites entièrement neuves se construisent.

Paris cosmopolite

Paris fut longtemps la capitale intellectuelle et artistique du monde. Elle le resta jusqu'en 1940. Picasso, Van Gogh, Chagall y mûrirent leurs talents. Henry Miller, James Joyce, Gertrude Stein et les autres membres de la « génération perdue » y cherchèrent et y trouvèrent leur inspiration. Hemingway fut une exception. Il ne fut pas sensible au charme de Paris.

Aujourd'hui Paris a toujours son éclat de « Ville Lumière », mais elle n'attire plus les colonies d'artistes et d'intellectuels, dispersées par l'occupation allemande. Ces colonies cosmopolites ne se sont pas reconstituées. Les talents isolés, ceux de James Jones, de Mary McCarthy, de Samuel Beckett sont venus chercher refuge à Paris. D'autres comme Arthur Miller et James Baldwin ne sont que des étrangers de passage. Insulte suprême, Alexander Calder a préféré la province à Paris. Le choix de Paris comme siège de l'U. N. E. S. C. O. a compensé cette ville, mais sans doute insuffisamment, pour la perte des grands talents de l'avant-guerre.

Questions simples

1. Pourquoi Paris est-il le pivot de la vie française ?
2. Dans quelle province se trouve Paris ?
3. Pourquoi Paris est-il devenu la capitale de la France ?
4. Quelle était la population de Paris en 1850 ?
5. Quelle était sa population en 1870 ?
6. Quelle est maintenant la population de la région parisienne ?
7. Quel rôle Paris a-t-il joué dans l'histoire de France ?
8. En temps de guerre pourquoi le sort de Paris est-il important ?
9. Que signifie « avoir l'esprit parisien » ?
10. Pourquoi l'auteur dit-il que Paris ne ressemble guère aux grandes villes américaines ?
11. Qu'est-ce que c'est que le Quartier Latin ?
12. Où se trouve l'Île de la Cité ?

13. Quel intérêt présentent les Champs-Elysées ?
14. De quels problèmes Paris souffre-t-il ?
15. A quels problèmes l'automobiliste parisien doit-il faire face ?
16. Quels travaux de rénovation ont été entrepris à Paris ?
17. Paris est-il toujours la capitale artistique et intellectuelle du monde ?

Questions d'application

18. Qui d'entre vous a déjà visité Paris ? Quand et pour combien de temps ?
19. Avez-vous vu des films où l'action se déroulait à Paris ? Lesquels ?
20. Connaissez-vous des chansons où on parle de Paris ? Lesquelles ?
21. Connaissez-vous des tableaux qui montrent des quartiers de Paris ? Quels sont les artistes qui ont peint Paris ?
22. Quels monuments parisiens connaissez-vous ?
23. Qui sont les auteurs américains mentionnés dans le texte ? Qu'est-ce qu'ils ont écrit ? Avez-vous lu leurs œuvres ?
24. Avez-vous l'intention d'aller à Paris ? Quand ?
25. Aimeriez-vous habiter Paris ? Pourquoi ou pourquoi pas ?
26. En quoi Paris ressemble-t-il aux grandes villes américaines ? En quoi en diffère-t-il ?
27. Quels sont les problèmes urbains communs à la France et aux Etats-Unis ?
28. Quels sont les problèmes urbains que l'on trouve aux Etats-Unis mais pas en France, et inversement ?
29. Selon vous, quelle serait la capitale intellectuelle des Etats-Unis ? Pourquoi ?
30. Selon vous, quelle est la grande ville américaine où vous aimeriez habiter ? Expliquez votre choix.

Composition guidée

Choisissez un centre urbain américain que vous connaissez assez bien. Puis, traitez l'un des sujets suivants.

A. Il est impossible de concevoir ——— sans ——— (le nom de cette ville). Inspirez-vous de la section « Paris n'est pas la France, mais...»

Modèle : Il est impossible de concevoir le Nebraska sans Omaha.

B. Description de la ville de ———. Inspirez-vous de la section « Aspects et problèmes d'une métropole », première partie.
Modèle : Dans la disposition de ses quartiers, Omaha ressemble (ne ressemble guère) à Paris.

C. ——— (le nom de cette ville) fait face à ses problèmes. Inspirez-vous de la deuxième partie de la section « Aspects et problèmes d'une métropole ».

Modèle : Omaha a les mêmes problèmes que d'autres grands centres urbains.

Word Study

A. Prepositions

PREPOSITIONS OF PLACE

à	at, in (a city)	*de*	from
en	in (a country)		
dans	in, inside of	*hors de*	outside of
sur	on, upon	*sous*	under
au-dessus de	above	*au-dessous de*	below, beneath
près de	close to	*loin de*	far from
à côté de	next to		
devant	in front of	*derrière*	behind
par	through		
vers	towards		

PREPOSITIONS OF TIME

à	at (+ time)	*en*	during (+ name of year, season, month)[1]
avant	before	*vers*	about
pendant	during	*après*	after

OTHER PREPOSITIONS

à cause de	because of, thanks to	*malgré*	in spite of
pour	for	*contre*	against
avec	with	*sans*	without
par	by		

B. Penser à vs. penser de

Penser à means to think about someone or something, in the sense that the person or topic are the object of your thoughts.

A quoi penses-tu ? Je **pense aux** *problèmes urbains.*

Penser de means to think about someone or something, in the sense of having an opinion or a view on the matter. It is used in questions.

Qu'est-ce que tu **penses de** *la vie à Paris ?*

Penser que is used to answer *penser de* questions and to express one's opinions and views.

Je **pense que** *Paris a ses problèmes comme toutes les grandes villes.*

[1] But: *au printemps.*

Exercices

1 Le contraire. Refaites les phrases en remplaçant les prépositions en italique par des prépositions de sens contraire.

Modèle : J'ai habité Paris *avant* 1968.
J'ai habité Paris après 1968.

1. Je vais à Paris *avec* mes parents.
2. J'habite *près du* Quartier Latin.
3. Je travaille *loin du* quartier où j'habite.
4. Je reste à la maison *à cause de* mon travail.
5. Mon sac est *sur* la table.
6. Le cinéma est *derrière* l'immeuble où nous habitons.
7. Je vais sur les Champs-Elysées *avant* cinq heures.
8. Est-ce que vous travaillez *pour* nous ?

2 Travail de remplissage. Remplacez les blancs par les prépositions qui conviennent.

Modèle : Paris retrouva son importance politique ——— la Révolution.
Paris retrouva son importance politique pendant la Revolution.

1. Pour aller en province, il faut passer ——— Paris.
2. La Révolution française a commencé ——— 1789.
3. Il y a de très beaux monuments ——— Paris.
4. ——— Paris, la France ne serait pas la France.
5. Le Quartier Latin s'étend ——— la rive gauche.
6. ——— la banlieue parisienne, les boutiques sont moins jolies qu'à Paris.
7. Paris se transforme ——— élégance.
8. ——— les villes françaises, le problème de la circulation est difficile à résoudre.
9. ——— la guerre, Paris était une ville plus cosmopolite qu'aujourd'hui.
10. Le quartier des affaires se déplace ——— l'ouest.

3 Réflexions. Remplacez les blancs par **à** ou **de** suivant le sens de la phrase. Rappel : n'oubliez pas les contractions **au**, **aux**, **du**, **des**.

1. Voici ce que je pense ——— Paris : c'est une ville magnifique !
2. On dit que les Parisiens sont très individualistes. Que pensez-vous ——— cette opinion ?
3. Quand je pense ——— Paris, je pense ——— Hemingway et ——— (les) autres écrivains qui ont habité cette ville.
4. Vous avez lu *Le Vieil Homme et la mer*. Que pensez-vous ——— ce livre ?
5. Quand je pense ——— tous les monuments parisiens, je comprends le proverbe « Paris ne s'est pas bâti en un jour ».
6. Quand on regarde l'Arc de Triomphe, on pense ——— (les) victoires de Napoléon qui y sont inscrites.
7. Ce que je pense ——— (les) boutiques parisiennes : elles sont jolies, mais fort chères !

C. Who? and What?

The following chart shows which interrogative pronouns to use when asking *who*? and *what*?.

	WHO? (ASKING ABOUT PEOPLE)	WHAT? (ASKING ABOUT THINGS)
SUBJECT	**qui ? (qui est-ce qui ?)** **Qui** *arrive ?* Who is coming?	**qu'est-ce qui ?** **Qu'est-ce qui** *arrive ?* What is happening?
DIRECT OBJECT	**qui ?** **Qui** *voyez-vous ?* Whom do you see?	**que ? (qu'est-ce que ?)** **Que** *voyez-vous ?* What do you see?
OBJECT OF PREPOSITION	**qui ?** *A* **qui** *pensez-vous ?* Whom are you thinking of?	**quoi ?** *A* **quoi** *pensez-vous ?* What are you thinking of?

NOTE: In French, a question can never end on a preposition.

Avec qui *allez-vous à Paris ?* Who are you going to Paris with?
De quoi *parlez-vous ?* What are you talking about?

D. The adverbial pronoun y

The adverbial pronoun **y** means *there* and usually refers to a place that has already been mentioned.

Allez-vous **à Paris ?** *Oui, j'***y** *vais.*
Utrillo trouva son inspiration **dans les rues de Montmartre.** *Il* **y** *trouva son inspiration.*

NOTES: 1. Like other pronouns, **y** always comes before the verb, except in affirmative commands.

Vas-**y**. *N'***y** *va pas.*

2. The expression **il y a** means *there is* or *there are.*

E. The pronoun y

The pronoun **y** replaces a prepositional phrase introduced by **à**. It is generally used only to refer to things, rather than people.

Je pense **à mes vacances à Paris.** *J'***y** *pense.*
Je pense **à mon quartier.** *J'***y** *pense.*

But: *Je montre ce monument* **à mes amis.** *Je* **leur** *montre ce monument.*
Je pense **aux gens** *qui habitent ici.* *Je pense* **à eux.**

The pronoun **y** may also be used to replace **à** + verb or clause.

Je renonce **à visiter Notre-Dame.** *J'***y** *renonce.*

4 A Paris. Pour chaque phrase, posez une question commençant par une préposition (**à**, **de**, **pour**, **avec**, etc.) + **qui** (pour les personnes) ou **quoi** (pour les choses).

Modèles : Je visite Paris avec des amis.
Avec qui est-ce que vous visitez Paris ?
Ce monument ressemble aux Invalides.
A quoi ressemble ce monument ?

1. Je montre la Tour Eiffel à mes amis.
2. Je demande un renseignement au guide.
3. Cet édifice a été construit par Louis XIV.
4. Nous sommes sous l'Arc de Triomphe.
5. Nous parlons des victoires de Napoléon.
6. Nous passons devant la Madeleine.
7. Nous nous étonnons de son architecture.
8. Nous pensons à son architecte.

5 Monuments parisiens. Pour chaque phrase, posez deux questions.

Modèle : Napoléon construit l'Arc de Triomphe.
Qui construit l'Arc de Triomphe ?
Qu'est-ce que Napoléon construit ?

1. Les Romains construisent des arènes.
2. Vers 1250, Robert de Sorbon fonde la Sorbonne.
3. Vers 1600, Henri IV transforme le palais du Louvre.
4. En 1789, les Parisiens détruisent la Bastille.
5. En 1845, Viollet-le-Duc restaure Notre-Dame.
6. Napoléon III décide de construire l'Opéra en 1862.
7. Eiffel édifie la Tour Eiffel pour l'exposition de 1889.
8. Récemment Chagall redécore l'Opéra.

6 Questions de fait. Utilisez **y** dans vos réponses.

1. Est-ce que Notre-Dame est à Paris ?
2. Est-ce que Hemingway a été à Paris ?
3. Est-ce qu'on trouve des cafés célèbres sur le boulevard Saint-Germain ?
4. Est-ce que l'Ile de la Cité est au milieu de la Seine ?

7 Substitutions. Remplacez les mots en italique par le pronon **y**.

1. Je pense souvent *à mon voyage à Paris.*
2. Les rues de Paris ne ressemblent pas *aux rues de New York.*
3. Je réponds *à l'invitation de mes amis français.*
4. Je me prépare *à ce grand voyage.*
5. J'ai assisté *à la conférence sur la France.*
6. Elle fait attention *à ce que dit le professeur.*
7. Je songe *à ce que je vais faire après cette classe.*

F. The passé simple : forms

The **passé simple** as the term indicates is a past tense composed of a simple verb form.

GENERAL PATTERN for the **passé simple**:

passé simple stem (usually derived from past participle) + **passé simple** endings

(a)	(b)	(c)	(d)
*je regard***ai**[1]	*je vend***is**[1]	*je voul***us**[1]	*je v***ins**[1]
*tu regard***as**	*tu vend***is**	*tu voul***us**	*tu v***ins**
*il regard***a**	*il vend***it**	*il voul***ut**	*il v***int**
*nous regard***âmes**	*nous vend***îmes**	*nous voul***ûmes**	*nous v***înmes**
*vous regard***âtes**	*vous vend***îtes**	*vous voul***ûtes**	*vous v***întes**
*ils regard***èrent**	*ils vend***irent**	*ils voul***urent**	*ils v***inrent**

(a) The *-ai* endings are used with the regular *-er* verbs and *aller.*
The *passé simple* stem is the **past participle minus -é**.

(b) The *-is* endings are used with the regular *-ir* and *-re* verbs.
The *passé simple* stem is the **past participle minus -i or -u**.
These endings are also used for irregular verbs with past participles in *-i*, *-it*, and *-ait* (such as *dire*, *mettre*, *prendre*, *faire*). Here, the *passé simple* stem is the **past participle minus -i**, **-it**, **-ait**.

EXCEPTION: The *passé simple* of *écrire* (*j'ai écrit*) is *j'écrivis.*

(c) The *-us* endings are used for irregular verbs with past participles in *-u*. The *passé simple* stem is the **past participle minus -u**.

EXCEPTION: The *passé simple* of *voir* (*j'ai vu*) is *je vis.*

(d) The *-ins* endings are only used with *venir*, *tenir*, and their compounds.

NOTE: A verb ending in *-it* could be either in the present tense or in the *passé simple.* The context generally clarifies any ambiguity.

Florence hésite. Puis elle **dit**... (*present*)
Florence hésita. Puis elle **dit**... (*passé simple*)

Be careful not to mix up the following pairs of verbs:

Paul **fit** *ses devoirs.* (**faire** : *passé simple*)
Son père **fut** *content.* (**être** : *passé simple*)
Mon grand-père **vit** *toujours.* (**vivre** : *present*)
Il **vit** *son petit fils.* (**voir** : *passé simple*)

[1] Dictionaries only give the *je*-form of the *passé simple.* From this form, you can determine the *passé simple* stem as well as the set of endings used.

8 Histoire de Paris. Mettez les phrases suivantes au passé composé.

1. Vers 300 avant Jésus-Christ, les Parisii fondèrent Lutèce.
2. César occupa la ville en 52 avant Jésus-Christ et les Romains s'y installèrent.
3. Plus tard, Lutèce prit le nom de Paris.
4. Hugues Capet en fit sa capitale en 987.
5. Henri IV et les rois qui lui succédèrent transformèrent Paris qu'ils embellirent.
6. La Révolution française commença à Paris en 1789.
7. Cette année-là, les Parisiens prirent la Bastille et la détruisirent.
8. Napoléon III transforma Paris et en fit une ville moderne.
9. Les Allemands occupèrent la ville en 1940 et le Général Leclerc la libéra en 1944.
10. Après la guerre, Paris devint un centre d'institutions internationales.
11. Elle fut aussi le siège des négociations pour la paix au Viet-Nam.
12. Les présidents Kennedy et Nixon y vinrent plusieurs fois.

9 Changement de temps. Transposez la section intitulée « Un peu d'histoire » au présent.

G. The passé simple : uses

The **passé simple** is used mainly in written French to describe a completed action in the past.

Les rois **dédaignèrent** *longtemps Paris.*

In spoken French and informal written French its use is rare and is usually limited to the third person forms. In daily usage, the French prefer the *passé composé* to the *passé simple.*

H. The demonstrative pronoun celui

GENERAL PATTERN for the forms of the demonstrative pronoun **celui**:

	SINGULAR	PLURAL
MASCULINE	**celui**	**ceux**
SINGULAR	**celle**	**celles**

The pronoun **celui** cannot be used alone. It occurs in the following combinations:

— **celui-ci** (*this one, these*) or **celui-là** (*that one, those*)

Parmi les églises de Paris, je préfère **celle-ci**.

— **celui de**... (*that of, those of; the one of, the ones of*)

Le Paris d'aujourd'hui ressemble encore à **celui de** 1900.

— **celui** + relative pronoun (*the one, the ones, those*)

Voici le quartier des étudiants.
- *C'est* **celui qui** *est le plus animé.*
- *C'est* **celui que** *je préfère.*
- *C'est* **celui où** *j'habite.*

NOTES: 1. The pronoun **celui** agrees in gender and number with its antecedent.

2. **Celui-ci** may mean the latter, and **celui-là** the former.

Le musée Rodin est moins célèbre que le musée du Louvre.
Celui-ci *contient la « Mona Lisa ».*

3. **Celui de** is often expressed in English by a simple possessive.

Si tu n'as pas de plan de Paris, prends **celui de** *mon frère.*
If you don't have a map of Paris, take my brother's.

4. English expressions such as *the one that* or *the ones who* are never rendered in French by **l'un** or **les uns**, but by the appropriate form of **celui**.

10 Davantage. Faites des phrases en utilisant la forme appropriée de **celui-ci**, suivant le modèle.

Modèle : Voilà une jolie boutique. **Mais celle-ci est plus jolie encore.**

1. Voilà un monument magnifique.
2. Voilà un café cher.
3. Voilà une belle cathédrale.
4. Voilà des touristes fatigués.
5. Voilà de jolies boutiques.
6. Voilà une politique intelligente.
7. Voilà des problèmes difficiles.
8. Voilà une grande ville.

11 L'Américain et le Parisien. Chaque fois que l'Américain parle des choses que l'on voit dans son pays, le Parisien dit qu'il préfère celles que l'on voit à Paris. Jouez le rôle du Parisien.

Modèle : L'Américain : J'aime les monuments de Philadelphie.
Le Parisien : **Je préfère ceux de Paris.**

1. J'aime la cathédrale de Washington.
2. J'aime les musées de Cleveland.
3. J'aime les parcs de Houston.
4. J'aime l'atmosphère de la Nouvelle Orléans.
5. J'aime la Statue de la Liberté de New York.
6. J'aime le métro de Boston.
7. J'aime l'aéroport de Chicago.
8. J'aime les boutiques de San Francisco.

12 Substitutions. Remplacez le mot en italique par la forme appropriée de **celui**.

Modèle : Paris est une très belle ville. C'est *la ville* que j'aime le plus.
Paris est une très belle ville. C'est celle que j'aime le plus.

1. Voici le Quartier Latin. C'est *le quartier* où j'habite.
2. Nous allons visiter la cathédrale de Paris et *la cathédrale* de Chartres.
3. Préférez-vous les restaurants du Quartier Latin ou *les restaurants* des Champs-Elysées ?
4. Paris est la capitale administrative de la France. C'est aussi *la capitale* des arts.
5. L'Arc de Triomphe de l'Etoile est plus grand que *l'Arc de Triomphe* du Carroussel.
6. Les immeubles des Champs-Elysées sont plus jolis que *les immeubles* de la banlieue.
7. A Paris, les problèmes de la circulation et *les problèmes* d'urbanisme sont presque insolubles.
8. Les boutiques de New York sont chères. *Les boutiques* de Paris sont très chères aussi.
9. L'autobus de six heures est passé. Voici *l'autobus* de six heures et quart.
10. La Révolution de 1789 a duré dix ans. *La Révolution* de 1830 a duré trois jours.

Troisième Partie

Les Français : chez eux et ailleurs

11

La Famille

La famille française évolue, mais son rôle n'a pas changé. Elle est toujours le pivot de la société française.

Hier

Vie de famille. Il y a une cinquantaine d'années, la famille française avait un caractère tribal assez prononcé. Elle comprenait le père, la mère et les enfants, mais aussi les grands-parents, les oncles, tantes, neveux et toute une nuée de cousins plus ou moins éloignés : arrière-cousins, petits cousins, cousins à la mode de Bretagne....[1] Si on ne vivait pas tous ensemble, on se retrouvait souvent. Les occasions ne manquaient pas : Noël, baptêmes, communions, confirmations, mariages, noces d'argent, d'or, de diamant....

Le repas était le point culminant de la réunion familiale. C'était un festin joyeux et bien arrosé,[2] qui servait d'occasion à des plaisanteries et à des concours innocents. (Qui raconterait l'histoire la plus drôle ? Qui chanterait le mieux ? Qui ferait boire tante Eugénie ? Qui lui ferait chanter une chanson ?) La bonne humeur faisait se relâcher la discipline coutumière.

Il faut dire qu'en dehors de ces réunions, la vie familiale était assez sévère. Par la loi, le père était le chef chez lui et il faisait respecter son autorité. La mère avait un rôle effacé, mais multiple : maîtresse de maison, épouse, éducatrice, consolatrice. Les enfants ne discutaient pas et la plupart du temps, ils obéissaient.

Traditions. La famille était la gardienne des traditions. Ces traditions se transmettaient de génération en génération, ce qui assurait une stabilité bénéfique à la société. Il s'agissait d'abord de certaines vertus, dites « bourgeoises » mais qu'on retrouvait, en fait, dans toutes les classes de la société : amour du travail, sens de l'effort, goût de l'épargne, respect de la religion. L'éducation était aussi une affaire de famille. Il était normal pour la mère de s'occuper personnellement de celle de ses filles, et pour le père de celle de ses fils.

[1] Cousins éloignés.

[2] Accompagné de nombreux vins.

Il existait aussi d'autres traditions propres à chaque famille. La profession par exemple se transmettait souvent de père en fils. Les études de notaire, les cabinets de médecin, les pharmacies sortaient rarement de la famille. Comme il en était de même pour les métiers, il n'était pas rare de trouver dans les villages de véritables générations d'artisans : charpentiers, maçons, serruriers, ébénistes, céramistes, graveurs. Les secrets du métier, loin de se perdre, s'enrichissaient ainsi avec chaque génération et les produits de l'artisanat étaient d'une très grande qualité.

La famille était donc plus qu'une collection d'individus portant le même nom. Les traditions y ajoutaient un caractère peut-être immatériel, mais pourtant bien présent. La filiation était plus qu'un phénomène biologique : elle était aussi spirituelle… et matérielle.

L'héritage, fruit du travail collectif de la famille, était en effet le symbole même de la permanence des institutions familiales. On le transmettait scrupuleusement de génération en génération. Ceux qui le gaspillaient commettaient plus qu'un crime : ils mettaient fin en quelque sorte à la continuité de leur propre lignée.

Conservatisme. Les avantages d'une société stable avaient leurs contreparties. L'immobilisme et le conservatisme étaient en effet des attitudes communes que l'institution de la famille avait tendance à favoriser. Immobilisme social et géographique, puisqu'on ne se mariait que dans le même milieu social et souvent qu'entre habitants d'un même village ou de villages voisins. Socialement la

Une famille en 1900.

Promenade dominicale d'une famille d'aujourd'hui.

France était un pays qui n'évoluait plus. Immobilisme démographique, puisque, pour ne pas partager l'héritage, bien des familles décidaient de n'avoir qu'un seul enfant. La population française était une population dangereusement vieille. Immobilisme économique, puisque la transmission des biens familiaux rendait inutile le désir d'en acquérir d'autres. La France était le pays des petites et moyennes entreprises. Immobilisme politique, résultat des immobilismes précédents.

Aujourd'hui

Les progrès du vingtième siècle ont graduellement changé le caractère sinon la base de la famille française. Le développement des transports, la croissance économique, l'exode rural et toutes les manifestations d'une économie en mouvement ont en effet provoqué l'éclatement géographique de la famille. La famille d'aujourd'hui est à la fois plus réduite, mais aussi plus grande que celle d'autrefois. Plus réduite car il n'en reste que la cellule de base : père, mère, enfants. Plus grande parce que cette cellule de base s'est élargie. Le malthusianisme[1] d'autrefois fait place à une conception plus généreuse de la famille et du rôle procréateur des parents. Cette conception, encouragée par la politique de natalité de l'état, se traduit par des attitudes nouvelles. On se marie plus tôt, avec l'espoir et non pas la hantise d'avoir des enfants. Si les familles nombreuses

[1] Doctrine qui recommande la limitation de la population.

(c'est-à-dire, celles qui ont sept ou huit enfants) sont rares, les familles de deux ou trois enfants sont tout à fait communes aujourd'hui. Elles ne l'étaient pas il y a trente ans.

Le père est toujours le chef chez lui, mais son autorité n'est plus absolue. Des lois récentes ont en effet émancipé la femme mariée de sa tutelle économique. Ce ne sont toutefois pas les institutions mais les circonstances qui ont provoqué les changements les plus remarquables au sein de la famille française. Dans bien des familles, la femme travaille, et son salaire augmente le revenu familial. Le mari ne détient par conséquent plus le monopole du pouvoir économique. Par contre, la femme n'est plus l'éducatrice de la famille, car ce rôle est dévolu maintenant au lycée ou au collège. Les rapports entre époux, et ceux entre parents et enfants, ont donc changé. Aujourd'hui, ils sont caractérisés par une indépendance beaucoup plus grande que par le passé.

Indépendance ne signifie pas anarchie. Les liens familiaux sont toujours très solides. Ils sont basés aujourd'hui sur le respect mutuel, plutôt que sur les contraintes imposées par la loi. Le mariage est resté une institution très sérieuse et le divorce est rare. En 1967, par exemple, il y a eu 350.000 mariages et moins de 30.000 divorces, c'est-à-dire, un divorce pour douze mariages. C'est une proportion faible, surtout en comparaison des autres pays. Aux Etats-Unis, par exemple, il y a en moyenne un divorce pour quatre mariages nouveaux.

Les jeunes

Un monde à part. Il y a une certaine aliénation de la jeunesse actuelle. Les causes de cette aliénation sont multiples, mais elles ne sont pas étrangères aux changements dans les rapports familiaux. Bien sûr, les jeunes sont beaucoup plus indépendants et beaucoup moins soumis à la discipline qu'autrefois. Mais, s'il y a indépendance, il n'y a pas nécessairement égalité. Chez eux, les parents con-

Les jeunes constituent parfois un monde à part.

servent en effet certaines prérogatives importantes. Ainsi le droit d'avoir raison, même s'il n'est plus sanctionné, leur revient toujours. Qu'il s'agisse des sujets les plus prosaïques (vêtements, ménage, vacances) ou des sujets plus élevés (politique, art, littérature, culture en général), ils croient à la transcendance de l'expérience sur l'inexpérience.

Les discussions entre parents et enfants sont donc souvent des dialogues de sourds, puisque ni l'autorité ni la logique ne peuvent régler les différences d'opinion. Cette situation entraîne un sérieux problème de communication entre les générations. Pour les jeunes, il reste une solution simple qui est de se créer un monde à part. Ce monde à part se manifeste par ses modes, ses programmes de radio, ses magazines, son folklore, ses idoles.

Occupations. Puisque la scolarité est obligatoire jusqu'à seize ans, tout le monde va à l'école jusqu'à cet âge. Les options qui suivent dépendent souvent des classes sociales auquelles les jeunes appartiennent. Les jeunes bourgeois continuent leurs études et les fils et filles d'ouvriers vont, en général, à l'usine, à l'atelier ou dans une administration quelconque.

Au départ, le jeune ouvrier a un avantage sur le jeune lycéen, car il gagne un salaire, alors que l'étudiant doit faire appel à la générosité familiale. Cette situation change, et de plus en plus les étudiants ont des emplois à mi-temps. Quand ils ont de l'argent, les jeunes le dépensent sans hésitation. Leurs achats sont d'ailleurs limités. Il y a d'abord la voiture dont la possession exerce une véritable fascination pour le jeune Français. Les vacances constituent une autre source importante de dépenses. Ce qui reste est réservé aux sorties et aux autres distractions.

Questions simples

La famille française d'hier

1. En quoi consistait-elle ?
2. A quelles occasions se réunissait-elle ?
3. Quel était le point culminant des réunions familiales ?
4. Quel était le rôle du père ?
5. Quel était le rôle de la mère ?
6. En quoi consistaient les traditions familiales ?
7. Que sont les « vertus bourgeoises » ?
8. Qui s'occupait de l'éducation des enfants ?
9. Qu'est-ce que l'héritage ?
10. Pourquoi était-il important ?
11. Quels étaient les avantages et les inconvénients de la stabilité familiale ?

La famille d'aujourd'hui

12. Comment l'auteur explique-t-il l'éclatement géographique de la famille ?
13. En quoi consiste la famille d'aujourd'hui ?
14. Qu'est-ce que « le malthusianisme » ? Est-ce que la famille d'aujourd'hui est malthusienne ?
15. Quels facteurs ont émancipé la femme ?
16. Sur quoi les rapports familiaux sont-ils basés ?
17. Est-ce que le divorce est fréquent ?

Les jeunes

18. Est-ce qu'il y a un « fossé » (*gap*) entre les générations ? Quelles en sont les causes ?
19. Y a-t-il une « culture » de la jeunesse ? Comment se manifeste-t-elle ?
20. Jusqu'à quel âge les jeunes Français vont-ils à l'école ?
21. Que font-ils ensuite, s'ils sont issus de familles bourgeoises ? de familles d'ouvriers ?
22. Pourquoi au départ le jeune ouvrier a-t-il un avantage sur le jeune lycéen ?
23. Quelle est l'attitude des jeunes à l'égard de l'argent ?
24. Comment les jeunes dépensent-ils leur argent ?

Questions d'application

25. Est-ce que la famille joue un rôle social important aux Etats-Unis ? Définissez son rôle.
26. En quoi consiste une famille américaine typique ?
27. Pour quelles occasions est-ce que la famille américaine se réunit ?
28. Dans une famille américaine, qui détient l'autorité en principe ? en fait ?
29. En général, est-ce que les liens familiaux sont solides aux Etats-Unis ? Expliquez votre réponse.
30. Dans la société américaine, qui joue le rôle éducatif en principe, la famille ou l'école ? Expliquez votre réponse.
31. Jusqu'à quel âge un jeune Américain dépend-il financièrement de sa famille ? Que peut-il faire pour s'émanciper de cette tutelle ?

Composition libre

Choisissez A ou B.

A. Aliénation de la jeunesse. Est-ce qu'il y a une aliénation de la jeunesse ? Si oui, quelles en sont les raisons et comment se manifeste-t-elle ? Si non, pourquoi la presse parle-t-elle d'aliénation ?

B. La culture des jeunes. Aux Etats-Unis est-ce qu'il y a une « culture » particulière à la jeunesse ? Comment se manifeste-t-elle ? (ses héros, sa façon de parler, de s'habiller, de se comporter, ses artistes, sa musique.)

Word Study

A. Homme et femme

In talking about a man:

un homme	a man (as opposed to a woman)
un mari	a husband (the role of the man with respect to his wife)
un monsieur	a gentleman; the polite way of designating a man
un type	a guy; a slang word to designate a man

In talking about a woman:

une femme	a woman (as opposed to a man); a wife (the role of the woman with respect to her husband)[1]
une dame	a lady; the polite way of designating a woman

B. Expressions indicating a causal relationship

Expressions indicating a causal relationship may be introduced by

a preposition followed by a noun or pronoun.

a conjunction followed by a subject and verb.

CONJUNCTIONS	PREPOSITIONAL PHRASES
parce que (*because*) *Je suis resté* **parce que** *ma famille était là.*	**à cause de** (*because of*) *Je suis resté* **à cause de** *ma famille.*
car (*for, because*) *La femme française est plus indépendante* **car** *des lois récentes l'ont émancipée économiquement.*	**grâce à** (*thanks to*) *La femme française est plus indépendante* **grâce à** *des lois récentes.*
puisque (*since*) *Il n'est pas là* **puisqu'***il est à Paris.*	
comme (*as, since*) **Comme** *vous êtes ici, je vais vous parler.*	**comme** (*as*) **Comme** *ami, j'ai beaucoup de choses à vous dire.*

[1] The French language does not make a distinction between the woman as a person and her role as a wife.

Exercices

1 Le mot exact. Remplacez les blancs par l'un des mots suivants : **homme, mari, monsieur, type, femme, dame.**

1. Est-ce que la ——— française est vraiment indépendante ?
2. Napoléon divorça de sa première ——— Joséphine.
3. Madame Brunet est une ——— très distinguée.
4. Bien sûr, Monsieur Brunet est le ——— de Madame Brunet.
5. Je connais cet individu. C'est vraiment un ——— très bizarre.
6. Qui est ce vieux ——— ?
7. Est-ce que l'homme et la ——— sont égaux ?
8. Ce matin j'ai vu un ——— que je ne connais pas.

2 Opinions personnelles. Complétez les phrases suivantes en donnant votre opinion personnelle.

1. Je veux (ou je ne veux pas) me marier parce que...
2. J'aime (ou je déteste) les réunions de famille parce que...
3. Je pense que les enfants doivent (ou ne doivent pas) obéir à leurs parents parce que...
4. Je pense que la femme doit (ne doit pas) travailler parce que...
5. La famille française d'autrefois était solide (vulnérable) à cause de...
6. L'héritage est une institution utile (inutile) à cause de...
7. Si les jeunes constituent (ne constituent pas) un monde à part, c'est à cause de...
8. Si les jeunes d'aujourd'hui sont (ne sont pas) indépendants, c'est à cause de...

3 Bonnes excuses. Certains invités ne sont pas allés à la réunion de famille à cause de l'événement entre parenthèses. Donnez l'excuse de chacun en utilisant l'expression *à cause de* ou *parce que*, suivant le cas.

Modèle : Julien (ses examens). **Julien n'est pas venu à cause de ses examens.**
Martine (elle était malade). **Martine n'est pas venue parce qu'elle était malade.**

1. Jean-Louis (c'est l'anniversaire d'un ami).
2. Henri (il a du travail).
3. Hélène (une mauvaise grippe).
4. Michèle (le mauvais temps).
5. Marc (sa voiture ne marche pas).
6. Nathalie (elle n'a pas reçu d'invitation).

Language Study

C. Stressed pronouns

GENERAL PATTERN of forms for the stressed (or disjunctive) pronouns:

CORRESPONDING SUBJECT PRONOUNS	*(je)*	*(tu)*	*(il)*	*(elle)*	*(nous)*	*(vous)*	*(ils)*	*(elles)*
STRESSED PRONOUNS	**moi**	**toi**	**lui**	**elle**	**nous**	**vous**	**eux**	**elles**

The stressed pronouns are used:

1. Alone.

   Qui travaille ici ? **Moi.** *Pas* **lui**.

2. After **c'est, ce sont.**

   Qui travaille ici ? *C'est* **moi**. *Ce n'est pas* **lui**.

3. After prepositions.

   Je travaille avec **lui**. *Je travaille sans* **eux**. *Je travaille pour* **toi**.

   NOTE: The construction **être à** + stressed pronoun means *to belong to:*

   Ce livre **est à moi.** This book belongs to me.

4. After **que** (in comparisons, in **ne**... **que,** and so on).

   Je travaille plus que **lui**.

5. In compound subjects or objects.

   Lui *et* **moi**, *nous travaillons.* *Je les écoute,* **eux** *et leurs amies.*

6. In combination with **-même** (myself, yourself, and so on).

   Je fais cela **moi-même**.

7. To emphasize the subject or the direct object.

   Je l'écoute. I'm listening to him.
   Moi, *je l'écoute.* <u>I'm</u> listening to him.
   Lui, *je l'écoute.* I'm listening to <u>him</u>.

4 La famille d'autrefois. Répondez aux questions suivantes selon le modèle.

Modèle : C'était le père qui gouvernait ? **Oui, c'était lui**.

1. C'était la mère qui éduquait ses enfants ?
2. C'était les parents qui choisissaient le mari de leurs filles ?
3. C'était les garçons qui allaient au lycée ?
4. C'était les filles qui restaient à la maison ?
5. C'était uniquement le père qui travaillait ?
6. C'était la loi qui réglait les rapports familiaux ?

5 Réciprocité. Les actions suivantes sont réciproques. Exprimez cela en inversant le sujet et le complément.

Modèle : Je vais à la réunion familiale avec lui.
Il va à la réunion familiale avec moi.

1. Tu as parlé avec elles.
2. Vous dansez avec elle.
3. Il parle de nous.
4. Ils font cela pour nous.
5. Vous êtes partis sans elles.
6. Ils sont restés à cause de nous.
7. Je vais chez lui.
8. Tu penses à elle.
9. Nous restons avec toi.
10. Vous allez chez eux.
11. Je travaille avec toi.
12. Tu passes les vacances avec lui.

6 Comparaisons franco-américaines. Dans les phrases suivantes, remplacez **français** par **américain** et ajoutez un pronom accentué suivant le modèle. Faites les autres changements nécessaires.

Modèle : La famille française a beaucoup changé.
La famille américaine, elle, n'a pas beaucoup changé.

1. Les Français ont des allocations familiales.
2. L'éducation française est très sévère.
3. Les classes sociales françaises sont très compartimentées.
4. Les jeunes Français font sans cesse appel à la générosité familiale.
5. La population française était vieille.
6. Les Français allaient souvent aux réunions de famille.
7. La discipline française était très stricte.
8. Les repas français sont souvent très arrosés.

D. Impersonal il

Many French expressions are introduced by the impersonal pronoun **il**:

1. Expressions of time.

Il *est midi et demi.*	It is twelve-thirty.

2. Expressions of weather.

Il *fait beau.*	It is nice weather.

3. Expressions of opinion: **il est** + adjective + **de** + infinitive.

Il *est normal d'aller en vacances.*[1]	It is normal to go on vacation.

4. Certain verbal expressions.
   a. **Il faut** + infinitive.

Il faut *travailler.*	One must work. It is necessary to work.
Il faut *partir bientôt.*	We have to leave soon. They have to leave soon. You have to leave soon.

Note: **Il faut** may be used with an indirect pronoun of reference: **Il me faut** *travailler*[2]. I have to work.

   b. **Il vaut mieux** + infinitive.

Il vaut mieux *rester ici.*	It's better to stay here.

   c. **Il s'agit de** + noun.

De *quoi* **s'agit-il** ?	What's it all about?
Il s'agit d'*argent.*	It's a question of money.

   d. **Il existe** + noun.

Il existe *deux exemplaires de ce testament.*	Two copies of this will exist.

   e. **Il manque** + noun.

Il manque *un invité.*	One guest is missing.

   f. **Il reste** + noun.

Il reste *deux invités.*	Two guests are left.

   g. **Il y a.**

Il y a *un problème.*	There is a problem.

[1] When **il** + adjective is followed by **que** + subject + verb, the verb is usually in the subjunctive (see Lesson 14-D): *Il est normal qu'il aille en vacances.*

[2] When **il faut** is followed by **que** + subject + verb, the verb is in the subjunctive (see Lesson 14-D): *Il faut que je travaille.*

7 Traditions. Faites des phrases en utilisant **il était** + l'adjectif entre parenthèses.

Modèle : (obligatoire) Le jeune Français allait à l'école jusqu'à seize ans.
Pour le jeune Français, il était obligatoire d'aller à l'école jusqu'à seize ans.

1. (fréquent) Les Français d'autrefois allaient aux réunions familiales.
2. (normal) Les jeunes Français prenaient la succession de leurs pères.
3. (rare) Les jeunes Français désobéissaient à leurs parents.
4. (traditionnel) La mère s'occupait de l'éducation de ses filles.
5. (usuel) Les artisans transmettaient leurs secrets à leurs enfants.
6. (exceptionnel) Les enfants gaspillaient l'héritage de leurs parents.
7. (normal) Les familles françaises avaient peu d'enfants.
8. (extraordinaire) La femme travaillait en usine.
9. (courant) Le père faisait respecter son autorité.
10. (inutile) Les jeunes filles apprenaient un métier.

8 Opinions. Répondez aux questions suivantes par des phrases complètes.

1. Est-il facile ou difficile d'obéir à ses parents ?
2. Est-il amusant ou embêtant d'aller aux réunions de famille ?
3. Est-il raisonnable ou déraisonnable d'écouter ses parents ?
4. Est-il normal ou anormal de vivre avec sa famille ?
5. Est-il dommage de passer les vacances chez soi ?
6. Est-il normal ou anormal de faire appel à la générosité familiale ?

9 Obligations familiales. Transformez les phrases impératives suivantes en phrases avec **il faut.**

Modèle : Restons ici. **Il faut rester ici.**

1. Allons à la réunion de famille.
2. Assistons à ce mariage.
3. Ecrivons à nos cousins.
4. Téléphonons à cette tante.
5. Soyons gentils avec nos cousines.
6. Obéissons à nos parents.
7. Respectons les traditions familiales.
8. Célébrons cet anniversaire.

E. The construction faire + infinitive

The construction **faire** + infinitive corresponds to two English constructions: *to make someone do something, to have something done*, or *to cause something to happen.* In each case, the word order follows specific patterns.

GENERAL PATTERN for the word order in a **faire** + infinitive construction meaning *to make someone (the agent) do something:*

1. The infinitive has **no direct object**.

   The agent is a **noun**:

   | **faire** + infinitive | + noun | *Je* **fais lire** *mon fils.* |

   The agent is a **pronoun**:

   le / **la** / **les** + | **faire** + infinitive | *Je le* **fais lire**.

2. The infinitive has a direct object.

   The agent is a **noun**:

   | **faire** + infinitive | + direct object + **à** + noun *Je* **fais lire** *un poème à Paul.*

   The agent is a **pronoun**:

   lui / **leur** + | **faire** + infinitive | + direct object *Je lui* **fais lire** *un poème.*

NOTES: 1. The construction | **faire** + infinitive | constitutes a block which can only be broken by a negative word, an adverb, or a pronoun in an affirmative command.

Tu fais chanter Pierre ? — *Non, je ne le fais* **pas** *chanter.*
Je dois faire chanter Pierre ? — *Oui, fais-***le** *chanter.*
Il nous fait **souvent** *travailler.*

2. The pronouns *me, te, nous,* and *vous* may also be used in the above constructions.

Mes parents **me** *font travailler.* *Alors, je* **vous** *fais attendre.*

3. French often uses a | **faire** + infinitive | construction where English uses an active verb.

faire entrer *quelqu'un* — to show someone in
faire venir *quelqu'un* — to call someone

10 Changements. Posez des questions suivant le modèle. Commencez chaque question par **qu'est-ce qui fait....**

Modèle : La famille évolue. **Qu'est-ce qu fait évoluer la famille?**

1. Les institutions changent.
2. Les traditions familiales disparaissent.
3. Les rapports familiaux se transforment.
4. L'héritage disparaît.
5. La famille se disperse.
6. Les jeunes sortent souvent.
7. La société se libéralise.
8. La population grandit.

11 Autorité. Pour chaque phrase suivante, faites trois phrases d'après le modèle.

Modèle : Robert ne parle pas.

a. **Je fais parler Robert.**
b. **Je le fais parler.**
c. **Faites-le parler.**

1. Ma tante ne chante pas.
2. Mon cousin ne boit pas.
3. Les enfants n'obéissent pas.
4. Jacques ne vient pas.
5. Thérèse ne comprend pas.
6. L'enfant ne partage pas son dessert.
7. Françoise ne raconte pas d'histoire.
8. Jacques n'exprime pas son opinion.
9. Les enfants ne respectent pas mon autorité.
10. Les jeunes ne dépensent pas leur argent.

12 Transformations. Transformez les phrases suivantes en ajoutant le complément direct entre parenthèses.

Modèle : Je le fais boire. (du vin) **Je lui fais boire du vin.**

1. Je les fais chanter. (une chanson)
2. Tu la fais écouter. (un disque)
3. Il le fait attendre. (un ami)
4. Nous le faisons jouer. (un rôle amusant)
5. Vous les faites étudier. (leur leçon)
6. Ils les font écrire. (des lettres)
7. Vous la faites lire. (un magazine)
8. Je le fais étudier. (cette leçon)
9. Il la fait réciter. (un poème)
10. Nous les faisons manger. (du pain)

GENERAL PATTERN for the word order in a **faire** + infinitive construction meaning *to have something done:*

The infinitive has a direct object.

The direct object is a **noun**:

faire + infinitive + noun	*Je* **fais construire** *une maison.*

The direct object is a **pronoun**:

le / **la** / **les** + **faire** + infinitive	*Je la* **fais construire**.

F. The preposition chez

The preposition **chez** has several meanings:

1. *Home, at home, at* or *to someone's home.*

Je suis / *Je vais* } **chez** *moi.*	I am at home. / I am going home.
Je suis / *Je vais* } **chez** *mes cousins.*	I am at my cousins. / I am going to my cousins.

2. *With, among.*

Chez *les Français d'autrefois, l'héritage jouait un rôle important.*
Among the French of yesterday, inheritance played an important role.

3. *At* or *to the store of, at* or *to the office of.*

Mon fils va **chez** *le dentiste.*
My son is going to the dentist's.

G. Manquer

The verb **manquer** has many meanings:

1. **Manquer** + direct object	to miss
Paul a **manqué son train**.	Paul missed his train.
2. **Manquer** (**à**)	to be missing, to be lacking
Qui **manque à** *cette réunion familiale ?*	Who is missing at this family reunion ?
Paul nous **manque**.	We miss Paul. (Paul is lacking as far as we are concerned.)
3. **Il manque quelque chose à quelqu'un**	someone is missing something
Il **manque dix francs à Paul**.	Paul is missing ten francs.
Il **me manque cinq francs**.	I am missing five francs.
4. **Manquer de** + noun	to lack
Il **manque de courage**.	He lacks courage.
5. **manquer** (**de**) + infinitive	to almost (but not quite) do something
Elle a **manqué** (**de**) **venir** *à Paris.*	She almost came to Paris.

Vocabulaire utile

En anglais, la construction **faire** + infinitif s'exprime souvent par un verbe actif.

faire voir (une photo)	to show (a snapshot)
faire cuire (un œuf)	to cook (an egg)
faire bouillir (de l'eau)	to boil (water)
faire marcher (une machine)	to operate (a machine)
faire suivre (une lettre)	to forward (a letter)

13 Vacances familiales. Dites que chacune des personnes suivantes va chez elle pour Noël.

Modèle : mes amis **Pour Noël, mes amis vont chez eux.**

1. mes cousines
2. moi
3. toi
4. nous
5. vous
6. mon meilleur ami
7. Jacqueline
8. le professeur
9. Paul et Marie

14 Traditions familiales. Transformez les phrases d'après le modèle.

Modèle : Les Brunet organisent souvent des réunions de famille.
Chez les Brunet, on organise souvent des réunions de famille.

1. Les Thomas célèbrent tous les anniversaires.
2. Les Moreau vont à tous les repas de famille.
3. Mes amis célèbrent toutes les fêtes de famille.
4. Les Américains invitent leur famille pour « Thanksgiving ».
5. Les Français considèrent Noël comme une très grande fête familiale.

15 Variantes. Remplacez les phrases suivantes par d'autres phrases synonymes avec le verbe **manquer**.

Modèle : Je n'ai pas de patience
Je manque de patience.

1. Nous n'avons pas d'argent.
2. Qui est-ce qui n'est pas là ?
3. Je regrette l'absence de Christine.
4. J'ai presque été à Paris.
5. Je n'ai pas pris mon avion car j'étais en retard.
6. Je n'ai pas les trois francs nécessaires.
7. Il n'a pas de tact.
8. Quelles sont les choses que vous n'avez pas ?

12

La Femme française : hier et aujourd'hui

Peut-on faire le portrait de la Française? De nombreux écrivains ont essayé en traitant d'un sujet éternel: l'amour. Voici quelques-unes des formes sous lesquelles ce sentiment nous est présenté dans la littérature française.

Images littéraires

Sous une forme ou une autre, l'amour est présent dans tous les grands chefs-d'œuvre de la littérature française.

L'amour courtois. C'est un amour éthéré et pur. Est-il platonique ou non ? Peu importe. La femme est avant tout un objet de vénération et de respect.

L'amour romanesque. C'est un amour sentimental et tendre dont l'héroïne est peut-être Madame de Rênal.[1] Femme d'aristocrate, provinciale, bourrée de préjugés et de principes, cette jeune femme renie ceux-ci pour l'amour d'un jeune plébéien.

Le grand amour. C'est une passion violente et subite. Elle est souvent fatale et sans espoir. Elle devient pure frénésie chez Manon Lescaut et le chevalier des Grieux[2] dont elle bouleverse complètement l'existence.

L'amour déçu (ou le manque d'amour). C'est celui d'Emma Bovary.[3] Rêves. Illusions. Mariage. Monotonie de la vie conjugale. Echecs sentimentaux. Suicide.

L'amour gaulois. C'est un amour sans grand sentiment et dont l'objet principal est la prouesse sexuelle.

Le libertinage. Son but est la recherche du plaisir par la conquête physique de la femme. Le héros libertin, si héros il y a, est Valmont des *Liaisons dangereuses*,[4]

[1] Elle devient la maîtresse de Julien Sorel dans *Le Rouge et le noir* de Stendhal (1830).
[2] Dans *Manon Lescaut* de l'Abbé Prévost (1731).
[3] L'héroïne de *Madame Bovary*, roman de Gustave Flaubert (1857).
[4] Dans le roman épistolaire de Choderlos de Laclos (1782).

. . . . Et nous auſsi, nous ſavons combattre et vaincre. Nous ſavons manier d'autres armes que l'aiguille et le fuſeau. O Bellone! compagne de Mars, a ton exemple, toutes les femmes ne devroient-elles pas marcher de front et d'un pas égal avec les hommes? Déeſse de la force et du courage! du moins tu n'auras point à rougir des *FRANCAISES*.

Extrait d'une Priere des Amazones à Bellone.

Les mouvements féministes ne datent pas d'aujourd'hui. Sur cette gravure de 1790, les femmes réclament l'égalité du citoyen et de la citoyenne . . . pour porter les armes contre l'ennemi.

dont la carrière libertine se termine par l'échec suprême : il tombe amoureux.

Les portraits féminins que l'on trouve dans la littérature française sont trop nombreux et trop différents pour être convaincants. Pour connaître la femme française, il faut situer celle-ci dans son milieu. Depuis un siècle, ce milieu a considérablement évolué.

Une vie de femme au dix-neuvième siècle

Dans la société du dix-neuvième siècle, la femme avait des prérogatives très limitées. L'inégalité notoire qui existait entre l'homme et la femme était le fait d'institutions singulièrement anti-féministes dont l'inspirateur fut Napoléon. Ces institutions stipulaient que le mari était le chef du ménage, ce qui pour l'époque n'avait rien d'extraordinaire, et que la femme devait lui obéir en toutes occasions, ce qui était déjà un peu plus forcé. Enfin, telle était la loi dont l'homme établit la jurisprudence, évidemment en sa faveur. De chef, il devint maître. Si la femme jouait un rôle dans son ménage, il était nécessairement second, subalterne, inférieur.

Vie de jeune fille. La jeune fille ne pouvait aller ni au lycée — puisqu'il n'y avait pas de lycées de filles — ni à l'université.[1] Il n'était en effet pas question

[1] Le premier lycée de filles fut ouvert en 1882, cependant il ne préparait pas au baccalauréat et sans baccalauréat on ne pouvait pas aller à l'université. Ce ne fut que plus tard que l'université fut ouverte aux filles.

Vers 1900, les premières étudiantes font leur apparition à la Sorbonne.

de donner à la jeune fille une éducation qui ressemblerait à celle des garçons. L'instruction de la jeune fille consistait en quelques leçons de maintien, de musique, de dessin. Le principe fondamental était simple. Il fallait éviter à tout prix de lui donner des idées. Il fallait la préparer au mariage. Pour cela, on la mettait dans un couvent de jeunes filles. Là, entre les lectures pieuses et les romans pour jeunes filles, elle rêvait au beau jeune homme. Elle attendait le mariage libérateur.

Vie de femme mariée. Le beau jeune homme, c'était celui qu'avait choisi la famille de la jeune fille. Ce n'était pas celui dont elle avait rêvé. Il était souvent beaucoup plus âgé qu'elle.

Ce n'était pas non plus l'émancipateur souhaité, puisque la jeune fille venait de passer de la tutelle de sa famille sous la tutelle de son mari.

En qualité d'épouse, la femme consacrait toute son existence à la surveillance des domestiques, à l'éducation de ses enfants, aux mondanités de rigueur, au bonheur de son époux. Dans son foyer, elle devait être femme, amante, mère. C'était un rôle effacé mais riche quand l'amour existait. C'était un rôle ingrat quand l'amour était absent. Or l'amour n'était pas la base du mariage, du moins au début, puisque celui-ci était souvent une question de convention et d'argent. (L'institution de la dot, capital que la femme apporte à son mari en se mariant, ne favorise pas les beaux sentiments.) Si l'amour existait, c'était qu'il s'était développé après plutôt qu'avant le mariage.

Sur le plan économique et politique, la loi maintenait une inégalité flagrante. La femme ne pouvait en effet disposer de ses propres biens dont la gestion était confiée au mari. Elle ne pouvait pas voter non plus.

La femme d'aujourd'hui : émancipée ou pas ?

Son indépendance, l'égalité relative dont elle jouit vis-à-vis de l'homme, la femme les a conquises sur le terrain même de l'homme, c'est-à-dire sur le plan économique. La guerre de 1914 fut l'occasion d'un changement dans son statut. L'homme au front, la femme dut remplacer celui-ci à l'usine, à l'atelier, au bureau. Deux millions de pères et de maris ne revinrent pas de la tuerie. La femme assuma alors les rôles de chef et de soutien de famille. Sa situation d'inférieure n'avait plus de raison d'être.

La transition fut discrète. Il n'y eut pas de mouvements de suffragettes. S'il y eut des ligues féministes, leur action et leur langage restèrent modérés. La tactique féminine fut subtile. Les femmes ne réclamèrent pas. Les hommes ne purent donc refuser. Des événements significatifs, sinon importants en eux-mêmes, signalèrent qu'un changement radical prenait forme. Il y eut par exemple des femmes dans les cabinets ministériels de l'entre-deux-guerres. C'était une situation paradoxale, puisque le suffrage féminin n'existait pas. En établissant celui-ci en 1946, le gouvernement d'alors ne fit que confirmer un état de choses : la femme était devenue l'égale de l'homme.

Cette égalité est pourtant une égalité nuancée. A la différence de la femme américaine qui cherche à rivaliser avec l'homme dans *tous* les domaines, la femme française cherche avant tout à réaliser sa féminité. Si elle est étudiante, elle s'orientera vers les études classiques, les langues étrangères, la littérature, laissant l'étude des math et des sciences aux garçons. Ce choix révèle sans doute son désir de cultiver sa sensibilité.[1] Si elle est médecin, elle choisira souvent la pédiatrie. Juge, elle présidera au Tribunal d'Enfants. Elle se spécialisera dans les professions où elle pourra exprimer son instinct maternel ou son dévouement. Elle sera volontiers assistante sociale ou infirmière, par exemple, professions qui en France lui sont pratiquement réservées. Si elle a beaucoup de charme, elle voudra être hôtesse, réceptionniste, ou peut-être même speakerine à la télévision. Si elle a du goût, elle sera étalagiste dans un magasin ou décoratrice.

L'indépendance de la femme française n'est que relative. Elle varie également au cours des âges de la vie, comment l'illustrent les trois exemples suivants :

La lycéenne. A la différence des pays anglo-saxons, l'adolescence morale, c'est-à-dire l'âge auquel les parents reconnaissent certaines prérogatives à leurs enfants, vient tard en France. A cet égard, la lycéenne est encore moins favorisée que le lycéen. Ses sorties sont approuvées, surveillées, et la plupart du temps, organisées par ses parents. Dans la bourgeoisie, c'est en effet la mère et non la fille qui invite les amis et amies de celle-ci. Inutile de dire que le choix des relations est de ce fait très sélectif.

Les occasions d'échapper à la tutelle maternelle et de faire la connaissance de garçons hors du milieu familial deviennent pourtant plus nombreuses. Les lycées mixtes, c'est-à-dire ceux qui reçoivent garçons et filles, étaient rares en France il y a dix ans à peine. Ils sont maintenant très courants.

L'étudiante. Pour une jeune fille, le baccalauréat, c'est la conquête de l'indépendance. Cette indépendance se concrétise par une existence en dehors du cadre familial. Les fréquentations, les lectures de la jeune fille ne sont plus passées au crible. Ses parents ignorent sa vie sentimentale, si elle en a une. Dans ce domaine, d'ailleurs, la jeune fille française est encore très réservée, malgré la réputation que lui ont faite la littérature et les films de second ordre. Le mariage n'est pas encore une hantise. La jeune fille est physiquement et moralement libre.

La femme mariée. Dans la moyenne et la haute bourgeoisie, la conception de la « femme au foyer » du dix-neuvième siècle n'a pas disparu. Les rapports entre époux ont cependant été radicalement changés par l'addition de la tendresse, ingrédient tout simple, mais souvent absent dans les unions d'autrefois. Le mariage d'amour a en effet remplacé le mariage de raison ou d'argent. Le mariage crée toujours une communauté, mais à la différence du passé, cette communauté comprend deux partenaires égaux en droit et en fait. Les femmes

[1] Ce choix resta longtemps un choix un peu forcé. Les femmes en effet n'avaient pas accès aux grandes écoles scientifiques comme Centrale et Polytechnique. En 1972, année où cet accès leur fut finalement ouvert, ce fut une jeune fille qui se classa première au concours d'entrée de ces deux prestigieuses écoles.

de la petite bourgeoisie et de la classe ouvrière ont gagné leur indépendance par le travail. Dans ce domaine, l'égalité existe en théorie, puisque la loi décrète le principe du salaire égal à travail égal. L'égalité de fait est une autre chose. Les métiers et professions que les femmes choisissent ou qui leur sont imposés tendent à être médiocres et peu rémunérés (dactylo, mécanographe, employée de bureau). Mais là aussi il y a une évolution sensible. Les hommes acceptent les femmes comme leurs égales dans des professions qu'ils tendaient à se réserver : docteurs, ingénieurs, avocats. Et puis il y a toujours l'échappatoire d'une profession indépendante : un commerce, un magasin de modes, un salon de coiffure. Le cadre juridique qui permet à la femme mariée d'exercer une profession indépendante d'une façon vraiment indépendante est récent. Depuis 1965, elle peut signer un chèque et disposer de ses biens sans l'autorisation de son mari, prérogatives qui, au pays même de la liberté, n'existaient paradoxalement pas auparavant.

Une avocate.

Questions simples

Images littéraires

1. Quels personnages féminins de la littérature française connaissez-vous ?
2. Qu'est-ce que « l'amour courtois » ?
3. Qu'est-ce que « le libertinage » ?

La femme française au dix-neuvième siècle

4. La législation française était-elle en faveur de l'homme ou de la femme ?
5. Quel personnage historique fut l'auteur de cette législation ?
6. En quoi consistait l'éducation d'une jeune fille ?
7. Quel était le but de cette éducation ?
8. Ressemblait-elle à l'éducation des garçons ?
9. Est-ce que le mariage émancipait la jeune fille ?
10. En quoi consistait le rôle de femme mariée ?
11. De quelles façons la loi limitait-elle les prérogatives économiques et politiques de la femme ?

La Femme d'aujourd'hui

12. A quelles circonstances historiques l'auteur attribue-t-il l'émancipation de la femme française ?
13. Est-ce qu'il y a eu une « révolution » féministe en France ?
14. Quand est-ce que les Françaises obtinrent le droit de vote ?
15. Quel genre d'études l'étudiante française fait-elle généralement ?
16. Quelles professions la femme française choisit-elle généralement ?
17. Aujourd'hui quel est le rôle de la mère à l'égard de sa fille lycéenne ?
18. Qu'est-ce qu'un « lycée mixte » ?
19. Quelle est la différence entre une existence de lycéenne et d'étudiante ?
20. Que signifie l'expression « femme au foyer » ?
21. Quelle est actuellement la base du mariage ?
22. Quelle est l'attitude de la moyenne bourgeoise et de la classe ouvrière à l'égard du travail féminin ?
23. Du point de vue professionnel, y a-t-il égalité entre l'homme et la femme ? en principe ? en fait ?

Questions d'application

24. Est-ce qu'il y a des portraits féminins dans la littérature américaine du dix-neuvième siècle ? Lesquels connaissez-vous ?
25. Est-ce qu'il y a des portraits féminins dans la littérature américaine du vingtième siècle ? Lesquels connaissez-vous ?
26. Selon vous, quelle est la femme la plus importante de l'histoire américaine ? Pourquoi ?
27. Selon vous, est-ce qu'actuellement la femme américaine est plus indépendante que la femme française ? Pourquoi ou pourquoi pas ?
28. Selon vous, est-ce qu'il y a des professions réservées uniquement aux hommes ou aux femmes ? Lesquelles ?
29. Quelles sont les professions que les femmes choisissent généralement aux Etats-Unis ?
30. Y a-t-il égalité de salaire entre l'homme et la femme aux Etats-Unis ? Donnez des exemples illustrant votre réponse.
31. Quel est le rôle de la femme dans la famille américaine ?

Composition libre

Choisissez A ou B.

A. La « femme au foyer ». La femme doit-elle rester au foyer ? Pourquoi ou pourquoi pas ? A-t-elle des responsabilités vis-à-vis de son mari et de ses enfants ? Lesquelles ? La famille souffre-t-elle si la femme travaille à plein temps ?

B. Une femme que j'admire. Quelle est la femme actuelle que vous admirez le plus ? Pourquoi ? Peut-elle servir de modèle à d'autres femmes ? Comment ? Peut-elle servir de modèle aux hommes aussi ? Dans quel sens ?

Word Study

A. Expressions of time

aujourd'hui	today	*hier*	yesterday
		demain	tomorrow
maintenant	now	*bientôt*	soon
actuellement	at present	*autrefois*	in the past
tout de suite	at once, right away	*tout à l'heure*	in a (little) while
d'abord	at first	*ensuite*	then
		puis	then (in an enumeration)
		enfin	finally, at last
à l'heure	on time	*en retard*	late
		en avance	ahead of time
souvent	often	*rarement*	rarely
		parfois, quelquefois	sometimes
toujours	always	*ne...jamais*	never
déjà	already	*ne...pas encore*	not yet
encore	still		
encore, à nouveau, de nouveau	again	*ne...plus*	not any more, no longer
longtemps	for a long time	*ne...guère*	scarcely

B. Nouns and adjectives derived from verbs

Nouns and adjectives derived from **-er** verbs often follow one of two patterns:

1. Verbs with a close English cognate in *-ate.*

	infinitive stem	+ **ateur** (masculine)	+ **atrice** (feminine)
to emancipate	*émancip (er)*	*un émancip***ateur**	*une émancip***atrice**
to liberate	*libér (er)*	*un libér***ateur**	*une libér***atrice**

2. Verbs with no close English cognate ending in *-ate.*

	infinitive stem	+ **eur** (masculine)	+ **euse** (feminine)
to buy	*achet (er)*	*un achet***eur**	*une achet***euse**
to play	*jou (er)*	*un jou***eur**	*une jou***euse**

NOTE: There are many exceptions:

to love	*aimer*	*amant, amante*
to inspire	*inspirer*	*inspirateur, inspiratrice*
to tempt	*tenter*	*tentateur, tentatrice*

Exercices

1 Aujourd'hui et hier. Remplacez les expressions en italique par des expressions synonymes.

1. *Actuellement* les jeunes filles sont assez indépendantes.
2. Elles sortent *fréquemment.*
3. Elles ne se marient pas *immédiatement* après leurs études.
4. *Hier*, elles étaient moins libres.
5. Elles restaient *pendant de longues années* sous la tutelle de leurs parents.
6. *Ensuite*, elles se mariaient.

2 Masculin et féminin. Complétez les phrases suivantes avec un mot masculin en **-eur** (phrases 1–4) ou en **-ateur** (phrases 5–10) formé sur le verbe en italique. Ensuite, refaites les phrases en utilisant le sujet féminin entre parenthèses, en effectuant les autres changements nécessaires.

Modèle : Un homme (une femme) qui *travaille* est un...
Un homme qui travaille est un travailleur.
Une femme qui travaille est une travailleuse.

1. Un homme (une femme) qui *voyage* est un...
2. Un homme (une femme) qui *danse* est un...
3. Un homme (une femme) qui *marche* est un...
4. Un homme (une femme) qui *emploie* du personnel est un...
5. Un artiste (une artiste) qui *crée* est un artiste...
6. Un mathématicien (une mathématicienne) qui sait bien *calculer* est un bon...
7. Un concept (une idée) qui *innove* est un concept...
8. Un principe (une institution) qui *rénove* est un principe...
9. Un pouvoir (une force) qui *domine* est un pouvoir...
10. Un torrent (une tempête) qui *dévaste* est un torrent...

Language Study

C. The future tense: forms

GENERAL PATTERN for the future tense:

future stem + future endings

parler	**finir**	**vendre**
*je parler***ai**	*je finir***ai**	*je vendr***ai**
*tu parler***as**	*tu finir***as**	*tu vendr***as**
*il parler***a**	*il finir***a**	*il vendr***a**
*nous parler***ons**	*nous finir***ons**	*nous vendr***ons**
*vous parler***ez**	*vous finir***ez**	*vous vendr***ez**
*ils parler***ont**	*ils finir***ont**	*ils vendr***ont**

The regular future stem is the infinitive (minus final *-e*, if any).

All verbs have the same future endings.

Know

Many irregular verbs form their future tense like regular verbs.

know

The following irregular verbs have irregular future stems:

aller :	*j'***irai**	*être :*	*je* **serai**	*savoir :*	*je* **saurai**
avoir :	*j'***aurai**	*faire :*	*je* **ferai**	*venir :*	*je* **viendrai**
devoir :	*je* **devrai**	*pouvoir :*	*je* **pourrai**	*vouloir :*	*je* **voudrai**

NOTE: Verbs ending in **e** + consonant + **er** keep the grave accent or the doubled consonant of the singular forms of the present tense. The stem of the singular forms appears in the future.

acheter	*j'ach***è***te*	*j'ach***è***terai*
jeter	*je je***tt***e*	*je je***tt***erai*
appeler	*j'appe***ll***e*	*j'appe***ll***erai*

However, verbs ending in **é** + consonant + **er**, maintain the **é** in the future stem.

espérer	*j'esp***è***re*	*j'esp***é***rerai*
préférer	*je préf***è***re*	*je préf***é***rerai*

3 Mariages futurs. Pour chaque personne, faites une phrase complète disant quand elle se mariera. Utilisez le futur du verbe **se marier**.

Modèle : Jacqueline (en mai) **Jacqueline se mariera en mai.**

1. Irène (en juin)
2. Nous (en août)
3. Moi (en septembre)
4. Vous (en avril)
5. Michèle et Daniel (en octobre)
6. Roger et Sylvie (en décembre)
7. Suzanne (après les vacances)
8. Toi (en juillet)

4 Line et Lise. Voilà ce que fait Line. Dites que sa cousine Lise fera les mêmes choses.

Modèle : Line voyage. **Lise voyagera aussi.**

1. Line étudie à Paris.
2. Line travaille beaucoup.
3. Line finit ses études secondaires.
4. Line passe le bac.
5. Line réussit.
6. Line entre à l'université.
7. Line choisit la pédiatrie.
8. Line suit aussi des cours de médecine générale.
9. Line est médecin.
10. Line a beaucoup de clients.

5 Projets. Voici certains projets que différentes personnes font. Précisez ces projets. Pour cela, mettez les phrases au futur et ajoutez l'expression entre parenthèses.

Modèle : Je vais faire un voyage. (en France)
Je ferai un voyage en France.

1. Nous allons aller en vacances. (à Nice)
2. Hélène va faire des études. (de médecine)
3. Mes cousines vont travailler. (dans un hôpital)
4. Je vais prendre mes vacances. (en juillet)
5. Est-ce que vous allez lire ? (ce roman d'amour)
6. Tu vas pouvoir sortir. (avec tes amies)

6 Questions personnelles. Employez le futur dans vos réponses.

1. Qu'allez-vous faire ce soir ?
2. Qu'allez-vous faire l'année prochaine ?
3. Qu'allez-vous faire en sortant de l'université ?
4. Où allez-vous passer l'été ?
5. Où allez-vous passer vos prochaines vacances ?
6. Quelle profession allez-vous choisir ?

D. The irregular verb recevoir (to receive, to get; to welcome, to entertain)

Present tense: *je reçois, tu reçois, il reçoit, nous recevons, vous recevez, ils reçoivent.*
Passé composé : *j'ai reçu.*
Future: *je recevrai.*

E. The future tense: uses

The future is used to express a fact or an action that will happen in the future.

*L'année prochaine, j'***irai** *à Paris.*	Next year, I'll go to Paris.
*J'***étudierai** *à la Sorbonne.*	I'll study at the Sorbonne.

In contrast with English, the future is used in clauses of time when the actions expressed are to take place in the future. These time clauses may be introduced by:

quand / **lorsque**	*when*	**dès que** / **aussitôt que**	*as soon as*

*Quand j'***irai** *à Paris, j'étudierai le français.*
When I go to Paris, I'll study French.

*Réponds-lui dès qu'il t'***écrira**.
Answer him as soon as he writes you.

However, as in English, an *if*-clause remains in the present, when the result clause is in the future.

Si je **vais** *à Paris, j'***étudierai** à la Sorbonne.
If I go to Paris, I will study at the Sorbonne.

NOTE: The future is often rendered by **aller** + infinitive, especially in the spoken language.

Je **vais étudier** *à Paris l'année prochaine.*

Vocabulaire utile

Voici quelques verbes conjugués comme **recevoir** :

apercevoir	*to perceive, to notice, to see*
décevoir	*to disappoint, to deceive*
concevoir	*to conceive*
s'apercevoir de	*to realize, to notice*

NOTE : Etre reçu à un examen veut dire *to pass an exam.*

Exercices

7 Maintenant ! Mettez les phrases suivantes au présent.

1. J'ai aperçu Nathalie rue de Sèvres.
2. Pourquoi as-tu conçu ce projet idiot ?
3. Il ne s'est pas aperçu de son erreur.
4. Nous avons reçu une lettre de France.
5. Vous m'avez beaucoup déçu.
6. Elles se sont aperçues de son attitude bizarre.
7. Ils l'ont reçu chez eux.
8. Qu'est-ce que vous avez aperçu ?

8 Plus tard. Mettez les phrases suivantes au futur. Faites deux phrases, l'une commençant par **si**, l'autre par **quand**.

Modèle : Je vais à Paris. J'étudie à la Sorbonne.
a. **Si je vais à Paris, j'étudierai à la Sorbonne.**
b. **Quand j'irai à Paris, j'étudierai à la Sorbonne.**

1. Elle travaille. Elle est indépendante.
2. Je donne une surprise-partie. Je vous invite.
3. J'ai de l'argent. J'achète une auto.
4. Ma sœur va à l'université. Elle n'habite pas avec nous.
5. Vous étudiez. Vous êtes reçu à votre examen.
6. Vous avez de l'argent. Vous êtes indépendante.
7. Ma mère sait cela. Elle n'est pas contente.
8. Elle vient chez moi. Elle fait la connaissance de mon frère.
9. Ils vont à Paris. Ils visitent Notre-Dame.
10. Il fait froid. Je mets un manteau.

F. The relative pronoun dont

The relative pronoun **dont** replaces **de** + noun or **de** + relative pronoun.

GENERAL PATTERN for word order with **dont**:

antecedent + **dont** + subject + verb + complements (if any)

Here is the young man that (whom) she dreams about.

Voilà le jeune homme. Elle rêve **de** *ce jeune homme.*
Voilà le jeune homme **de qui** *elle rêve.*
Voilà le jeune homme **dont** *elle rêve.*

Here is a young man whose father I know.

Voilà le jeune homme. Je connais le père **de** *ce jeune homme.*
Voilà le jeune homme **de qui** *je connais le père.*
Voilà le jeune homme **dont** *je connais le père.*

Here is the young man I told you about.

Voilà le jeune homme. Je vous ai parlé **de** *ce jeune homme.*
Voilà le jeune homme **de qui** *je vous ai parlé.*
Voilà le jeune homme **dont** *je vous ai parlé.*

Here is the young man you didn't remember.

Voilà le jeune homme. Vous ne vous souveniez pas **de** *ce jeune homme.*
Voilà le jeune homme **de qui** *vous ne vous souveniez pas.*
Voilà le jeune homme **dont** *vous ne vous souveniez pas.*

NOTE: **Dont** can have a thing as well as a person as an antecedent.

Voici la maison **dont** *j'occupe le premier étage.*
Voici la maison **dont** *le propriétaire habite Paris.*
Voici la maison **dont** *je vous ai parlé.*

Vocabulaire utile

On peut utiliser le pronom **dont** avec les expressions suivantes :

parler de	*to talk about*	C'est une personne	**dont** je ne parle jamais.
se souvenir de	*to remember*		**dont** je me souviens.
avoir envie de	*to want*	C'est un livre	**dont** j'ai envie.
avoir besoin de	*to need*		**dont** j'ai besoin.
se servir de	*to use*		**dont** je me sers souvent.

9 Transformations. Utilisez le pronom **dont** pour réunir les deux phrases en une seule.

Modèle : Voici la jeune fille. Il est amoureux d'elle.
Voici la jeune fille dont il est amoureux.

1. Je connais l'assistante sociale. Vous me parlez d'elle.
2. Voici la lycéenne. Les devoirs de cette lycéene ne sont pas brillants.
3. C'est la jeune femme. Le mari de cette jeune femme est architecte.
4. Voici un très beau poème. L' inspiratrice de ce poème fut une femme.
5. Je lis un livre. L'héroïne de ce livre est française.
6. Elle a un métier. Elle est fière de ce métier.
7. Elle a un magasin. Elle est propriétaire de ce magasin.
8. Voici une jolie robe. Marie a envie de cette robe.
9. Voici le livre. J'ai besoin de ce livre.
10. C'est un fait. Je suis certain de ce fait.
11. C'est un professeur sévère. J'ai très peur de lui.
12. Le docteur Lavie est un médecin français. On dit beaucoup de bien de lui.

10 D'autres transformations. Utilisez le pronom **dont** pour réunir les deux phrases en une seule. (*Note that the word order may be different in French and English.*)

Modèle : Voici une personne. Je n'aime pas ses opinions.
Voici une personne dont je n'aime pas les opinions.

1. Voici un garçon. J'apprécie ses idées.
2. C'est la jeune femme. Vous connaissez son mari.
3. Mademoiselle Duloup est une pianiste. J'admire son talent.
4. Qui est cette personne mystérieuse ? Personne ne connaît son nom.
5. Paris est une ville. Nous avons souvent visité les monuments de cette ville.
6. Où est la jeune fille ? Voici son manteau.
7. Quelle est l'adresse de la jeune fille ? J'ai fait sa connaissance hier.
8. J'habite une maison. J'aime beaucoup son caractère ancien.
9. C'est un livre. Je trouve la fin de ce livre absolument extraordinaire.
10. Pourquoi invitez-vous cet homme ? Vous trouvez ses manières ridicules.

13

L'Economie domestique

Attitudes

En France, comme partout, les questions d'argent sont des sujets de préoccupation. Par contre, ce sont rarement des sujets de conversation.

Pudeur ou hypocrisie ? Sans doute les deux. Ce qui est certain c'est que l'étalon argent n'a pas officiellement cours en France. On n'évalue pas quelqu'un par son salaire, ni un objet par son prix. Parler d'argent en public passe encore pour un manque de savoir-vivre.

Si le Français est toujours très peu loquace sur le sujet de ses finances, son attitude à l'égard de l'argent a changé. L'épargne fut la vertu nationale. Elle est aujourd'hui considérée comme un vice, ou comme une marque de sénilité. La France donne maintenant l'impression d'être un pays assez riche. C'est bien sûr que le pays s'est beaucoup développé économiquement. Mais c'est aussi que la richesse ne se dissimule plus comme avant. Aujourd'hui les Français dépensent ce qu'ils gagnent.

Ce que les français gagnent

L'individu fait un mystère de ses revenus, mais l'Etat les dévoile amplement dans les statistiques qu'il publie régulièrement. Ces statistiques révèlent que le salaire annuel moyen du Français est de 12.200 francs. Ce chiffre n'est évidemment qu'une abstraction. Il y a de grandes différences de rémunération entre les catégories professionnelles, mais aussi entre les sexes et les régions. A Paris, par exemple, le salaire annuel moyen dépasse 16.000 francs, mais il n'est que de 8.000 francs dans un département pauvre comme la Vendée. Un employé de commerce touche 11.500 francs par an, alors qu'une employée touche moins de 8.000 francs.

Les revenus du ménage sont évidemment beaucoup plus élevés, puisqu'il faut ajouter au salaire du mari le salaire de l'épouse quand celle-ci travaille (une femme sur deux travaille). Le ménage français gagne en moyenne 21.500 francs par an. Il a d'autres sources de revenus. Un ménage avec enfants bénéficie par exemple du système des allocations familiales. Ce système qui accorde une aide financière qui varie avec le nombre d'enfants fut institué en 1946. Depuis il a été imité dans tous les autres pays d'Europe occidentale. Il y a aussi des subventions non-monétaires comme l'enseignement public qui est gratuit et la Sécurité Sociale. Celle-ci, financée à la fois par l'Etat, l'employeur et l'employé, garantit à ce dernier le remboursement des frais médicaux.

COMMENT LE DÉPENSENT-ILS ?

Peut-on parodier le proverbe et demander : « Dis-moi comment tu dépenses et je te dirai qui tu es »?[1] En révélant des préférences, le budget familial, ou plutôt sa composition, révèle aussi un mode de vie.

Comparons par exemple deux budgets typiques : celui de la famille américaine et celui de la famille française. (Voir illustration 1.) A première vue, ils ont l'air assez semblables. Pourtant des différences minimes dans les pourcen-

RÉPARTITION DU BUDGET FAMILIAL EN FRANCE ET AUX ETATS-UNIS

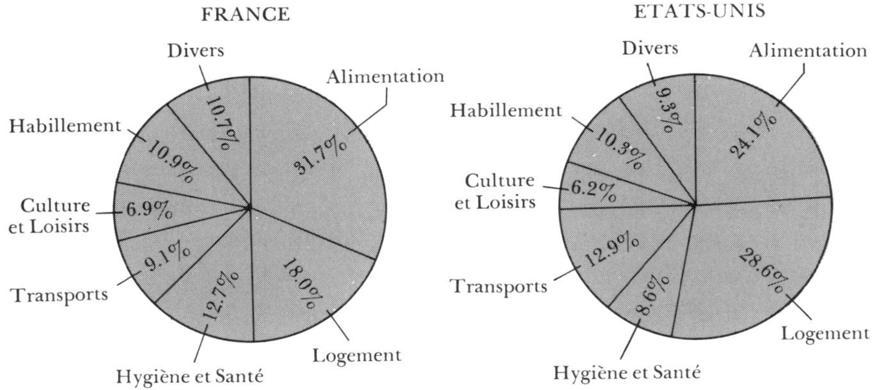

tages révèlent des nuances importantes dans les modes de vie. Quant à l'alimentation, par exemple, la table française paraît relativement mieux garnie que la table américaine. Quant au logement, c'est l'inverse. La maison américaine est d'habitude spacieuse et très confortable, tandis que la maison française manque souvent de confort. Il faut aussi interpréter les statistiques. Aux Etats-Unis, les transports représentent une partie du budget plus grande qu'en France. Mais là

[1] Voici le vrai proverbe : « Dis-moi qui tu fréquentes et je te dirai qui tu es ».

Le choix d'un appareil ménager est parfois chose compliquée.

n'est pas la différence. La véritable différence est que l'Américain utilise sa voiture pour aller à son travail alors que le Français utilise la sienne pour ses loisirs. En classant donc les transports sous la rubrique loisirs dans le budget français, on s'aperçoit que la portion réservée aux loisirs y est beaucoup plus importante qu'aux Etats-Unis.

La table

Que le Français réserve une très grande portion de son budget à l'alimentation n'a rien d'étonnant. Après tout, il a une réputation de gourmand et de gourmet à défendre. Cette réputation est en bonnes mains. La cuisine bourgeoise, celle des familles, est simple et bonne. La grande cuisine, celle des restaurants classés, n'a toujours pas d'égale.

Les talents culinaires des Français n'ont pas faibli, mais leurs habitudes alimentaires ont beaucoup changé. Leur consommation de pain, par exemple, a considérablement baissé, de 185 kilos en moyenne en 1914, à moins de 93 kilos en 1966. Ils achètent beaucoup moins de pommes de terre, de légumes secs, de poisson qu'avant, mais beaucoup plus de viande, de fruits, de légumes verts, de beurre.

Sur le chapitre des boissons alcoolisées, les Français doivent détenir une sorte de record. Les chiffres sont concluants et pour certains, assez effrayants. Au cours d'une année, les Français consomment en moyenne 145,3 litres de vin ordinaire, 38,6 litres de bière, 18,3 litres de cidre, 10,8 litres de vins fins, 4,9 litre d'apéritifs, 3,8 litres d'eaux de vie et liqueurs, 1,8 litre de vin doux, 1,4 litre de champagne. Ce n'est pas mal. Leur consommation ne se limite pas aux boissons alcoolisées. Ils boivent également 29,5 litres d'eaux minérales, 13,9 litres de boissons gazeuses, et 2 litres de jus de fruit. Les Français ne sont pas aussi allergiques au lait qu'on le dit, puisqu'ils consomment aussi 100 litres de ce liquide par an. Il est vrai qu'ils le consomment rarement sous sa forme naturelle, mais plutôt comme beurre, fromages, yaourts, et autres produits laitiers.

La crise du logement

Dans ce domaine les Français ne sont pas très gâtés. S'ils réservent une faible part de leur budget au logement, ce qu'ils dépensent ne leur amène pas le grand confort.

Les résultats d'un recensement des logements fait en 1962 ne sont en effet pas très flatteurs pour l'habitat français : 33 pour cent des logements avaient été construits avant 1871, c'est-à-dire qu'ils avaient 90 ans ou plus. Dans l'ensemble, les logements sont donc vétustes. Ils sont aussi assez exigus. Le logement moyen n'a que trois pièces d'habitation, cuisine parfois comprise. L'insuffisance — pour ne pas dire l'absence — de l'équipement sanitaire n'est pas un mythe créé par des touristes grincheux. Elle est bien réelle. Au recensement de 1962, 60 pour cent des logements n'avaient ni baignoire, ni douche, ni lavabo. (80 pour cent des logements ont l'eau, 44 pour cent reçoivent le gaz de ville et 97 pour cent ont l'électricité.)

Heureusement la situation s'améliore. En adoptant une politique de crédit bon marché à la construction, l'Etat a stimulé l'industrie du bâtiment. Chaque année on construit quatre cent mille nouveaux logements, en principe bien équipés. A cette cadence, la France renouvelle 25 pour cent des logements existants tous les dix ans. La crise du logement n'est pas résolue, mais elle est en voie de l'être.

L'effort de construction d'après-guerre a surtout porté sur les habitations semblables à ce H.L.M. (Habitation à Loyer Modéré).

Loisirs et vacances

Dans leur forme brute, les statistiques ne font pas justice à l'importance des loisirs dans la vie française. Si nous combinons toutefois transports et loisirs dans la même catégorie « loisirs », ceux-ci représentent aujourd'hui 16 pour cent du budget familial. C'est beaucoup.

Les loisirs, c'est peur-être le cinéma le vendredi soir et la sortie du week-end, mais c'est avant tout les grandes vacances. Les vacances constituent une véritable institution en France. Celle-ci s'est généralisée en 1936, lorsque les congés payés furent accordés par les entreprises à tous leurs employés. Aujourd'hui la durée des congés payés est en général de quatre semaines.

On assiste donc en été au raz de marée des « vacanciers », raz de marée assez spécial puisqu'il va de la terre vers la mer. Les villes se vident et les plages se couvrent de monde. Au mois d'août, la survie du Parisien qui n'est pas encore parti est une sorte de miracle. Son épicier, son boucher, son marchand de journaux sont fermés « pour cause de vacances ». S'il tombe malade, tant pis pour lui, car son médecin lui aussi est en vacances.

Où vont les vacanciers ? Cela dépend évidemment des goûts et de l'état de finances de chacun. En nombre croissant (15 pour cent), ils vont à l'étranger. Ceux qui restent en France recherchent surtout la périphérie, plages de Bretagne et de Normandie, de Vendée, des Landes et de la Côte d'Azur. La montagne, Massif Central, Pyrénées, Savoie, attire de plus en plus le tourisme.

Diverses formules de logement existent : l'hôtel, la villa louée, la résidence secondaire. L'hospitalité de la famille et des amis n'est pas négligeable, surtout pour les classes les moins favorisées. Des formules plus collectives ont aussi leur succès : terrains de camping, camps de touristes, villages de vacances et auberges de la jeunesse.

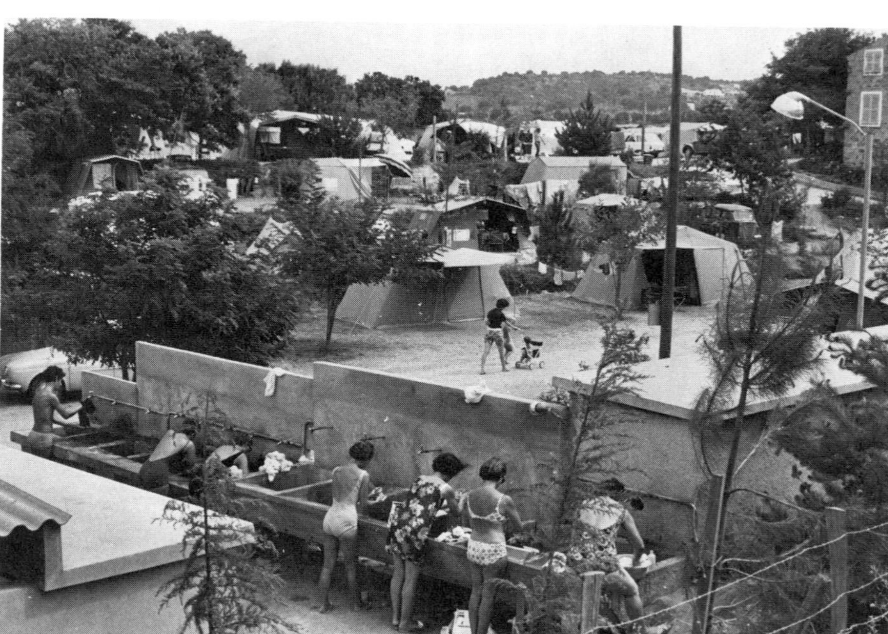

Les joies du camping . . . C'est en commun que les campeurs font leur lessive.

Questions simples

1. Autrefois, quelle était l'attitude des Français à l'égard de l'argent ?
2. Quelle est leur attitude actuelle ?
3. Pourquoi la France donne-t-elle l'impression d'être un pays riche ?
4. Quel est le salaire moyen du Français (en francs et en dollars) ?
5. En plus du salaire du mari, quels sont les autres éléments du revenu du ménage ?
6. Quelle est la source principale de dépenses pour un ménage français ?
7. Quelle est la source de dépenses la moins importante ?
8. Quel pourcentage du budget le logement représente-t-il ?
9. Quels changements dans l'alimentation des Français l'auteur décrit-il ?
10. Quelles boissons les Français consomment-ils ?
11. Qu'est-ce que c'est que la « crise du logement » en France ?
12. Qu'est-ce que le recensement des logements de 1962 a montré ?
13. Comment l'Etat a-t-il stimulé l'industrie du bâtiment ?
14. Combien de logements nouveaux sont construits en France chaque année ?
15. Quel pourcentage du revenu les loisirs représentent-ils ?
16. En quoi consistent principalement les loisirs ?
17. Qu'est-ce que c'est que les « congés payés » ?
18. Quelle est la durée des « congés payés » ?
19. Où les Français vont-ils pendant les vacances ?
20. Quelles sont les diverses formules de logement pendant les vacances ?

Questions d'application

21. Avez-vous un budget ? Si oui, décrivez-le. Si non, pourquoi pas ?
22. Etes-vous plutôt dépensier ou économe ?
23. Approximativement, quel pourcentage de votre budget dépensez-vous pour votre logement ?
24. Quel pourcentage de votre budget dépensez-vous pour votre nourriture ?
25. Quel pourcentage dépensez-vous pour vos loisirs ?
26. Si vous aviez davantage d'argent, comment le dépenseriez-vous ?
27. Si vous pouviez dépenser davantage d'argent pour votre nourriture, qu'achèteriez-vous ?
28. Où habitez-vous ? Décrivez votre logement.
29. Selon vous, quel est le logement idéal ?
30. Combien de vacances avez-vous ?
31. Comment utilisez-vous ces vacances ?
32. Combien de vacances les gens que vous connaissez prennent-ils ?
33. Que font-ils pendant les vacances ? Où vont-ils ?
34. Selon vous, quelle est la formule la plus économique pour passer des vacances agréables ?

Composition libre

Choisissez A ou B.

A. L'argent et moi. Quelle est votre attitude vis-à-vis de l'argent ? Comment obtenez-vous de l'argent ? Que faites-vous avec cet argent une fois qu'il est en votre possession ? Quels conseils pouvez-vous donner à vos amis au sujet de l'argent ?

B. Si j'avais cinq mille dollars.... Comment les dépenseriez-vous ? Ou mettriez-vous la somme entière à la banque ? Expliquez.

Word Study

A. Cognates in -aire

Many, but not all, nouns and adjectives which end in *-ar*, *-ary*, *-arian* in English end in **-aire** in French. French nouns in **-aire** are usually masculine.

ADJECTIVES	NOUNS
*culin***aire**	*un not***aire**
*élément***aire**	*un sal***aire**
*monét***aire**	
*nécess***aire**	
*ordin***aire**	
*second***aire**	

B. Expressing similarity

Comme means *like*, *as*, or *such as*.

C'est **comme** *avant.*	It is as before.
Il a trois enfants, **comme** *son frère.*	He has three children like his brother.
Une province **comme** *la Normandie*	A province such as Normandy

NOTE: French uses a stressed pronoun after **comme**:

Il travaille **comme moi**. He works like me.

C. Expressing contrast

tandis que, *alors que*	whereas
pourtant, *cependant*	however
mais	but
par contre	on the other hand
d'un côté... d'un autre côté...	on the one hand... on the other hand...

Language Study

D. The irregular verb boire (to drink)

Present tense: *je bois, tu bois, il boit, nous buvons, vous buvez, ils boivent.*
Passé composé : *j'ai bu.*
Future: *je boirai.*

Exercices

1 Finances. Complétez chaque phrase par l'équivalent français du mot entre parenthèses.

Modèle : (*monetary*) C'est un problème...
C'est un problème monétaire.

1. (*popular*) Ce sont des réformes...
2. (*pecuniary*) Ceci a des avantages...
3. (*extraordinairy*) C'était une dépense...
4. (*ordinary*) C'est un budget...
5. (*necessary*) Voici des impôts...
6. (*spectacular*) Mon père fait des profits...
7. (*egalitarian*) Nous voulons des mesures...
8. (*monetary*) Nous sommes dans une crise...

2 Ressemblance et contraste. Réunissez les deux phrases en une seule avec une expression de ressemblance (phrases 1–4) ou de contraste (phrases 5–8).

Modèles : J'ai un travail intéressant. Mon frère a aussi un travail intéressant.
J'ai un travail intéressant comme mon frère.

Il a du talent. Il n'a pas d'argent.
Il a du talent, mais il n'a pas d'argent.

1. L'Angleterre a un système de sécurité sociale. La France a aussi un système de sécurité sociale.
2. Les Français d'aujourd'hui aiment bien manger. Les Français d'hier aimaient aussi bien manger.
3. Mon frère a une belle automobile. J'ai aussi une belle automobile.
4. Ton père prend de longues vacances. Tu prends aussi de longues vacances.
5. Autrefois l'épargne fut une vertu. Aujourd'hui c'est un vice.
6. La maison américaine est confortable. La maison française est solidement construite.
7. Les salaires sont élevés à Paris. Ils sont bas en province.
8. Les Français dépensent beaucoup pour leur nourriture. Ils ne dépensent pas beaucoup pour leur logement.

3 Boissons nationales et régionales. Complétez les phrases en utilisant le verbe **boire** suivant le modèle. (Mettez le verbe **boire** au même temps que le premier verbe.)

Modèle : Je suis en France / du vin
Quand je suis en France, je bois du vin.

1. J'irai en Normandie / du cidre
2. Ils sont en Angleterre / du thé
3. J'ai été en Russie / de la vodka
4. Nous sommes en Allemagne / de la bière
5. Vous êtes dans le Kentucky / du bourbon
6. Il est à Reims / du champagne
7. Nous irons en Alsace / du vin blanc
8. Vous êtes allés en Bourgogne / du vin rouge

E. The irregular verb vouloir (to want, to wish)

Present tense: *je veux, tu veux, il veut, nous voulons, vous voulez, ils veulent.*
Passé composé : *j'ai voulu.*
Future: *je voudrai.*

NOTE:			
	vouloir bien	to be willing	*Je* **veux bien** *voyager avec vous.*
	vouloir dire	to mean	*Qu'est-ce qu'il* **veut dire** *?*
	en vouloir à	to bear a grudge, to be angry with	**Il m'en veut.**

F. The irregular verb pouvoir (to be able, can)

Present tense: *je peux, tu peux, il peut, nous pouvons, vous pouvez, ils peuvent.*
Passé composé: *j'ai pu.*
Future: *je pourrai.*

G. Verbs followed by infinitives

Verbs which may be followed by infinitives fall into three categories.

1. Verb + infinitive. *J'***aime épargner** *mon argent.*
2. Verb + **à** + infinitive. *J'***apprends à épargner** *mon argent.*
3. Verb + **de** + infinitive. *Je* **refuse d'épargner** *mon argent.*

The chart below lists some of the common verbs which introduce infinitives.

VERB + INFINITIVE	VERB + **à** + INFINITIVE	VERB + **de** + INFINITIVE
adorer	*apprendre à*	*s'arrêter de*
aimer	*chercher à* (to try to)	*avoir envie de*
désirer	*commencer à*	*avoir peur de*
devoir	*continuer à*	*cesser de*
écouter	*enseigner à*	*défendre de*
entendre	*hésiter à*	*demander de*
espérer	*penser à*	*essayer de*
pouvoir	*réussir à*	*finir de*
préférer		*oublier de*
savoir		*permettre de*
sembler		*refuser de*
voir		*regretter de*
vouloir		

4 Désirs. Les personnes suivantes ont économisé leur argent. Maintenant elles désirent certaines choses. Dites ce que chacun veut acheter.

Modèle : Je désire une maison.
Je veux acheter une maison.

1. Marc désire une voiture.
2. Nous désirons un refrigérateur.
3. Je désire une télévision.
4. Tu désires une machine à laver.
5. Hélène désire une caméra.
6. Elles désirent des disques.
7. Jacques désire une radio.
8. Vous désirez des livres.

5 Avec dix francs. Dites ce que chacune des personnes suivantes peut acheter avec un billet de dix francs.

Modèle : Toi : un billet de cinéma.
Tu peux acheter un billet de cinéma.

1. Marc : un gâteau
2. Nous : cinq bouteilles de vin ordinaire
3. Hélène : un kilo de fromage
4. Vous : une bouteille de bon vin
5. Toi : trois tablettes de chocolat
6. Moi : cinq kilos de sucre
7. Pierre et André : dix bouteilles de bière
8. Elles : du shampooing

6 Econome ou dépensier ? Complétez les phrases suivantes par **faire des économies**. N'oubliez pas les prépositions **à** et **de**, s'il y a lieu.

1. Je cherche...
2. Vous devez...
3. Nous pouvons...
4. Continuez...
5. Je m'arrête...
6. Hélène déteste...
7. Marc n'aime pas...
8. On nous a enseigné...
9. Je n'ai pas envie...
10. Il ne veut pas...
11. Espérez-vous...
12. Il hésite...
13. Elles ne réussissent pas...
14. Essayons...
15. Je ne regrette pas...
16. J'ai oublié...

H. Subjunctive: introduction

Both French and English use the subjunctive.

INDICATIVE	SUBJUNCTIVE
D'habitude il **vient** *à midi.*	*J'ai demandé qu'il* **vienne** *à onze heures.*
He usually comes at noon.	I asked that he come at eleven.

However, the subjunctive is used much more frequently in French than in English:

The subjuntive is used after certain conjunctions, such as *avant que*, *sans que*, and so on.

The subjunctive is used instead of the indicative to express what the subject feels.

The indicative is objective and expresses facts.	The subjunctive is subjective and expresses what is felt, assumed, expected, desired, or put in question.
Tu **viens** *avec nous.*	*Je veux que tu* **viennes** *avec nous.*
Tu **es** *à l'heure.*	*Il faut que tu* **sois** *à l'heure.*
Nous **sommes** *en retard.*	*J'ai peur que nous* **soyons** *en retard.*

For the principal uses of the subjunctive, see Lessons 14-D and 15-D.

I. Subjunctive forms: present tense

1. Verbs which have the same stem in the *nous*-form and the *ils*-form of the present indicative have one subjunctive stem.

GENERAL PATTERN for verbs with one subjunctive stem:

subjunctive stem (*ils*-stem of present) + subjunctive endings

parler	**finir**	**vendre**	**dire**
(*ils* **parl***ent*)	(*ils* **finiss***ent*)	(*ils* **vend***ent*)	(*ils* **dis***ent*)
*que je parl***e**	*que je finiss***e**	*que je vend***e**	*que je dis***e**
*que tu parl***es**	*que tu finiss***es**	*que tu vend***es**	*que tu dis***es**
*qu'il parl***e**	*qu'il finiss***e**	*qu'il vend***e**	*qu'il dis***e**
*que nous parl***ions**	*que nous finiss***ions**	*que nous vend***ions**	*que nous dis***ions**
*que vous parl***iez**	*que vous finiss***iez**	*que vous vend***iez**	*que vous dis***iez**
*qu'ils parl***ent**	*qu'ils finiss***ent**	*qu'ils vend***ent**	*qu'ils dis***ent**

Many irregular verbs follow the above pattern.

conduire :	*que je* **conduise**	**mettre :**	*que je* **mette**
connaître :	*que je* **connaisse**	**partir :**	*que je* **parte**
écrire :	*que j'***écrive**	**peindre :**	*que je* **peigne**
lire :	*que je* **lise**	**sortir :**	*que je* **sorte**

7 Le budget. Dites que chacune des personnes suivantes doit préparer un budget. Commencez chaque phrase par **Il faut que** et employez le subjonctif.

Modèle : Marc. **Il faut que Marc prépare un budget.**

1. Henri
2. Philippe et Pierre
3. Ta sœur
4. Moi
5. Toi
6. Vous
7. Vos frères
8. Nous
9. Monsieur et Madame Dupont

8 Les courses. Vous demandez à vos amis de faire les courses. Insistez en commençant vos phrases par **Il faut que vous**....

Modèle : Cherchez du pain !
Il faut que vous cherchiez du pain.

1. Passez chez l'épicier !
2. Regardez les prix !
3. Choisissez de belles pommes !
4. Entrez chez le crémier !
5. Demandez du lait !
6. Choisissez un bon fromage !

9 L'achat d'une voiture. Supposez qu'un ami désire acheter une voiture. Dites ce qu'il doit faire. Pour cela utilisez **Il faut que** et mettez les expressions suivantes au subjonctif. Faites deux phrases, l'une avec **tu** comme sujet, l'autre avec **vous**.

Modèle : chercher le journal
a. **Il faut que tu cherches le journal.**
b. **Il faut que vous cherchiez le journal.**

1. lire les petites annonces
2. regarder la liste des voitures à vendre
3. choisir une voiture
4. téléphoner au vendeur
5. demander son prix
6. inspecter la voiture
7. demander l'opinion d'un mécanicien
8. négocier l'achat
9. demander une garantie
10. financer le coût de la voiture

10 Souhaits. Combinez les deux phrases en une seule phrase. Utilisez le subjonctif après **que**.

Modèle : Vous nous dites la source de vos revenus. Je le veux.
Je veux que vous nous disiez la source de vos revenus.

1. Tu mets de l'argent à la banque. Je le désire.
2. Je remets cette dépense à plus tard. Il le faut.
3. Ils inscrivent cette dépense au budget. Je le veux.
4. Vous sortez moins souvent. Il le faut.
5. Tu connais la valeur de l'argent. Nous le désirons.
6. Il promet d'être économe. Sa femme le veut.
7. Nous lisons les petites annonces. Il le faut.
8. Tu t'inscris à un club de vacances. Tes parents le souhaitent.

2. Verbs which have different stems in the *nous*-form and the *ils*-form of the present indicative have two subjunctive stems, but the same subjunctive endings as those for one-stem verbs.

> GENERAL PATTERN for verbs with two subjunctive stems:
>
> | ILS-STEM | | NOUS-STEM | |
> |---|---|---|---|
> | *ils* **vienn***ent* | *que je vienn***e**
*que tu vienn***es**
*qu'il vienn***e**
*qu'ils vienn***ent** | *nous* **ven***ons* | *que nous veni***ons**
*que vous ven***iez** |

acheter : *ils* **achèt***ent* — *que j'***achète**, *que tu* **achètes**, *qu'il* **achète**, *qu'ils* **achètent**
nous **achet***ons* — *que nous* **achetions**, *que vous* **achetiez**

prendre : *ils* **prenn***ent* — *que je* **prenne**, *que tu* **prennes**, *qu'il* **prenne**, *qu'ils* **prennent**
nous **pren***ons* — *que nous* **prenions**, *que vous* **preniez**

3. The following irregular verbs have irregular subjunctive forms.
— One irregular subjunctive stem plus regular endings.

faire : *que je* **fasse**
pouvoir : *que je* **puisse**
savoir : *que je* **sache**

— Two subjunctive stems (one irregular) plus regular endings.

aller : (irregular stem) *que j'***aille**, *que tu* **ailles**, *qu'il* **aille**, *qu'ils* **aillent**
(regular stem) *que nous* **allions**, *que vous* **alliez**

— Two irregular stems plus irregular endings.

être : (first stem) *que je* **sois**, *que tu* **sois**, *qu'il* **soit**, *qu'ils* **soient**
(second stem) *que nous* **soyons**, *que vous* **soyez**

avoir : (first stem) *que j'***aie**, *que tu* **aies**, *qu'il* **ait**, *qu'ils* **aient**
(second stem) *que nous* **ayons**, *que vous* **ayez**

vouloir : que je veuille
que nous voulions

J. Subjunctive forms: past tense

> GENERAL PATTERN for the past subjunctive:
>
> present subjunctive of auxiliary verb (**avoir** or **être**) + past participle

Ma mère a été heureuse que { *j'***aie visité** *la ville.* / *je* **sois allé** *au théâtre.* / *je* **me sois bien** *amusé.* }

11 Vacances à l'étranger. Vous donnez des conseils à des amis qui partent en vacances. Transformez les phrases suivantes en utilisant **Il faut que** + subjonctif.

Modèle : Vous devez être ici à cinq heures.
Il faut que vous soyez ici à cinq heures.

1. Il doit aller en France.
2. Vous devez avoir votre passeport avec vous.
3. Nous devons être à l'heure.
4. Il doit faire ses valises.
5. Elle doit avoir une caméra.
6. Je dois savoir prendre des photos.
7. Ils doivent savoir l'heure de l'avion.
8. Nous devons faire un long voyage.
9. Tu dois être à Cannes demain matin.
10. Il doit faire beau.

12 Pour réussir. Vous dites à vos amis les qualités qu'ils doivent montrer pour réussir. Pour chaque personne faites deux phrases, l'une avec le subjonctif d'avoir, l'autre avec le subjonctif d'être. Commencez chaque phrase par **Pour réussir, il faut que....**

Modèle : vous — de la patience — patient
Pour réussir, il faut que vous ayez de la patience.
Pour réussir, il faut que vous soyez patient.

1. eux — de la persévérance — persévérants
2. elles — beaucoup d'inspiration — très inspirées
3. nous — de l'énergie — énergiques
4. toi — du génie — génial
5. moi — de l'esprit — spirituel
6. vous — de la délicatesse — délicats
7. elle — de l'audace — audacieuse
8. lui — de la personnalité — original
9. eux — de la volonté — volontaires
10. elles — de l'argent — riches

13 Avant le départ. Expliquez que certaines choses doivent être faites avant le départ en vacances. Pour cela, transformez les phrases suivantes d'après le modèle.

Modèle : Tu as mis ton argent à la banque.
Il faut que tu aies mis ton argent à la banque.

1. Tu as acheté des chèques de voyage.
2. Il a préparé ses valises.
3. Nous avons acheté une tente.
4. Tu as préparé le matériel de camping.
5. Ta voiture a été réparée.
6. Vous avez téléphoné à vos parents.
7. Ils se sont inscrits au club de vacances.
8. Elles ont donné leur adresse à leurs amis.

14

L'Expression des idées

La presse

Est-il vrai que la liberté de la presse soit la mesure d'une démocratie ? Si c'était vrai, la France se trouverait dans une situation assez ambivalente. Il y a en effet un contraste évident entre la presse écrite généralement indépendante et la presse parlée qui ne l'est pas.

La Presse parlée : radio et télévision. En France, la radio et la télévision constituent un monopole d'Etat. L'organisme qui les dirige, l'O. R. T. F. (Office de la Radio-Télévision Française), dépend administrativement du Ministre de l'Information. Cette situation pose des dilemmes graves. Le journaliste de l'O. R. T. F. est-il un reporter indépendant ou bien faut-il qu'il présente le point de vue officiel ? Le rôle de l'O. R. T. F. est-il d'informer l'opinion ou bien faut-il qu'elle forme celle-ci au gré du gouvernement ? Il n'est bien sûr pas question de déformer les faits. Un éditorialiste judicieux peut toutefois choisir, présenter et combiner les faits de façon à donner l'impression d'une réalité qui n'existe pas. La télévision française n'échappe pas toujours à ce manque d'objectivité surtout pendant les périodes de crise intérieure. Il faut alors que l'opinion publique soit rassurée. Pour cela on met l'accent sur la

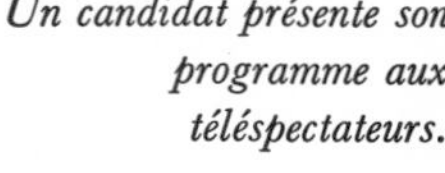

Un candidat présente son programme aux téléspectateurs.

politique étrangère ou mieux, sur les problèmes intérieurs d'autres pays. Il suffit, par exemple, qu'il y ait une manifestation d'étudiants au Quartier Latin pour que ce jour-là on présente un documentaire sur l'activisme des étudiants américains ou vietnamiens.

Cette situation ambiguë a créé un grave malaise parmi les journalistes de l'O. R. T. F. et beaucoup ont dû quitter la télévision après les « Evénements de mai 1968 ». Ceux-ci, heureusement, ont été le prélude d'une réorganisation bénéfique de l'O. R. T. F. Un régime d'autonomie partielle a maintenant remplacé le dirigisme étroit du système précédent. Des débats, des « face à face », des émissions contradictoires entre le gouvernement et les partis d'opposition, équilibrent la présentation des informations politiques.

La mainmise de l'Etat sur la radio et la télévision françaises n'a pas eu que des désavantages. Elle a sans doute permis le développement de programmes culturels de grande valeur. La radio consacre de nombreuses heures aux émissions de musique classique et aux programmes éducatifs. Pièces de théâtre, films, concerts, documentaires et reportages de qualité sont bien plus fréquents à la télévision française qu'à la télévision américaine. La télévision scolaire a étendu le domaine de l'enseignement public. Certains cours télévisés assurent la préparation à divers examens de l'enseignement général et professionnel. Ces programmes n'auraient peut-être pas vu le jour dans un système d'entreprise privée.

La presse écrite

La presse écrite est libre. Il est vrai que la censure a longtemps existé en France sous une forme ou une autre. Mais celle-ci a pratiquement disparu depuis 1870. Quand elle a existé, la censure a souvent été bénigne et tolérante, rarement répressive.

La Presse d'information. Aujourd'hui la censure ne servirait sans doute à rien. Dans son ensemble, la presse d'information est en effet docile et souvent pro-gouvernementale. Issus de la Libération, les journaux français représentaient les nombreuses factions politiques d'alors. Aujourd'hui, ils ne reflètent plus les nuances de l'opinion publique. Les journaux conservateurs, *l'Aurore*, *le Figaro*, *le Parisien Libéré*, présentent des points de vue souvent identiques. *L'Humanité* est l'organe du parti communiste et adhère strictement aux positions politiques de celui-ci. C'est le seul journal qui soit vraiment de gauche. Un autre journal, *le Monde*, cherche à présenter des opinions variées qui vont de la droite modérée à la gauche radicale. Les colonnes de ce journal contiennent de nombreux débats et sont ouvertes aux lecteurs. L'autre grand quotidien parisien, *France-Soir*, est politiquement atone.

Le terme « presse d'information » est en fait une appellation assez erronée. L'information sérieuse y est en effet traitée en parente pauvre. Trois journaux parisiens seulement ont une équipe rédactionnelle spécialisée dans la politique étrangère. Même un journal très respectable comme *le Monde* ne s'étend guère sur l'information pure et simple et préfère commenter celle-ci que la présenter. Il est donc paradoxal mais peu surprenant que le seul quotidien vraiment d'information imprimé en France soit l'*International Herald Tribune*.

Une représentation de mime dans un café-théâtre de la Rive Gauche.

Ce que la presse française offre au public est ce que celui-ci réclame : du sensationnel. L'actualité politique fait donc souvent place aux faits divers, à la chronique mondaine, aux potins plus ou moins scandaleux. Le sport, les petites annonces, les bandes dessinées prennent une importance de plus en plus grande et certains journaux ne se vendent que pour le mérite de leur chronique hippique.

La Presse périodique. Il existe plusieurs magazines d'information à grand tirage. Pour des revues comme *Match* ou *Jours de France*, c'est la photographie qui domine, surtout lorsque celle-ci a comme sujet la royauté ou le monde du cinéma. L'article sérieux est de bonne qualité, mais il est rare. C'est le texte au contraire qui prime dans l'*Express*, dont le format est inspiré de *Time Magazine*, et dans *Valeurs Actuelles*, une revue plus récente. Ces revues présentent un panorama intéressant de l'actualité politique, économique et littéraire. A côté de cette presse d'information, on trouve une grande variété de revues, d'hebdomadaires et de magazines plus ou moins spécialisés. Le succès des revues historiques révèle le goût des Français pour l'anecdote et le fait divers autant que leur attachement au passé.

Cinéma et théâtre

Le Cinéma. En France, le cinéma est considéré surtout comme un art, rarement comme une entreprise commerciale. La distinction n'a d'ailleurs pas d'importance. Un bon film, même ésotérique, a en effet toute chance de réussir. C'est qu'il existe à côté du grand public, un public d'amateurs éclairés toujours prêts à reconnaître le talent et l'originalité.

Pour ce public averti qu'on retrouve dans les cinémathèques parisiennes et les ciné-clubs de province, la qualité de la mise en scène passe avant le jeu des acteurs. Il n'est donc pas surprenant que la France ait produit plusieurs générations d'excellents metteurs en scène.

Voici quelques représentants de la génération d'aujourd'hui :

Lelouch (« Un Homme et une femme ») suit une inspiration à la fois romantique et romanesque.[1]

Truffaut (« Les 400 Coups », « Jules et Jim », « Baisers volés ») sait être à la fois tendre et original.

Chabrol (« Le Beau Serge », « Les Cousins », « Les Bonnes Femmes », « La Femme infidèle ») transpose le vice et la vertu.

Godard (« A bout de souffle », « Pierrot le fou », « Alphaville », « Weekend ») propose un cinéma intellectuel dont le thème est la condamnation de la société bourgeoise et l'angoisse du monde moderne.

Alain Resnais (« Hiroshima, mon Amour », « L'Année dernière à Marienbad ») est le meilleur interprète du Nouveau Roman.

Le Théâtre. Le théâtre contemporain est trop riche et trop divers pour être sommairement décrit. Ce qu'il faut retenir du théâtre français actuel, c'est qu'il est considéré comme un spectacle noble à la fois par le public et par le gouvernement. Cette harmonie de vues est bénéfique. Elle produit un théâtre subventionné de qualité, suivi par un public assidu.

[1] Romantique = passionné, exalté; romanesque = rêveur, sensible.

L'aide financière de l'Etat ne se limite pas aux formes classiques du théâtre. Elle a également facilité le renouvellement des techniques théâtrales et encouragé le développement d'œuvres d'avant-garde. Signe réconfortant dans un pays où le conservatisme est la règle fondamentale de la bureaucratie !

Avant guerre, l'Etat n'accordait de subventions qu'aux salles de la Comédie Française et de l'Odéon (aujourd'hui Théâtre de France). Ces deux salles sont restées les sanctuaires du théâtre traditionnel (classique du dix-septième siècle, romantique et bourgeois du dix-neuvième siècle). Aussitôt après la guerre, d'autres théâtres ont bénéficié de l'aide de l'Etat. L'un d'eux, le Théâtre National Populaire (T. N. P.) a popularisé l'œuvre de dramaturges étrangers, notamment Brecht. Jusqu'alors le théâtre était presque une monopole parisien. C'était en effet à Paris qu'il se créait et qu'il trouvait son public. Plus récemment, le gouvernement a encouragé la décentralisation théâtrale en favorisant le développement de Centres Dramatiques de Province et en créant des « Maisons de la Culture » dans diverses grandes villes.

La présence simultanée d'un public cultivé, d'excellents acteurs, de remarquables metteurs en scène ont créé un climat favorable à l'éclosion d'un théâtre innovateur. Chose curieuse, celui-ci est souvent le fait d'auteurs étrangers : Ionesco (*La Cantatrice chauve*, 1950; *La Leçon*, 1951; *Rhinocéros*, 1959), Arrabal (*Le Couronnement*, 1965), Adamov (*La Politique des restes*, 1963), Beckett (*En attendant Godot*, 1952; *Fin de Partie*, 1957). Quelle que soit la nationalité d'origine des auteurs dramatiques, il est évident que le théâtre d'expression française est bien vivant comme l'atteste le Prix Nobel décerné à Beckett en 1969.

Questions simples

La presse

1. Qu'est-ce que c'est que « la presse parlée » ?
2. Que signifie O. R. T. F. ?
3. Quel est le dilemme du journaliste de l'O. R. T. F. ?
4. Comment un journaliste peut-il transformer la réalité ?
5. Comment peut-il rassurer l'opinion au moment d'une crise intérieure ?
6. Comment l'O. R. T. F. équilibre-t-elle maintenant la présentation des informations politiques ?
7. Selon l'auteur, est-ce que la mainmise de l'Etat sur la presse parlée n'a que des désavantages ? Expliquez.
8. Qu'est-ce que c'est que « la presse écrite » ?
9. Quels journaux français connaissez-vous ?
10. Quelle est la tendance politique générale des journaux français ?
11. Quels sont les journaux conservateurs ?
12. Pourquoi l'auteur trouve-t-il que l'expression « presse d'information » qualifie mal la presse française ?

13. Quel genre d'articles les journaux français offrent-ils à leurs lecteurs ?
15. Quels magazines français connaissez-vous ?
16. Pourquoi les revues historiques ont-elles du succès en France ?

Cinéma et théâtre

17. En quelles catégories l'auteur classe-t-il le public français ?
18. Qu'est-ce que « la mise en scène » ?
19. Qu'est-ce que le public d'amateurs éclairés apprécie surtout dans un film ?
20. Quels metteurs en scène français connaissez-vous ?
21. Quels sont les films qu'ils ont faits ?
22. Comment l'Etat soutient-il les productions théâtrales ?
23. Est-ce que l'aide de l'Etat est limitée au théâtre classique ?
24. Comment l'Etat a-t-il encouragé la décentralisation du théâtre ?
25. Qui est Samuel Beckett ?

Questions d'application

26. Comment et par qui la liberté de la presse est-elle garantie aux Etats-Unis ?
27. Quelles sont les grandes chaînes de télévision américaines ?
28. Regardez-vous souvent la télévision ? Quels sont vos programmes préférés ?
29. Quels journaux lisez-vous ? Est-ce que ces journaux ont une tendance politique ? Laquelle ?
30. Quand vous lisez un journal, par quelle section commencez-vous ?
31. Est-ce que les journaux américains présentent objectivement les nouvelles ? Pourquoi ou pourquoi pas ?
32. En général, quel est le contenu d'un journal américain ?
33. A votre avis, quel est le meilleur journal américain ? Expliquez pourquoi ?
34. Quels sont les grands magazines américains ? Quel est le contenu de ces magazines ?
35. Selon vous, quels sont les grands metteurs en scène américains ? Quelles qualités leur trouvez-vous ?
36. Selon vous, quels sont les grands acteurs et les grandes actrices du cinéma américain ? Quelles qualités leur trouvez-vous ?
37. Selon vous, quelles sont les qualités d'un bon film ?
38. Y a-t-il actuellement un théâtre américain d'avant-garde ? Expliquez.

Composition libre

Choisissez A, B, ou C.

A. Les actualités à la télévision. Est-ce que la télévision américaine présente objectivement les nouvelles ? Si oui, en quoi consiste cette objectivité ? Si non, expliquez votre réponse.

B. Votre journal universitaire. Que pensez-vous de votre journal universitaire, au point de vue du contenu, de la présentation, des éditoriaux, des articles critiques ? Qu'est-ce que vous aimeriez changer dans ce journal ? Pourquoi ?

C. Un film récent. Quel est l'un des derniers films que vous avez vus récemment ? Etait-il intéressant ? Si oui, décrivez ses qualités. Si non, décrivez ses défauts.

Word Study

A. False cognates

False cognates present a continuing problem to students of French. The following chart contains some familiar false cognates and presents others that may be less familiar.

FRENCH	ENGLISH	ENGLISH	FRENCH
VERBS			
assister à	to attend	to assist	*aider*
attendre	to wait for	{ to attend	*assister à*
		{ to attend to	*s'occuper de*
blesser	to hurt, to wound	to bless	*bénir*
enregistrer	to record	to register	*s'inscrire*
partir de	to leave	to part	*séparer*
quitter	to leave	to quit	*abandonner, démissionner*
rester	to stay	to rest	*se reposer*
sortir de	to go out	to sort	*trier*
NOUNS			
un bureau	office, desk	bureau	*une commode*
un conducteur	driver	{ conductor (music)	*un chef d'orchestre*
		{ conductor (bus)	*un receveur*
une cave	cellar	cave	*une caverne*
de la chance	luck	chance	*le hasard, l'occasion*
une confidence	secret	confidence	*la confiance*
la figure	face	figure	*la silhouette, la taille*
la lecture	reading	lecture	*une conférence*
une librairie	bookstore	library	*une bibliothèque*
ADJECTIVES			
actuel, actuelle	present	actual	*réel, réelle*
propre	clean	proper	*convenable*
sensible	sensitive	sensible	*raisonnable*
ADVERBS			
actuellement	at present	actually	*réellement*

Language Study

B. The irregular verb voir (to see)

Present tense: *je vois, tu vois, il voit, nous voyons, vous voyez, ils voient.*
Passé composé : *j'ai vu.*
Future : *je verrai.*

Vocabulaire utile

Voici deux verbes conjugués comme **voir** :

prévoir *to foresee* revoir *to see again*

Proverbe

Voir, c'est croire.

Exercices

1 Fait divers. Complétez chaque phrase par le mot entre parenthèses qui convient.

1. (quitté, abandonné) J'ai ——— mon bureau à onze heures et demie.
2. (attendu, assisté) En passant dans la rue Victor Hugo, j'ai ——— à un accident spectaculaire.
3. (conducteur, receveur) Le ——— d'un camion est entré dans un magasin.
4. (heurté, blessé) Heureusement, il n'y a pas eu de ——— grave.
5. (figure, silhouette) Un passant a été légèrement blessé à la ———.
6. (resté, reposé) Je suis ——— jusqu'à ce que la police arrive.

2 Le mot exact. Complétez chaque phrase par les mots entre parenthèses.

1. (rester, me reposer) Je vais ——— chez moi pour ———.
2. (bibliothèque, librairie) Quand j'ai de l'argent, j'achète des livres à la ———. Quand je n'en ai pas, je les lis à la ———.
3. (confiance, confidence) Pourquoi avez-vous fait cette ——— à quelqu'un en qui vous n'avez pas ——— ?
4. (le bureau, la commode) Rangez votre linge dans ——— et vos papiers dans ———.
5. (conférence, lecture) Avant d'aller à la ———, j'ai fini la ——— de ce livre.
6. (conducteur, receveur) Dans un autobus, c'est le ——— qui vend les billets et le ——— qui conduit le véhicule.

3 Distractions. Complétez les phrases avec le verbe **voir** et l'expression entre parenthèses. Mettez tous les verbes d'une même phrase au même temps.

Modèle : Je regarde le journal. (une photo intéressante)
Je regarde le journal et je vois une photo intéressante.

1. Nous allons au cinéma. (un film américain)
2. Il regarde la télévision. (un programme absurde)
3. Ils lisent le journal. (des petites annonces)
4. Il ira au musée. (des tableaux anciens)
5. J'irai au cirque. (des clowns)
6. Nous avons été au théâtre. (une pièce abominable)
7. Ils ont été à Paris. (la Tour Eiffel)

C. The irregular verb croire (to believe, to think)

Present tense: *je crois, tu crois, il croit, nous croyons, vous croyez, ils croient*
Passé composé : *j'ai cru.*
Future : *je croirai.*

D. Uses of the subjunctive (part 1)

This section expands upon the principal uses of the subjunctive (see Lesson 13). The subjunctive is used:

1. After expressions indicating wish, order, prohibition, necessity.

j'aime que	I like	*j'interdis que*	I forbid
je préfère que	I prefer that	*il faut que*	it is necessary that
je souhaite que	I wish	*il ne faut pas que*	it is not allowed that
je veux que	I want	*il est préférable que*	it is preferable that
je désire que	I desire	*il suffit que*	it is sufficient that

2. After expressions indicating opinion or emotion.

je suis content que	I am happy that
je suis heureux que	I am happy that
je regrette que	I regret that
j'ai peur que	I am afraid that
il est bon que	it is good that
il est naturel que	it is natural that
il est remarquable que	it is remarkable that
il est étonnant (surprenant) que	it is surprising that
il n'est pas étonnant (surprenant) que	it is not surprising that

3. After expressions of doubt or uncertainty.

il est possible (impossible) que	it is possible (impossible) that
il semble que	it seems that
est-il vrai que... ?	is it true that . . . ?
croyez-vous que... ?	do you think (believe) that . . . ?
pensez-vous que... ?	do you think that . . . ?
je ne pense pas que	I don't think that
je ne crois pas que	I don't think (believe) that
il n'y a personne qui	there is no one who
je doute que	I doubt that
je ne suis pas sûr que	I'm not sure that

4. In general, after a superlative (or *le premier, le seul, le dernier*) that is followed by a relative pronoun.

C'est **le seul** *journal que je* **lise** *attentivement.*
C'est le programme **le plus** *intelligent que je* **connaisse**.

4 Proverbe. Transformez le proverbe « Voir, c'est croire » suivant le modèle.

Modèle : Quand je vois. **Je crois quand je vois.**

1. Quand nous voyons.
2. Quand ils voient.
3. Quand je verrai.
4. Quand ils verront.
5. Quand nous verrons.
6. Quand j'ai vu.
7. Quand ils ont vu.
8. Quand nous avons vu.

5 Opinions théâtrales. Utilisez le mot entre parenthèses dans une expression impersonnelle suivie du subjonctif.

Modèle : (bon) Vous allez souvent au théâtre.
Il est bon que vous alliez souvent au théâtre.

1. (étonnant) Vous n'aimez pas cet auteur.
2. (possible) Cette comédie est mauvaise.
3. (inutile) Nous voyons cette pièce.
4. (utile) Il lit la pièce.
5. (normal) Vous aimez ce metteur en scène.
6. (étrange) Vous n'êtes pas d'accord avec l'auteur.
7. (surprenant) Ils n'ont pas vu cette comédie.
8. (étonnant) Cet acteur a eu du succès.

6 D'autres opinions. Transformez les phrases suivantes d'après le modèle.

Modèle : Je pense qu'il est objectif.
Je doute qu'il soit objectif.

1. Je pense que ce programme est intéressant.
2. Je pense que c'est un journaliste impartial.
3. Je pense qu'il y a un documentaire sur l'Amérique ce soir.
4. Je pense que la censure est inutile.
5. Je pense que les journaux sont très conservateurs.
6. Je pense que mes amis sont allés au concert.

7 Doutes. Transformez les phrases suivantes en questions.

Modèle : Il est vrai que Beckett écrit en français.
Est-il vrai que Beckett écrive en français ?

1. Il est certain que les Français aiment la télévision.
2. Il est exact que le théâtre français est souvent subventionné.
3. Il est sûr qu'il y a beaucoup d'amateurs de cinéma en France.
4. Vous croyez que Truffaut est un bon metteur en scène.
5. Vous pensez que Lelouch a beaucoup de talent.
6. Ils sont sûrs qu'il y a un film ce soir.
7. Il est vrai que les Français lisent beaucoup de romans historiques.
8. Il y a des films anglais que vous trouvez bons.

5. After a relative pronoun when a feeling (e.g., doubt, hope) or hypothesis or negation is expressed in the main clause.

   Indicative : *Je connais une revue qui* **est** *française.*
   Subjunctive : *Je désire connaître une revue qui* **soit** *française.*

E. Depuis and il y a

GENERAL PATTERN for expressing the duration of an action or condition:

depuis + time **il y a** + time **depuis que** + clause	+ present tense (if action is continuing in the present) + imperfect tense (if action was continuing in the past when another action occurred)

I've been buying this paper for two years.
J'achète ce journal **depuis** *deux ans.*
Il y a *deux ans que j'achète ce journal.*

We had been watching TV for ten minutes when they announced that news item.
Nous regardions la télévision **depuis** *dix minutes quand on a annoncé cette nouvelle.*
Il y avait *dix minutes que nous regardions la télévision quand on a annoncé cette nouvelle.*

NOTES: 1. *How long . . .* ? is rendered by **Depuis combien de temps**.... ?

2. **Il y a** (+ time) may also mean *ago*. Since no duration is implied in these cases, the verb is in the past tense.

   Contrast:

   Il y a dix ans que nous **avons** *la télévision.* We have had TV for ten years.
   Il y a dix ans que nous **avons acheté** *notre télévision.* We bought our TV ten years ago.

Jeanne Moreau, dans Jules et Jim, l'un des meilleurs films de François Truffaut.

8 Enthousiasme. Transformez les phrases suivantes d'après le modèle.

Modèle : Nous avons vu un film. C'est un beau film.
C'est le plus beau film que nous ayons vu.

1. J'ai vu un documentaire. C'est un documentaire intéressant.
2. Mes parents ont écouté un concert. C'est un beau concert.
3. Un de mes amis a assisté à une conférence. C'est une bonne conférence.
4. Mes cousines ont visité Paris. C'est une belle ville.
5. Nous connaissons un metteur en scène. C'est un metteur en scène original.
6. Je connais un journaliste impartial. C'est le seul journaliste impartial.

9 Grands succès. Voici la date à laquelle certains spectacles ou programmes ont commencé. Pour chaque spectacle, faites deux phrases avec le verbe **durer** (*to last*).

Modèle : Ce programme a commencé en 1970.
Ce programme dure depuis 1970.
Il y a (quatre) ans que ce programme dure.

1. Cette comédie musicale a commencé en 1971.
2. Cette émission a commencé en 1972.
3. Ce film a commencé en avril de l'année dernière.
4. Cette pièce a commencé en décembre.
5. Ce spectacle a commencé en octobre.
6. Ces jeux télévisés ont commencé en juillet.

10 Une question de temps. Voici certains événements. Déterminez si ces événements représentent des faits précis passés ou des faits qui durent encore. Transformez les phrases d'après le modèle en utilisant l'expression **il y a** et le passé composé (fait passé) ou le présent (fait présent).

Modèles : J'ai la télévision depuis 1969.
Il y a (cinq) ans que j'ai la télévision.

Mes parents ont acheté une télévision en couleur en 1971.
Il y a (trois) ans, mes parents ont acheté une télévision en couleur.

1. Mon frère a lu ce roman de Beckett en 1972.
2. J'ai vu cette pièce d'Ionesco en 1971.
3. Ma sœur va régulièrement au théâtre depuis 1969.
4. Nous avons vu ce film de Truffaut en 1973.
5. Mes amis écoutent ce programme depuis 1970.
6. Mon père connaît ce journaliste depuis 1968.
7. Je lis cette revue depuis 1971.
8. Je me suis abonné à ce journal en 1971.

F. Position of adverbs

GENERAL PATTERN for the position of adverbs modifying **verbs in simple tenses**:

subject + verb + [adverb] + complements (if any)

Quand cet auteur est chez lui, il regarde **souvent** *la télévision.*
When that author is home, he often watches television.

NOTE: In English the adverb frequently comes before the verb. In French the adverb can never come between the subject and the verb.

GENERAL PATTERN for the position of adverbs modifying **verbs in compound tenses**:

subject + auxiliary + [adverb] + past participle + complements (if any)

Nous avons **beaucoup** *travaillé.*
Ce journaliste a **probablement bien** *travaillé aussi.*

NOTES: 1. Short adverbs of **time** (*hier, demain, aujourd'hui, tard, tôt*) and **place** (*ici, là*) are placed **after** the past participle.

Avez-vous travaillé **hier** ?
Mes collègues ont travaillé **aujourd'hui**.
Ils sont venus **ici** *à six heures du matin.*

2. Many long adverbs in **-ment** are placed after the past participle.

Ils ont travaillé **intelligemment**.

However, certain adverbs like *probablement, certainement, vraiment* and *seulement* follow the regular pattern and come between the auxiliary and the past participle.

3. For emphasis, the adverb is often placed at the beginning of the sentence.

Jamais *je n'ai dit cela.*

GENERAL PATTERN for the position of adverbs **modifying an adjective or adverb**:

[adverb +] { second adverb / adjective }

Il est intelligent.	*Il est* **vraiment** *intelligent.*
Il travaille bien.	*Il travaille* **extrêmement** *bien.*
Il a bien travaillé.	*Il a* **extrêmement** *bien travaillé.*

11 Commentaires. Complétez la phrase avec l'adverbe entre parenthèses. Cet adverbe doit modifier le mot en italique.

Modèle : J'*ai aimé* ce programme. (beaucoup)
J'ai beaucoup aimé ce programme.

1. Ce film est *absurde.* (complètement)
2. Je l'*ai vu.* (déjà)
3. Je *suis allé* au cinéma. (hier)
4. Ce candidat *a parlé* à la télévision. (bien)
5. Il a parlé *longtemps.* (très)
6. Il *a parlé.* (intelligemment)
7. Mon père dit qu'il a *trop* parlé. (beaucoup)
8. Mes sœurs *regardent* ce programme. (souvent)
9. Elles *aiment* la télévision. (beaucoup)
10. Est-ce que vous la *regardez* ? (toujours)

12 Autres commentaires. Faites une nouvelle phrase en remplaçant l'adverbe en italique par l'adverbe entre parenthèses. Attention : la position de l'adverbe peut changer !

Modèle : Nous avons *récemment* vu ce film. (hier)
Nous avons vu ce film hier.

1. J'ai lu *longuement* ce journal. (déjà)
2. Cette émission est passée *hier* dans la soirée. (tard)
3. J'ai *toujours* aimé ce programme. (beaucoup)
4. La presse a commenté *intelligemment* l'événement. (beaucoup)
5. Ce documentaire est passé *hier.* (aujourd'hui)
6. Le speaker a parlé *clairement.* (bien)
7. Le reporter est *déjà* venu. (ici)

La Maison de la Culture d'Amiens annonce son programme d'été.

15

Sciences et techniques

Attitudes

« *Impossible n'est pas français* ». Quel instituteur n'a pas écrit ce proverbe au tableau ? Quel écolier n'a pas médité cette formule destinée à développer chez lui le sens de l'effort et de la persévérance ? Chez l'adolescent et chez l'adulte, ce proverbe a surtout une connotation intellectuelle. Sa signification est simple : il n'y a pas de problème que le raisonnement, l'intelligence, l'intuition, la logique, la perspicacité ne puissent résoudre.

Cette attitude a donné à la France de brillants théoriciens, mais aussi des bricoleurs de génie. Dans les situations les plus concrètes, elle s'exprime par le « système D ».[1] Utiliser ce système, c'est faire preuve d'ingéniosité en toute circonstance. Le système D peut être honnête ou il peut ne pas l'être. Voici des exemples : se déguiser en garde républicain pour assister à la première d'un opéra, crier « au feu » quand on arrive le dernier au cinéma et qu'on veut avoir une place, ou plus simplement réparer sa voiture avec de la ficelle, du fil de fer et du chewing-gum.

Des penseurs ou des rêveurs ? C'est bien sûr dans le domaine de la pensée que les Français apprécient surtout la valeur de l'effort. Mais seul, l'effort intellectuel ne suffit pas. Pour qu'il fasse impression, il faut y ajouter une certaine virtuosité ou « brio » comme on dit en France.

La combinaison de ces deux éléments, effort et virtuosité intellectuels, tend, chez les Français, vers l'abstrait. Le philosophe, par exemple, recherchera le principe général et surtout le principe unificateur, car la synthèse est sa manie. S'il construit une morale, celle-ci sera abstraite. Il s'attardera peu sur les problèmes de la société contemporaine. Si par hasard il s'intéresse à ceux-ci, ce sera en observateur, en juge, en critique, parfois acerbe — à la manière de Sartre, par exemple — mais non en réformateur.

L'historien ne cherchera pas à exposer les faits, car ceci est du journalisme, mais à établir le principe qui explique ces faits. Le physicien et le chimiste

[1] « D » veut dire « débrouillardise », l'art de se tirer d'affaire avec les quelques ressources à sa disposition.

utiliseront les ressources de leur esprit à élaborer des théories savantes. L'ingénieur passera de longues heures à discuter des origines et des conséquences d'une panne avant d'effectuer la réparation simple qui s'impose.

Cette conception assez désintéressée de la poursuite intellectuelle a plusieurs corollaires. Puisque c'est l'idée qui compte, la réalisation concrète est souvent laissée de côté.

L'opinion conçoit le Français comme un penseur et non pas comme un réalisateur. Imaginatif et créateur, celui-ci, à l'occasion, traite cavalièrement la réalité et se montre peu soucieux du détail. L'amour de l'abstrait et du brio a évidemment ses inconvénients. Il est ainsi arrivé à des architectes français célèbres de construire des maisons tout à fait inhabitables en cherchant à réussir un exploit artistique.

Une équipe de chercheurs à l'Institut Pasteur.

Un autre corollaire est que le Français ne sait pas tirer parti de son génie. Quelqu'un a dit qu'il sème, mais que ce sont d'autres qui récoltent. L'histoire justifie souvent ce point de vue. Il suffit de citer deux exemples, mais il y a en a évidemment bien d'autres. Deux ingénieurs français, aujourd'hui oubliés, Lenoir et Beau de Roche, développèrent le premier moteur à explosion, mais ce fut Henri Ford qui créa l'industrie automobile. Deux autres Français, Niepce et Daguerre, découvrirent la photographie, mais ce fut Eastman qui popularisa son usage.

Qui donc est le savant français ? A quoi occupe-t-il son génie ? Dans quels domaines excelle-t-il ? Est-ce un théoricien, rarement un technicien ? Est-ce un rêveur, rarement un réalisateur ? La vérité est ambiguë. Les Français ne sont peut-être pas les brillants théoriciens qu'ils voudraient être. Du moins, ils n'ont pas le monopole des idées. Si, par exemple, l'on consulte la liste des Prix Nobel de physique et de chimie d'après-guerre, on s'aperçoit que les Français y sont peu représentés. Quant aux réalisations techniques, les Français sont beaucoup plus avancés dans ce domaine qu'ils ne l'avouent. Nous allons en reparler.

La première édition (1637) d'un livre célèbre : le Discours de la Méthode de Descartes.

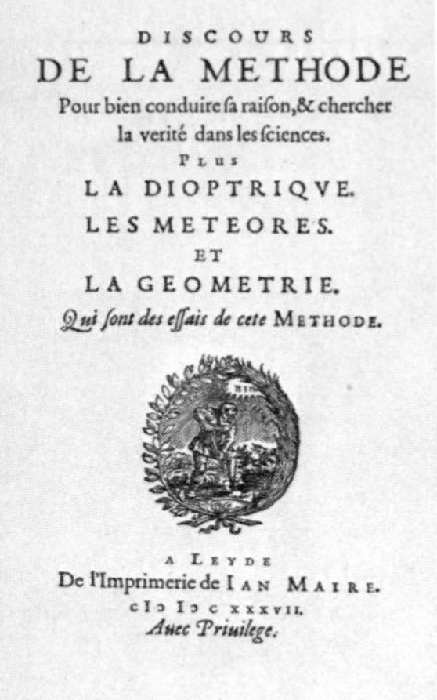

DISCOURS
DE LA METHODE
Pour bien conduire ſa raiſon, & chercher
la verité dans les ſciences.
PLUS
LA DIOPTRIQVE.
LES METEORES.
ET
LA GEOMETRIE.
Qui ſont des eſſais de cete METHODE.

A LEYDE
De l'Imprimerie de IAN MAIRE.
cIↄ Iↄ c XXXVII.
Auec Priuilege.

LES SCIENCES : PURES ET APPLIQUÉES

Autrefois le savant travaillait dans l'isolement. La recherche était une prouesse individuelle. C'est maintenant une affaire collective. Elle représente un travail d'équipe et elle exige des laboratoires, du matériel, un équipement et par conséquent, des ressources financières considérables. Sur ce point-là, les moyens sont encore limités en France. Il existe bien des organismes spécialisés financés par l'Etat, comme le Centre National de la Recherche Scientifique (C. N. R. S.) ou l'Institut Pasteur. Mais leurs effectifs et leurs ressources sont insuffisants. La situation est la même dans l'industrie. En 1970, il y avait peut-être trente mille chercheurs en France. Aux Etats-Unis il y en avait quatre cent mille. Malgré cette pénurie de chercheurs, la science française reste très dynamique.

Les Mathématiques. C'est la discipline la plus abstraite. C'est donc le terrain de prédilection des grands esprits scientifiques français.

Parmi les mathématiciens d'hier, il faut citer Descartes (1596–1650), père de la géométrie analytique, et Pascal (1623–1662) qui établit les bases du calcul des probabilités. A l'âge de dix-neuf ans, Pascal inventa sa célèbre machine à calculer, ancêtre lointain des ordinateurs modernes. Descartes et Pascal furent aussi de brillants physiciens et de très grands philosophes. Il y eut bien d'autres mathématiciens célèbres : Lagrange (1736–1813), Laplace (1749–1827), Fermat (1601–1655). La liste est longue. La figure la plus attachante est probablement celle d'Evariste Galois (1811–1832), plusieurs fois emprisonné pour ses idées libérales et mort en duel à l'âge de vingt et un ans à cause de celles-ci. La veille de son duel, Galois rédigea un long testament mathématique où il exprima sa théorie des équations algébriques.

Evariste Galois.

Bien des années s'écoulèrent avant qu'on ne reconnaisse l'importance de l'œuvre de Galois. Cette œuvre a sans doute inspiré les mathématiciens français d'aujourd'hui qui orientent leurs efforts surtout vers les formes les plus abstraites des mathématiques, comme la topologie. Les plus brillants d'entre eux ont formé les séminaires « Bourbaki » et publient sous ce nom fictif et collectif. Ces séminaires, fondés il y a une trentaine d'années par un groupe de jeunes mathématiciens, représentent une formule originale de travail et de recherche. Leurs membres sont élus et doivent donner leur démission à l'âge de cinquante ans, ce qui assure un renouveau constant de personnel et d'idées. Le but de ces séminaires est de faire l'exposition des mathématiques en les prenant à leur point de départ logique. Les travaux de chaque membre sont discutés en commun. C'est le groupe qui décide de ce qu'ils contiennent d'important, de fondamental, de « bourbakisable ». Ces travaux ne sont publiés qu'avec l'accord collectif.

La Physique. Les contributions françaises en physique sont considérables. Au dix-huitième siècle, par exemple, Coulomb (1736–1806) et Ampère (1775–

1836) découvrirent d'importants phénomènes électriques et donnèrent leurs noms à des unités d'électricité. Actuellement la physique français semble se spécialiser dans la recherche nucléaire. Dans ce domaine les savants français furent des précurseurs de génie. On peut rappeler l'œuvre de Pierre Curie (1859–1906) et de son épouse Marie Curie (1867–1934) sans qu'il soit utile d'insister sur son importance. Après eux, Frédéric Joliot-Curie (1900–1958) découvrit la radio-activité artificielle, et Louis de Broglie (né en 1892) établit les principes de la mécanique ondulatoire. Aujourd'hui la recherche nucléaire française porte surtout sur la structure des noyaux, les rayons cosmiques, la physique de la haute énergie et la diffusion des électrons.

L'optique est un autre point fort de la physique française contemporaine. Lallemand inventa le téléscope électronique en 1938, et en 1966 Kastler, un des maîtres de l'électronique quantique, obtint le Prix Nobel de physique.

La Médecine. Les plus grands noms sont sans doute ceux de Claude Bernard (1813–1878) et de Pasteur (1822–1895). Claude Bernard démontra que les organismes vivants obéissent aux lois de la chimie et de la physique. Pasteur réfuta la théorie de la génération spontanée et découvrit le monde des bactéries. Les vaccins qu'il découvrit et les méthodes de stérilisation qu'il développa sauvèrent sans doute la vie à des millions d'hommes. Ces grands savants ont aujourd'hui des successeurs de valeur. En biologie moléculaire, les travaux des professeurs Lwoff, Jacob et Monod ont valu à ceux-ci un Prix Nobel récent.

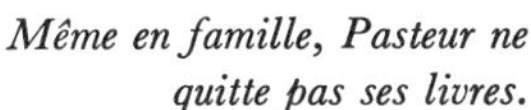

Même en famille, Pasteur ne quitte pas ses livres.

Les essais de l'aérotrain interurbain "Orléans".

Réalisations techniques

Ici le choix est difficile car les réalisations techniques françaises de valeur sont nombreuses. Les plus connues ne sont pas nécessairement les plus audacieuses. Au risque de ne pas faire complètement justice à l'ingéniosité de la technique française, on peut en présenter un échantillon limité.

La Tour Eiffel (*1889*). Du point de vue esthétique, on l'aime ou on ne l'aime pas. C'est une affaire de goût. Du point de vue technique ce monument parisien est un exploit. Il prouve qu'on peut être à la fois grande dame et femme légère. La Tour Eiffel a trois cent mètres de haut. En modèle réduit de trente centimètres de haut, elle ne pèse que sept grammes.[1]

Le Canal de Suez (*1869*). Sa construction avait été jugée irréalisable par d'éminents ingénieurs. Ferdinand de Lesseps, lui, n'était pas convaincu de l'impossibilité du projet. On doit à sa persévérance le canal qui relie par mer l'Europe, l'Asie et l'Afrique.

Quant aux réalisations d'aujourd'hui, le domaine des transports est à la fois un point fort de la technique française et un point faible dans l'équipement du pays.

Le Concorde. Produit de la coopération technique franco-britannique, le Concorde est le premier avion supersonique commercial produit dans le monde occidental. Il vole à Mach 2,2[2] et peut transporter cent trente-six passagers.

L'Aérotrain. L'originalité de cette forme de transport est qu'il n'y a pas de contact entre le véhicule et le rail. L'aérotrain se déplace en effet sur un coussin d'air. Il peut transporter quatre-vingts passagers à une vitesse de deux cent cinquante kilomètres à l'heure. Cette grande vitesse permettra sans doute de résoudre les problèmes du transport interurbain.

[1] 30 cm = 12 inches; 7 gr. = $\frac{1}{5}$ oz.
[2] Plus de deux fois la vitesse du son.

Questions simples

1. Qu'est-ce que c'est qu'un « bricoleur » ?
2. Qu'est-ce que c'est que le « Système D » ?
3. Pouvez-vous donner des exemples (réels ou imaginaires) de Système D ?
4. Qu'est-ce que c'est que le « brio » ?
5. Selon l'auteur, comment le philosophe français traite-t-il les problèmes contemporains ?
6. Selon l'auteur, quelle est la différence entre l'historien et le journaliste ?
7. Quelle description l'auteur donne-t-il des intellectuels français ?
8. Par quels exemples concrets l'auteur illustre-t-il son opinion que le Français ne sait pas tirer parti de son génie ?
9. Dans quelles conditions le savant d'autrefois travaillait-il ?
10. Dans quelles conditions le savant d'aujourd'hui travaille-t-il ?
11. Qu'est-ce que c'est que le C. N. R. S. ?
12. Qui est le père de la géométrie analytique ? (Que savez-vous de ce savant français ?)
13. Qui a établi les bases du calcul des probabilités ? (Que savez-vous de ce savant ?)
14. Pourquoi l'auteur décrit-il Galois comme une personnalité attachante ?
15. Que sont les séminaires « Bourbaki » ?
16. Quels physiciens français connaissez-vous ? Pourquoi sont-ils célèbres ?
17. Pour quelles découvertes Pasteur est-il connu ?
18. Pourquoi la Tour Eiffel représente-t-elle un exploit technique ?
19. Qu'est-ce que « le Concorde » ?
20. A quoi est due l'originalité de l'Aérotrain ?

Questions d'application

21. Est-ce que l'Américain moyen est un « bricoleur » ? Donnez des exemples de la vie courante.
22. Quels grands savants américains connaissez-vous ? Pour quelles réalisations sont-ils célèbres ?
23. Quels Prix Nobel scientifiques américains connaissez-vous ?
24. Comment le Gouvernement américain aide-t-il la recherche scientifique ?
25. Dans quels domaines scientifiques l'aide du Gouvernement a-t-elle été un facteur essentiel de succès ?
26. Est-ce qu'il existe des fondations privées qui encouragent le développement de la science et des idées ? Lesquelles connaissez-vous ?
27. Est-ce que la société américaine facilite les recherches ? Comment ?
28. Selon vous, dans quels domaines scientifiques les Etats-Unis sont-ils en avance ?
29. Selon vous, dans quels domaines scientifiques les Etats-Unis sont-ils en retard ?

Composition libre

Choisissez A ou B.

A. Un savant que j'admire. Comment s'appelle-t-il ? Où et quand a-t-il vécu ? Qu'a-t-il découvert ? Pourquoi l'admirez-vous ?

B. La science de l'avenir. Vers quels domaines l'effort scientifique doit-il être orienté aujourd'hui ? Pourquoi ? Qu'est-ce qui a déjà été fait dans ces domaines ? Qu'est-ce qui reste à faire ?

Word Study

A. Scientists and research

Les hommes :

un savant	a scientist
un chercheur	a research worker, a research scientist
un physicien	a physicist (a physician is *un médecin*)
un ingénieur	an engineer

aussi : *un chimiste, un biologiste, un écologiste, un zoologiste*

Leur travail :

faire des recherches	to carry out research
faire des expériences	to experiment, to carry out experiments

B. Expressions with faire and avoir

faire :	*faire preuve de...*	to give proof of, to show
	faire bonne (mauvaise) impression sur...	to make a good (bad) impression on, to impress favorably (unfavorably)
	faire honneur à	to honor, to be a credit to
	faire ses excuses à	to apologize to
	faire l'idiot, l'imbécile	to act like an idiot, a fool
	faire plaisir à	to please, to do a favor for
avoir :	*avoir raison, tort*	to be right, wrong
	avoir faim, soif	to be hungry, thirsty
	avoir chaud, froid	to be hot, cold
	avoir sommeil	to be sleepy
	avoir vingt ans	to be twenty years old
	avoir un mètre de longueur	to be one meter long
	avoir de la chance	to be lucky

Contrast :

faire peur à	to frighten	*avoir peur*	to be afraid
faire honte à	to shame	*avoir honte*	to be ashamed
faire envie à	to tempt	*avoir envie de*	to want
faire pitié à	to arouse pity in	*avoir pitié de*	to pity

Language Study

C. The irregular verb ouvrir (to open)

Present tense : *j'ouvre, tu ouvres, il ouvre, nous ouvrons, vous ouvrez, ils ouvrent.*
Passé composé : *j'ai ouvert.*
Future : *j'ouvrirai.*

Vocabulaire utile

Voici plusieurs verbes conjugués comme **ouvrir** :

couvrir	*to cover*	offrir	*to give, to offer*
découvrir	*to discover*	souffrir	*to suffer*

Exercices

1 Travaux scientifiques. Faites des phrases avec les mots suivants et le verbe **faire** : les recherches, la science appliquée, les travaux scientifiques, les expériences, les études sur les animaux, les excavations, les enquêtes, les analyses.

Modèle : l'archéologue
L'archéologue fait des excavations.

1. le chercheur
2. l'ingénieur
3. le savant
4. le physicien
5. le zoologiste
6. le sociologue
7. l'écologiste
8. le chimiste
9. le médecin

2 Causes ou résultats ? Expliquez la cause ou le résultat des événements suivants. Pour cela faites des phrases utilisant une expression avec **avoir** d'après le modèle.

Modèle : Je mange un énorme sandwich. (faim)
Vous avez faim.

1. Il tremble comme une feuille. (peur)
2. Vous ne savez pas votre leçon. (honte)
3. Ils n'ont pas pris leurs manteaux. (froid)
4. J'ai bu un litre de limonade. (soif)
5. Il dit que Christophe Colomb a découvert l'Amérique. (tort)
6. Nous avons passé vingt heures dans le train. (sommeil)
7. Ils ont gagné un prix à la loterie. (de la chance)
8. Il dit que Pasteur est un savant français. (raison)

3 Recherches et découvertes. Mettez les phrases suivantes au passé composé.

Modèle : Les découvertes en médecine ouvrent la voie à une meilleure vie.
Les découvertes en médecine ont ouvert la voie à une meilleure vie.

1. La recherche française souffre du manque de capitaux.
2. Pasteur découvre de nombreux vaccins.
3. Niepce et Daguerre découvrent la photographie.
4. Nobel offre un prix pour récompenser les savants.
5. Avant Pasteur, des millions d'hommes souffrent de maladies infectieuses.
6. De Broglie offre une nouvelle théorie de physique.

D. Uses of the subjunctive (part 2)

1. The subjunctive is required after the following conjunctions:

à moins que	unless	*J'irai au laboratoire* **à moins qu'***il* **soit** *fermé.*
à condition que	provided that	*J'irai au laboratoire* **à condition qu'***il* **soit** *ouvert.*
pourvu que	provided that	*J'irai au laboratoire* **pourvu que** *vous y* **alliez**.
de peur que	for fear that	*Je suis passé chez ce savant* **de peur qu'***il* **oublie** *son expérience.*
quel que	whatever	**Quels que soient** les résultats, je les annoncerai.
bien que	although	*J'ai raté cette expérience* **bien que** *j'y* **aie** *beaucoup* **travaillé**.

2. The subjunctive introduced by **que** alone is used as the third person of the imperative.

Qu'*il* **fasse** *cette expérience et* **qu'***il la* **réussisse** !
Let him do that experiment and get the right results.

E. Prepositions and conjunctions

Certain conjunctions are derived by adding **que** to the corresponding preposition. Some conjunctions are followed by the indicative (i), and others by the subjunctive (s).

Time

avant	before	*J'ai fait cette expérience* **avant** *votre arrivée.*
avant que (s)	before	*J'ai fait cette expérience* **avant que** *vous* **veniez**.
après	after	*Nous partirons* **après** *son expérience.*
après que (i)	after	*Nous partirons* **après qu'***il* **a fini** *son expérience.*
depuis	since	**Depuis** *son arrivée, il pense à ce problème.*
depuis que (i)	since	**Depuis qu'***il est ici, il pense à ce problème.*
jusqu'à	until	*Je vais travailler* **jusqu'***au succès.*
jusqu'à ce que (s)	until	*Je vais travailler* **jusqu'à ce que** *je* **réussisse**.
pendant	during	*J'ai écouté ce savant* **pendant** *la conférence.*
pendant que (i)	during	*J'ai écouté ce savant* **pendant qu'***il faisait la conférence.*

Purpose

pour	for, in order to	*Il faut un oscillographe* **pour** *faire cette expérience.*
pour que (s)	for, in order that	*Il faut un oscillographe* **pour qu'***il* **fasse** *cette expérience.*

Manner

sans	without	*Il a réussi cette expérience* **sans** *aide.*
sans que (s)	without	*Il a réussi cette expérience* **sans que** *nous l'***aidions**.

4 Une expérience ratée. Complétez les phrases avec **cette expérience** (si le mot précédent est une préposition) ou avec **cette expérience réussisse** (si le mot précédent est une conjonction).

1. Nous étions très optimistes avant...
2. Nous avons tout fait pour que...
3. J'ai ajouté un produit chimique pendant...
4. Un chimiste connu est venu pour...
5. Nous avons tous attendu, jusqu'à ce que...
6. Nous avons recommencé, sans que...
7. Sans..., nous ne sommes pas avancés.
8. Nous avons quitté le laboratoire tout de suite après...
9. Nous sommes moins optimistes depuis...

5 Autres travaux scientifiques. Utilisez la conjonction entre parenthèses pour réunir chacune des deux phrases en une seule. Employez le subjonctif.

Modèle : (avant que) Je commencerai l'expérience. Vous venez.
Je commencerai l'expérience avant que vous veniez.

1. (pourvu que) Je démontrerai ce théorème. Vous écoutez.
2. (à condition que) J'irai au laboratoire. Il est ouvert.
3. (sans que) Il va trouver la solution. Nous l'aidons.
4. (avant que) Interrompez cette expérience Le laboratoire explose.
5. (jusqu'à ce que) Continuez à chercher. Vous trouvez la solution.
6. (à moins que) Nous vous téléphonerons. Vous ne téléphonez avant.
7. (pour que) Il suffit que j'explique ce problème. Vous comprenez.
8. (bien que) Cette expérience réussira. Vous avez mis trop de ce produit.
9. (pour que) Il faut chercher. On peut trouver.
10. (bien que) La Tour Eiffel est très légère. Elle a trois cent mètres de haut.

F. Avoiding the subjunctive

The French tend to avoid the subjunctive when possible. This may be done in two ways:

1. By replacing the subjunctive clause with a noun phrase which expresses approximately the same idea.

   L'archéologue continue ses excavations **bien qu'il soit fatigué**.
   L'archéologue continue ses excavations **malgré sa fatigue**.

2. By replacing the subjunctive clause with an infinitive construction. When the subjects of the principal clause and of the subordinate clause are the same, the subjunctive should be replaced by an infinitive construction. The infinitive is introduced by a prepositional phrase, such as **avant de**, **pour**, **sans**, **à moins de**, **à condition de**, **de peur de**.

   Nous finirons ces équations **avant de partir**.
   (instead of: *Nous finirons ces équations* **avant que nous partions**.)

G. The demonstrative pronouns: ceci, cela, ça

Ceci corresponds to the English pronoun *this*. It is also used to refer to something that *will be* mentioned.

Cela corresponds to the English pronoun *that*. It is also used to refer to something that *has already been* mentioned.

Ça often replaces **cela** in spoken French.

Ecoutez **ceci** : *Vous ne serez pas un grand savant si vous n'êtes pas patient.*
C'est un grand savant et il est impatient. Je ne comprends pas **cela**.

NOTE: The pronoun **ce** (**c'**) replaces **cela** as the subject of the verb **être** (see Lesson 6-I):

C'*est vrai.* **Ce** *n'est pas possible.*

6 Changement de sujet. Transformez les phrases suivantes en utilisant le mot entre parenthèses comme sujet de la proposition subordonnée. Employez le subjonctif.

Modèle : Je reste ici pour répondre aux questions. (vous)
Je reste ici pour que vous répondiez aux questions.

1. Il était chimiste avant d'être médecin. (son frère)
2. Il a beaucoup travaillé pour réussir. (nous)
3. L'architecte a fait des plans pour construire la maison. (tu)
4. Il est parti sans trouver la solution. (nous)
5. Il ne fera rien à moins d'être au laboratoire. (ils)
6. Vous ne partirez pas à moins de faire la réparation. (le mécanicien)
7. Il ne dira rien à moins d'être sûr de ce fait. (ils)
8. Il a fait une erreur sans le savoir. (je)

7 Transformations. Employez une préposition et le mot entre parenthèses pour remplacer la proposition au subjonctif. (Utilisez la préposition **malgré** dans les phrases 7, 8 et 10.)

Modèle : Je l'ai vu avant qu'il parte. (départ, m.)
Je l'ai vu avant son départ.

1. Nous avons réussi ce projet sans qu'il nous aide. (aide, f.)
2. Je fais tout pour qu'il réussisse. (réussite, f.)
3. Nous avons regardé les livres avant qu'il arrive. (arrivée, f.)
4. Nous ne pouvons pas faire cela sans qu'il accepte. (acceptation, f.)
5. Je le croyais avant qu'il avoue. (les aveux, m.)
6. Il a travaillé jusqu'à ce qu'il meure. (mort, f.)
7. Bien qu'il s'applique, il ne comprend rien aux mathématiques. (les efforts, m.)
8. Je l'ai reconnu bien qu'il soit déguisé. (déguisement, m.)
9. Ses parents travaillent beaucoup pour qu'il soit heureux. (bonheur, m.)
10. Bien qu'il lise beaucoup, il n'est pas très savant. (les lectures, f.)

8 Ceci ou cela. Complétez les phrases suivantes avec **ceci** ou **cela**.

1. Ecoutez ——— : l'auteur dit que le Français ne sait pas tirer parti de son génie.
2. On dit : « Impossible n'est pas français ». Que pensez-vous de ——— ?
3. Réfléchissez à ——— : il n'y a pas de problème que le raisonnement, l'intelligence, l'intuition, la logique, la perspicacité ne puissent résoudre.
4. Nous allons étudier les contributions des Français en médecine. Est-ce que ——— vous intéresse ?
5. ——— me trouble : comment un architecte peut-il se permettre de construire des maisons inhabitables ?
6. L'auteur emploie des contradictions pour décrire les savants français. Je ne comprends pas ———.

H. The interrogative adjective quel

GENERAL PATTERN of the forms of the interrogative adjective **quel** (*what, which*):

SINGULAR	MASCULINE	**quel**	**quel** *savant* ?
	FEMININE	**quelle**	**quelle** *science* ?
PLURAL	MASCULINE	**quels**	**quels** *savants* ?
	FEMININE	**quelles**	**quelles** *sciences* ?

NOTE: **Quel** may be used as the subject of **être**.

Quel *est le savant que vous admirez le plus* ?
Quelles *sont les sciences que vous étudiez actuellement* ?

I. The interrogative pronoun lequel

The interrogative pronoun **lequel** (*which one, which ones*) has the same forms as the relative pronoun **lequel** (see Lesson 5-D).

Lequel *de ces plans préférez-vous* ?
Voici deux produits chimiques. **Duquel** *parlez-vous* ?
Il y a deux médecins ici. **Auquel** *voulez-vous parler* ?

NOTES: 1. The relative pronoun **dont** has no interrogative equivalent.

L'homme **dont** *il parle est un savant.*
But: **De qui** *parle-t-il* ?

2. As in English, the interrogative words are placed at the beginning of the sentence. In contrast with English, if the interrogative word is the object of a preposition, the preposition *always begins* the question in French.

Voici deux machines. **Avec** *laquelle va-t-il travailler* ?
With which one is he going to work?
Which one is he going to work with?

9 Questions scientifiques. Remplacez le mot en italique par le mot entre parenthèses. Faites tous les changements nécessaires.

Modèle : Quelle est votre principale *qualité* ? (défaut, m.)
Quel est votre principal défaut ?

1. Quels *savants* français connaissez-vous ? (découvertes, f.)
2. Par quel *principe* explique-t-on ce phénomène ? (loi, f.)
3. A quelles *découvertes* le nom de Pasteur est-il associé ? (travaux, m.)
4. De quelles *réalisations* parlez-vous ? (projets, m.)
5. Cet architecte a fait beaucoup de *bâtiments*. Lesquels préférez-vous ? (églises, f.)
6. Il y a deux *conférences* ce soir. A laquelle allez-vous assister ? (films, m.)
7. Il y a plusieurs *théories* sur ce sujet. De laquelle parlez-vous ? (points de vue, f.)
8. Vous avez lu plusieurs *rapports* de cet auteur. Desquels vous souvenez-vous ? (études, f.)
9. Pasteur a découvert plusieurs *vaccins*. Auxquels faites-vous allusion ? (méthodes de vaccination, f.)
10. Eiffel a réalisé plusieurs *monuments*. Duquel parlez-vous ? (constructions, f.)

10 Précisions. Posez des questions correspondant aux phrases suivantes. Dans ces questions vous utiliserez la forme appropriée de **duquel** ou **auquel**.

Modèle : Je parle à un mathématicien très célèbre.
Auquel parlez-vous ?

Je parle d'une découverte très connue.
De laquelle parlez-vous ?

1. Je crois à cette théorie.
2. Je me souviens de cette solution.
3. Je vais répondre à ces questions.
4. Je parle souvent de mes expériences.
5. Je pense souvent à cet exploit scientifique.
6. J'ai répondu à vos objections.
7. Je doute de ces résultats.
8. J'ai écrit à un collègue.

Quatrième Partie

Une Société en mouvement

16

Transformations

Le miracle français

On parle du « miracle » allemand d'après-guerre. Y a-t-il aussi un miracle français ? Miracle ou non, la métamorphose de la France est un fait indiscutable.

A bien des égards, la France de 1950 ressemblait à celle de 1900 et même à celle de 1850. Les Français de 1950 étaient tournés vers le passé. Un grand nombre d'entre eux contemplaient avec nostalgie la « bonne vie d'avant guerre » qu'ils rêvaient de reconstituer. S'ils avaient réussi, la France d'aujourd'hui serait prisonnière d'institutions archaïques qui empêcheraient tout progrès. Comme « avant-guerre », une politique protectionniste asphyxierait son économie et une attitude narcissiste l'isolerait du reste du monde. Aujourd'hui, la France serait une puissance de second ordre.

Heureusement la France n'a pas suivi les directions du passé. Elle a fait demi-tour. Elle a tenté de transformer ses institutions et elle a souvent réussi. Elle s'est intégrée dans l'Europe et elle s'est ouverte au monde. Le résultat de cette orientation nouvelle est que la France d'aujourd'hui n'est plus celle de 1950. En un peu plus de vingt ans, elle s'est transformée plus qu'en un siècle. Voilà sans doute la signification du miracle français.

Une économie nouvelle

Certains événements ont facilité la transformation de la France. Il faut, par exemple, citer l'entrée de la France dans la Communauté Economique Européenne.[1] La Communauté Economique Européenne, ou le Marché

[1] Le traité de Rome qui créa cette Communauté fut signé en 1956.

Commun, a d'abord réuni six pays d'Europe occidentale (l'Allemagne, la Belgique, la France, l'Italie, le Luxembourg et les Pays-Bas). L'admission de trois autres pays (la Grande Bretagne, l'Irlande et le Danemark) a été acceptée en 1971. Le but du Marché Commun est d'éliminer les barrières douanières entre les pays membres. L'entrée de la France représentait un pari colossal. L'industrie française, si longtemps protégée, pouvait-elle résister à la concurrence étrangère ? Si elle n'était pas immédiatement compétitive, pouvait-elle s'adapter, ou bien allait-elle peu à peu disparaître ? L'économie française a survécu, mais des changements considérables se sont opérés dans sa structure.

L'agriculture s'est mécanisée et les exploitations agricoles se sont agrandies. Les résultats ont été l'augmentation de la productivité et, en contrepartie, un exode rural massif. Entre 1954 et 1968, deux paysans sur cinq ont quitté la terre. L'agriculture qui employait 28 pour cent de la population active en 1954, aujourd'hui n'en emploie que 15 pour cent.

Les entreprises françaises se sont adaptées. Stimulées par la concurrence étrangère, elles se sont spécialisées et modernisées. Elles se sont aussi regroupées. On a assisté entre 1960 et 1970 à une série de réorganisations, d'associations et de fusions dans presque tous les secteurs économiques.

Les « secteurs de pointe », c'est-à-dire les secteurs à technologie avancée, se sont développés, souvent avec l'appui du gouvernement. En soi, ceci est un signe de progrès, car traditionnellement l'aide financière du gouvernement français allait aux secteurs les plus retardataires. L'industrie spatiale française est née. Les efforts de celle-ci ont abouti au lancement d'un satellite artificiel en 1965. Pratiquement inexistant en 1960, le secteur de l'informatique, outil indispensable des économies évoluées, connaît actuellement un essor rapide. Dans le domaine de l'aéronautique où la technologie vieillit rapidement, l'industrie française est restée une industrie d'avant-garde. En coopération avec l'industrie britannique, elle a construit le « Concorde », premier avion supersonique commercial produit dans le monde occidental.

Les Halles se décentralisent et s'installent à Rungis, en dehors de Paris.

QUELQUES CENTRES INDUSTRIELS ET LEURS INDUSTRIES

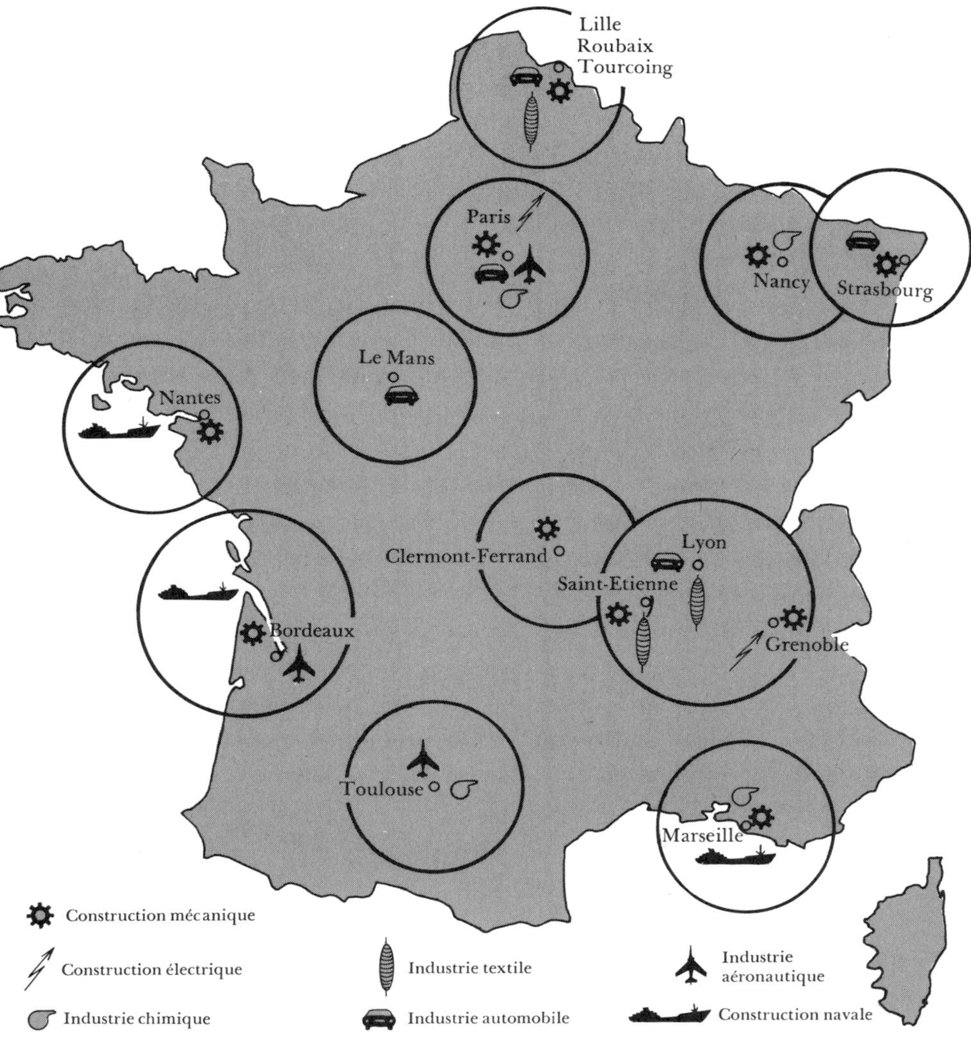

Les points faibles : problèmes et solutions

Dans bien des domaines, il y a d'énormes progrès à faire. Mais là aussi, le gouvernement français a cherché à combler le retard et des progrès sensibles ont été réalisés.

En matière de communications et de transports, l'équipement reste insuffisant. La France a cependant entrepris la création d'un système d'autoroutes. La question n'est plus : « Est-ce que celles-ci sont nécessaires ? » mais « Où sont les priorités ? » Doit-on d'abord créer des autoroutes de dégagement autour des grandes villes ou doit-on commencer par relier celles-ci ? La solution adoptée est un compromis entre ces deux formules. Aujourd'hui les autoroutes relient Paris à Lille, Lyon et Marseille. Elles décongestionnent Bordeaux, Strasbourg et Nancy.

ESSOR DÉMOGRAPHIQUE EN FRANCE ET AUX ETATS UNIS

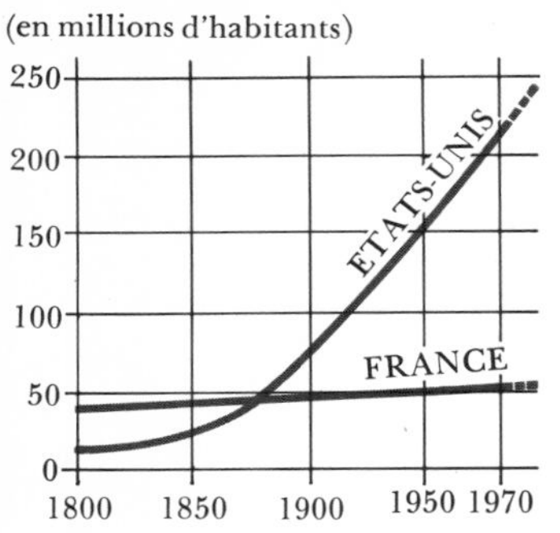

Dans le domaine de l'éducation, les structures n'avaient guère évolué depuis leur mise en place par Napoléon il y a cent cinquante ans. La révolte estudiantine de mai 1968 a souligné le grave malaise de l'université. Aujourd'hui la question n'est plus : « Faut-il réorganiser l'éducation nationale ? » mais « Comment doit-on réformer celle-ci ? »

La crise du logement est encore à l'ordre du jour. La construction de nouveaux immeubles est relativement lente. Les logements sont souvent anciens et mal équipés. L'un des problèmes, purement administratif, est la difficulté de créer de nouveaux ensembles à l'intérieur des villes car la propriété y est extrêmement morcelée. La politique de décentralisation répond partiellement à ce problème. Aujourd'hui, la politique de construction consiste moins à rénover les zones anciennes au centre des villes qu'à créer des zones nouvelles à la périphérie de celles-ci.

Une population en mouvement : l'essor démographique

La transformation économique de la France s'est accompagnée d'un essor démographique remarquable. De 1960 à 1970, la population est passée de quarante-cinq millions à plus de cinquante millions d'hommes. (Il avait fallu plus de cinquante ans pour que la population passe de quarante à quarante-cinq millions d'hommes.) Les chiffres n'ont pas d'importance. Le fait essentiel est que l'essor démographique actuel marque la fin d'une longue période de stagnation.

Cet essor démographique est dû, en partie, il est vrai, à une immigration importante. Il révèle aussi une attitude nouvelle vis-à-vis de la famille. Les Français d'aujourd'hui se marient tôt et ils désirent avoir des enfants. Ceci les distingue bien de la génération précédente, dont le premier souci était d'éviter d'avoir des enfants ou, au pire, d'en limiter le nombre.

L'autoroute du Sud : vers Lyon, Marseille, la Méditerranée . . .

Grenoble, ville nouvelle.

Urbanisation et décentralisation

L'exode rural et l'essor démographique provoquent un accroissement de la population urbaine. Mais cet accroissement n'est plus dirigé vers Paris. Bien au contraire. Le gouvernement a adopté une politique systématique de décentralisation. Paris accumulait bien des monopoles. Capitale administrative de la

France, c'était aussi sa capitale intellectuelle, son centre commercial et industriel. Pour attirer l'industrie parisienne vers les villes de province, il fallait équiper celles-ci de routes, de zones industrielles, d'écoles et d'universités. Sur le plan intellectuel, la décentralisation a pris une forme inattendue. André Malraux, Ministre de la Culture de de Gaulle, a créé des « Maisons de la Culture » dans certaines villes de province, réduisant ainsi le monopole artistique et intellectuel de Paris.

Cet effort de décentralisation a réussi. En moins de quinze ans, deux mille cinq cent entreprises ont quitté Paris et avec elles, quatre cent mille employés se sont installés en province. Pour l'instant, ce sont les plus grandes villes françaises qui constituent les pôles d'attraction. Le gouvernement français a concentré son effort de décentralisation sur huit métropoles de province : Lyon–Saint-Etienne–Grenoble, Marseille–Aix, Bordeaux, Lille–Tourcoing–Roubaix, Toulouse, Strasbourg, Nantes et Nancy. Aujourd'hui Toulouse est le premier centre aéronautique et électronique de France. Marseille est le centre de l'industrie pétro-chimique. Grenoble, située aux pieds des Alpes, est un important centre de recherche. Strasbourg, près de la Belgique, de l'Allemagne et du Luxembourg, est le siège d'institutions européennes. L'effort de décentralisation et d'urbanisation ne s'arrête pas à ces huit métropoles. Il a déjà atteint d'autres villes, comme le Mans et Clermont-Ferrand. Plus tard, il comprendra la création de villes entièrement nouvelles.

Questions simples

1. Qu'est-ce qu'une « métamorphose » ?
2. Pourquoi l'auteur parle-t-il de « métamorphose » au sujet de la France ?
3. Selon l'auteur, à quoi rêvaient les Français de 1950 ?
4. Selon l'auteur, que serait-il arrivé à la France si ce rêve s'était réalisé ?
5. Quels exemples de l'orientation nouvelle de la France l'auteur donne-t-il ?

6. Quelle interprétation l'auteur donne-t-il du miracle français ?
7. Qu'est-ce que le Marché Commun ?
8. Pourquoi l'entrée de la France dans le Marché Commun représentait-elle un pari colossal ?
9. Quels ont été les effets de cette entrée sur l'agriculture française ?
10. Quel changements ont eu lieu dans l'industrie ?
11. Qu'est-ce qu'un « secteur de pointe » ?
12. Quels exemples de secteur de pointe français l'auteur donne-t-il ?
13. Selon l'auteur, quels sont les points faibles de la France ?
14. Qu'est-ce qu'une « autoroute » ?
15. Pourquoi le système d'éducation français est-il archaïque ?
16. En quoi consiste la politique actuelle de construction ?
17. Comment s'explique le récent essor démographique français ?
18. Qu'est-ce que l'exode rural ?
19. En France, quelle est la signification du mot « décentralisation » ?
20. Sur le plan intellectuel, quel effort de décentralisation a été accompli ?
21. Quelles grandes métropoles de province connaissez-vous ?
22. Dans quels secteurs économiques ces métropoles sont-elles spécialisées ?
23. Pourquoi Strasbourg est-elle le siège d'institutions européennes ?

Questions d'application

24. Est-ce que les Etats-Unis ont beaucoup changé entre 1850 et 1950 ?
25. Quelles ont été les principales transformations dans le domaine agricole ?
26. Quelles ont été les principales transformations dans le domaine industriel ?
27. Est-ce que les Etats-Unis ont beaucoup changé entre 1950 et maintenant ? Expliquez.
28. Est-ce qu'aujourd'hui les Etats-Unis sont un pays prospère ? Pourquoi ou pourquoi pas ?
29. Quels sont les « secteurs de pointe » de l'économie américaine ?
30. Quelles sont les principales difficultés de l'économie américaine ?
31. Quels sont les points faibles de la société américaine contemporaine ?
32. Approximativement quelle est la population actuelle des Etats-Unis ?
33. Est-ce que l'immigration a joué un rôle important dans la croissance de la population américaine ? Est-ce vrai aujourd'hui ?
34. Quelles sont les villes américaines qui actuellement se développent le plus rapidement ?

Sujets d'exposé

A. La vie dans une grande ville : ses avantages et ses inconvénients.
B. La vie dans une « commune » américaine : ses avantages et ses inconvénients.

Sujet de polémique : pour ou contre ?

Une famille ne doit pas avoir plus de deux enfants : essor démographique = zéro.

Word Study

A. Politics

la politique	politics	*un homme politique*	politician
une politique	policy	*un parti*	(political) party

B. Verbs and objects

Some verbs which take a direct object in English require a preposition in French. Cognates prove particularly troublesome:

entrer dans	*La France est* **entrée dans** *le Marché Commun.*
répondre à	*Il a* **répondu à** *toutes les questions.*
résister à	*Les Français* **résistent**-*ils* **aux** *changements ?*
ressembler à	*La France de 1970 ne* **ressemble** *pas* **à** *celle de* 1950.

Other common verbs which take a preposition in French and not in English are:

demander à	to ask (someone)	*obéir à*	to obey
dire à	to tell (someone)	*succéder à*	to succeed, to follow

Conversely, there are verbs which take a preposition in English but not in French.

attendre	to wait for	*écouter*	to listen to
chercher	to look for	*payer*	to pay for
demander	to ask for	*regarder*	to look at

Language Study

C. The pluperfect tense

The pluperfect, in its formation and use, resembles its English counterpart.

GENERAL PATTERN for the pluperfect tense:

imperfect of the auxiliary (**avoir** or **être**) + past participle

TRAVAILLER	ARRIVER	SE LEVER
*j'***avais travaillé**	*j'***étais arrivé**	*je m'***étais levé**
tu **avais travaillé**	*tu* **étais arrivé**	*tu t'***étais levé**
il **avait travaillé**	*il* **était arrivé**	*il s'***était levé**
nous **avions travaillé**	*nous* **étions arrivés**	*nous nous* **étions levés**
vous **aviez travaillé**	*vous* **étiez arrivés**	*vous vous* **étiez levés**
ils **avaient travaillé**	*ils* **étaient arrivés**	*ils s'***étaient levés**

Exercices

1 Réactions en chaîne. Faites des phrases suivant le modèle.

Modèle : Les Conservateurs s'opposent aux Libéraux. (le changement)
Les Libéraux s'opposent au changement.

1. La Grande Bretagne entre dans le Marché Commun. (une phase nouvelle)
2. Ce parti s'oppose à ce candidat. (cette politique)
3. Le maire obéit au préfet. (le ministre)
4. La Cinquième République a succédé à la Quatrième République. (la Troisième République)
5. Ce candidat change de parti. (principes)
6. Cet homme politique entre dans ce parti. (ce gouvernement)
7. Les Libéraux résistent aux Communistes. (les Conservateurs)
8. L'économie française ne ressemble pas à l'économie américaine. (l'économie russe)

2 Retour de France. Vous avez été en France et vous avez observé les changements suivants. Exprimez ces observations en commençant vos phrases par **J'ai remarqué que**.... Utilisez le plus-que-parfait.

Modèle : La France se transforme.
J'ai remarqué que la France s'était transformée.

1. Les institutions changent.
2. Les réformes réussissent.
3. Les paysans émigrent vers la ville.
4. La production augmente.
5. L'économie se modernise.
6. Les entreprises se transforment.
7. Le gouvernement se décentralise.
8. Les autoroutes se développent.

3 Changements. Mettez les phrases suivantes au plus-que-parfait. Commencez par les mots **En 1970** et ajoutez **déjà** suivant le modèle.

Modèle : L'économie française change.
En 1970, l'économie française avait déjà changé.

1. Beaucoup de paysans quittent la terre.
2. La France lance un satellite.
3. Le gouvernement adopte une politique de décentralisation.
4. Cette politique réussit.
5. La France entre dans le Marché Commun.
6. Les industries se transforment.

NOTE: For the **pluperfect**, as for the **passé composé**, the auxiliary of verbs of motion and of reflexive verbs is **être**. The past participles of these verbs agree with the subject and the reflexive direct object, respectively.

In both French and English, the pluperfect is used to express the fact that one past action came before another.

Avant les « Evénements de mai 1968 », *le système universitaire n'***avait** *pas beaucoup* **changé**.
Before the events of May 1968, the university system had not changed much.

The pluperfect is also used in *if*-clauses with the conditional.

Si cette politique **avait réussi**, *la France serait-elle un pays prospère* ?
If this policy had been successful, would France be a prosperous country ?

D. The conditional

In French, the conditional is a simple tense.

GENERAL PATTERN for the conditional:

future stem + imperfect endings

PARLER	FINIR	VENDRE	ÊTRE	AVOIR
*je parler***ais**	*je finir***ais**	*je vendr***ais**	*je ser***ais**	*j'aur***ais**
*tu parler***ais**	*tu finir***ais**	*tu vendr***ais**	*tu ser***ais**	*tu aur***ais**
*il parler***ait**	*il finir***ait**	*il vendr***ait**	*il ser***ait**	*il aur***ait**
*nous parler***ions**	*nous finir***ions**	*nous vendr***ions**	*nous ser***ions**	*nous aur***ions**
*vous parler***iez**	*vous finir***iez**	*vous vendr***iez**	*vous ser***iez**	*vous aur***iez**
*ils parler***aient**	*ils finir***aient**	*ils vendr***aient**	*ils ser***aient**	*ils aur***aient**

NOTE: To review the formation of the future stem, see Lesson 12-C.

The uses of the conditional are generally parallel in French and English.

Il **aimerait** *réformer les institutions.*	He would like to reform the institutions.
Il a dit qu'il **moderniserait** *le pays.*	He said he would modernize the country.
Si j'étais français, je **voterais** *pour lui.*	If I were French, I would vote for him.

NOTES: 1. **Would + verb** (meaning *used to*) is expressed by the imperfect of the verb in question.

Certains gouvernements **étaient** *toujours* **opposés** *au changement.*
Some governments would always be opposed to change.

2. **Would not + verb** (meaning *did not want to*) is expressed by the imperfect of **vouloir** + infinitive of the verb in question.

Ils **ne voulaient pas changer** *les institutions.*
They would not change the institutions.

4 Illusions. Comencez les phrases par **Mon père pensait que....** Employez le conditionnel suivant le modèle.

Modèle : La France ne change pas.
Mon père pensait que la France ne changerait pas.

1. La France n'entre pas dans le Marché Commun.
2. De Gaulle n'est pas élu.
3. Les institutions n'évoluent pas.
4. Le gouvernement change.
5. Tu es plus libéral.
6. Pompidou n'est pas élu.
7. Je vote pour lui.
8. Nous nous adaptons à cette situation.

5 Projets de voyage. Transformez les deux phrases en une seule, suivant le modèle.

Modèle : Il réussit. Il est riche.
S'il réussissait, il serait riche.

1. Il est riche. Il voyage.
2. Il voyage. Il va à Paris.
3. Il va à Paris. Il habite au Quartier Latin.
4. Il habite au Quartier Latin, Il va souvent au café.
5. Il va souvent au café. Il rencontre des jeunes Français.
6. Il rencontre des jeunes Français. Il n'étudie plus.
7. Il n'étudie plus. Il ne réussit pas à ses examens.

6 Si.... Complétez les phrases suivantes. Utilisez votre imagination.

1. Si j'avais de l'argent...
2. Si j'étais français...
3. Si j'étais un homme politique....
4. Si j'étais président....
5. Si nous avions un gouvernement conservateur....
6. Si nous avions un gouvernement communiste....
7. S'il n'y avait pas de gouvernement....
8. Si les étudiants se révoltaient....

E. The irregular verb devoir (must, to have to; to owe)

Present tense : *je dois, tu dois, il doit, nous devons, vous devez, ils doivent.*
Passé composé : *j'ai dû.*
Future : *je devrai.*

The verb **devoir** is used in several ways:

1. **Devoir + infinitive** expresses obligation, expectation, or assumption.

Present:	obligation	*Nous* **devons** *choisir un bon candidat.* We must choose a good candidate. (We have to choose a good candidate.)
	expectation	*Notre candidat* **doit** *réussir.* Our candidate is to be successful. (Our candidate is supposed to be successful.)
	assumption	*Ce* **doit** *être facile.* That should be easy. (That must be easy.)
Conditional:	obligation	*Il* **devrait** *faire cette réforme.* He ought to carry out this reform. (He should carry out this reform.)
	expectation	*Il* **devrait** *réussir.* He should be successful.
	assumption	*Il* **devrait** *être satisfait des résultats.* He should be happy about the results.
Passé composé:	obligation	*Il* **a dû** *changer de programme.* He had to change his platform.
	assumption	*Il* **a dû** *changer de programme.* He must have changed his platform.

2. **Devoir + noun** means to owe.

Il nous **doit** *sa réussite.* He owes his success to us.

7 Chef d'entreprise. Comme chef d'entreprise vous donnez certains conseils. Insistez sur ces conseils en transformant les phrases impératives d'après le modèle.

Modèle : Modernisons notre équipement.
Nous devons moderniser notre équipement.

1. Exportons dans le Marché Commun.
2. Etablissez des contacts avec une firme suisse.
3. Réunis des capitaux.
4. Soyez plus compétitifs.
5. Cherchons une banque.
6. Etudiez ce problème.
7. Résiste à la concurrence.
8. Employez du personnel qualifié.
9. Adoptons une solution plus efficace.
10. Fais des efforts supplémentaires.

8 Bons conseils. Suggérez des changements en utilisant le conditionnel de **devoir**.

Modèle : Cette entreprise ne se modernise pas.
Cette entreprise devrait se moderniser.

1. L'économie ne s'adapte pas.
2. Les entreprises ne se spécialisent pas.
3. Les institutions ne changent pas.
4. Le gouvernement ne fait pas de réforme.
5. Nous ne sommes pas libéraux.
6. Vous ne changez pas d'opinion.
7. Je ne suis pas candidat.
8. Tu ne votes pas pour moi.

Document

Voici quelques commentaires de Jean-Jacques Servan-Schreiber, un homme politique francais, tirés d'une interview qu'il a donnée à *Life*, le 31 mai 1968 :

— La crise actuelle signifie-t-elle la fin de Charles de Gaulle et du gaullisme tels que le monde les a connus ?

J.-J. S.-S. — Oui. Ça n'est peut-être pas pour le mois prochain ; simplement, ses jours sont comptés.

Mais la crise, en réalité, n'est pas celle du gaullisme. C'est un problème beaucoup plus vaste que le gaullisme — et même plus vaste que la France. C'est le problème du monde industriel confronté à l'accélération du rythme de changement dans l'industrie, dans les laboratoires, dans l'invention, et finalement dans l'esprit. A un moment donné, une telle accélération entre directement en conflit avec la rigidité des structures traditionnelles. Quand ce conflit a lieu, ce qui cède ce sont les structures. Si la révolution a explosé en France d'abord, c'est parce que les structures françaises étaient les plus rigides. Le gaullisme a encore durci les structures de la nation française.

* * * *

— D'une façon quelconque, cette révolution française a-t-elle pu être causée par la jalousie des étudiants et des ouvriers contre le mode de vie et le confort des étudiants et des ouvriers américains ?

J.-J. S.-S. — Non. Pas plus d'ailleurs qu'en référence au mode de vie des Russes. Les communistes se posent des questions parce que la société soviétique est considérée comme une société bureaucratique. Les étudiants et les ouvriers français ne veulent pas non plus de la société américaine, parce qu'ils pensent qu'elle est souvent injuste et cruelle, quoique dynamique. Nous devons inventer une société qui ne soit pas la société soviétique et qui ne soit pas non plus la société américaine. Là est le « défi ». C'est à la fois une exigence politique et une exigence morale : la France et l'Europe doivent inventer leur propre chemin.

* * * *

— Ce sont, en effet, les étudiants qui ont fait tomber Lyndon Johnson aux U. S. A., Novotny en Tchécoslovaquie, et bientôt peut-être de Gaulle en France. Cela signifie-t-il que des hommes âgés ne peuvent plus gouverner des nations qui sont continuellement plus jeunes en population et en caractère ?

J.-J. S.-S. —Je crois que cela est vrai, non pas à cause de l'âge des hommes, mais à cause de l'âge de leurs structures mentales. Les gens qui sont nés dans un monde nucléaire, dans le monde de l'ordinateur, sont des gens doués d'un appétit mental différent. Qu'ils aient 20 ou 40 ans ne compte pas. Ce qui compte c'est d'être ouvert à un nouveau monde compliqué, aux questions complexes que pose ce monde, et qui demandent des réponses nouvelles. Les vieilles réponses ne sont ni acceptées ni acceptables.

* * * *

— Vous avez seulement 43 ans, mais comment vous sentez-vous face à ces jeunes gens qui se rebellent contre leur université et contre leur gouvernement ?

J.-J. S.-S. — Bien entendu je pense que leur passion est de leur âge et que moi je ne suis plus un jeune étudiant. Ceux qui ont 20 ans doivent poser les questions, et c'est ce qu'ils font avec une grande ardeur. Ceux qui ont 40 ans doivent essayer de trouver des réponses, une tâche plus difficile, plus sobre et plus rationnelle.

Le Réveil de la France, Denoël, 1968, pp. 115–126

Activités

A. Conversation. Préparez deux ou trois questions sur le texte que vous poserez à des camarades. Remarque : n'oubliez pas qu'après un mot interrogatif comme « comment », « quand », vous devez employer « est-ce que » ou bien vous servir d'une inversion.

B. Analyse. Quelles sont les différentes attitudes de Servan-Schreiber que vous découvrez dans cette interview ? Son attitude envers de Gaulle, son attitude envers la société américaine, son attitude envers les jeunes ?

C. Réflexions. Quelle est votre réaction personnelle à l'égard de ce texte ?

Un amphi de la Faculté de Droit de Paris.

17

Les Etudiants et l'université

Le défi

En étudiant les sources du progrès, les économistes ont abouti à une conclusion fondamentale. L'éducation générale et le progrès technologique constituent désormais les bases d'expansion des nations développées. La véritable richesse se mesure donc avant tout par l'abondance et la qualité des ressources humaines.

Pour chaque pays, les implications de ces conclusions sont simples : le système d'enseignement développe-t-il suffisamment le potentiel humain de la nation (c'est-à-dire, forme-t-il un nombre suffisant de chercheurs, d'intellectuels, de cadres) ? Développe-t-il rationnellement ce potentiel (c'est-à-dire, fournit-il à cette élite les connaissances indispensables pour assurer la promotion économique et sociale du pays) ?

Comment l'université française répond-elle à ces défis ?

Les bases traditionnelles de l'université française

1. Traditionnellement, l'enseignement supérieur français n'atteint qu'un nombre limité d'étudiants.

Il y a cinq cent mille étudiants dans les universités et « grandes écoles » françaises, c'est-à-dire 16 pour cent de la population en âge d'y aller. Cette proportion est faible en comparaison des Etats-Unis où elle atteint 40 pour cent. Elle est toutefois plus élevée que dans les autres pays d'Europe. Souvent des raisons purement matérielles ont contribué à retarder l'expansion universitaire : insuffisance de capitaux, pénurie de personnel enseignant, manque de bâtiments universitaires.

Cette situation soulève une question simple : n'a-t-on pas tort de négliger l'enseignement ? n'est-il pas temps de réorienter les priorités nationales et d'exiger de la part du gouvernement un effort considérable en matière d'enseignement ?

2. Traditionnellement, l'enseignement supérieur français tend vers l'abstrait et favorise les disciplines littéraires au détriment des disciplines scientifiques.

Certains critiques ont reproché à l'enseignement français d'être dogmatique et pas très pratique. Ils ont raison. Les exemples qu'ils donnent sont convaincants. Récemment encore, on pouvait obtenir un diplôme de médecin sans avoir aucune expérience hospitalière. Il y a dix ans, l'Ecole des Hautes Etudes Commerciales de Paris, la plus prestigieuse école de commerce française, n'offrait aucun cours sérieux de gestion ou d'économie politique. Par contre, elle exigeait au programme d'entrée de vastes connaissances littéraires, deux langues obligatoires, une connaissance approfondie de l'histoire, de la géographie, de la physique et de la chimie, en fait, une formation d'« honnête homme »[1] telle qu'on la concevait au dix-septième siècle. Aujourd'hui encore, les études de droit sont fondées sur l'enseignement de principes généraux, plutôt que sur la résolution de problèmes pratiques.

L'enseignement supérieur traditionnel met l'accent sur la virtuosité intellectuelle plutôt que sur la formation professionnelle. Cette tendance se traduit aussi par la faible représentation de l'enseignement technique au niveau universitaire. En 1968, par exemple, les établissements d'enseignement supérieur ont délivré moins de huit mille diplômes d'ingénieurs, c'est-à-dire 10 pour cent seulement du nombre total de diplômes.

[1] Au dix-septième siècle on appelait « honnête homme » un homme du monde, cultivé, intelligent et spirituel.

LE CHOIX PROFESSIONNEL DES BACHELIERS DE 1970

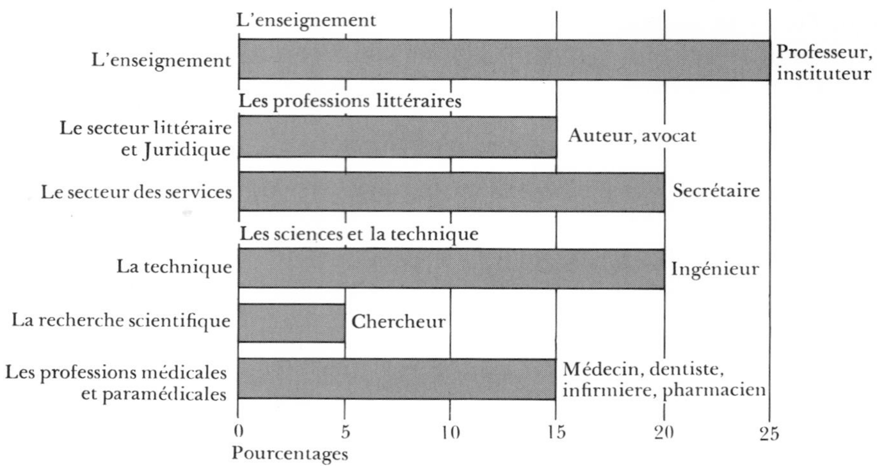

En développant la théorie aux dépens de l'application, l'enseignement universitaire remplit-il la fonction sociale qui lui est assignée, celle de préparer l'élite intellectuelle et scientifique aux tâches pratiques qui l'attendent ?

3. Traditionnellement, l'enseignement supérieur français repose sur une conception aristocratique de la pédagogie.

L'enseignement français obéit aux lois du darwinisme intellectuel. Avant d'atteindre son diplôme final, l'étudiant français doit franchir une série de barrières successives faites de concours et d'examens les plus divers. La présence assidue aux cours est nécessaire, mais ne garantit en rien la réussite aux examens. En 1970, par exemple, 30 pour cent des candidats qui se sont présentés au baccalauréat ont été recalés, et n'ont donc pas pu entrer directement à l'université. Or le baccalauréat est un examen relativement bénin en comparaison des examens qui le suivront.

En entretenant un esprit de concurrence farouche parmi les étudiants, ce système conduit naturellement à une atrophie sérieuse du potentiel intellectuel de la nation : 90 pour cent des jeunes de treize à quatorze ans vont à l'école, mais après seize ans, cette proportion tombe à 20 pour cent. En produisant une oligarchie intellectuelle, un tel système n'élimine-t-il pas du circuit des études un potentiel humain dont le pays a besoin ?

4. Traditionnellement, l'enseignment supérieur français est en principe gratuit, mais en réalité il n'est guère démocratique.

En France, l'enseignement est un service public, organisé et dirigé par l'Etat. Il est gratuit et en principe ouvert à tous. Mais en fait, les classes sociales favorisées y ont un accès privilégié. Selon l'Institut National de la Statistique et des Etudes Economiques, 60 pour cent des étudiants universitaires viennent de familles dont le chef est patron ou cadre.[1] Par contre, les enfants d'ouvriers et d'agriculteurs ne représentent que 16 pour cent des étudiants. Or, ces deux catégories représentent en France 56 pour cent de la population active. Il y a là un paradoxe, et presqu'une injustice sociale, car si les Français sont égaux devant l'impôt, ils ne semblent pas l'être en ce qui concerne l'enseignement.

Ce système d'enseignement ne prolonge-t-il pas le système de castes sociales qui est lui-même un obstacle majeur au progrès ?

Les événements de mai 1968

Les déficiences du système universitaire français ont entretenu un sentiment de malaise parmi les étudiants. Ce malaise s'est brusquement révélé en mai 1968 : les « Evénements de mai », véritable révolution à laquelle participa la quasi-totalité de la population furent déclenchés par les étudiants.

A vrai dire, ces événements prirent l'opinion publique par surprise. La révolte des étudiants commença en mars (et non en mai) à Nanterre, dans la banlieue de Paris, sous la forme de manifestations relativement bénignes. Le 2 mai, elle s'étendit à la Sorbonne. L'entrée de la police dans la cour de la Sorbonne provoqua une véritable bataille rangée entre policiers et étudiants. Des barricades s'élevèrent au Quartier Latin. Le 13 mai, les ouvriers se joignirent aux étudiants et le parti communiste déclara la grève générale. Une période de confusion suivit. De Gaulle décida de dissoudre le Parlement. Des élections générales eurent lieu le 30 juin. Les élections confirmaient la popularité de de Gaulle. La révolution se terminait par un échec.

[1] Les cadres constituent le personnel de direction des entreprises. On distingue les cadres supérieurs (*top management*) et les cadres moyens (*middle management*).

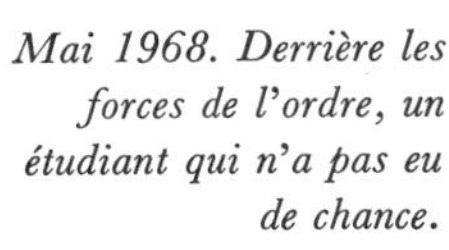
Mai 1968. Derrière les forces de l'ordre, un étudiant qui n'a pas eu de chance.

Si l'ordre était rétabli, les « Evénements de mai » laissèrent des traces sérieuses. Ils précipitèrent sans doute la démission de de Gaulle lui-même, un an après. Ils soulignèrent aussi le profond archaïsme du système universitaire français. Si les protestations des étudiants prirent une forme violente, leurs objectifs étaient pourtant relativement modestes : assurer des conditions adéquates d'études et de travail à tous les étudiants.

La nécessité des réformes fut immédiatement reconnue par le gouvernement. Edgar Faure, le nouveau ministre de l'Education Nationale, entreprit la rénovation des structures de l'université. Celles-ci en avaient bien besoin car elles n'avaient guère changé depuis l'ère napoléonienne. A un système autoritaire allait succéder un régime beaucoup plus souple et beaucoup plus décentralisé où les étudiants et les professeurs remplacent le recteur, nommé par le Ministre de l'Education Nationale, dans la direction de l'Université.

Les réformes

En fait, le gouvernement n'avait pas attendu les « Evénements de mai » pour entreprendre la rénovation de l'enseignement. Les réformes ont porté sur plusieurs domaines.

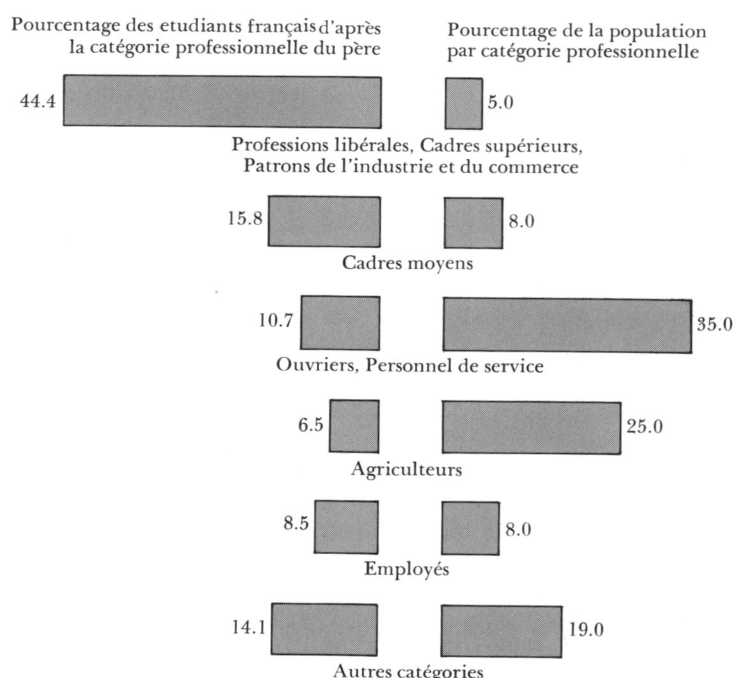

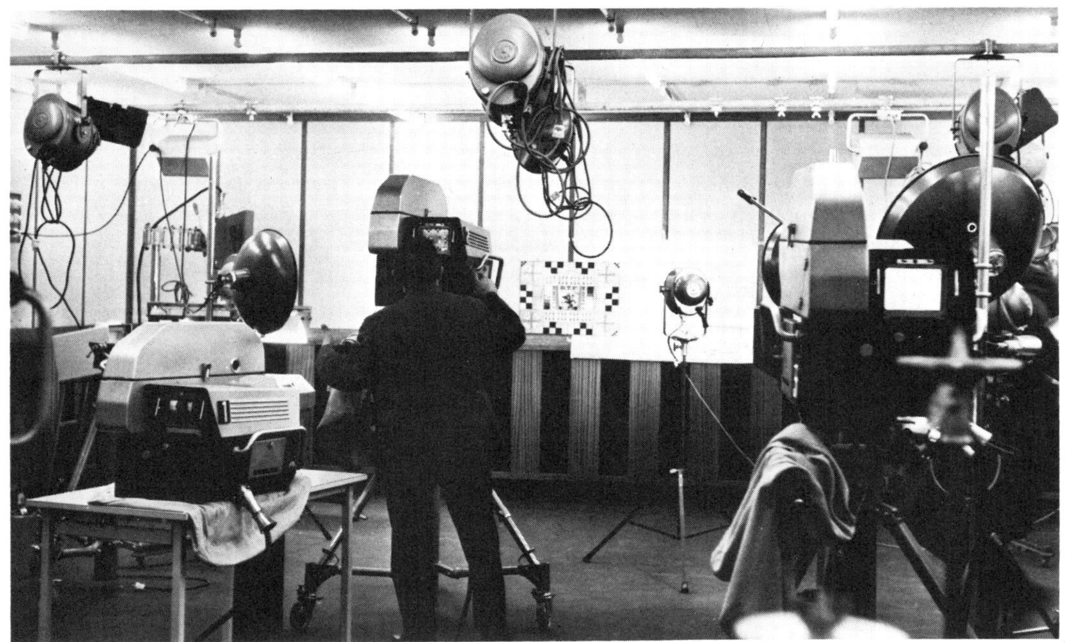

Préparation des cours télévisés au Centre Universitaire de Vincennes.

Accroissement des effectifs. Depuis la guerre, la croissance du personnel enseignant a été la plus forte du monde. Pour l'enseignement supérieur, elle a atteint 131 pour cent entre 1950 et 1960 (contre 63 pour cent en U. R. S. S. et 58 pour cent aux Etats-Unis). En même temps, de nouvelles universités ont été créées dans d'importantes villes de province (à Orléans, Reims, Nantes, Nice). L'université de Paris s'est décentralisée géographiquement. Le résultat de ces mesures est impressionnant. En vingt ans le nombre d'étudiants inscrits dans les universités et dans les grandes écoles a plus que quadruplé.

Développement d'un système technique parallèle. Plusieurs réformes ont donné à l'enseignement technique un statut comparable à celui de l'enseignement secondaire classique. La création d'instituts universitaires de technologie prolonge cet enseignement technique au niveau universitaire. Un enseignement de « promotion sociale » permet aux personnes qui ont un emploi d'acquérir une formation professionnelle complémentaire. Ces mesures ont élargi la base de l'enseignement et ont démocratisé celui-ci, car ce sont finalement les enfants d'ouvriers qui en bénéficient.

Développement de la formation professionnelle. Les universités essaient d'intégrer l'enseignement théorique et l'enseignement pratique. En médecine, par exemple, domaine particulièrement retardataire, la formation hospitalière complète désormais l'enseignement universitaire traditionnel.

Aide financière. Des formules variées permettent aux étudiants d'obtenir une aide financière du gouvernement. A côté des bourses existe le système du présalaire par lequel les futurs employés de l'Etat (professeurs, ingénieurs) sont rémunérés pendant la durée de leurs études.

Questions simples

1. Selon les économistes, en quoi consiste la véritable richesse d'une nation ?
2. Quels sont les pays où la proportion des jeunes allant à l'université est la plus élevée ?
3. Dans quels pays européens cette proportion est-elle la plus élevée ?
4. Quels facteurs ont retardé l'expansion universitaire française ?
5. Traditionnellement vers quelles disciplines s'orientent les étudiants français ?
6. Dans une université française traditionnelle, l'enseignement est-il plutôt pratique ou plutôt théorique ?
7. Au dix-septième siècle, qu'était un « honnête homme » ?
8. Quelles barrières l'étudiant français doit-il franchir avant d'obtenir son diplôme ?
9. Quel est le pourcentage de jeunes Français allant dans un établissement scolaire après seize ans ?
10. Que signifie l'expression « oligarchie intellectuelle » ?
11. Quel pourcentage des étudiants les enfants de cadres supérieurs et de patrons représentent-ils ?
12. Quel pourcentage des professions libérales, les cadres supérieurs et les patrons représentent-ils dans la population active française ?
13. Quel pourcentage des étudiants les enfants d'ouvriers représentent-ils ?
14. Quel pourcentage les ouvriers représentent-ils dans la population active ?
15. Pourquoi l'auteur dit-il que l'enseignement supérieur français n'est pas très démocratique en fait ?
16. Que furent les « Evénements de mai 1968 » ?
17. Ces événements provoquèrent-ils des changements politiques importants immédiatement ?
18. Quels étaient les objectifs des étudiants pendant les « Evénements de mai » ?
19. Quels furent les effets de ces événements sur l'université française ?
20. Comment l'enseignement technique a-t-il été intégré à l'enseignement universitaire ?
21. Quelles sont les formules d'aide financière dont les étudiants français bénéficient ?

Questions d'application

22. Que doit faire un étudiant américain pour obtenir son diplôme de « high school » ?
23. Que doit faire un étudiant américain pour obtenir son baccalauréat ?
24. Comment l'étudiant américain finance-t-il ses études ?
25. Est-ce que l'université américaine assure la formation professionnelle ? Comment ?
26. Est-ce que l'université américaine prépare l'étudiant pour son existence de citoyen ? Comment ? (ou pourquoi pas ?)
27. Est-ce que les universités américaines ont un rôle à jouer dans les communautés où elles se trouvent ? Lequel ?
28. Les étudiants américains peuvent-ils jouer un rôle dans la vie politique américaine ? Lequel ?
29. Les étudiants américains ont-ils déjà influencé la politique américaine ? Quand et comment ?
30. Y a-t-il un malaise universitaire aux Etats-Unis ? Pourquoi ou pourquoi pas ?

Sujets d'exposé

A. Pourquoi est-il utile (inutile) d'aller à l'université ?
B. Les réformes que je propose dans l'enseignement universitaire.

Sujet de polémique : pour ou contre ?

Le système de notes doit être aboli au niveau universitaire.

Word Study

A. Schools

Un **élève** (*une* **élève**) *va au* **lycée** (senior high school) *ou au* **C. E. S.** (*Collège d'Enseignement Secondaire* = junior high school).

Un **étudiant** (*une* **étudiante**) *va à l'***université** *ou à une* **grande école** (*e.g.*, engineering school, business school, fine arts).

Un **instituteur** (*une* **institutrice**) *enseigne à l'école primaire.*

Un **professeur** *enseigne au C. E. S., au lycée, ou à l'université.*

*L'***éducation** *vient de la famille.*

*L'***instruction** *est le rôle des écoles.*

Language Study

B. The irregular verb conduire (to drive, to lead to)

Present tense : *je conduis, tu conduis, il conduit, nous conduisons, vous conduisez, ils conduisent.*
Passé composé : *j'ai conduit.*
Future : *je conduirai.*

C. The irregular verb atteindre (to reach, to attain)

Present tense : *j'atteins, tu atteins, il atteint, nous atteignons, vous atteignez, ils atteignent.*
Passé composé : *j'ai atteint.*
Future : *j'atteindrai.*

D. The present participle: forms

GENERAL PATTERN for the formation of the present participle:

nous-stem of the present tense + **-ant**

chanter	*nous* **chant***ons*	**chantant**	singing
finir	*nous* **finiss***ons*	**finissant**	finishing
vendre	*nous* **vend***ons*	**vendant**	selling
aller	*nous* **all***ons*	**allant**	going
faire	*nous* **fais***ons*	**faisant**	doing

There are three irregular present participles:

avoir : **ayant** *être* : **étant** *savoir* : **sachant**

Vocabulaire utile

Voici certains verbes conjugués comme **conduire** :

construire	*to build, to construct*	réduire	*to reduce, to shorten*
détruire	*to destroy*	traduire	*to translate, to express*
instruire	*to instruct*	se conduire	*to behave*
produire	*to produce*	se produire	*to be happening, to happen*[1]

Voici certains verbes conjugués comme **atteindre** :

craindre	*to fear*	éteindre	*to extinguish, to put out, to turn off/out*
plaindre	*to pity*	peindre	*to paint*
se plaindre de	*to complain about*		

Exercices

1 Les « Evénements de mai 1968 ». Mettez les phrases suivantes au présent.

Modèle : On a craint une révolution.
On craint une révolution.

1. Cette révolution ne s'est pas produite.
2. Ces événements ont traduit le malaise de l'université.
3. Les réformes ont produit un véritable changement.
4. Comment se sont conduits les étudiants ?
5. Qu'est-ce qu'ils ont détruit ?
6. Avez-vous plaint les professeurs ou les étudiants ?
7. Le tableau qu'on a peint des étudiants français n'est pas nécessairement exact.

2 Remplacements. Remplacez les mots en italique par un adjectif verbal en **-ant**. N'oubliez pas que l'adjectif s'accorde avec le nom.

Modèle : C'est une classe *qui intéresse.*
C'est une classe intéressante.

1. Cet élève a une attitude *qui déconcerte.*
2. Ce professeur a des opinions *qui choquent.*
3. Il a des idées *qui surprennent.*
4. L'institutrice a une humeur *qui change.*
5. Voici des filles *qui charment.*
6. J'ai reçu des notes *qui découragent.*
7. Ma mère a fait des remarques *qui réconfortent.*
8. Mon professeur a fait une conférence *qui étonne.*

[1] Il se produit un événement important. *An important event is happening.*

NOTES: 1. When the present participle is used as a verb, it remains invariable.

C'est en **intéressant** *ses élèves que ce professeur leur enseigne les sciences.*
It is by interesting his students that this teacher teaches them science.

2. When the present participle is used as an adjective, it takes adjective endings.

Il fait des conférences très **intéressantes**.
He gives very interesting lectures.

E. The present participle: uses

The French present participle is used much less frequently than its English counterpart in *-ing*. In French, the present participle usually expresses a relationship of cause or simultaneity or near simultaneity between actions. It is frequently, but not always, preceded by **en** (*while*, *upon*, *immediately after*, *by*) or **tout en** (*while*).

En étudiant, *vous aurez des bonnes notes.*
By studying you will get good grades.
En allant *à l'université, j'ai vu une manifestation.*
While going to the university, I saw a demonstration.
En arrivant *au lycée, j'ai rencontré mon professeur d'anglais.*
Upon arriving at school, I met my English teacher.
Etant *à la Sorbonne, j'ai souvent eu l'occasion de parler à des étudiants français.*
While at the Sorbonne, I often had the opportunity of speaking with French students.

As in English, the present participle plus complement is also used to describe a noun. However, when this noun is the object of the sentence, a relative clause is preferred.

Un étudiant **portant** *un sac est entré.*
A student carrying a bag came in.
But: *J'ai rencontré un étudiant* **qui portait** *un sac.*
I met a student carrying a bag.

NOTES: 1. The French present participle is never used as a verbal noun.

Parler *français est difficile.*	Speaking French is difficult.
J'aime **parler** *français.*	I like speaking French.

2. The French present participle is never used after prepositions other than **en**.

Il a réussi à ses examens sans **étudier**.
He passed his exams without studying.
Il est parti après **avoir réussi** *à ses examens.*
He left after passing his exams.

In both cases, the infinitive is used in French.

3. The French present participle is never used to express continuity.

*J'***étudie.**	I am studying.
*J'***étudiais.**	I was studying.

Proverbe

C'est en forgeant qu'on devient forgeron.

It is by forging that one becomes a blacksmith—*Practice makes perfect.*

Exercices

4 Le gouvernement et l'université. Dites que le gouvernement facilite l'enseignement supérieur en faisant les choses suivantes.

Modèle : Il crée de nouvelles universités.
Il facilite l'enseignement supérieur en créant de nouvelles universités.

1. Il donne des bourses.
2. Il accorde un présalaire.
3. Il construit de nouvelles facultés.
4. Il démocratise les études.
5. Il établit des centres universitaires de technologie.
6. Il réforme les programmes.
7. Il change la structure de l'université.
8. Il décentralise l'université.

5 A l'université. Remplacez les mots en italique par **en** + participe présent, suivant le modèle.

Modèle : *Quand on étudie*, on apprend.
En étudiant, on apprend.

1. *Quand on travaille*, on réussit à ses examens.
2. *Quand on réussit* au baccalauréat, on peut ensuite aller à l'université.
3. *Quand il échoue*, l'étudiant doit recommencer ses études.
4. *Quand on est* à l'université, on peut faire de la politique.
5. *Quand on va* à l'université, on apprend parfois un métier.
6. *Quand on apprend* un métier, on prépare l'avenir.
7. *Quand il est* à l'université, l'étudiant peut demander une bourse.
8. *Quand il donne* des bourses, le gouvernement démocratise l'enseignement.

6 L'enseignement en France. Remplacez la première partie de la phrase par **en** + participe présent.

Modèle : Parce qu'il va à l'université, l'étudiant continue ses études.
En allant à l'université, l'étudiant continue ses études.

1. Parce qu'il est gratuit, l'enseignement français est en principe ouvert à tous.
2. Même s'il est gratuit, il n'est pas nécessairement démocratique.
3. Parce qu'ils sont pauvres, les fils d'ouvriers vont rarement à l'université.
4. Parce qu'elles favorisent les études littéraires, les universités forment peu de cadres scientifiques.
5. Parce qu'ils sont difficiles, les concours éliminent beaucoup de jeunes du circuit des études.
6. Parce qu'elle est décentralisée, l'université française reçoit plus d'étudiants qu'avant.
7. Parce qu'ils ont révélé le malaise de l'université, les « Evénements de mai » ont provoqué une révolution dans l'enseignement.
8. Parce qu'il donne des bourses, le gouvernement aide les étudiants pauvres.

F. Questions: inversion after a noun subject

GENERAL PATTERN for inverted questions with a noun subject:

1. In **simple** tenses.

   question word (if any) + noun subject + verb-pronoun + complements (if any) + ?

   Marie **va-t-elle** *à la Sorbonne cet après-midi ?*
   Quand Marie **va-t-elle** *à la Sorbonne ?*

2. In **compound** tenses.

   question word (if any) + noun subject + auxiliary-pronoun + past participle + complement (if any) + ?

   Ses amis **ont-ils été** *à la Sorbonne aussi ?*
   Où ses amis **ont-ils été** *?*

NOTES: 1. In questions of the above type, the pronoun inserted after the verb or auxiliary verb must always correspond to the noun subject in gender and number.

2. It is possible to invert the noun subject and the verb directly under the following conditions:

   a. The question is introduced by **où** or **comment**.

   Où *va Marie ?*

   b. The verb is in a simple tense.[1]

   Où **sont** *ses amis ?*
   But: *Où ses amis sont-ils allés ?*

   c. The verb is not followed by a direct object.

   Comment parle le professeur ?
   But: *Comment le professeur parle-t-il anglais ?*

Inversion with the noun subject and the verb is frequently used when the subject is modified by a relative clause.

Quand part l'autobus qui va à l'université ?
Quand arrivera le professeur qui fait ce cours ?

[1] Only rarely are a noun subject and verb inverted directly in a compound tense.

7 Questions simples. Transformez les phrases suivantes en questions suivant le modèle.

Modèle : Les conclusions sont simples.
Les conclusions sont-elles simples ?

1. La situation exige une solution immédiate.
2. L'enseignement français était très dogmatique.
3. Le baccalauréat est un examen relativement facile.
4. L'Ecole des Hautes Etudes Commerciales est une école de commerce française.
5. En France, les études sont gratuites.
6. L'étudiant français doit assister aux cours.
7. Les études sont fondées sur l'enseignement des principes généraux.
8. Des raisons matérielles retardent l'expansion universitaire.

8 Questions universitaires. Mettez les phrases suivantes au passé composé.

1. La présence aux cours assure-t-elle le succès aux examens ?
2. L'enseignement français est-il dogmatique ?
3. Les étudiants participent-ils à des manifestations ?
4. Combien d'étudiants se présentent-ils au baccalauréat ?
5. Pourquoi les Evénements surprennent-ils l'opinion ?
6. Quelle proportion de la population les ouvriers représentent-ils ?
7. Le ministre de l'Education réforme-t-il l'enseignement ?
8. Les résultats sont-ils impressionnants ?

9 Mai 1968. Utilisez les phrases suivantes pour poser des questions commençant par **où**, **quand**, **comment** ou **pourquoi**.

Modèle : Le malaise de l'université se révéla en 1968.
Quand le malaise de l'université se révéla-t-il ?

1. La révolte des étudiants commença en mars.
2. Les étudiants trouvaient le système universitaire archaïque.
3. Des manifestations eurent lieu à Nanterre.
4. Les étudiants manifestèrent aussi à la Sorbonne.
5. Des barricades s'élevèrent au Quartier Latin.
6. Le 13 mai, les ouvriers joignirent les étudiants.
7. A cause de ces événements, le Général de Gaulle décida de dissoudre le Parlement.
8. La révolution se termina par un échec.

Document

Voici quelques réflexions de Raymond Aron, professeur à l'Université de Paris, sur les événements de 1968 :

Un des phénomènes qui m'a le plus frappé, c'est *le marathon de palabres*. Les étudiants parisiens, français ont parlé, parlé, parlé, pendant près de cinq semaines. Ils vont garder un souvenir radieux de ces conversations. Chacun d'ailleurs les flatte : « ils se sont instruits, ils ont acquis une sorte de maturité grâce à leur révolte ». Peut-être. Comment un ancien oserait-il en juger ? Je respecte trop mes étudiants pour me convaincre qu'ils manquaient à ce point de formation morale. Une étudiante des *Sciences politiques*[1] m'a confié qu'elle avait découvert l'existence des ouvriers. Soit. Ils ont donc parlé et ils y ont trouvé une joie extrême, ce qui me suggère une idée que confirment toutes les analyses sociologiques : les étudiants français, en particulier à Paris, constituent une foule solitaire. Nombre d'entre eux souffrent de la solitude, de l'absence de vie communautaire. Pas seulement de l'absence de contacts avec les professeurs lointains — ce qui est souvent vrai — mais aussi d'absence de contacts avec leurs camarades. Et certaines enquêtes montrent que des étudiants, venus de la province, ont fait des années d'études à la Sorbonne sans vraiment appartenir à aucun groupe, sans avoir un cercle d'amis. Cette espèce de fraternité juvénile dans une communauté semi-délinquante, c'est la surcompensation de la solitude dans laquelle vivent ordinairement les étudiants français. De la même façon la plupart des plans de réforme sont l'envers ou la négation de la réalité française. Les Français souffrent d'un système trop rigide et d'une hiérarchie trop autoritaire. Pourquoi gardent-ils un souvenir extasié des périodes où ils mettent tout par terre ? Dans ces périodes de crise où les système s'effondre, ils ont une illusion de fraternité — ils éprouvent cette fraternité —, d'égalité — et ils la vivent — puis ils reconstituent à nouveau le carcan hiérarchique dans lequel ils sont enfermés. Les Français, depuis 1789, magnifient toujours rétrospectivement leurs révolutions, immenses fêtes durant lesquelles ils vivent tout ce dont ils sont privés dans les périodes normales et ont le sentiment d'accomplir leurs aspirations, fût-ce dans un rêve éveillé. Une telle révolution apparaît nécessairement destructive, elle s'accompagne des projets les plus extravagants, négation utopique de la réalité. Par exemple, les étudiants deviennent eux-mêmes examinateurs. Personne n'y croit sérieusement mais le projet élimine un système qui les traumatise : un examen par une personnalité anonyme aux jugements catégoriques et impénétrables.

Que demain l'on modifie le système des examens comme je le souhaite depuis quinze ans, je serai *pour*, comme je l'étais hier, mais dans une période où tout le monde déraisonne, il faut bien que quelqu'un ait le courage de rappeler les évidences impopulaires. La communauté estudiantine, le grand défoulement,

[1] L'Ecole des Sciences Politiques, ou « Sciences Po », prépare à diverses carrières administratives tous les secteurs privé et public.

ces palabres indéfinis sont typiques de la société française : satisfaction provisoire, évanescente de ce que la société vécue refuse aux Français. Bien entendu, si un phénomène de cet ordre a pu se produire, il a nécessairement des causes profondes. Mais ces causes profondes appartiennent à l'ordre affectif, à l'ordre émotionnel. Au lieu de prendre au sérieux ce que les acteurs *disent*, il faut comprendre ce qu'ils *ressentent*.

La Révolution introuvable, Fayard, 1968, pp. 31–32

Activités

A. Conversation. Préparez deux ou trois questions sur le texte que vous poserez à des camarades. Vous pouvez poser des questions directes (e.g., Quel phénomène a le plus frappé Raymond Aron ?) ou des questions d'application (e.g., Pensez-vous que les étudiants américains vivent ordinairement dans la solitude ?). Remarque : n'oubliez pas le subjonctif après « Pensez-vous que… ? » et « Croyez-vous que… ? ».

B. Analyse. Quelles sont les idées principales qu'Aron exprime dans ce texte ? Dans quel ordre sont-elles présentées ?

C. Réflexions. Quelle est votre réaction personnelle à l'égard de ce texte ?

En action, la politique de la main tendue au Tiers-Monde (Voyage de de Gaulle au Pérou, octobre 1964).

18

La Politique internationale de la France

Il y a aujourd'hui une politique internationale française. Cette politique est à l'image du caractère français. On croit facilement qu'elle est illogique, alors qu'en fait elle ne l'est pas. Elle est simplement déconcertante. Pour en interpréter les contradictions apparentes, il faut revenir en arrière et revoir rapidement le contexte dans laquelle elle a été formulée.

L'Éclipse

Un auteur du dix-neuvième siècle a remarqué que le besoin d'influencer les autres était un trait fondamental du caractère national français. Sans doute, la Révolution française avait-elle inspiré d'autres révolutions à travers l'Europe.

Mais cet élan inspirateur s'était vite essoufflé. En fait, depuis Napoléon, la politique étrangère de la France était dans un état de léthargie presque totale.

Au vingtième siècle, la France essaya, mais sans grand succès, de sortir de sa torpeur. Après la première guerre, elle participa à la fondation de la Ligue des Nations. L'inefficacité de cette organisation ne lui apporta aucun prestige et l'empêcha d'avoir l'influence qu'elle aurait pu avoir autrement. La seconde guerre n'arrangea pas les choses. La défaite de 1940 élimina la France politiquement. La victoire alliée ne lui rendit pas son statut de grande puissance. C'est vrai que sur le plan diplomatique les Alliés ne se montrèrent guère généreux. La France ne fut invitée, ni à Téhéran, ni à Yalta, ni à Potsdam. Elle participa en parente pauvre au banquet des vainqueurs (c'est-à-dire, au découpage de l'Allemagne en zones d'occupation). Ce fut presque par charité qu'elle fut admise comme membre permanent du Conseil de Sécurité des Nations Unies. Diplomatiquement elle devenait ce qu'elle était déjà devenue économiquement, une puissance de second ordre. Le symbole de la puissance revenait aux Etats-Unis, la défense des états faibles revenait à l'Union Soviétique. Empêtrée dans des guerres coloniales, la France avait perdu son auditoire dans le Tiers-Monde. Son rôle international semblait bien compromis.

A la recherche d'une politique nouvelle

Ce rôle n'était pourtant pas terminé. Peu après son retour au pouvoir (1958), de Gaulle allait ranimer la politique internationale française. Les bases de cette politique sont simples. Pour la France, puissance modeste sur les plans économique et militaire, le désengagement vis-à-vis des blocs est la condition nécessaire de tout rôle international. L'expérience des « grands neutres » constituait un précédent utile à méditer. En observant une politique strictement indépendante, Nehru, Tito et Nasser avaient réussi à se faire entendre dans les années 1950. S'ils avaient depuis perdu leur influence, c'est que leur neutralité était restée relativement passive.

Le désengagement n'est donc pas suffisant en lui-même. Il faut y ajouter une politique positive et si possible innovatrice. Les éléments constructifs de la politique personnelle de de Gaulle sont facilement reconnaissables. Par ses initiatives souvent personnelles, de Gaulle a lui-même inauguré la nouvelle politique internationale de la France. Sa démission en 1969 n'a pas altéré les grandes lignes de cette politique. Voici trois exemples de la politique gaulliste :

Maintien de l'identité française. Artisan du Marché Commun, de Gaulle a toujours refusé d'adhérer à une Europe politiquement unie dans laquelle la France perdrait son caractère propre. Comme lui, ses successeurs sont les partisans de l'intégration économique, mais les adversaires convaincus de la supranationalité européenne, c'est-à-dire d'un système politique où les institutions nationales seraient remplacées par des institutions européennes.

Intensité de l'activité diplomatique. L'idée maîtresse est que la France doit partout jouer un rôle et si possible prendre l'initiative en politique étrangère. L'activité diplomatique française s'est donc étendue à tous les continents. En

Les signataires de l'accord culturel franco-chinois.

Afrique, elle a abouti à la constitution de la Communauté française, et ensuite à le négociation d'accords bilatéraux entre la France et les anciennes colonies françaises. En Asie, elle s'est manifestée par la reconnaissance de la Chine populaire, en Europe par la reconnaissance de la frontière germano-polonaise. Les voyages de de Gaulle ont ajouté une note personnelle à cette diplomatie en Amérique du Sud et en Europe orientale. Pour être efficace, la diplomatie doit être mobile. Elle doit éviter les alliances permanentes, mais profiter des avantages temporaires. L'opportunisme ne lui est donc pas étranger. Cet opportunisme s'est manifesté par exemple par un renversement assez brutal de l'entente franco-israëlienne, lorsqu'il est apparu profitable à la France de courtiser les nations arabes.

Développement d'un armement atomique. D'un point de vue stratégique, la valeur de la force de frappe est pratiquement nulle. Cette force de frappe est extrêmement coûteuse à développer. Peut-être son existence vaut-elle un certain prestige à la France, puisqu'elle lui permet d'être dans la compagnie exclusive de l'Union Soviétique, des Etats-Unis, de la Chine et de l'Angleterre.

Une diplomatie en action

De 1958 à 1969, la politique internationale de la France est restée la politique personnelle de de Gaulle. Elle ne se fit jamais par consensus populaire. Au contraire ! Un sondage d'opinion révéla par exemple que la vaste majorité des Français étaient opposés à la politique anti-israëlienne de de Gaulle. La politique gaulliste a suscité de nombreux commentaires à l'étranger.

Est-ce qu'elle est anti-américaine ? En 1958, la France faisait partie de l'Alliance Atlantique. Celle-ci était largement dominée par les Etats-Unis. Il était donc normal que le désengagement se fasse principalement à l'égard des Etats-Unis. Il aurait pu aussi bien se faire aux dépens de l'Union Soviétique si le système d'alliances avait été différent.

Tout en restant membre de l'Alliance Atlantique, la France retira ses troupes de l'O. T. A. N. en 1966. En 1967, elle exigea que les troupes des pays alliés quittent son sol. Ces mesures provoquèrent une crise très grave au sein de l'Alliance et furent certainement une source d'embarras pour les Etats-Unis. Il n'y a toutefois rien de fondamentalement anti-américain dans la politique de désengagement. En fait, les rapports franco-américains en matière commerciale sont restés à la fois souples et amicaux. Le gouvernement français encouragea, par exemple, les investissements américains en France de 1959 à 1963. Des difficultés d'ordre social (licenciement de personnel par la General Motors, Remington Rand) provoquèrent une politique beaucoup plus restrictive entre 1963 et 1966. Depuis, la France a réadmis les investissements américains alors que le gouvernement allemand cherchait à les limiter.

Il faut ajouter également que l'opinion française dans l'ensemble est restée très favorable aux Etats-Unis, même si elle en condamnait la politique vietnamienne.

Est-elle anti-britannique ? De Gaulle s'est refusé obstinément à admettre la Grande Bretagne dans le Marché Commun. Le premier prétexte fut que les attaches de celle-ci avec le Commonwealth n'étaient pas compatibles avec le caractère européen du Marché Commun. Le second fut l'instabilité de l'économie britannique. Ces prétextes ne sont guère valables. Si la Grande Bretagne maintient un système préférentiel avec les pays du Commonwealth, la France fait de même avec ses anciennes colonies africaines. Si l'économie britannique a des problèmes sérieux, elle complète pourtant les autres économies européennes. Alors, comment s'explique l'attitude gaulliste à l'égard de la Grande Bretagne ? S'agit-il d'une manifestation de la méfiance ancestrale entre les deux pays ? De Gaulle a-t-il craint que l'influence politique américaine ne s'infiltre en Europe par la porte britannique ? Quels que soient les motifs réels de la politique anti-britannique de de Gaulle, celle-ci a fait place depuis 1969 à une position beau-

De Gaulle a dit non à l'O.T.A.N.: les Américains font leurs bagages.

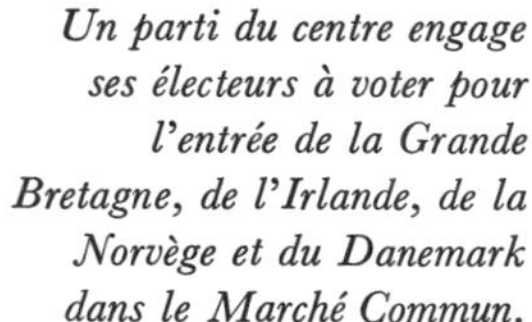
Un parti du centre engage ses électeurs à voter pour l'entrée de la Grande Bretagne, de l'Irlande, de la Norvège et du Danemark dans le Marché Commun.

coup moins intransigeante. Progressivement, le gouvernement, la presse et l'opinion ont adopté une attitude favorable à l'entrée de la Grande Bretagne dans le Marché Commun.[1] En 1971, la candidature de la Grande Bretagne a été acceptée et le Marché Commun, renforcé non seulement de celle-ci, mais aussi du Danemark et de l'Irlande, est devenu un « marché commun élargi ».

Est-elle constructive ? La neutralité française n'est pas aggressive, puisqu'elle n'est dirigée contre aucun système. Mais est-elle constructive ? En principe, oui, puisqu'elle cherche à établir un certain équilibre dans un monde dominé jusqu'alors par deux blocs rivaux. Le rôle positif que la France rêve de jouer est un rôle d'arbitre et de médiateur. Mais dans ce domaine, les résultats n'ont pas été brillants. Dans la question vietnamienne, la France a réussi à faire adopter Paris comme siège des négotiations américano-vietnamiennes. C'est surtout un succès de prestige. Dans la question israëlienne, les diverses propositions françaises n'ont modifié en rien la position des grandes puissances ni celle des états belligérants.

[1] En avril 1972, un référendum a montré que parmi les votants, 68 pour cent des Français étaient favorables à l'entrée de la Grande Bretagne dans le Marché Commun.

Questions simples

1. Comment l'auteur qualifie-t-il la politique internationale française actuelle ?
2. Est-ce que la Révolution française a été un événement national ou international ? Expliquez.
3. Pourquoi l'auteur parle-t-il d'« éclipse » de la politique française ?

4. Combien de temps cette éclipse a-t-elle duré ?
5. Quelles furent les conséquences de la deuxième guerre mondiale sur le rôle international de la France ?
6. Pourquoi l'auteur dit-il que les Alliés n'ont pas été généreux à l'égard de la France ?
7. Qui a été l'artisan du renouveau de la politique française ?
8. Quelles sont les bases de la nouvelle politique ?
9. Qui furent les grands neutres des années 1950 ?
10. Comment s'est manifestée l'intensité de l'activité diplomatique française pendant la présidence de de Gaulle ?
11. Qu'est-ce que la « force de frappe » ?
12. Pour la France, quels sont les avantages et les inconvénients de cette force de frappe ?
13. Quelle est l'attitude de la France envers les Etats-Unis ?
14. Qu'est-ce que l'O. T. A. N. ?
15. Pourquoi la France a-t-elle retiré ses troupes de l'O. T. A. N. ?
16. Qu'est-ce que c'est que le Commonwealth ?
17. Comment de Gaulle a-t-il expliqué son refus d'admettre la Grande Bretagne dans le Marché Commun ?
18. Quel rôle positif la France rêve-t-elle de jouer ?

Questions d'application

19. Qu'est-ce que la Doctrine Monroe ?
20. Est-ce que les Etats-Unis ont fait partie de la Ligue des Nations après la première guerre ?
21. Comment caractériseriez-vous la politique internationale américaine entre 1918 et 1939 ?
22. Est-ce que les Etats-Unis sont membre des Nations Unies ? Depuis quand ?
23. Combien de pays font partie des Nations Unies ?
24. Est-ce que « le besoin d'influencer les autres » caractérise la politique américaine actuelle ? Pourquoi ou pourquoi pas ?
25. Pour quelles raisons les Etats-Unis sont-ils entrés en guerre contre la Corée du Nord ?
26. Pour quelles raisons les Etats-Unis ont-ils provoqué le blocus de Cuba ?
27. Pour quelles raisons les Etats-Unis ont-ils envoyé des troupes au Vietnam ?
28. Comment la politique américaine a-t-elle évolué dans les dix dernières années ?

Sujets d'exposé

A. Un haut point (ou mauvais moment) de la politique internationale américaine.
B. L'amitié franco-américaine : un exemple historique.

Sujet de polémique : pour ou contre ?

Les Etats-Unis doivent protéger tout pays qui demande leur aide contre l'invasion du communisme.

Word Study

A. The prefix re-

The prefix **re-** or **ré-** (**r-** before a vowel) modifies the meaning of the root verb in one of three ways:

1. It adds the meaning of *back*.
   venir to come **re***venir* to come back
2. It adds the meaning of *again*.
   voir to see **re***voir* to see again
3. It reinforces the meaning of the root verb.
   marquer to mark **re***marquer* to remark

The following chart provides additional examples.

re = back		**re** = again		**re** = reinforces meaning	
rapporter	to bring back	*réchauffer*	to heat again	*recommander*	to recommend
rappeler	to call back	*remonter*	to climb again	*récompenser*	to reward
redonner	to give back	*reposer*	to put back again	*rencontrer*	to meet
renvoyer	to send back	*ressortir*	to come out again	*ressembler à*	to resemble
reprendre	to take back	*retrouver*	to find again		

B. Expressions of time and place

TIME		PLACE	
de... à	from . . . until	*de... à*	from . . . up to
de... jusqu'à		*de... jusqu'à*	
avant	before	*devant* *en avant*	in front of forward, ahead
après	after	*derrière* *en arrière*	behind backwards, behind

Language Study

C. The neutral pronoun le/l'

The pronoun **le** can replace an adjective or a whole sentence. It is often required in French where it is omitted in English.

Cette politique est-elle logique ? Non, elle ne **l'***est pas.*
Is this policy logical ? Non, it isn't.

Elle est surprenante. Oui, je **le** *vois.*
It is full of surprises. Yes, I see.

Pensez-vous qu'elle aboutisse à des résultats concrets ? Oui, je **le** *pense.*
Do you think it will bring concrete results? Yes, I think so.

Exercices

1 L'histoire se répète. Complétez les phrases suivantes par un verbe commençant par **re-** et construit sur le verbe en italique.

Modèle : Roosevelt a *vu* Staline à Yalta. Il l'a ——— à Potsdam.
Roosevelt a vu Staline à Yalta. Il l'a revu à Potsdam.

1. Les Allemands ont *pris* Paris en 1940. Les Français ont ——— Paris en 1944.
2. Les Américains ont *débarqué* en France en 1917. Ils y ont ——— en 1944.
3. La France a *libéré* l'Alsace en 1919. Elle a ——— cette province en 1945.
4. Les Japonais ont *conquis* Guam, mais les Américains ont ——— cette île.
5. Les Nations Unies ont ——— ce que la Ligue des Nations avait *commencé*.
6. Ce qui s'est *produit* pour les Français au Vietnam, s'est ——— pour les Américains.
7. Les hommes politiques ——— souvent les erreurs que leurs prédécesseurs *font*.
8. De Gaulle aimait *lire* et ——— les mêmes livres.

2 Opinions politiques. Répondez aux questions suivantes en remplaçant les mots en italique par le pronom **le**. Si vous voulez, expliquez vos réponses.

Modèle : Pensez-vous que la France soit une grande puissance ?
Oui, je le pense. (Non, je ne le pense pas.)

1. Pensez-vous *que la France ait une politique étrangère cohérente* ?
2. Pensez-vous *que les Français soient anti-américains* ?
3. Croyez-vous *que la politique française soit intelligente* ?
4. Croyez-vous *que la politique française soit neutre* ?
5. Etes-vous *sûr que la France soit hostile à la Grande Bretagne* ?
6. Etes-vous *sûr que le monde soit dominé par les deux blocs rivaux* ?
7. Etes-vous *d'accord pour augmenter l'aide américaine aux pays sous-développés* ?
8. Etes-vous *d'accord pour encourager les relations commerciales avec les pays de l'Est* ?

3 Questions personnelles. Répondez aux questions suivantes en remplaçant les mots en italique par **le**. Si vous voulez, expliquez vos réponses.

Modèle : Etes-vous *généralement optimiste* ?
Oui, je le suis. (Non, je ne le suis pas.)

1. Etes-vous *content d'être à l'université* ?
2. Etes-vous *satisfait de vos études* ?
3. Etes-vous *pour la suppression des examens* ?
4. Etes-vous *contre la discipline* ?
5. Etes-vous *d'accord pour supprimer les classes de français* ?
6. Croyez-vous *que l'étude des langues soit utile* ?
7. Pensez-vous *que vous irez un jour en France* ?
8. Voudriez-vous *habitez Paris* ?

D. Intensifiers

Adverbs used to reinforce the meaning of an adjective or an adverb are called intensifiers.

Intensifiers in affirmative sentences:

Très, fort, when the adjective stands alone:
La politique française est **fort** *déconcertante.*

Beaucoup, when the adjective is preceded by **plus**, **moins**, **trop**:
Son attitude est **beaucoup trop** *négative.*

Intensifiers in negative sentences:

Ne... pas très (not very); **ne... guère** (hardly)
Votre point de vue **n'***est* **guère** *logique.*

E. Inversions in statements

Noninterrogative inversions, which are used principally in the written language, occur:

1. After quotations, in expressions such as **dit-il**, **répond-il**.
2. After the following adverbs, when these adverbs are placed at the beginning of the sentence:

à peine	hardly, scarcely	*peut-être*	perhaps, maybe
ainsi	thus	*rarement*	rarely
aussi[1]	therefore	*sans doute*	no doubt, probably

Sans doute *la Révolution française avait-elle inspiré d'autres révolutions.*
Peut-être *son souvenir vaut-il un certain prestige pour la France.*

F. The conjunction que

The conjunction **que** (*that*) may appear alone or as part of a conjunctive expression (*e.g.*, **avant que**, **après que**).

Que may be used as a substitute for a conjunction which has already been expressed.

Si vous trouvez cette politique absurde et **que** *vous n'êtes pas d'accord...*
If you find this policy absurd and if you do not agree . . .

Quand une politique est idiote et **qu'***on veut la changer...*
When you find a policy stupid and want to change it . . .

De Gaulle réussit à décoloniser l'Afrique parce qu'il trouvait la colonisation absurde et **que** *les Français avaient confiance en lui.*
De Gaulle was successful in decolonizing Africa because he thought colonization absurd and because the French had confidence in him.

[1] **Aussi** has the meaning of *also* only when it does not begin a sentence.

4 Insistance. Renforcez les mots en italique avec **très**, **fort**, ou **beaucoup**.

Modèle : En 1945, le rôle international de la France semblait *compromis*.
En 1945, le rôle international de la France semblait très compromis.

1. Les bases de la politique française sont *simples*.
2. La politique française est *plus logique* qu'on le croit.
3. La France est *plus indépendante* aujourd'hui qu'autrefois.
4. Il est *souhaitable* que la coopération franco-américaine continue.
5. Est-ce que la politique française est *plus flexible* que la politique américaine ?
6. La politique étrangère de de Gaulle a souvent été une politique *personnelle*.
7. Est-ce que la France est *moins puissante* aujourd'hui qu'avant la guerre ?
8. Les rapports franco-américains ont généralement été *amicaux*.

5 Scepticisme. Transformez les phrases suivantes en les commençant par l'expression entre parenthèses.

Modèle : La politique française est rationnelle. (peut-être)
Peut-être la politique française est-elle rationnelle.

1. La diplomatie gaulliste était une diplomatie personnelle. (sans doute)
2. Les relations franco-britanniques s'améliorent. (peut-être)
3. Les relations franco-américaines ont été mauvaises. (rarement)
4. L'économie française est prospère. (sans doute)
5. Vous avez raison. (aussi)

6 Votre opinion. Complétez les phrases en donnant deux raisons. Utilisez **parce que** pour la première raison et **que** pour la seconde.

Modèle : De Gaulle a eu un rôle important (sans importance)...
De Gaulle a eu un rôle important parce qu'il a mis fin a la guerre d'Algérie et qu'il a redonné du prestige à la diplomatie française.

1. La politique française paraît logique (absurde)...
2. La politique française est pro-américaine (anti-américaine)...
3. Les Nations Unies sont une organisation importante (sans importance)...
4. La France est un pays important (sans importance)...
5. La bombe atomique est utile (inutile)...
6. La Chine populaire est une puissance importante (sans importance)...
7. L'Alliance Atlantique est importante (sans importance)...
8. Le neutralisme est une politique intelligente (absurde)...

G. Infinitives

The infinitive in French has many uses. It is used after certain verbs (see Lesson 13-G), in the **faire** + infinitive construction (see Lesson 11-E), to modify nouns (see Lesson 8-C), and to modify adjectives (see Lesson 19). The infinitive also occurs in many cases where English would prefer a verb form in *-ing*.

The infinitive is used:

1. As the subject of the sentence.

   Voter *n'est pas obligatoire.* — Voting is not compulsory.

2. After certain prepositions.

de	*J'ai l'âge* **de voter**.
à	*J'hésite* **à voter**.
avant de (before)	*Réfléchissez* **avant de voter**.
plutôt que de (rather than)	**Plutôt que de voter** *pour ce candidat, je m'abstiendrai.*
pour (in order to)	**Pour voter**, *il faut s'inscrire.*
au lieu de (instead of)	**Au lieu de voter**, *je suis allé au cinéma.*
sans (without)	*Je suis parti* **sans voter**.

3. After **écouter**, **entendre**, **laisser**, **regarder**.

   The word order is: subject + verb + infinitive + infinitive subject.

   J'écoute jouer l'orchestre.

   However, if the infinitive is followed by a noun complement, the word order is: subject + verb + infinitive subject + infinitive + noun complement.

   J'écoute l'orchestre jouer l'hymne national.

H. Word order with infinitive constructions

Direct and indirect object pronouns come before the infinitive.

Tu veux parler au candidat ?	*Oui, je veux* **lui** *parler.*
Tu vas écouter le candidat ?	*Oui, je vais* **l'***écouter.*

NOTE: In the infinitive of a reflexive verb, the pronoun agrees with the subject.

Pour voter, **nous** *devons* **nous inscrire**.

In negative constructions, the expressions **ne pas**, **ne plus**, **ne jamais**, and **ne rien** come before the infinitive.

Ce n'est pas possible de **ne pas** *le croire.*
It is not possible not to believe him.

Il nous conseille de **ne pas** *voter.*
He advises us not to vote.

NOTE: With the expression **ne... personne**, **personne** comes after the infinitive.

Je **ne** *veux voir* **personne**.

Proverbe

Vouloir, c'est pouvoir. *Where there's a will, there's a way.*

Exercices

7 Les candidats. Complétez les phrases par l'expression **être candidat**.

1. Etes-vous d'accord pour ——— ?
2. On ne peut pas être élu sans ——— .
3. Pourquoi hésitez-vous à ——— ?
4. Il a accepté d' ——— .
5. Il faut avoir trente ans pour ——— .
6. Il faut avoir un programme avant d' ——— .
7. Je ne désire pas ——— .
8. Veux-tu ——— ?

8 Réunion électorale. Faites phrase avec l'expression entre parenthèses, l'une avec un nom, l'autre avec un pronom.

Modèle : L'orchestre joue. (j'entends)
J'entends jouer l'orchestre.

1. La foule s'impatiente. (je vois)
2. Le candidat arrive. (je vois)
3. L'orchestre joue l'hymne national. (j'entends)
4. Le candidat parle. (j'écoute)
5. Le candidat fait des promesses. (j'écoute)
6. L'assistance applaudit. (j'entends)
7. Le candidat quitte la scène. (je regarde)
8. Les personnes partent. (je regarde)

9 Le pour et le contre. Imaginez qu'un ami vous dise ce qu'il aime faire. Vous lui dites que vous préférez ne pas faire ces choses. Suivez le modèle.

Modèle : J'aime aller aux réunions politiques.
Je préfère ne pas aller aux réunions politiques.

1. J'aime travailler pour un candidat.
2. J'aime participer aux réunions électorales.
3. J'aime écouter les discours.
4. J'aime lire les journaux politiques.
5. J'aime écrire à mon sénateur.
6. J'aime étudier les sciences politiques.
7. J'aime voter à chaque élection.
8. J'aime méditer sur l'histoire.

Document

Voici le texte intégral du discours que le Général de Gaulle a fait à Montréal lors de sa visite au Canada le 24 juillet 1967 :

> C'est une immense émotion qui remplit mon cœur en voyant devant moi la ville de Montréal française. Au nom du vieux pays, au nom de la France, je vous salue de tout mon cœur. Je vais vous confier un secret que vous ne répéterez pas. Ce soir ici, et tout le long de ma route, je me trouvais dans une atmosphère du même genre que celle de la Libération.[1] Et tout le long de ma route, outre cela, j'ai constaté quel immense effort de progrès, de développement et par conséquent d'affranchissement vous accomplissez ici et c'est à Montréal qu'il faut que je le dise, parce que, s'il y a au monde une ville exemplaire par ses réussites modernes, c'est la vôtre. Je dis c'est la vôtre et je me permets d'ajouter c'est la nôtre.
>
> Si vous saviez quelle confiance la France, réveillée après d'immenses épreuves, porte vers vous, si vous saviez quelle affection elle recommence à ressentir pour les Français du Canada et si vous saviez à quel point elle se sent obligée à concourir à votre marche en avant, à votre progrès. C'est pourquoi elle a conclu avec le gouvernement du Québec, avec celui de mon ami Johnson, des accords pour que les Français de part et d'autre de l'Atlantique travaillent ensemble à une même œuvre française. Et d'ailleurs le concours que la France va, tous les jours un peu plus, prêter ici, elle sait bien que vous le lui rendrez parce que vous êtes en train de vous constituer des élites, des usines, des entreprises, des laboratoires qui feront l'étonnement de tous et qui, un jour, j'en suis sûr, vous permettront d'aider la France.
>
> Voilà ce que je suis venu vous dire ce soir en ajoutant que j'emporte de cette réunion inouïe de Montréal un souvenir inoubliable. La France entière sait, voit, entend ce qui s'est passé ici et je puis vous dire qu'elle en vaudra mieux.
>
> Vive Montréal ! Vive le Québec ! Vive le Québec libre !
>
> Vive le Canada français et vive la France !

L'année politique en France 1967, P. U. F., 1968, p. 389

[1] La Libération de la France en été 1944. Le Général de Gaulle était le chef des Forces Françaises Libres pendant la deuxième guerre mondiale.

Activités

A. Conversation. Préparez deux ou trois questions sur le texte que vous poserez à des camarades. Remarque : pour obtenir l'opinion de quelqu'un, vous dites, « Qu'est-ce que vous pensez de… ? » ou « De Gaulle a dit…. Qu'est-ce que vous en pensez ? »

B. Analyse. Quelles tendances politiques trouve-t-on chez les Canadiens français ? Quels sentiments de Gaulle voulait-il éveiller chez ses auditeurs ? Comment le discours est-il construit ?

C. Réflexions. Quelles sont vos réactions personnelles à l'égard de ce discours ?

19

Les Classes sociales

Une société cloisonnée

En moins de deux cents ans, la France a connu cinq révolutions. Ce n'est pas mal. C'est en fait un record européen. C'est aussi la preuve que ces révolutions ont échoué. Si elles avaient réussi, il n'y aurait eu aucune raison de les recommencer.

La Révolution de 1789 qui partait d'un principe égalitaire ne réussit pas à abolir les privilèges. Bien au contraire ! Elle retira ceux-ci à la noblesse et les donna à la bourgeoisie. La Révolution de 1830 confirma cet état de choses puisqu'elle mit à la tête de l'Etat français un roi qu'on appela le « Roi-bourgeois ».[1] La Révolution de 1848 ne changea rien. La Commune de Paris de 1871 et les « Evénements de mai 1968 » n'eurent pas de suite.

Ces révolutions auraient pu changer la structure de la société française. Comme elles furent sans lendemain, celle-ci s'est maintenue. Cette structure repose sur un système de classes sociales qui sont restées longtemps à la fois impénétrables et immuables. Avant de décrire les classes sociales françaises, il est peut-être utile d'examiner les éléments qui permettent de situer un individu dans son milieu social.

A la différence des Etats-Unis, l'appartenance à une classe n'est pratiquement jamais une question d'argent. La profession serait un critère plus valable, mais elle n'est pas suffisamment distinctive. On peut être par exemple officier ou professeur d'université et appartenir à la noblesse, à la haute bourgeoisie, à la moyenne bourgeoisie, à la bourgeoisie et même au prolétariat. L'essentiel, ce sont les origines, c'est-à-dire, l'éducation — non pas l'instruction — et avant tout, la famille. La famille joue un rôle capital dans les rapports sociaux. C'est elle qui veille à la transmission des valeurs de chaque classe sociale et au

[1] C'était Louis-Philippe.

Une soirée de gala à l'Opéra : l'aristocratie et les dignitaires du régime semblent s'y être donné rendez-vous.

maintien des cloisons qui distinguent telle classe de telle autre. Un Français jugera indispensable de connaître les antécédents familiaux de ses connaissances. Quand il aura fini son enquête, il pourra établir des liens durables d'amitié avec les gens qu'il fréquente.

Il n'est pas besoin d'être un observateur averti pour « classer quelqu'un », c'est-à-dire, pour identifier les origines sociales d'un individu. Il existe en effet tout un code qui s'est formé au cours des générations. La classe sociale est reconnaissable à la façon de s'exprimer (style, mais aussi prononciation et vocabulaire), aux manières (à table et ailleurs), aux goûts et préférences (question vêtements, mobilier, logement).

Petit catalogue des classes sociales

La Noblesse. La noblesse, comme force politique, économique ou morale, a un rôle aujourd'hui négligeable. Elle n'est présentée ici que pour souligner le cloisonnement et la diversité des classes sociales en France. La noblesse, qui ne compte peut-être aujourd'hui que quelques dizaines de milliers de membres,

Les courses attirent toutes les classes sociales, mais surtout la petite bourgeoisie.

n'est pas en effet une classe unique. On distingue, suivant l'origine de la particule,[1] la noblesse d'Ancien Régime, elle-même divisée en noblesse d'épée — ou noblesse militaire — et noblesse de robe — ou noblesse administrative et la noblesse d'Empire, créée par Napoléon pour satisfaire l'appétit aristocratique de ses généraux plébéiens. La noblesse disparut presque pour avoir voulu choisir le dangereux métier des armes. En décimant plusieurs générations d'officiers, la guerre de 1914 en effet réduisit considérablement les rangs de la noblesse française.

La bourgeoisie. La bourgeoisie est la classe la plus décriée de la société française. C'est celle à laquelle personne ne veut appartenir. Le langage a codifié cette aversion. Mener une existence bourgeoise, c'est vivre banalement, sans idéal ni passion. Avoir l'esprit bourgeois, c'est, entre autres choses, ne pas avoir d'esprit du tout. S'embourgeoiser, c'est se laisser aller. La littérature a été plus loin. Flaubert,[2] lui-même aux origines bourgeoises, a donné cette définition peu flatteuse du bourgeois : « quelqu'un qui pense bassement ».

C'est pourtant la bourgeoisie qui donne à la France ses cadres, ses savants, ses intellectuels, en somme, son élite, et qui est la source à la fois de sa vitalité, mais également de son inertie. Loin d'être homogène, la bourgeoisie est en fait un amalgame bien disparate de sous-classes qui souvent s'entredétestent.

[1] La particule, c'est le *de* qui précède le nom de famille : de Gaulle, de Toulouse-Lautrec. La particule, cependant, ne doit pas être considérée comme preuve de noblesse. Beaucoup de gens, sans aucun titre nobiliaire, l'ont en effet adoptée par pure vanité.
[2] Ecrivain du dix-neuvième siècle, auteur de *Madame Bovary*.

La bourgeoisie ancienne. Ce n'est pas une classe sociale à part. Ses membres font partie de la haute bourgeoisie et de la moyenne bourgeoisie, rarement de la petite bourgeoisie. Elle se signale, tout simplement, parce qu'elle a réussi à transmettre ses principes intacts pendant des générations. Ces principes inaltérables firent la fortune politique de la bourgeoisie au dix-neuvième siècle. Ce sont la croyance en la vertu du travail et de l'instruction, la protection de la famille, le respect de l'individu et de la propriété et une attitude libérale et tolérante envers tout ce qui ne menace pas cette classe. Aujourd'hui cette bourgeoisie préfère l'anonymat à l'ostentation, mais elle reste numériquement et économiquement très importante.

La haute bourgeoisie. C'est elle qui fournit les cadres de la haute administration, de l'industrie et de la finance. Elle est catholique, ou protestante, ou juive. L'appartenance à une religion constitue d'ailleurs une barrière étanche entre les divers éléments de cette bourgeoisie.

La moyenne bourgeoisie. Elle se recrute parmi les cadres administratifs et commerciaux, les ingénieurs, les commerçants aisés, les membres des professions libérales.

La petite bourgeoisie. Celle-ci comprend les petits fonctionnaires, les petits commerçants, les employés, enfin tous ceux qui ne travaillent pas de leurs mains mais qui n'appartiennent pas aux catégories précédentes.

Les nouveaux riches. Le nouveau riche est celui qui doit sa fortune ou son statut à sa propre initiative, plutôt qu'à celle de sa famille. Pour cela, il encourt le mépris du reste de la société. Ce qu'on ne pardonne pas au nouveau riche, c'est d'avoir eu l'esprit d'entreprise et de s'en être servi avec succès.

La classe ouvrière. C'est la classe la moins favorisée. C'est aussi la plus désespérée. Pendant longtemps elle n'a pas réussi à prendre en main sa propre

Ces ouvriers font la pause du déjeuner.

Monsieur Louis Jeanson,
Chevalier de l'Ordre du Saint Sépulcre
et Madame Louis Jeanson,
Monsieur et Madame Edouard Leroy,
Monsieur et Madame Claude Jeanson,
ont l'honneur de vous faire part du mariage de leur petite fille et fille Chantal, avec Monsieur Bernard de Malglaive.

Madame Pierre de Malglaive,
Le Commandant (ER) Roland de Malglaive,
Chevalier de la Légion d'Honneur
et Madame Roland de Malglaive,
ont l'honneur de vous faire part du mariage de leur petit fils et fils Bernard, avec Mademoiselle Chantal Jeanson.

et vous demandent de partager leur joie, en participant ou en vous unissant d'intention à la célébration du mariage, qui aura lieu le samedi 4 juillet 1970 à 16 h. 30 en l'Eglise de Gerde.
L'échange des consentements sera reçu par le Révérent Père Point supérieur général de la Congrégation des Pères de Garaison.

2, rue des Soupirs - Armentières - 59
141, Boulevard de la Liberté - Lille - 59
Avenue du 8 Mai - Gerde - Bagnères-de-Bigorre - 65

18, Hightrees House - Nightingale Lane London - SW 12
Le Bas-Château - Chevrésis-Monceau - 02 Crecy/Serre.

Notez la différence entre ces deux faire-part:

Le premier annonçant un mariage aristocratique est extrêmement protocolaire.
Le second annonçant le mariage de deux étudiants (de la moyenne bourgeoisie) est beaucoup moins conventionnel.

FLORENCE et VINCENT uniront leurs vies au cours de l'Eucharistie célébrée le Samedi 20 Février à 15 heures 30 en l'Eglise St-Germain de Châtenay. Avec leurs Parents, ils vous invitent à partager leur joie et leur prière.

Madame S. CODET
135 bis bd du Montparnasse
Paris 6e

Mr & Mme J. LACOUR
84 rue Anatole-France
92 - Châtenay-Malabry

défense. C'est en effet des rangs de la bourgeoisie et non pas du monde ouvrier que sont sortis les grands intellectuels et les grands hommes politiques de la gauche française : Gambetta, Jean Jaurès, Léon Blum et Jean-Paul Sartre. La classe ouvrière n'a pas d'aspiration propre, car ce que l'ouvrier espère, c'est justement sortir de sa condition d'ouvrier. Or ceci lui est refusé par les autres classes. Un fils d'ouvrier restera fils d'ouvrier, qu'il soit militaire, fonctionnaire, universitaire. A cette situation pratiquement sans issue, il y a tout de même deux solutions. La première est de s'infiltrer dans les rangs de la petite bourgeoisie. Ce n'est pas impossible, mais c'est difficile. Il faut en effet une vie d'effort pour amasser le capital indispensable à l'achat d'un petit commerce ou d'un atelier. L'autre solution est la révolution. L'histoire a malheureusement appris au peuple une leçon qu'il n'est pas prêt d'oublier. Au théâtre de la révolution, la recette va non pas aux acteurs — le peuple — mais aux metteurs en scène — la bourgeoisie. Le prolétariat d'aujourd'hui n'est plus révolutionnaire. Les « Evénements de mai 1968 » ont montré qu'il a été à la traîne plutôt qu'à l'avant-garde du mouvement.

Le paysan. Les agriculteurs, c'est-à-dire, ceux qui vivent de la terre, ne forment pas de classe à part. Ils sont, suivant leurs fonctions, leurs moyens et leurs origines, bourgeois, ouvriers ou même aristocrates. Le paysan proprement dit, c'est-à-dire celui qui possède une petite ferme qu'il exploite lui-même, se rattache à la petite bourgeoisie.

Vers une société nouvelle

La défense des privilèges acquis plutôt que la recherche de privilèges nouveaux est le principal mobile social dans cette hiérarchie compartimentée. Cette inertie est évidemment très dangereuse. Une société qui ne renouvelle pas ses structures en effet ne progresse pas, et ne progressant pas, elle se laisse devancer par d'autres sociétés plus mobiles (société américaine, russe).

Heureusement on remarque en ce moment une tendance vers une société plus ouverte et plus fluide. Ce n'est pas que les classes sociales changent d'elles-mêmes. C'est plutôt que les institutions qui en assuraient la cohésion tendent à se désagréger.

C'est le cas par exemple de l'héritage. Dans une société capitaliste les classes ne peuvent se perpétuer qu'avec la transmission de la puissance économique, c'est-à-dire de la richesse. L'institution de l'héritage et le malthusianisme de la famille bourgeoise qui ne voulait qu'un seul enfant assuraient précisément cela. Or cette institution craque. L'Etat plus gourmand, s'attribue une portion de plus en plus grande du patrimoine de ses administrés. Les aléas de la vie économique, l'inflation par exemple, et l'accroissement de la famille ont réduit la part de chacun. Autrefois on se faisait un devoir de transmettre à ses enfants le patrimoine reçu de ses parents. Puisqu'on n'est plus sûr maintenant de conserver celui-ci dans son intégralité, peut-être est-il recommendable ou du moins pardonnable d'en profiter de son vivant ?

La propriété, bastion traditionnel de la haute et de la moyenne bourgeoisie, n'est plus intouchable et ne jouit même pas de la garantie gouvernementale. On ne peut pas par exemple vendre ses terres à qui l'on veut. Et sous le régime de de Gaulle, il était fort question d'associer le capital et le travail dans la propriété des entreprises.

Le mariage, union autrefois limitée strictement aux membres du même milieu social, évolue lui aussi. Il n'est pas question ici de la noblesse qui depuis longtemps a consenti à des mésalliances pour « redorer son blason ». Il s'agit plutôt des unions fréquentes entre petite et moyenne bourgeoisie, entre milieux ouvriers et employés, employés et commerçants, médecins et cultivateurs.

Le facteur le plus important d'égalisation sociale a toujours été l'instruction, surtout l'instruction supérieure. Celle-ci, longtemps réservée à la bourgeoisie, tend actuellement à se démocratiser en France. L'enseignement technique, dont les élèves se recrutent principalement parmi les fils d'ouvriers, a fait son apparition à l'échelon universitaire. De même, dans les disciplines traditionnelles (droit, médecine, lettres), les étudiants issus d'un milieu ouvrier représentent un pourcentage croissant de l'effectif universitaire.

Finalement la technologie moderne a créé toute une gamme de professions nouvelles, techniciens, chercheurs, programmeurs, qu'il est difficile de classer. Doit-on les considérer comme des petits bourgeois ou des bourgeois moyens ? Sont-ils l'un et l'autre ou ni l'un ni l'autre ? Cela n'a pas d'importance. L'essentiel, le voici : si les distinctions sociales sont difficiles à établir, ne serait-ce pas qu'elles tendent à disparaître ?

Questions simples

1. Quelles sont les cinq « révolutions » françaises dont parle l'auteur ?
2. Quelle preuve l'auteur donne-t-il que ces révolutions n'ont pas réussi ?
3. Quel a été le résultat de fait de la Révolution française ?
4. En France par quels éléments peut-on identifier la classe sociale d'un individu ?

5. Pourquoi la famille est-elle un facteur important de la société française ?
6. Qu'est-ce que la noblesse ?
7. Quelles catégories comprend la noblesse française ?
8. A quel fait historique l'auteur attribue-t-il la disparition de la noblesse ?
9. Qu'est-ce que la bourgeoisie ?
10. Qu'est-ce que les Français pensent de « l'existence bourgeoise » et de « l'esprit bourgeois » ?
11. Selon l'auteur quel rôle positif la bourgeoisie joue-t-elle ?
12. Quelles catégories la bourgeoisie française comprend-elle ?
13. Qu'est-ce qu'un « nouveau riche » ?
14. Pourquoi l'auteur dit-il que la classe ouvrière est la classe la plus désespérée ?
15. Peut-on sortir facilement de la classe ouvrière ? Expliquez.
16. Quel rôle est-ce que l'ouvrier a joué dans les révolutions françaises ? A-t-il bénéficié de celles-ci ?
17. Comment l'auteur explique-t-il l'évolution sociale actuelle en France ?
18. Pourquoi l'institution de l'héritage a-t-elle été un facteur d'immobilisme social ?
19. Par quoi cette institution est-elle actuellement menacée ?
20. Comment l'instruction tend-elle à se démocratiser ?
21. Quel effet le développement technologique a-t-il sur la société française ?

Questions d'application

22. Quelles sont les causes principales de la Révolution américaine ?
23. Y a-t-il des classes sociales aux Etats-Unis ? Expliquez votre réponse. (Si oui, nommez ces classes sociales.)
24. Y a-t-il « une aristocratie américaine » ? Expliquez votre réponse.
25. Les Français considèrent la société américaine comme une société « fluide » et « mobile ». Quelle est votre interprétation de cette opinion ?
26. Pouvez-vous citer quelques exemples classiques d'ascension sociale aux Etats-Unis ?
27. Est-ce que la religion constitue une barrière sociale aux Etats-Unis ? Est-ce que cela a toujours été vrai ?
28. Est-ce que la race constitue une barrière sociale aux Etats-Unis ? Expliquez.
29. Aux Etats-Unis est-ce qu'une révolution est nécessaire pour changer la structure de la société ?

Sujets d'exposé

A. L'éducation est plus (moins) importante que l'instruction.
B. Petit catalogue des classes sociales aux Etats-Unis.

Sujet de polémique : pour ou contre ?

Il n'y a pas de classes sociales aux Etats-Unis.

Word Study

A. Adjectives in -able

Adjectives which end in **-able** (or **-ible**, or **-uble**) indicate that a thing can be done (**réalisable**), or more often that a thing cannot be done (**irréalisable**).

> GENERAL PATTERN for deriving adjectives in **-able** from verbs:
>
> **nous-**stem of verb + **-able**

varier	to vary	**vari**(*ons*)	+ **able**	**variable**
oublier	to forget	**oubli**(*ons*)	+ **able**	**oubliable**
manger	to eat	**mange**(*ons*)	+ **able**	**mangeable**

When expressing something that cannot be done, add the prefix **in-** to the resulting adjective.

variable	**in***variable*
oubliable	**in***oubliable*

NOTES: 1. The prefix **in-** becomes **im-** before the consonants *b*, *p*, *m*.

buvable	**im***buvable*
pénétrable	**im***pénétrable*
mangeable	**im***mangeable*

2. The prefix **in-** becomes **ir-** before the consonant *r*.

réalisable	**ir***réalisable*

B. Relations

les rapports	relations
les parents	relations (in the sense of relatives)
un rapport	relationship
la parenté	relationship (in the sense of family tree)
une relation	a connection

Exercices

1 Faisable. Faites les phrases d'après le modèle.

Modèle : Des institutions qu'on peut modifier
Des institutions qu'on peut modifier sont des institutions modifiables.

1. Une situation qui varie
2. Une société qui dure
3. Des principes qu'on peut détester
4. Des conditions qu'on peut accepter
5. Un mal qu'on peut guérir
6. Une personne qu'on peut admirer
7. Une personne qu'on peut honorer
8. Des amis qu'on peut présenter
9. Une réforme qu'on peut faire
10. Une personne qu'on peut reconnaître

2 Infaisable. Complétez les phrases suivant le modèle.

Modèle : On ne tolère pas les situations...
On ne tolère pas les situations intolérables.

1. On n'évite pas les changements...
2. On n'accepte pas les inégalités...
3. On n'attaque pas les principes...
4. On ne touche pas aux privilèges...
5. On ne remplace pas les personnes...
6. On ne réalise pas des réformes...
7. On ne conteste pas les faits...
8. On ne confirme pas les rumeurs...
9. On ne soutient pas les positions...
10. On ne gouverne pas les pays...

3 Le mot exact. Utilisez le vocabulaire de B pour remplir les blancs.

1. Est-ce qu'il y a des liens de ——— entre Monsieur Brunet l'architecte et Monsieur Brunet le médecin.
2. Ils sont ——— : ce sont des cousins.
3. Dans cette entreprise, les ——— entre ouvriers et cadres ne sont pas bons.
4. Y a-t-il un ——— entre le mécontentement populaire et « les Evénements de mai 1968 » ?

Language Study

C. The irregular verb courir (to run)

Present tense: *je cours, tu cours, il court, nous courons, vous courez, ils courent.*
Passé composé : *j'ai couru.*
Future : *je courrai.*

D. The irregular verb battre (to beat)

Present tense : *je bats, tu bats, il bat, nous battons, vous battez, ils battent.*
Passé composé : *j'ai battu.*
Future : *je battrai.*

E. Adjectives modified by infinitives

GENERAL PATTERN for infinitives used to modify adjectives:

1. Adjective modified by an infinitive alone.

   adjective + **à** + infinitive

   C'est difficile **à** *faire*
   Les distinctions sont difficiles **à** *établir.*

2. Adjective modified by an infinitive with a complement.

   adjective + **de** + infinitive + object
   adjective + **de** + object pronoun + infinitive

   Il est indispensable **de** *connaître les antécédents.*
   Est-il pardonnable **d'***en profiter* ?

Vocabulaire utile

Voici certains verbes conjugués comme **courir** :

parcourir	*to travel through, to wander through*
accourir	*to come running*

Voici des verbes conjugués comme **battre** :

abattre	*to throw down, to slaughter (cattle), to fell (trees)*		
combattre	*to combat*	se battre (avec)	*to fight*
débattre	*to debate*	se débattre	*to struggle*
rabattre	*to lower*	se rabattre	*to fold back*

Exercices

4 Aujourd'hui. Mettez les phrases suivantes au présent.

1. La noblesse a couru le risque d'extinction totale.
2. Dans la campagne, les candidats libéraux ont rarement battu les candidats conservateurs.
3. Pour qui les classes sociales se sont-elles battues ?
4. Est-ce que les cloisons sociales se sont abattues ?
5. J'ai parcouru ce livre sur la société française.
6. Est-ce qu'ils ont parcouru cet article ?
7. Nous avons débattu cette question.
8. Il a combattu cette proposition de réforme.

5 Transformations. Transformez les phrases suivant le modèle. Pour cela commencez les nouvelles phrases avec l'expression **il est** + adjectif en italique + **de**.

Modèle : La structure sociale est *difficile* à changer.
Il est difficile de changer la structure sociale.

1. L'histoire française n'est *pas facile* à comprendre.
2. Ce livre sur les classes sociales est *utile* à connaître.
3. Ce système social est *facile* à réformer.
4. Cette théorie politique est *dure* à suivre.
5. Ces inégalités ne sont pas *aisées* à admettre.
6. Ces réformes sont *simples* à faire.
7. Cet écrivain politique est *ennuyeux* à lire.
8. Ces privilèges sont *difficiles* à abolir.

F. The past infinitive

GENERAL PATTERN for the past infinitive:

infinitive of the auxiliary verb + past participle

avoir acheté	to have bought (having bought)
être arrivé	to have arrived (having arrived)
s'être battu	to have fought (having fought)

The past infinitive is used:

1. To express an action which occurred before the action of the main verb.

   Ils lui reprochent (*maintenant*) *d'***avoir réussi** (*autrefois*).
   They take him to task (now) for having been successful (in the past).

2. After the prepositions **après** and **pour** (in the sense of *because*).

   Après avoir aboli *les privilèges, la Révolution supprima la monarchie.*
   After having abolished privileges, the Revolution suppressed the monarchy.

   La monarchie succomba **pour ne pas avoir fait** *les réformes nécessaires.*
   The monarchy perished for not having carried out the needed reforms.

G. The perfect participle

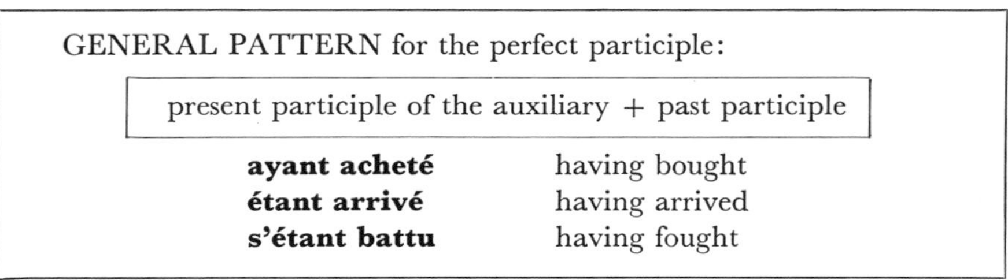

GENERAL PATTERN for the perfect participle:

present participle of the auxiliary + past participle

ayant acheté	having bought
étant arrivé	having arrived
s'étant battu	having fought

The perfect participle is used instead of the present participle to express an action which took place before the action of the main verb.

Ayant aboli *les privilèges, le nouveau gouvernement réforma la société.*
Having abolished privileges, the new government reformed society.

Etant arrivé *au pouvoir, Napoléon fit des réformes.*
Having reached a position of power, Napoléon carried out reforms.

6 La Révolution française. La Révolution française s'est achevée en 1799 après avoir accompli des changements importants. Pour chacun de ces changements faites une phrase complète d'après le modèle.

Modèle : Elle a aboli certains privilèges.
La Révolution s'est terminée après avoir aboli certains privilèges.

1. Elle a aboli la monarchie.
2. Elle a établi la république.
3. Elle a changé la structure sociale de la France.
4. Elle a supprimé l'esclavage.
5. Elle a combattu la tyrannie.
6. Elle a provoqué d'autres révolutions.
7. Elle a créé les départements.
8. Elle a instauré le système métrique.

7 Echec ou réussite. Dites que le gouvernement a réussi ou n'a pas réussi suivant qu'il a ou n'a pas accompli des réformes. Faites des phrases suivant le modèle.

Modèle : Il a aboli les privilèges.
Ayant aboli les privilèges, le gouvernement a réussi.

Il n'a pas transformé la société.
N'ayant pas transformé la société, le gouvernement n'a pas réussi.

1. Il a réformé les institutions.
2. Il a favorisé l'expansion.
3. Il a stimulé l'économie.
4. Il s'est démocratisé.
5. Il n'a pas éliminé les conflits sociaux.
6. Il n'a pas résolu le problème de l'emploi.
7. Il n'a pas changé la structure de la société.
8. Il ne s'est pas intéressé aux problèmes sociaux.

H. The future perfect

GENERAL PATTERN for the future perfect:

future of the auxiliary + past participle

*j'***aurai acheté**...	I will have bought . . .
je **serai arrivé**...	I will have arrived . . .
je me **serai battu**...	I will have fought . . .

The future perfect is used to indicate that a future event will happen before another future event or time.

Est-ce que la structure de la société **aura changé** *en 1990 ?*
Will the structure of society have changed in 1990 ?

Quand le gouvernement **aura changé**, *des réformes seront possibles.*
When the government has changed, reforms will be possible.

Note the use of future tenses after **quand**, **lorsque**, **aussitôt que**, and so on.

I. The past conditional

GENERAL PATTERN for the past conditional:

conditional of the auxiliary + past participle

*j'***aurais acheté**...	I would have bought . . .
je **serais arrivé**...	I would have arrived . . .
je me **serais battu**...	I would have fought . . .

The uses of the past conditional are similar in French and English.
When the verb of an *if*-clause is in the pluperfect, the verb of the main clause is in the past conditional.

La Révolution **aurait pu** *changer la structure de la société française.*
The Revolution could have changed the structure of French society.

S'il était resté plus longtemps au pouvoir, est-ce que de Gaulle **aurait changé** *la société ?*
If he had remained in power longer, would de Gaulle have changed society ?

8 L'an 2000. Beaucoup de choses qui n'ont pas encore changé auront changé en l'an 2000. Pour chacune de ces choses, faites une phrase complète selon le modèle.

Modèle : La structure sociale a changé.
Quand nous serons en l'an 2000, la structure sociale aura changé.

1. Le gouvernement n'a pas fait de réformes.
2. Le système actuel de classes sociales n'a pas disparu.
3. Certains privilèges n'ont pas été abolis.
4. Il n'y a pas eu de changements sociaux.
5. De nouvelles classes ne se sont pas constituées.
6. Certaines inégalités n'ont pas disparu.
7. La bourgeoisie ne s'est pas transformée.
8. Les ouvriers ne se sont pas embourgeoisés.

9 Hypothèses. Chacun dit qu'il aurait fait ce qu'il n'a pas pu faire, s'il avait été élu.

Modèle : Nous n'avons pas pu faire les réformes nécessaires.
Si nous avions été élus, nous aurions fait les réformes nécessaires.

1. Je n'ai pas pu supprimer les privilèges.
2. Tu n'as pas pu réconcilier les classes sociales.
3. Il n'a pas pu aider les pauvres.
4. Nous n'avons pas pu transformer la société.
5. Vous n'avez pas pu établir la justice.
6. Ils n'ont pas pu changer certaines institutions.

Document

Georges Lasserre, un économiste français contemporain, discute des attitudes qu'adopte la bourgeoisie à l'égard du monde ouvrier:

La bourgeoisie et les ouvriers

La bourgeoisie française est toujours très embarrassée quand elle est mise en présence des problèmes ouvriers; elle ignore le monde ouvrier, ayant rarement des occasions de prendre contact avec lui.

On peut distinguer plusieurs attitudes possibles de la bourgeoisie envers la classe ouvrière, attitudes qui souvent se succèdent dans le même ordre à mesure que les jeunes bourgeois, par exemple, découvrent le problème.

1. *Une attitude utilitaire.* — Les travailleurs sont considérés comme de la main-d'œuvre : des instruments au service de la production, qui est elle-même au service du profit. Les questions que l'on se pose sont dès lors du type : « Comment augmenter le rendement ? ». Et l'on éprouve de l'irritation lorsque les travailleurs s'agitent, revendiquent, font grève.

2. *Une attitude de peur.* — On découvre avec frayeur la révolte de la classe ouvrière contre l'ordre social existant : les ouvriers sont nombreux, ils sont incultes, ils sont brutaux, ils agissent sous l'influence de certaines propagandes, ils risquent de démolir notre belle civilisation.

3. *Une attitude de pitié.* — Quand on prend la peine de regarder de plus près la vie ouvrière, on constate la misère, la dureté du travail, l'insuffisance du niveau de vie, on découvre les problèmes de santé, de logement, d'insécurité. On pense alors qu'il faut aider et secourir « ces pauvres gens » : ils deviennent *l'objet de devoirs*. C'est une attitude de haut en bas où la bourgeoisie se réserve le beau rôle de la générosité.

4. *Une attitude de compréhension.* — C'est la prise de conscience de l'injustice sociale. Il ne s'agit pas seulement de soulager la misère, mais de remonter aux causes de cette misère. L'ordre social apparaît comme contraire à la justice : les travailleurs sont donc *sujets de droits*. Il faut corriger, réformer l'ordre social, et ces réformes seront envisagées sous un angle tantôt audacieux tantôt prudent. Mais qui doit définir ce qui sera juste ? Le réformateur social reste bourgeois, et son attitude est encore une attitude de haut en bas.

5. *Enfin, une dernière attitude.* — On découvre que les travailleurs sont en train de lutter pour accomplir eux-mêmes leur propre libération. Ne sont-ils pas plus qualifiés que nous pour définir un ordre social juste, et pour l'instaurer ? Les victimes d'une injustice sont nécessairement plus clairvoyantes que ses

bénéficiaires. La souffrance ouvrière apparaît, dès lors, comme pouvant être créatrice et féconde. En effet, depuis longtemps, les travailleurs ont commencé à s'unir, à s'organiser, à lutter pour transformer l'ordre social.

Le Monde ouvrier dans la société française, dans André Siegfried, *Aspects de la Société Française*, Librairie Générale de Droit et de Jurisprudence, 1954, pp. 117–18.

Activités

A. Conversation. Préparez deux ou trois questions sur le texte que vous aimeriez discuter avec vos camarades.

B. Analyse.

1. Est-ce que les cinq attitudes décrites par Lasserre peuvent caractériser la réaction des blancs vis-à-vis du problème racial aux Etats-Unis ?
2. Trouve-t-on cette même succession d'attitudes dans le différend qui oppose les hommes et les femmes ?

C. Réflexions. Quelles sont vos idées personnelles à l'égard de ce texte ?

20

La France et le Tiers-Monde

La présence française est visible presque partout en Afrique occidentale. Pourtant, aujourd'hui cette présence a un caractère spirituel beaucoup plus que matériel. Elle se signale par les rapports très amicaux qui unissent les gouvernements français et africains, par de nombreux programmes d'assistance technique et par de fructueux échanges culturels. Son atout principal est l'existence en Afrique d'une élite francophone dynamique, formée dans les écoles ou les universités françaises.

La présence française en Afrique n'est pas récente. Elle remonte à la grande période d'expansion coloniale que la France a connue au dix-neuvième siècle. Les rapports que la France a entretenus avec les pays qu'elle a colonisés ont traversé des hauts et des bas. La fin de l'ère coloniale les a élevés au niveau de l'amitié.

Premier acte : la construction de l'empire colonial

Un peu d'histoire. Il y eut deux empires coloniaux français. Le premier comprenait, vers le milieu du dix-huitième siècle, le Canada actuel, une grande partie de l'Inde et la Louisiane française. Cet empire disparut de deux coups de plume. Par le traité de Paris de 1763, la France cédait le Canada et l'Inde à l'Angleterre. Par un acte de vente, elle cédait aux Etats-Unis en 1803 un territoire qui allait donner vingt-quatre états à l'Union.

Le second empire colonial se développa presque par accident. En 1830, la France profita d'une expédition punitive contre les pirates barbaresques pour occuper l'Algérie. Napoléon III ajouta la Cochinchine et le Sénégal. Mais ce ne fut qu'après la défaite de 1870 que la France acquit ses vastes colonies d'Afrique

L'EMPIRE COLONIAL FRANÇAIS

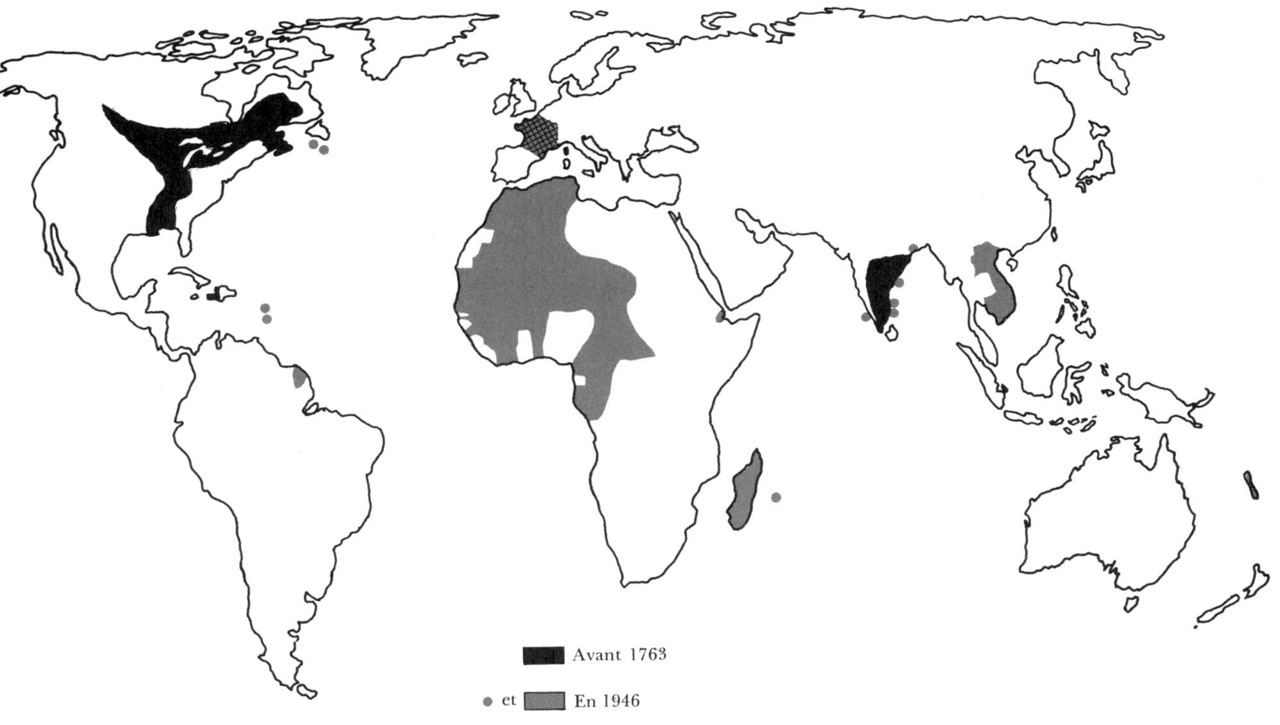

et d'Asie. Les colonisateurs furent peu nombreux : quelques militaires (en Indochine) et plus souvent des explorateurs (en Afrique) pour qui la progression dans des territoires inconnus représentait une équipée sportive ou une mission scientifique (comme par exemple la recherche des sources du Niger et du Congo). La colonisation de l'Afrique fut facile et rapide, mais elle resta ignorée par la masse de la population. Les Français de 1900 découvrirent avec surprise qu'ils possédaient à nouveau un empire colonial. Cet empire était gigantesque. Il comprenait l'Indochine, la moitié de l'Afrique, Madagascar et quelques ilôts en Océanie.

Les principes de la colonisation française. En un sens, la colonisation française fut unique. Elle ne répondait pas à une politique impérialiste comme la colonisation anglaise. Elle n'avait pas de mobile économique, comme les colonisations portugaise, belge et hollandaise. Elle consistait essentiellement à créer une administration sous la tutelle du ministre des colonies, à ouvrir des écoles où la langue et la civilisation françaises étaient enseignées et à recruter une armée coloniale pour combattre les guerres de la France sur le continent européen.

1946 . . . Ho-Chi-Minh pique-nique à Versailles. Venu en France pour négocier l'indépendance de l'Indochine, il repartira les mains vides. Ce sera la guerre . . .

La colonisation française fut paternaliste, mais elle ne fut pas brutale. Il n'y eut pas d'exploitation systématique et destructrice des ressources des pays colonisés.[1] Il n'y eut pas de vaste mouvement d'immigration blanche, sauf en Algérie. Les Européens étaient avant tout des administrateurs, donc des visiteurs temporaires. Les avantages qu'ils avaient tirés de la colonisation étaient en somme assez minimes et l'émancipation des territoires colonisés aurait donc pu être facile. Elle ne le fut pas.

Deuxième acte : les traumatismes de la décolonisation

En montrant la vulnérabilité des puissances européennes, les deux guerres mondiales avaient indirectement encouragé les aspirations nationalistes des peuples colonisés. Celles-ci reçurent l'appui de l'Organisation des Nations Unies qui affirmait le droit des peuples de se gouverner eux-mêmes. La France répondit d'abord brutalement aux revendications nationalistes qu'elle n'avait pas prévues et qui se manifestèrent à la fin de la seconde guerre mondiale.

Le premier choc : l'Indochine. L'Indochine était le territoire le plus riche de l'empire français. Elle comprenait la Cochinchine, le Cambodge, l'Annam, le Tonkin et le Laos. Pendant la guerre, un mouvement nationaliste s'organisa autour d'Ho-Chi-Minh, membre fondateur du parti communiste français qui, après la défaite du Japon, réclama l'indépendance de la Cochinchine, de l'Annam et du Tonkin. Le refus du gouvernement français en 1946 déclencha

[1] A ce sujet, il est symptomatique que les principales ressources minérales de l'Afrique française, le manganèse au Gabon, la bauxite en Guinée, furent surtout exploitées, non pas pendant mais *après* la colonisation française.

une guerre coloniale qui coûta à la France cent mille morts. Cette guerre ne fut jamais populaire. L'Indochine était en effet très loin et ne présentait qu'un intérêt médiocre pour la majorité des Français. Après huit ans de lutte indécise, des négociations furent entamées. Elles aboutirent aux accords de Genève qui mettaient fin à la présence française en Indochine.

Le second choc : l'Algérie. L'Algérie fut une autre histoire. Il y avait là une importante minorité européenne. Cette minorité, qui comptait plus d'un million d'individus, avait créé une économie prospère. Elle avait maintenu des liens étroits avec la Métropole. Peu à peu s'était développée l'idée que l'Algérie était française, mieux, que l'Algérie était la France. Il n'était donc pas question de céder aux réclamations de la majorité musulmane. La rébellion armée était inévitable et commença en 1954. Cette guerre, qui fut très meurtrière, isola la France sur le plan international et provoqua des crises intérieures très graves. Une révolte d'extrême droite inspirée par les partisans de l'Algérie française ramena de Gaulle au pouvoir en juin 1958. Or de Gaulle déçut très vite les espoirs que les colons avaient mis en lui. Peu après son élection comme Président de la République, il engagea des négociations avec les chefs nationalistes. Les accords d'Evian donnèrent l'indépendance complète à l'Algérie.

L'indépendance est acquise: A Alger les rues changent de noms. (Mohamed V, roi du Maroc et partisan de l'indépendance, remplace Saint-Saëns, compositeur français.)

L'émancipation de l'Afrique noire. Le démantèlement de l'empire colonial avait commencé de façon tragique. De Gaulle n'attendit pas les premiers coups de feu pour émanciper le reste de cet empire.

Le reste, c'était avant tout l'Afrique noire. A l'inverse de l'Algérie, l'indépendance des quinze colonies et protectorats africains ne provoqua ni querelles politiques en France, ni guerres coloniales en Afrique. Elle se fit pratiquement à l'insu des Français. En 1958, de Gaulle offrit aux territoires colonisés plusieurs options qui par la suite aboutirent à leur indépendance totale. Aujourd'hui les anciens territoires français sont des républiques indépendantes, toutes membres des Nations Unies.

Un partisan de l'amitié franco-africaine. (La chemise de ce Gabonais porte les effigies d'Albert Bargo, président de la République Gabonaise, et de Georges Pompidou, président de la République Française.)

TROISIÈME ACTE : LA RÉCONCILIATION FRANCO-AFRICAINE

En 1962, et pour la première fois depuis le dix-septième siècle, la France se réduisait essentiellement aux dimensions de l'hexagone. Elle avait perdu d'immenses territoires, mais elle avait retrouvé une certaine paix intérieure. Elle avait aussi acquis le respect et l'amitié des anciens colonisés.

La réconciliation franco-africaine se manifesta d'abord par la création de la Communauté Française, fédération assez floue par laquelle les états membres devaient établir certaines institutions communes. Cette communauté ne fut ni un succès ni un échec, car elle ne dura pas. Elle fut remplacée dès 1960 par une série de conventions entre la France et les pays africains. Ces conventions portent surtout sur les formes d'assistance technique de la France dans les domaines militaires, éducatifs, judiciaires, économiques et monétaires. L'aide financière de la France aux pays sous-développés est importante. Calculée par habitant, elle est la plus élevée du monde occidental.

Les bénéfices de la coopération ne sont pas à sens unique. Les anciennes colonies d'Afrique noire constituent un bloc francophone qui en général suit la France en politique internationale et qui, par conséquent, contribue au prestige de celle-ci.

Epilogue : littérature noire d'expression française

Ecrivains et artistes français d'origine noire sont peu nombreux. L'un est particulièrement célèbre : Alexandre Dumas, père des *Trois Mousquetaires* fut sans doute l'auteur français le plus populaire du dix-neuvième siècle. D'autres sont beaucoup moins illustres. Le Chevalier de Saint-Georges, qui composa des sonates et des symphonies au dix-huitième siècle, est resté pratiquement inconnu.

Il existe par contre une abondante littérature noire d'expression française. Cette littérature cherche à exprimer la « négritude ». Les définitions de la négritude varient. Pour Léopold Senghor, qui popularisa le mot en 1935, la négritude représente « le patrimoine culturel, les valeurs et surtout l'esprit de la civilisation négro-africaine ».

Bien que récente, la littérature noire d'expression française a déjà évolué dans plusieurs directions.

La révélation. Dans sa première phase, la littérature africaine a souligné l'existence d'une personnalité africaine et d'une culture spécifique. Les interprètes les plus marquants de la négritude, Léopold Senghor (*Chants d'ombre*, 1945; *Hosties noires*, 1948) et Aimé Césaire[1] (*Cahier d'un Retour au Pays Natal*, 1939), ont

[1] Ces deux poètes ont aussi joué un rôle important dans l'émancipation de l'homme noir. Senghor fut le premier président du Sénégal. Césaire fut un député de la Martinique à l'Assemblée Nationale.

Alexandre Dumas, père des Trois Mousquetaires, était le fils d'une esclave. Aujourd'hui ses livres sont aussi populaires qu'au 19e siècle.

choisi la poésie comme mode d'expression. Ces deux poètes sont aussi des intellectuels, produits des universités françaises. Leur poésie est par conséquent une poésie cérébrale, parfois inspirée par des styles européens. Le Surréalisme, par exemple, a considérablement influencé les premières œuvres de Césaire (*Les Armes miraculeuses*, 1946). Mais celui-ci a cherché par la suite à se dégager des formes de la poésie occidentale (*Corps perdu*, 1950; *Cadastre*, 1961).

La Révolte. La montée du nationalisme a également inspiré une littérature militante anti-colonialiste et anti-blanche. Césaire dans ses essais condamne le colonialisme (*Discours sur le Colonialisme*, 1951). Frantz Fanon va plus loin. Pour lui, la civilisation européenne a émasculé l'homme noir. Pour retrouver sa personnalité, celui-ci doit se révolter. La révolution n'est donc pas seulement inévitable, elle est aussi nécessaire. Le livre principal de Fanon, *Les Damnés de la Terre*, a connu un très grand succès aux Etats-Unis, surtout chez les partisans du « Black Power ».

L'Afrique. L'indépendance acquise, le thème anti-colonialiste n'avait plus sa raison d'être. Jusqu'ici, la littérature africaine avait été surtout lue par les blancs. Désormais cette littérature va s'efforcer d'atteindre un public noir. Des genres plus populaires, le roman, les contes, la nouvelle, l'autobiographie vont succéder à la poésie et à l'essai politique. Le thème principal est l'Afrique avec ses coutumes, son folklore, ses légendes. Les auteurs de la nouvelle génération sont nombreux : Birago Diap au Sénégal, Bernard Dadié en Côte d'Ivoire et beaucoup d'autres.

Questions simples

1. Qu'appelle-t-on « le Tiers-Monde » ?
2. Comment l'auteur caractérise-t-il la présence française actuelle en Afrique ?
3. Quel est l'atout principal de cette présence ?

4. De quels territoires se composait le premier empire colonial français ?
5. Comment a-t-il disparu ?
6. A quelle époque le second empire colonial a-t-il été constitué ?
7. Comment cet empire fut-il constitué ?
8. En quoi la colonisation française a-t-elle consisté ?
9. Pourquoi les deux guerres mondiales ont-elles encouragé la décolonisation ?
10. Quelle est la position des Nations Unies en ce qui concerne la colonisation ?
11. Qu'est-ce que l'Indochine ?
12. Qui est Ho Chi Minh ?
13. Comment s'est terminée la guerre d'Indochine ?
14. Pourquoi les Français voulaient-ils garder l'Algérie ?
15. Quel a été le rôle de de Gaulle dans la décolonisation de l'Algérie ?
16. Comment s'est passée l'émancipation de l'Afrique noire ?
17. Qu'est-ce que « la Communauté française » ?
18. Quelles formes prennent les rapports entre la France et ses anciennes colonies ?
19. Qui est Alexandre Dumas ?
20. Qu'est-ce que « la négritude » ?
21. Qui est Léopold Senghor ?
22. Quelle thèse Fanon propose-t-il dans *Les Damnés de la Terre* ?
23. Quels sont les thèmes actuels de la littérature noire d'expression française ?

Questions d'application

24. Comment expliquez-vous que les Etats-Unis n'aient pas acquis de colonies ?
25. En quoi a consisté l'« impérialisme américain » à la fin du dix-neuvième siècle ?
26. Quelle a été la position de F. D. Roosevelt vis-à-vis des puissances colonisatrices ?
27. A l'heure actuelle, est-ce qu'il y a un impérialisme américain ? Expliquez votre réponse.
28. Quels sont les représentants de la littérature noire américaine ?
29. Quels sont les thèmes de cette littérature noire ?
30. Quelles sont les contributions des noirs à la civilisation américaine ?

Sujets d'exposé

A. La guerre au Vietnam : quelques réflexions personnelles.
B. Le plus grave problème dans les rapports entre noirs et blancs aux Etats-Unis.

Sujets de polémique : pour ou contre ?

A. La civilisation américaine détruit les traits particuliers des cultures minoritaires.

B. Le « Peace Corps » exemplifie l'attitude « paternaliste » des Etats-Unis vis-à-vis des pays sous-développés et doit être aboli.

Word Study

A. Principal and secondary meanings of words

As in English, French words may have different meanings which are only remotely related. In order to understand a specific word, the context must be considered. For instance, the verb **comprendre** may mean *to understand* or *to include*:

> *Je* **comprends** *le français, l'allemand et l'italien.*
> *Le Marché Commun* **comprend** *la France, l'Allemagne, l'Italie, etc....*

The chart below contains examples of multi-meaning words taken from the text.

	PRIMARY MEANING	SECONDARY MEANINGS
spirituel	spiritual	witty, humorous
l'assistance	aid	audience
remonter	to climb up	to date back, to group, to wind
la fortune	wealth	chance, luck
un traité	treaty	treatise
tirer	to draw	to pull out, to shoot
la lutte	struggle	wrestling
une nouvelle	news	short story
un essai	trial	attempt, essay
un rapport	relation	yield, report, ratio, contact

B. Adjectives as nouns

A few adjectives can be used as nouns in French. They are preceded by an article or a possessive or demonstrative adjective.

Il a connu **des hauts** *et* **des bas**.	He has been through ups and downs.
Les jeunes *d'aujourd'hui aiment voyager.*	Young people of today like to travel.

C. Centuries and years

le *dix-huitième siècle*	the eighteenth century
au *dix-huitième siècle*	in the eighteenth century
du *dix-huitième siècle*	of the (from the) eighteenth century
en *1803*	in 1803
le Paris **de** *1803*	the Paris of 1803

Exercices

1 Le sens exact. Expliquez le sens des mots en italiques.

1. La France et l'Algérie ont signé un *traité* de paix.
2. Avez-vous lu ce *traité* sur la question algérienne ?
3. Les *rapports* franco-américains sont bons.
4. Avez-vous fait votre *rapport* sur les richesses minérales de l'Afrique ?
5. Il y a des traités d'*assistance* mutuelle entre certains états africains.
6. Que pense l'*assistance* de cette pièce de Césaire ?
7. J'ai lu la *nouvelle* de cette révolution dans un journal.
8. Cet auteur africain écrit surtout des *nouvelles*.
9. La guerre mondiale a favorisé la *lutte* anti-coloniale.
10. Cet athlète est un champion de *lutte*.

2 Equivalences. Remplacez les expressions en italique par des expressions équivalentes.

Modèle : Faites *le nécessaire*.
Faites ce qui est nécessaire.

1. *Le ridicule* tue.
2. *L'extravagant* n'est pas nécessairement ridicule.
3. Résumez *l'essentiel*.
4. Ce n'est pas *un fou*, c'est *un original*.
5. Ne faites pas *l'étonné*.
6. La mode réclame sans cesse *du nouveau*.
7. *Les jeunes* et *les vieux* ne sont pas souvent d'accord.
8. *Le beau*, *le grand*, *le sublime* ne l'émeuvent pas.
9. Comprenez-vous *l'odieux* de cette situation ?
10. Dans sa dernière œuvre, ce poète a atteint *le sublime*.

3 Pas d'anachronisme. Complétez les phrases par une expression contenant le mot **siècle**.

Modèle : Franklin est un homme politique...
Franklin est un homme politique du dix-huitième siècle.

1. Les Américains ont conquis leur indépendance...
2. Voltaire est un écrivain...
3. A mon avis, le siècle le plus important de l'histoire américaine est...
4. Les Français ont colonisé l'Afrique...
5. La France a émancipé ses colonies dans la seconde moitié...
6. Césaire est un auteur...

Language Study

D. The irregular verb acquérir (to acquire, to obtain)

Present tense : *j'acquiers, tu acquiers, il acquiert, nous acquérons, vous acquérez, ils acquièrent.*
Passé composé : *j'ai acquis.*
Future : *j'acquerrai.*

E. The irregular verb suivre (to follow)

Present tense : *je suis, tu suis, il suit, nous suivons, vous suivez, ils suivent.*
Passé composé : *j'ai suivi.*
Future : *je suivrai.*

F. The passive voice

The passive voice indicates that the action of the verb is performed on the subject.

> GENERAL PATTERN for the passive voice:
>
> appropriate tense of **être** + past participle

Le français **est parlé**, **lu**, **écrit** *et* **compris** *au Sénégal.*
La langue française **est parlée, lue**, **écrite** *et* **comprise** *au Sénégal.*
L'anglais et le français **sont parlés**, **lus**, **écrits** *et* **compris** *au Canada.*
Les langues française et anglaise **sont parlées**, **lues**, **écrites** *et* **comprises** *au Canada.*

NOTE: In the passive voice, the past participles agrees with the subject.
The French frequently avoid the passive voice. This is done in one of three ways:

1. Using the pronoun **on**.
2. Using a reflexive verb.
3. Using equivalent sentence in the active voice.

On *parle français au Canada.*
Le français **se parle** *au Canada.*
Les Canadiens **parlent** *français.*
} French is spoken in Canada.

Vocabulaire utile

Voici certains verbes conjugués comme **acquérir** : conquérir *to conquer* requérir* *to demand, to ask for.*

Voici un verbe conjugué comme **suivre** : poursuivre *to pursue.*

Exercices

4 Rapports franco-africains. Mettez les phrases suivantes au passif, suivant le modèle.

Modèle : Les Africains apprécient l'assistance technique des Français.
L'assistance technique des Français est appréciée par les Africains.

1. En 1958 de Gaulle émancipe les pays africains.
2. La France et ses anciennes colonies forment la Communauté.
3. D'autres conventions remplacent la Communauté.
4. Les anciennes colonies africaines soutiennent la France à l'O. N. U.
5. Le gouvernement français envoie des ingénieurs en Afrique.
6. La France et les pays d'Afrique signent des accords de coopération.
7. La France aide financièrement certains pays africains.
8. Les anciennes colonies forment un bloc francophone.

5 Artistes et écrivains noirs. Mettez les phrases suivantes à la forme passive selon le modèle.

Modèle : Le Chevalier de Saint-Georges a composé ces sonates.
Ces sonates ont été composées par le Chevalier de Saint-Georges.

1. Alexandre Dumas a écrit *Les Trois Mousquetaires*.
2. Césaire et Senghor ont lancé le mot « négritude ».
3. Ils ont choisi la poésie comme mode d'expression.
4. Des styles européens ont inspiré leur poésie.
5. Le surréalisme a aussi influencé leur œuvre.
6. Césaire et Fanon ont condamné le colonialisme.
7. Les « Panthères noires » ont adopté *Les Damnés de la Terre*.
8. Jusqu'ici les blancs ont apprécié la littérature africaine.
9. Les Africains n'ont pas lu cette littérature.
10. La nouvelle littérature noire a atteint le public noir.

* The usual French equivalent of "require" is *exiger*.

G. Agreement of the past participle

In compound tenses formed with **avoir**, the past participle agrees in number and gender with the direct object only if this direct object precedes the verb.

In statements. The direct object preceding the verb can be the relative pronoun **que** or the personal pronouns **le**, **la**, **les**, **me**, **te**, **nous**, **vous**.

> *La France a occupé le Canada. Elle* **l'***a* **occupé** *au dix-huitième siècle.*
> *Le Canada est un pays* **que** *la France a* **colonisé**.
> *La France a colonisé l'Indochine. Elle* **l'***a* **colonisée** *au dix-neuvième siècle.*
> *Le Sénégal et le Gabon sont deux pays africains* **que** *la France a* **colonisés**.

In questions. The direct object preceding the verb can also be a noun introduced by an interrogative word.

> **Quelles colonies** *de Gaulle a-t-il* **émancipées** ?

NOTE: The agreement of the past participle is important particularly in the written language. It is less relevant in the spoken language, since the addition of an *e* or an *s* to the past participles ending in *e*, *i*, or *u* does not alter their pronunciation. The only past participles where pronunciation is affected by the rule are those ending in:

-ert	**Quelles régions** *Jacques Cartier a-t-il* **découvertes** ?
-aint, -eint	**Quelles régions** *a-t-il* **atteintes** ?
-ait	**Quelles découvertes** *a-t-il* **faites** ?
-is	**Quelles colonies** *les Français ont-ils* **acquises** ?
-it	**Quelles régions** *cet explorateur a-t-il* **décrites** ?

6 Substitutions. Remplacez les mots en italique par les pronoms personnels (**le, la, l', les**). N'oubliez pas l'accord du participe passé.

Modèle : En 1763, la France a cédé *l'Inde et le Canada* à l'Angleterre.
En 1763, la France les a cédés à l'Angleterre.

1. Césaire a condamné *le colonialisme* dans ses essais.
2. Senghor a évoqué *la beauté de la culture africaine* dans ses poésies.
3. Alexandre Dumas a écrit *les romans les plus célèbres du dix-neuvième siècle.*
4. Les universités françaises ont formé *les dirigeants africains d'aujourd'hui.*
5. Senghor a choisi *la poésie* comme mode d'expression.
6. Le surréalisme a influencé *les premières œuvres de Césaire.*
7. La France a perdu *ses colonies d'Afrique.*
8. Les guerres ont encouragé *les aspirations nationalistes.*
9. La guerre d'Algérie a pendant longtemps isolé *la France* sur le plan international.
10. La guerre d'Algérie a paralysé *l'économie française.*
11. C'est de Gaulle qui a démantelé *le reste de l'empire colonial.*
12. Deux coups de plume ont dissous *le premier empire colonial français.*

7 Transformations. Remplacez les mots en italique par les mots entre parenthèses. Faites tous les changements nécessaires.

Modèle : *Les avantages* que la France a tirés de la colonialisation sont modestes. (les richesses, f.)
Les richesses que la France a tirées de la colonisation sont modestes.

1. *Les rapports* que les états africains ont établis avec la France sont très amicaux. (les relations, f.)
2. *Les universités* que les Français ont construites en Afrique sont restées. (les établissements publics, m.)
3. *Les liens* que les colons d'Algérie avaient maintenus avec la métropole étaient étroits. (les relations, f.)
4. *L'assistance technique* que la France a fournie à l'Afrique est importante. (les services, m.)
5. *Les options* que de Gaulle avait offertes aux colonies africains étaient simples. (les choix, m.)
6. Dans *les essais* qu'il a écrits après la guerre, Césaire condamne le colonialisme. (les poésies, f.)
7. *Les sonates* que le chevalier de Saint-Georges a composées sont aujourd'hui oubliées. (la musique, f.)

Document

Ce poème de Léopold Sedar Senghor a été publié en 1945.

Prière aux masques

Masques ! O Masques !
Masque noir, masque rouge, vous, masques blanc-et-noir,
Masques aux quatre points d'où souffle l'Esprit,
Je vous salue dans le silence !
Et pas toi le dernier, Ancêtre à tête de panthère.
Vous gardez ce lieu forclos à[1] tout rire de femme, à tout sourire qui se fane;
Vous distillez cet air d'éternité où je respire l'air de mes Pères.
Masques aux visages sans masque, dépouillés de toute fossette comme de toute ride,
Qui avez composé ce portrait et ce visage mien penché sur l'autel de papier blanc
A votre image, écoutez-moi !
Voici que meurt l'Afrique des Empires[2] — c'est l'agonie d'une princesse pitoyable —
Et aussi l'Europe à qui nous sommes liés par le nombril.
Fixez vos yeux immuables sur vos enfants que l'on commande,
Qui donnent leur vie comme le pauvre son dernier vêtement.
Que nous répondions présents à la renaissance du Monde;
Ainsi le levain qui est nécessaire à la farine blanche.
Car qui apprendrait le rythme au monde défunt des machines et des canons ?
Qui pousserait le cri de joie pour réveiller morts et orphelins à l'aurore ?
Dites, qui rendrait la mémoire de vie à l'Homme aux espoirs éventrés.
Ils nous disent les hommes du coton, du café, de l'huile,
Ils nous disent les hommes de la Mort.
Nous sommes les hommes de la Danse, dont les pieds reprennent vigueur en frappant le sol dur.

Chants d'ombre, Seuil, 1945.

[1] Dont on a exclu.

[2] Il s'agit ici d'empires africains qui existaient avant la colonisation; les masques sont des témoins de cette époque.

Activités

A. Conversation. Préparez deux ou trois questions sur ce poème ou sur les idées que ce poème vous inspire. Vous en discuterez avec vos camarades.

B. Analyse. A qui le poète parle-t-il ? Quels vers expriment le sens du silence, le sens de l'éternité, le sens du rhythme, le sens de la joie ? D'après ce poème, comment les blancs considèrent-ils les noirs ? Comment le poète considère-t-il les contributions des noirs ? Quels éléments de « négritude » voyez-vous dans ce poème ?

C. Réflexions. Ecrivez un court poème en vers libres sur un sujet de votre choix.

Poète et homme politique, Léopold Sedar Senghor a été le premier président de la République Sénégalaise. C'est à lui et à Aimé Césaire qu'on doit le terme "négritude".

Appendix I

Numbers

0	zéro	5	cinq	10	dix	15	quinze
1	un (une)	6	six	11	onze	16	seize
2	deux	7	sept	12	douze	17	dix-sept
3	trois	8	huit	13	treize	18	dix-huit
4	quatre	9	neuf	14	quatorze	19	dix-neuf

20, 21, 22, 23 ...	vingt, vingt et un (une), vingt-deux, vingt-trois ...
30, 31, 32 ...	trente, trente et un (une), trente-deux ...
40, 41 ...	quarante, quarante et un (une) ...
50 ...	cinquante ...
60 ...	soixante ...
70, 71, 72, 73 ...	soixante-dix, soixante et onze, soixante-douze, soixante-treize ...
80, 81, 82 ...	quatre-vingts, quatre-vingt-un (une), quatre-vingt-deux ...
90, 91, 92 ...	quatre-vingt-dix, quatre-vingt-onze, quatre-vingt-douze ...
100, 101, 102 ...	cent, cent un (une), cent deux ...
200, 201 ...	deux cents, deux cent un (une) ...
1000	mille
2000	deux mille
1.000.000	un million
2.000.000	deux millions
1.000.000.000	un milliard

Appendix II

Regular verbs

		-er verb regarder	-ir verb abolir	-re verb vendre	reflexive verb se laver
Indicative	*present*	je regarde tu regardes il regarde nous regardons vous regardez ils regardent	j'abolis tu abolis il abolit nous abolissons vous abolissez ils abolissent	je vends tu vends il vend nous vendons vous vendez ils vendent	je me lave tu te laves il se lave nous nous lavons vous vous lavez ils se lavent
	imperfect	je regardais tu regardais il regardait nous regardions vous regardiez ils regardaient	j'abolissais tu abolissais il abolissait nous abolissions vous abolissiez ils abolissaient	je vendais tu vendais il vendait nous vendions vous vendiez ils vendaient	je me lavais tu te lavais il se lavait nous nous lavions vous vous laviez ils se lavaient
	future	je regarderai tu regarderas il regardera nous regarderons vous regarderez ils regarderont	j'abolirai tu aboliras il abolira nous abolirons vous abolirez ils aboliront	je vendrai tu vendras il vendra nous vendrons vous vendrez ils vendront	je me laverai tu te laveras il se lavera nous nous laverons vous vous laverez ils se laveront
	passé composé	j'ai regardé tu as regardé il a regardé nous avons regardé vous avez regardé ils ont regardé	j'ai aboli tu as aboli il a aboli nous avons aboli vous avez aboli ils ont aboli	j'ai vendu tu as vendu il a vendu nous avons vendu vous avez vendu ils ont vendu	je me suis lavé tu t'es lavé il s'est lavé nous nous sommes lavés vous vous êtes lavés ils se sont lavés

		-er verb regarder	**-ir verb** abolir	**-re verb** vendre	**reflexive verb** se laver
Indicative	*passé simple*	je regardai tu regardas il regarda nous regardâmes vous regardâtes ils regardèrent	j'abolis tu abolis il abolit nous abolîmes vous abolîtes ils abolirent	je vendis tu vendis il vendit nous vendîmes vous vendîtes ils vendirent	je me lavai tu te lavas il se lava nous nous lavâmes vous vous lavâtes ils se lavèrent
Imperative		regarde regardons regardez	abolis abolissons abolissez	vends vendons vendez	lave-toi lavons-nous lavez-vous
Subjunctive	*present*	que je regarde que tu regardes qu'il regarde que nous regardions que vous regardiez qu'ils regardent	que j'abolisse que tu abolisses qu'il abolisse que nous abolissions que vous abolissiez qu'ils abolissent	que je vende que tu vendes qu'il vende que nous vendions que vous vendiez qu'ils vendent	que je me lave que tu te laves qu'il se lave que nous nous lavions que vous vous laviez qu'ils se lavent
	passé composé	que j'aie regardé que tu aies regardé qu'il ait regardé que nous ayons regardé que vous ayez regardé qu'ils aient regardé	que j'aie aboli que tu aies aboli qu'il ait aboli que nous ayons aboli que vous ayez aboli qu'ils aient aboli	que j'aie vendu que tu aies vendu qu'il ait vendu que nous ayons vendu que vous ayez vendu qu'ils aient vendu	que je me sois lavé que tu te sois lavé qu'il se soit lavé que nous nous soyons lavés que vous vous soyez lavés qu'ils se soient lavés
Participle	*present*	regardant	abolissant	vendant	se lavant
	past	regardé	aboli	vendu	lavé

Appendix III

Irregular verbs

Infinitive	*Present indicative*		*Present participle*
avoir	**j'ai** **tu as** **il a**	**nous avons** **vous avez** **ils ont**	**ayant**
être	**je suis** **tu es** **il est**	**nous sommes** **vous êtes** **ils sont**	**étant**
abattre: like battre abstenir: like tenir accéder: like espérer accourir: like courir accroître: like croître acheter: like mener achever: like mener			
acquérir	**j'acquiers** **tu acquiers** **il acquiert**	**nous acquérons** **vous acquérez** **ils acquièrent**	**acquérant**
adhérer: like espérer admettre: like mettre			
aller	**je vais** **tu vas** **il va**	**nous allons** **vous allez** **ils vont**	**allant**
altérer: like espérer apercevoir: like recevoir apparaître: like paraître appartenir: like tenir			
appeler	**j'appelle** **tu appelles** **il appelle**	**nous appelons** **vous appelez** **ils appellent**	**appelant**
apprendre: like prendre arranger: like manger asservir: like servir			

Passé composé	*Passé simple*	*Future*	*Present subjunctive*
j'ai eu	**j'eus**	**j'aurai**	**que j'aie que nous ayons** **que tu aies que vous ayez** **qu'il ait qu'ils aient**
j'ai été	**je fus**	**je serai**	**que je sois que nous soyons** **que tu sois que vous soyez** **qu'il soit qu'ils soient**
j'ai acquis	**j'acquis**	**j'acquerrai**	**que j'acquière** **que nous acquérions**
je suis allé	**j'allai**	**j'irai**	**que j'aille** **que nous allions**
j'ai appelé	**j'appelai**	**j'appellerai**	**que j'appelle** **que nous appelions**

Infinitive	*Present indicative*		*Present participle*
atteindre	**j'atteins** **tu atteins** **il atteint**	**nous atteignons** **vous atteignez** **ils atteignent**	**atteignant**
battre	**je bats** **tu bats** **il bat**	**nous battons** **vous battez** **ils battent**	**battant**
boire	**je bois** **tu bois** **il boit**	**nous buvons** **vous buvez** **ils boivent**	**buvant**
céder: like espérer changer: like manger combattre: like battre			
commencer	**je commence** **tu commences** **il commence**	**nous commençons** **vous commencez** **ils commencent**	**commençant**
commettre: like mettre compléter: like espérer comprendre: like prendre compromettre: like mettre concevoir: like recevoir concourir: like courir			
conduire	**je conduis** **tu conduis** **il conduit**	**nous conduisons** **vous conduisez** **ils conduisent**	**conduisant**
connaître	**je connais** **tu connais** **il connaît**	**nous connaissons** **vous connaissez** **ils connaissent**	**connaissant**
conquérir: like acquérir consentir: like sentir considérer: like espérer construire: like conduire contenir: like tenir contredire: like dire convaincre: like vaincre convenir: like venir			

Passé composé	*Passé simple*	*Future*	*Present subjunctive*
j'ai atteint	**j'atteignis**	**j'atteindrai**	**que j'atteigne** **que nous atteignions**
j'ai battu	**je battis**	**je battrai**	**que je batte** **que nous battions**
j'ai bu	**je bus**	**je boirai**	**que je boive** **que nous buvions**
j'ai commencé	**je commençai**	**je commencerai**	**que je commence** **que nous commencions**
j'ai conduit	**je conduisis**	**je conduirai**	**que je conduise** **que nous conduisions**
j'ai connu	**je connus**	**je connaîtrai**	**que je connaisse** **que nous connaissions**

Infinitive	*Present indicative*		*Present participle*
courir	**je cours** **tu cours** **il court**	**nous courons** **vous courez** **ils courent**	**courant**
couvrir: like ouvrir			
craindre	**je crains** **tu crains** **il craint**	**nous craignons** **vous craignez** **ils craignent**	**craignant**
croire	**je crois** **tu crois** **il croit**	**nous croyons** **vous croyez** **ils croient**	**croyant**
croître	**je croîs** **tu croîs** **il croît**	**nous croissons** **vous croissez** **ils croissent**	**croissant**
débattre: like battre décevoir: like recevoir découvrir: like ouvrir décréter: like espérer décrire: like écrire dégager: like manger démanteler: like mener désagréger: like manger détenir: like tenir détruire: like conduire devenir: like venir			

Passé composé	*Passé simple*	*Future*	*Present subjunctive*
j'ai couru	**je courus**	**je courrai**	**que je coure** **que nous courions**
j'ai craint	**je craignis**	**je craindrai**	**que je craigne** **que nous craignions**
j'ai cru	**je crus**	**je croirai**	**que je croie** **que nous croyions**
j'ai crû	**je crûs**	**je croîtrai**	**que je croisse** **que nous croissions**

Infinitive	*Present indicative*		*Present participle*
devoir	**je dois** **tu dois** **il doit**	**nous devons** **vous devez** **ils doivent**	**devant**
dire	**je dis** **tu dis** **il dit**	**nous disons** **vous dites** **ils disent**	**disant**
diriger: like manger disparaître: like connaître			
dissoudre	**je dissous** **tu dissous** **il dissout**	**nous dissolvons** **vous dissolvez** **ils dissolvent**	**dissolvant**
écrire	**j'écris** **tu écris** **il écrit**	**nous écrivons** **vous écrivez** **ils écrivent**	**écrivant**
élever: like mener élire: like lire			
émouvoir	**j'émeus** **tu émeus** **il émeut**	**nous émouvons** **vous émouvez** **ils émeuvent**	**émouvant**
encourager: like manger encourir: like courir endormir: like servir engager: like manger entreprendre: like prendre entretenir: like tenir			
envoyer	**j'envoie** **tu envoies** **il envoie**	**nous envoyons** **vous envoyez** **ils envoient**	**envoyant**
espérer	**j'espère** **tu espères** **il espère**	**nous espérons** **vous espérez** **ils espèrent**	**espérant**
essayer: like payer éteindre: like atteindre			

Passé composé	*Passé simple*	*Future*	*Present subjunctive*
j'ai dû	**je dus**	**je devrai**	**que je doive** **que nous devions**
j'ai dit	**je dis**	**je dirai**	**que je dise** **que nous disions**
j'ai dissous	—	**je dissoudrai**	**que je dissolve** **que nous dissolvions**
j'ai écrit	**j'écrivis**	**j'écrirai**	**que j'écrive** **que nous écrivions**
j'ai ému	**j'émus**	**j'émouvrai**	**que j'émeuve** **que nous émouvions**
j'ai envoyé	**j'envoyai**	**j'enverrai**	**que j'envoie** **que nous envoyions**
j'ai espéré	**j'espérai**	**j'espérerai**	**que j'espère** **que nous espérions**

Infinitive	*Present indicative*		*Present participle*
exiger: like manger			
faire	**je fais** **tu fais** **il fait**	**nous faisons** **vous faites** **ils font**	**faisant**
falloir	**il faut**		
financer: like commencer forger: like manger inscrire: like écrire instruire: like conduire intégrer: like espérer interdire: like dire interpréter: like espérer			
interrompre	**j'interromps** **tu interromps** **il interrompt**	**nous interrompons** **vous interrompez** **ils interrompent**	**interrompant**
introduire: like conduire lancer: like commencer lever: like mener libérer: like espérer			
lire	**je lis** **tu lis** **il lit**	**nous lisons** **vous lisez** **ils lisent**	**lisant**
loger: like manger maintenir: like tenir			
manger	**je mange** **tu manges** **il mange**	**nous mangeons** **vous mangez** **ils mangent**	**mangeant**
mélanger: like manger menacer: like commencer			
mener	**je mène** **tu mènes** **il mène**	**nous menons** **vous menez** **ils mènent**	**menant**
mettre	**je mets** **tu mets** **il met**	**nous mettons** **vous mettez** **ils mettent**	**mettant**

Passé composé	*Passé simple*	*Future*	*Present subjunctive*
j'ai fais	**je fis**	**je ferai**	**que je fasse** **que nous fassions**
il a fallu	**il fallut**	**il faudra**	**qu'il faille**
j'ai interrompu	**j'interrompis**	**j'interromprai**	**que j'interrompe** **que nous interrompions**
j'ai lu	**je lus**	**je lirai**	**que je lise** **que nous lisions**
j'ai mangé	**je mangeai**	**je mangerai**	**que je mange** **que nous mangions**
j'ai mené	**je menai**	**je mènerai**	**que je mène** **que nous menions**
j'ai mis	**je mis**	**je mettrai**	**que je mette** **que nous mettions**

Infinitive	*Present indicative*		*Present participle*
morceler: like appeler			
mourir	**je meurs** **tu meurs** **il meurt**	**nous mourons** **vous mourez** **ils meurent**	**mourant**
naître	**je nais** **tu nais** **il naît**	**nous naissons** **vous naissez** **ils naissent**	**naissant**
négliger: like manger obliger: like manger obtenir: like tenir offrir: like ouvrir omettre: like mettre opérer: like espérer			
ouvrir	**j'ouvre** **tu ouvres** **il ouvre**	**nous ouvrons** **vous ouvrez** **ils ouvrent**	**ouvrant**
paraître	**je parais** **tu parais** **il paraît**	**nous paraissons** **vous paraissez** **ils paraissent**	**paraissant**
parcourir: like courir partager: like manger partir: like sortir			
payer	**je paie** **tu paies** **il paie**	**nous payons** **vous payez** **ils paient**	**payant**
peindre: like atteindre pénétrer: like espérer permettre: like mettre peser: like mener plaindre: like craindre			
plaire	**je plais** **tu plais** **il plaît**	**nous plaisons** **vous plaisez** **ils plaisent**	**plaisant**
pouvoir	**je peux** **tu peux** **il peut**	**nous pouvons** **vous pouvez** **ils peuvent**	**pouvant**

Passé composé	*Passé simple*	*Future*	*Present subjunctive*
je suis mort	**je mourus**	**je mourrai**	**que je meure** **que nous mourions**
je suis né	**je naquis**	**je naîtrai**	**que je naisse** **que nous naissions**
j'ai ouvert	**j'ouvris**	**j'ouvrirai**	**que j'ouvre** **que nous ouvrions**
j'ai paru	**je parus**	**je paraîtrai**	**que je paraisse** **que nous paraissions**
j'ai payé	**je payai**	**je paierai**	**que je paie** **que nous payions**
j'ai plu	**je plus**	**je plairai**	**que je plaise** **que nous plaisions**
j'ai pu	**je pus**	**je pourrai**	**que je puisse** **que nous puissions**

Infinitive	*Present indicative*		*Present participle*
prédire: like dire préférer: like espérer			
prendre	**je prends** **tu prends** **il prend**	**nous prenons** **vous prenez** **ils prennent**	**prenant**
prescrire: like écrire prévenir: like venir prévoir: like voir produire: like conduire promettre: like mettre protéger: like espérer rabattre: like battre rappeler: like appeler ravager: like manger réadmettre: like mettre			
recevoir	**je reçois** **tu reçois** **il reçoit**	**nous recevons** **vous recevez** **ils reçoivent**	**recevant**
reconnaître: like connaître reconquérir: like acquérir rédiger: like manger réduire: like conduire refaire: like faire refléter: like espérer régler: like espérer régner: like espérer relever: like mener relire: like lire remettre: like mettre remplacer: like commencer rémunérer: like espérer renoncer: like commencer renouveler: like appeler renvoyer: like envoyer reparaître: like paraître			

Passé composé	*Passé simple*	*Future*	*Present subjunctive*
j'ai pris	**je pris**	**je prendrai**	**que je prenne** **que nous prenions**
j'ai reçu	**je reçus**	**je recevrai**	**que je reçoive** **que nous recevions**

Infinitive	*Present indicative*		*Present participle*
répéter: like espérer reprendre: like prendre reproduire: like produire requérir: like acquérir résoudre: like dissoudre, but *passé composé*: **j'ai résolu**; *passé simple*: **je résolus** ressentir: like sentir ressortir: like sortir retenir: like tenir révéler: like espérer revenir: like venir revoir: like voir			
rire	**je ris** **tu ris** **il rit**	**nous rions** **vous riez** **ils rient**	**riant**
rouspéter: like espérer			
savoir	**je sais** **tu sais** **il sait**	**nous savons** **vous savez** **ils savent**	**sachant**
sécher: like espérer secourir: like courir semer: like mener			
sentir	**je sens** **tu sens** **il sent**	**nous sentons** **vous sentez** **ils sentent**	**sentant**
servir	**je sers** **tu sers** **il sert**	**nous servons** **vous servez** **ils servent**	**servant**
sortir	**je sors** **tu sors** **il sort**	**nous sortons** **vous sortez** **ils sortent**	**sortant**
souffrir: like ouvrir soulager: like manger soumettre: like mettre			

Passé composé	*Passé simple*	*Future*	*Present subjunctive*
j'ai ri	**je ris**	**je rirai**	**que je rie** **que nous riions**
j'ai su	**je sus**	**je saurai**	**que je sache** **que nous sachions**
j'ai senti	**je sentis**	**je sentirai**	**que je sente** **que nous sentions**
j'ai servi	**je servis**	**je servirai**	**que je serve** **que nous servions**
je suis sorti	**je sortis**	**je sortirai**	**que je sorte** **que nous sortions**

Infinitive	*Present indicative*		*Present participle*
sourire: like rire soutenir: like tenir se souvenir de: like venir subvenir: like venir succéder: like espérer suggérer: like espérer			
suivre	**je suis** **tu suis** **il suit**	**nous suivons** **vous suivez** **ils suivent**	**suivant**
surprendre: like prendre survivre: like vivre			
tenir	**je tiens** **tu tiens** **il tient**	**nous tenons** **vous tenez** **ils tiennent**	**tenant**
tracer: like commencer traduire: like conduire transmettre: like mettre			
vaincre	**je vaincs** **tu vaincs** **il vainc**	**nous vainquons** **vous vainquez** **ils vainquent**	**vainquant**
valoir	**je vaux** **tu vaux** **il vaut**	**nous valons** **vous valez** **ils valent**	**valant**
vénérer: like espérer			
venir	**je viens** **tu viens** **il vient**	**nous venons** **vous venez** **ils viennent**	**venant**
vivre	**je vis** **tu vis** **il vit**	**nous vivons** **vous vivez** **ils vivent**	**vivant**
voir	**je vois** **tu vois** **il voit**	**nous voyons** **vous voyez** **ils voient**	**voyant**
vouloir	**je veux** **tu veux** **il veut**	**nous voulons** **vous voulez** **ils veulent**	**voulant**
voyager: like manger			

Passé composé	*Passé simple*	*Future*	*Present subjunctive*
j'ai suivi	**je suivis**	**je suivrai**	**que je suive** **que nous suivions**
j'ai tenu	**je tins**	**je tiendrai**	**que je tienne** **que nous tenions**
j'ai vaincu	**je vainquis**	**je vaincrai**	**que je vainque** **que nous vainquions**
j'ai valu	**je valus**	**je vaudrai**	**que je vaille** **que nous valions**
je suis venu	**je vins**	**je viendrai**	**que je vienne** **que nous venions**
j'ai vécu	**je vécus**	**je vivrai**	**que je vive** **que nous vivions**
j'ai vu	**je vis**	**je verrai**	**que je voie** **que nous voyions**
j'ai voulu	**je voulus**	**je voudrai**	**que je veuille** **que nous voulions**

Biographical Appendix

The following alphabetical listing gives brief biographical information about persons mentioned in the readings. All names are given with their French spelling.

ADAMOV, ARTHUR (1908–), French dramatist of Russian origin

AMPÈRE, ANDRÉ-MARIE (1775–1836), French physicist who discovered the magnetic properties of electricity

ARON, RAYMOND (1905–) French sociologist and writer

ARRABAL, FERNANDO (1932–), Spanish dramatist who writes in French

BALZAC, HONORÉ DE (1799–1850), French novelist, author of *La Comédie Humaine*

BEAU DE ROCHAS, ALPHONSE (1815–1893), French engineer who contributed to the development of the internal combustion engine

BECKETT, SAMUEL (1906–), Irish dramatist who writes in French and English, winner of the Nobel Prize for literature in 1969

BERNARD, CLAUDE (1813–1878), French physiologist and father of the experimental method

BLUM, LÉON (1872–1950), French statesman and socialist, organizer of the *Front Populaire* (a leftist movement)

BOVARY, EMMA, fictitious heroine of Flaubert's novel *Madame Bovary* (1857)

BRADLEY, OMAR (1893–), American general who directed the Allied landing in Normandy, June 1944

BRAQUE, GEORGES (1882–1963), French painter, founder of the Cubist movement

BRECHT, BERTOLT (1898–1956), German dramatist and poet, author of the *Threepenny Opera*

BROGLIE, LOUIS DE (1892–), French physicist who developed the wave theory of electron movement, winner of the Nobel Prize for physics in 1929

BUFFET, BERNARD (1928–), French painter and sculptor

CALDER, ALEXANDER (1898–), American sculptor and builder of mobiles

CAMUS, ALBERT (1913–1960), French novelist and philosopher, winner of the Nobel Prize for literature in 1957

CAPET, HUGUES (938–996), king of France from 987 to 996

CÉSAIRE, AIMÉ (1913–), Black French poet, known for his anticolonialist writings

CÉSAR, JULES (101–44 BC), Roman general and statesman who conquered Gaul (59–51 BC)

CHABROL, CLAUDE (1930–), French film director

CHAGALL, MARC (1889–), Russian painter, established in France

CHARLES VII (1403–1461), king of France from 1422 to 1461, crowned at Reims thanks to the initiative of Jeanne d'Arc

CHODERLOS DE LACLOS, PIERRE (1741–1803), French writer, author of the epistolary novel *Les Liaisons Dangereuses*

CHOPIN, FRÉDÉRIC (1810–1849), Polish composer who spent much of his adult life in France

COLOMB, CHRISTOPHE (1451–1506), Italian explorer in the service of the King of Spain, "discoverer" of America

COULOMB, CHARLES-AUGUSTIN DE (1736–1806), French physicist who developed laws describing the attraction of electric charges

CURIE, MARIE (1867–1934), Polish-French physicist who discovered radium, winner of the Nobel Prize for physics in 1903 and the Nobel Prize for chemistry in 1911

CURIE, PIERRE (1859–1906), French physicist who with his wife discovered radium, winner of the Nobel Prize for physics in 1903
DADIÉ, BERNARD (1916–), African dramatist and novelist who writes in French.
DAGUERRE, JACQUES (1787–1851), French scientist who improved the photographic process invented by Niepce
DESCARTES, RENÉ (1596–1650), French philosopher and mathematician, father of analytical geometry
DIOP, BIRAGO (1906–), African poet and novelist who writes in French
DUMAS, ALEXANDRE (1802–1870), Black French novelist, author of *Les Trois Mousquetaires* and *Le Comte de Monte-Cristo*
EASTMAN, GEORGE (1854–1932), American industrialist, founder of Eastman Kodak
EIFFEL, ALEXANDRE (1832–1923), French engineer, designer of the Eiffel Tower
FALLA, MANUEL DE (1876–1946), Spanish composer
FANON, FRANTZ(1925–1961),Black French writer whose works have inspired the Black Power movement in the United States
FAURE, EDGAR (1908–), French politician
FERMAT, PIERRE DE (1601–1665), French mathematician who founded the modern theory of numbers and the calculus of probabilities
FLAUBERT, GUSTAVE (1821–1880), French novelist, author of *Madame Bovary*
FORD, HENRY (1863–1947), American industrialist, pioneer automobile manufacturer
FRANCK, CÉSAR (1822–1890), Belgian-French composer
FRANÇOIS Ier (1494–1547), king of France from 1515 to 1547
GALOIS, ÉVARISTE (1811–1832), French mathematician
GAMBETTA, LÉON (1838–1882), French politician
GAULLE, CHARLES DE (1890–1970), French statesman, founder of the Fifth Republic, president of France from 1958 to 1969
GIDE, ANDRÉ (1869–1951), French novelist, winner of the Nobel Prize for literature in 1947
GODARD, JEAN-LUC (1930–), French film director
GRIEUX, le chevalier des, fictitious hero of Prévost's novel, *Manon Lescaut* (1731)
GROMAIRE, MARCEL (1892–1971), French artist known for his tapestries
GUILLAUME LE CONQUÉRANT (1027–1087), duke of Normandy from 1035 to 1087 and, after conquering the British at the Battle of Hastings, king of England from 1066 to 1087
HENRI II (1519–1559), king of France from 1547 to 1559
HENRI IV (1553–1610), king of France from 1589 to 1610
HEMINGWAY, ERNEST (1899–1961), American novelist, winner of the Nobel Prize for literature in 1954
HO CHI MINH (1890–1969), Vietnamese patriot and Communist leader in the wars against the French and the Americans
HONEGGER, ARTHUR (1892–1955), Swiss-French composer
IONESCO, EUGÈNE (1912–), French dramatist, member of the *Académie Française*
JACOB, FRANÇOIS (1920–), French researcher, winner of the Nobel Prize for physiology and medicine in 1965
JAURÈS, JEAN (1859–1914), French politician, leader of the socialist movement in France
JEANNE D'ARC (1412–1431), French heroine of the Hundred Years' War, who defeated the British at Orléans
JOHNSON, LYNDON (1908–1973), American president from 1963 to 1969
JOLIOT-CURIE, FRÉDÉRIC (1900–1958), French physicist, winner of the Nobel Prize for chemistry in 1935
JOYCE, JAMES (1882–1941), Irish novelist
KANDINSKY, WASSILY (1866–1944), Russian abstract painter
KASTLER, ALFRED (1902–), French physicist, winner of the Nobel Prize for physics in 1966
KENNEDY, JOHN F. (1917–1963), American president from 1961 to 1963
LAGRANGE, LOUIS de (1736–1813), French mathematician and astronomer
LALLEMAND, ANDRÉ (1904–), French astronomer
LAPLACE, PIERRE-SIMON de (1749–1827), French astronomer and mathematician
LASSERRE, GEORGES (1900–), French sociologist and economist
LECLERC DE HAUTECLOCQUE, PHILIPPE (1902–1947), French World War II general

LENOIR, JEAN (1822–1900), French engineer, inventor of the internal combustion engine
LELOUCH, CLAUDE (1937–), French film director
LESCAUT, MANON, fictitious heroine of Prévost's novel *Manon Lescaut* (1731)
LOUIS XI (1423–1483), king of France from 1461 to 1483
LOUIS XII (1462–1515), king of France from 1498 to 1515
LOUIS XIII (1601–1643), king of France from 1610 to 1643
LOUIS XIV (1638–1715), king of France from 1643 to 1715, known as *le Roi Soleil*
LOUIS XV (1710–1774), king of France from 1715 to 1774
LOUIS XVI (1754–1793), king of France from 1774 to 1791, dethroned by the French Revolution and subsequently beheaded
LULLY, JEAN-BAPTISTE (1632–1687), French operatic composer
LURÇAT, JEAN (1892–1966), French artist known for his tapestries
LWOFF, ANDRÉ (1901–), French research scientist, winner of the Nobel Prize for physiology and medicine in 1965
MALRAUX, ANDRÉ (1901–), French writer, critic and political figure, Minister of Culture under de Gaulle
MATISSE, HENRI (1869–1954), French painter and sculptor
MAURIAC, FRANÇOIS (1885–1971), French writer, winner of the Nobel Prize for literature in 1954
MCCARTHY, MARY (1912–), American writer
MILLER, HENRY (1891–), American writer
MODIGLIANI, AMADEO (1884–1920), Italian painter who resided in France
MONDRIAN, PIET (1872–1944), Dutch abstract painter
MONOD, JACQUES (1910–), French research scientist, winner of the Nobel Prize for physiology and medicine in 1965
MONTESQUIEU, CHARLES DE (1689–1755), French political essayist
NAPOLÉON Ier (1769–1821), military leader and emperor of France from 1804 to 1815
NAPOLÉON III (1808–1873), emperor of France from 1852 to 1870
NASSER, GAMAL ABDEL (1918–1970), president of Egypt from 1954 to 1970
NEHRU, JAWAHARLAL (1889–1964), first prime minister of India from 1947 to 1964
NIEPCE, NICÉPHORE (1765–1833), French scientist, inventor of photography
NIXON, RICHARD (1913–), American president
NOVOTNY, ANTONIN (1904–), Czechoslovakian statesman
OFFENBACH, JACQUES (1819–1880), French composer, known for his operettas
PASCAL, BLAISE (1623–1662), French mathematician, philosopher, and physicist
PASTEUR, LOUIS (1822–1895), French chemist and bacteriologist who developed the process of pasteurization
PICASSO, PABLO (1881–1973), Spanish sculptor and painter, established in France
PRÉVOST, ANTOINE-FRANÇOIS (1697–1763), French writer, author of *Manon Lescaut*
RENAL, MADAME DE, fictitious heroine in Stendhal's novel, *Le Rouge et le Noir* (1830)
RESNAIS, ALAIN (1922–), French film director
ROCHAMBEAU, JEAN-BAPTISTE DE (1725–1807), French officer, commander of the French troops during the American Revolution
RODIN, AUGUSTE (1840–1917), French sculptor
ROOSEVELT, FRANKLIN D. (1882–1945), American president from 1933 to 1945
ROUSSEAU, JEAN-JACQUES (1712–1778), French writer and political essayist
SAINT-GEORGES, JOSEPH BOULOGNE, le chevalier de (1745–1799), Black French composer
SAINT-JOHN PERSE, pen name of Alexis Saint-Léger Léger (1887–), French poet, winner of the Nobel Prize for literature in 1960
SARTRE, JEAN-PAUL (1905–), French writer, philosopher and political activist, winner of the Nobel Prize for literature in 1964, an award which he refused
SENGHOR, LÉOPOLD (1906–), African statesman and first president of Senegal; poet who writes in French
SERVAN-SCHREIBER, JEAN-JACQUES (1924–), French journalist, writer and politician
SORBON, ROBERT DE (1202–1274), founder of the Sorbonne in Paris
SOREL, JULIEN, fictitious hero of Stendhal's novel *Le Rouge et le Noir* (1830)

STAËL, MADAME GERMAINE DE (1766–1817), French writer and critic
STEIN, GERTRUDE (1874–1946), American writer and art patron
STENDHAL, pen name of Henri Beyle (1783–1842), French novelist, author of *Le Rouge et le Noir*
STRAVINSKY, IGOR (1882–1971), Russian composer
TITO, assumed name of Joseph Broz (1892–), Yugoslavian statesman, head of state since 1945
TRUFFAUT, FRANÇOIS (1932–), French film director
UTRILLO, MAURICE (1883–1955), French painter
VALMONT, fictitious hero of Choderlos de Laclos's novel *Les Liaisons Dangereuses*
VAN GOGH, VINCENT (1853–1890), Dutch impressionist painter who spent much of his adult life in France
VINCI, LÉONARD DE (1452–1519), Italian painter, sculptor, architect and inventor who was brought to France by François Ier
VIOLLET-LE-DUC, EUGÈNE (1814–1879), French architect who restored many monuments of the Middle Ages, including Notre Dame de Paris
VLAMINCK, MAURICE DE (1876–1958), French painter
VOLTAIRE, pen name of François-Marie Arouet (1694–1778), French writer and philosopher
WASHINGTON, GEORGE (1732–1799), American general and statesman, first president of the United States from 1787 to 1795

French-English Vocabulary

This vocabulary listing contains all the words which appear in this book, with the exception of articles and pronouns. If the gender of a noun is not evident from the determiner, it is given in parentheses. If a noun or adjective has an irregular feminine or plural form, this form is written out in parentheses. If an intransitive verb forms its passé composé with **être**, the first-person singular form of the tense is given. For the forms of the irregular verbs, see Appendix III.

The following abbreviations are used:

adj	adjective	*pl*	plural
f	feminine	*sg*	singular
m	masculine		

NOTE: Words or expressions preceded with the mark (°) occur in *Français Fondamental*. These are high-frequency words that are particularly useful to know.

A

°**à** to, at; °**à cause de** because of; **à condition de/que** provided that; **à moins de/que** unless; °**à peine** scarcely, hardly; °**à peu près** about, approximately; °**à travers** across, throughout
°**abandonner** to abandon, to quit, to give up
°**abattre** to throw down, to slaughter (cattle), to fell (trees)
abdiquer to abdicate
abolir to abolish
abominable abominable, horrible
une **abondance** abundance
abord: °**d'abord** at first
°**aboutir à** to lead to, to result in
°**abriter** to harbor, to shelter, to protect; to seat (people); °**s'abriter** to be sheltered
une °**absence** absence
°**absent** absent
absolu absolute
°**absolument** absolutely
abstenir to abstain
une **abstraction** abstraction
abstrait abstract; **l'abstrait** (*m*) abstract
absurde absurd, crazy
l' **Académie Française** French Academy
accéder to accede
une **accélération** acceleration, speeding up
un **accent** accent
accentuer to accentuate, to mark
acceptable acceptable
une **acceptation** acceptance
°**accepter** to accept
un **accès** access
un °**accident** accident
accidenté rough, hilly (terrain)
accomoder to adapt; **accomoder à toutes les sauces** to use in many ways
°**accompagner** to accompany; °**s'accompagner de** to accompany with, to be accompanied with
°**accomplir** to accomplish
un °**accord** agreement; °**être d'accord** to agree
°**accorder** to accord, to grant, to give; °**s'accorder avec** to agree with
accourir to hasten, to come running
un **accroissement** growth
s' **accroître** to grow, to increase
accumuler to accumulate
°**accuser** to accuse
acerbe harsh, sharp
un °**achat** purchase; **l'achat de** the buying of
°**acheter** to buy, to purchase
un °**acheteur** (**une acheteuse**) buyer
achever to finish, to end; **s' achever** to come to an end
acquérir to acquire, to obtain

acquis (*adj*) acquired
acquit *passé simple 3rd sg of* **acquérir**
l' **acrobatie** (*f*) acrobatics
acrobatique acrobatic
un °**acte** act
un °**acteur** actor
°**actif** (*f* **active**) busy, active; **la population active** the working population
une °**action** action
l' **activisme** (*m*) activism
une °**activité** activity
une °**actrice** actress
l' °**actualité** current events; **les actualités** news of the day
°**actuel** (*f* **actuelle**) present
°**actuellement** at present
°**adapter** to adapt
s' **adapter à** to get used to, to adapt to, to adjust to
adéquat adequate
adhérer à to adhere to
un °**adjectif** adjective
°**admettre** to admit
un **administrateur** administrator
administratif (*f* **administrative**) administrative
une °**administration** administration, civil service
un **administré** person under someone's administration or jurisdiction
administrer to administer
°**admirable** admirable
admis *past participle of* **admettre**
l' **adolescence** (*f*) adolescence, youth
°**adopter** to adopt
une **adoption** adoption; **d'adoption** by adoption
une °**adresse** address
°**adresser** to address; °**s'adresser à** to address, to speak to
un °**adulte** adult
un °**adversaire** opponent
l' **adversité** adversity
°**aérien** (*f* **aérienne**) aerial; **transport aérien** air transport
aéronautique aeronautical
l' **aéronautique** (*f*) aeronautics, aeronautical industry
un **aéroport** airport
un **aérotrain** hovertrain
affaiblir to weaken
une °**affaire** affair; concern; business; matter; **l'affaire de l'individu** a private concern; **les affaires** business; **un chiffre d'affaires** total sales; **une affaire de goût** a matter of taste
affairé busy, rushed
affecté affected, stuck up
affecter to affect; to influence, to have an influence upon; to concern
affectif (*f* **affective**) affective
affectionner to like, to have a liking for
une °**affiche** poster, sign
°**affirmer** to affirm, to state, to assert
l' **affranchissement** (*m*) emancipation, liberation
°**afin de** so that
africain African
l' **Afrique** (*f*) Africa
un °**âge** age; **le Moyen Age** the Middle Ages
°**âgé** old, aged
une **agglomération** agglomeration; urban center
°**agir** to act; °**s'agir de** to be a question of
l' **agitation** (*f*) agitation, bustle
°**agiter** to agitate, to stir; °**s'agiter** to be agitated, to move
une **agonie** agony
agrandir to enlarge, to make bigger; **s'agrandir** to increase in size
°**agréable** pleasant
agrémenter to embellish, to adorn
°**agricole** agricultural
un °**agriculteur** farmer
une °**agriculture** agriculture
une °**aide** help, assistance, aid
°**aider** to help, to assist
°**ailleurs** elsewhere
°**aimer** to like, to love
aîné oldest, eldest
°**ainsi** thus, so, in this manner; °**ainsi que** as well as
l' °**air** (*m*) air; **l'air ambiant** atmosphere; °**avoir l'air** to appear, to look; **en plein air** in the open air
aisé easy; comfortable; well off
ait *subjunctive 3rd sg of* **avoir**
°**ajouter** to add; **s'ajouter** to be added
alcoolisé alcoholic
un **aléa** risk, hazard, chance
algébrique algebraic
l' **Algérie** (*f*) Algeria
l' **aliénation** (*f*) alienation
alimentaire alimentary; **une habitude alimentaire** eating habit
l' °**alimentation** (*f*) alimentation; nutrition; food
des °**aliments** (*f*) food
allemand German; **l'allemand** (*m*) German, the German language
l' **Allemagne** (*f*) Germany

allergique allergic
°**aller** to go
une **alliance** alliance; **l'Alliance Atlantique** Atlantic Alliance; **l'Alliance Française** a foundation whose aim is to promote French language and French culture
allié allied
une **allocation** subsidy; **les allocations familiales** allowances given by the French government to families with several children
allonger to extend, to lengthen
les **Alpes** (*f*) Alps
un **alpiniste** mountain climber
°**alors** then, at that time; °**alors que** whereas; **d'alors** of that time
l' **Alsace** (*f*) Alsace, a province in northeastern France
l' **aluminium** (*m*) aluminum
altérer to alter, to change
l' **amabilité** (*f*) amiability, friendliness
un **amalgame** amalgamation
un **amant** (**une amante**) lover
amasser to amass
un °**amateur** enthusiast
un °**ambassadeur** ambassador
ambiant surrounding
ambigu (*f* **ambiguë**) ambiguous, equivocal
ambitieux (*f* **ambitieuse**) ambitious
ambivalent ambivalent, ambiguous
°**améliorer** to improve; °**s'améliorer** to improve, to get better
une **amende** fine
°**amener** fine
américain American
américano- combining form: American-
l' **Amérique** (*f*) America; **l'Amérique du Sud** South America
un °**ami** friend; **un faux ami** false cognate
°**amical** (*pl* **amicaux**) friendly, amiable
l' **amitié** (*f*) friendship, amity
amoureux (*f* **amoureuse**) in love; **tomber amoureux** to fall in love
un **amphi** lecture hall (student slang for **amphithéâtre**); **un cours d'amphithéâtre** large lecture course
ample ample, broad
amplement amply
l' **ampleur** (*f*) fullness; **prendre de l'ampleur** to gain in importance
amputer to amputate
°**amuser** to amuse; **s'amuser** to have fun
un °**an** year; °**avoir... ans** to be... years old
un **anachronisme** anachronism
analytique analytical
l' **anarchie** (*f*) anarchy
l' **anatomie** (*f*) anatomy
ancestral ancestral
un **ancêtre** ancestor
°**ancien** (*f* **ancienne**) ancient, old; former; antique
l' **ancien** old things; **un ancien** alumnus, senior citizen
l' **ancienneté** (*f*) age; seniority
ancré anchored; deep rooted
un **ange** angel
anglais English
l' **anglais** (*m*) English, the English language; **en anglais** in English
l' **Angleterre** (*f*) England
anglo-saxon (*f* **anglo-saxonne**) Anglo-Saxon
une **angoisse** distress, anguish, agony
une **anecdote** anecdote
un °**angle** angle
l' **animation** animation, liveliness, excitement; life
animer to animate
l' **anis** (*m*) anise (plant with a licorice taste)
l' **Annam** (*m*) Annam (now central part of Vietnam)
une °**année** year; **dans les années 1950** in the 1950's
un °**anniversaire** birthday; anniversary
une °**annonce** announcement; **les petites annonces** classified ads
°**annoncer** to announce, to signal; to foretell
°**annuel** (*f* **annuelle**) annual, yearly
une **anomalie** anomaly
l' **anonymat** (*m*) anonymity
anonyme anonymous
anormal abnormal
un **antécédent** antecedent; **les antécédents familiaux** family background
une **antenne** antenna
anti-américain anti-American
anti-blanc (*f* **anti-blanche**) anti-White
anti-britannique anti-British
anti-colonialiste anticolonial
anti-féministe antifeminist
anti-israëlien (*f* **anti-israëlienne**) anti-Israeli
les **Antilles** (*f*) West Indies; **la mer des Antilles** Caribbean sea
une **antithèse** antithesis
anxieux (*f* **anxieuse**) anxious, uneasy

°**août** (*m*) August
°**apercevoir** to see, to notice; °**s'apercevoir de** to realize, to notice
un **aperçu** glimpse, quick view; summary
un **apéritif** aperitif, before-dinner drink; **l'heure de l'apéritif** cocktail hour
une **apogée** apogee, highest point
°**apparaître** to appear
un **appareil ménager** household appliance
apparemment apparently; obviously
apparent apparent; obvious; visible
apparenté related; **un mot apparenté** cognate
une **apparition** appearance; **faire une apparition** to appear, to show up
un °**appartement** apartment
une **appartenance** belonging, the act of belonging; **l'appartenance à** membership in
appartenir à to belong to
appauvrir to impoverish
un °**appel** appeal, call; **faire appel à** to call upon; to rely on
°**appeler** to call; °**s'appeler** to be named
une **appelation** name, appellation
une °**application** application
°**appliquer** to apply; °**s'appliquer** to apply oneself, to work hard
°**apprécier** to appreciate, to like
°**apprendre** to learn; to teach
appris *past participle of* **apprendre**
°**approcher** to approach; °**s'approcher** to come near, to approach
approfondi deep, deepened
approprié appropriate, proper
approximatif (*f* **approximative**) approximate
approximativement approximately, about
un **appui** support
°**après** after; °**d'après** according to; °**après que** after; **d'après-guerre** in the period after World War II
un **aqueduc** aquaduct
arabe Arab
un **arbitre** referee, judge
un °**arbre** tree
un **arbuste** small tree, shrub
un **arc** arch; **un arc de triomphe** triumphal arch
archaïque archaic, old-fashioned
l' **archaïsme** (*m*) archaism, archaic nature
un **architecte** architect
l' **ardeur** (*f*) ardor, enthusiasm
l' **ardoise** (*f*) gray slate
une **arène** arena
l' °**argent** (*m*) money; **l'argent liquide** cash; **l'argent de poche** pocket money, spending money
l' **argile** (*f*) clay
un **argot** slang
un **aristocrate** aristocrat
une °**armée** army
un **armement** weaponry, arms
armer to arm
les °**armes** (*f*) arms; **le métier des armes** military career
un **armistice** armistice
une °**armoire** wardrobe for storing linen and clothing
°**arranger** to arrange
°**arrêter** to stop; °**s'arrêter** to stop
°**arrière:** °**en arrière** behind, backwards; **revenir en arrière** to step backwards, to step back into the past
un **arrière-cousin** distant cousin
une **arrivée** arrival
°**arriver** to arrive; °**il arrive que** it happens that; **il est arrivé** it has happened
arrogant arrogant
arrosé sprinkled; (meal) accompanied with wine
un °**art** art
une °**artère** artery
un °**article** article
artificiel (*f* **artificielle**) artificial
un °**artisan** craftsman, skilled worker; creator
artisanal (*pl* **artisanaux**) on a small scale; employing skilled craftsmen; relating to crafts
un **artisanat** craftmanship
artistique artistic
°**artiste** artist
l' **Asie** (*f*) Asia
un °**aspect** aspect, side
asphyxier to asphyxiate, to smother, to stifle
une **aspiration** aspiration, dream
une °**assemblée** assembly; °**l'Assemblée Nationale** French National Assembly
asservir to reduce to slavery
°**assez** rather; enough; °**assez de** enough, enough of
assidu assiduous, eager, untiring, diligent
une °**assiette** plate
assigner to assign
°**assis** seated
une **assistance** aid, assistance; audience

une **assistante** assistant; **une assistante sociale** social worker
°**assister à** to attend, to be present at, to witness
une °**association** association
°**associer** to associate
°**assurer** to insure; to assure, to promise, to guarantee
un °**atelier** workshop
un **athlète** athlete
atlantique Atlantic
une **atmosphère** atmosphere
°**atomique** atomic
atomiser to atomize; to break into small fragments
atone dull; **politiquement atone** without political leaning
un **atout** trump
une **atrophie** atrophy, paralysis
attachant interesting, engaging
une **attache** attachment, tie, link
°**attacher** to attach, to tie
un **attachement** attachment
une **attaque** attack
s' °**attaquer à** to attack, to tackle
s' **attarder sur** to linger over
°**atteindre** to reach, to attain
atteint *past participle of* **atteindre**
s' **attarder sur** to linger over
°**atteindre** to reach, to attain
atteint *past participle of* **atteindre**
°**attendre** to wait, to wait for; **s'attendre à** to expect
attentif (*f* **attentive**) attentive, careful
atténuer to attenuate, to lessen, to dim; **s'atténuer** to become subdued, to be toned down, to be disappearing
attester de to attest to
attirant attractive
°**attirer** to attract
une °**attitude** attitude
une **attraction** attraction
un **attrait** attraction, attractiveness
attribuer to assign, to attribute; **s'attribuer** to take for oneself; to lay claim to
une **auberge** inn; **une auberge de la jeunesse** youth hostel
°**aucun** (**ne... aucun**) no, not any; none
l' °**audace** (*f*) boldness, audacity
°**audacieux** (*f* **audacieuse**) bold, audacious
°**au-dessous de** below, beneath
°**au-dessus de** above, over
un °**auditeur** listener
un **auditoire** listeners, audience
une °**augmentation** increase; raise (in salary)
°**augmenter** to increase
°**aujourd'hui** today
l' **aurore** dawn
°**aussi** also; as; therefore (*at the beginning of a sentence*); °**aussi... que** as... as
°**aussitôt** immediately; °**aussitôt que** as soon as; **aussitôt après** immediately after
austère austere, strict, severe, plain
l' **austérité** (*f*) austerity
°**autant** as much, as many; **autant** (**de**) ...**que** as much... as, as many... as
un **autel** altar
un °**auteur** author, **un auteur dramatique** playwright
une **autobiographie** autobiography
un °**autobus** bus
l' °**automne** (*m*) autumn, fall; **en automne** in fall
une °**automobile** automobile, car
un **automobiliste** driver
°**autonome** autonomous, self-sufficient
l' **autonomie** (*f*) autonomy; self-government
autoritaire bossy, authoritarian
l' °**autorité** authority
une **autoroute** turnpike, dual highway; **une autoroute de dégagement** bypass
°**autour** (**de**) around
°**autre** other; °**un autre, une autre** another; °**d'autres** others
°**autrefois** formerly; in the past; **d'autrefois** of the past
°**autrement** otherwise
auxiliaire auxiliary
°**avancer** to advance, to move forward, to make progress
°**avant** before; °**en avant** forward, ahead; °**avant de,** °**avant que** before; **avant tout** above all; **avant Jésus-Christ** B.C. (Before Christ)
un °**avantage** advantage
avantageux (*f* **avantageuse**) advantageous
une **avant-garde** avant-garde; **d'avant-garde** pioneering
l' **avant-guerre** (*f*) pre-war period
°**avare** miserly, miser, greedy
l' **avarice** (*f*) greed, stinginess
°**avec** with
un **avènement** coming into existence; coming into power; accession to the throne
un °**avenir** future
une °**aventure** adventure
averti experienced, well informed; **un public averti** knowledgeable public

un **aveu** confession
un °**avion** airplane
un °**avocat** (**une avocate**) lawyer
°**avoir** to have; **avoir l'intention de** to intend to
avoisinant neighboring
°**avril** (*m*) April
°**avouer** to admit, to confess

B

un **baccalauréat** French degree awarded after a national exam once highschool is finished
un **bachelier** student who has earned his baccalauréat
une **bactérie** bacteria
un **bahut** chest of drawers
une °**baignoire** bathtub
un **baiser** kiss
°**baisser** to decrease, to diminish; to lower
un **bal** dance; **un bal populaire** village dance, dance open to all
banal trite, commonplace
banalement in a trite, commonplace manner
une °**bande** strip; **les bandes dessinées** comics
une °**banlieue** suburbs
bannir to banish
une °**banque** bank
un **banquet** banquet, feast
un **baptême** baptism, christening
baptiser to baptize
barbaresque Barbaresque
une **barricade** barricade
une **barrière** barrier
°**bas** (*f* **basse**) low
une °**base** base, foundation; basis; **de base** basic
le **basketball** basketball
bassement in a lowly manner
un **bastion** bastion
une °**bataille** battle
un °**bateau** ship, boat
un °**bâtiment** building; **l'industrie du bâtiment** construction industry
°**bâtir** to build, to construct; **se bâtir** to build for oneself
°**battre** to beat; °**se battre avec** to fight
la **Baule** French beach resort on the Atlantic
la **bauxite** bauxite
°**beau** (*f* **belle**) beautiful; handsome; nice; **le beau** what is beautiful
°**beaucoup** much, very much, a lot; °**beaucoup de** much, many
la °**beauté** beauty
belge Belgian
la **Belgique** Belgium
belligérant belligerent, warring
un °**bénéfice** benefit; profit
un **bénéficiaire** beneficiary
°**bénéficier de** to benefit from, to profit from
bénéfique beneficial
bénin (*f* **bénigne**) benign, harmless, mild
bénir to bless
un **berceau** cradle
une **bergère** easy chair
les **Bermudes** (*f*) Bermuda
un °**besoin** need; °**avoir besoin de** to need
le **béton** concrete
biblique biblical
une °**bibliothèque** library
une °**bicyclette** bicycle, bike
°**bien** well; quite, very; **bien des** many; °**bien que** although; °**bien sûr** of course; **bien plus** much more; **être bien** to be comfortable
un °**bien** property, asset; good
le **bien-être** well-being
bienfaisant beneficial, salutary; which does one good
la °**bière** beer
bilatéral (*pl* **bilatéraux**) bilateral
un °**billet** ticket
la **biologie** biology
biologique biological
un **biologiste** biologist
un **bistrot** bar, café
°**bizarre** strange, curious, bizarre, weird
°**blanc** (*f* **blanche**) white
un **blanc** blank; white man
un **blason** coat of arms
le **Blésois** area in central France of which Blois is the main city
un **blessé** injured person
°**blesser** to hurt, to injure, to wound
°**bleu** blue
un °**bloc** bloc
un **blocus** naval blockade
°**boire** to drink
le °**bois** wood
une °**boisson** drink, beverage
une °**boîte** box; **une boîte de nuit** night club
une **bombe** bomb
°**bon** (*f* **bonne**) good; °**bon marché** cheap; **le crédit bon marché** easy credit
le °**bonheur** happiness
la °**bonté** goodness
un °**bord** edge, side; **le bord de la mer** sea shore
un °**boucher** (**une bouchère**) butcher
°**bouger** to budge, to move

un °**boulanger** (**une boulangère**) baker
un °**boulevard** boulevard
bouleverser to upset, to overturn, to throw into confusion
un **bouquin** (student slang) book
le **bourbon** bourbon (whisky)
°**bourgeois** bourgeois, middle class
la **bourgeoisie** bourgeoisie, middle class; **la petite bourgeoisie** lower middle class
la **Bourgogne** Burgundy, province in central eastern France
bourré full, stuffed
une °**bourse** scholarship
un °**bout** extremity, end; **à bout de souffle** out of breath; **au bout de** at the end of
une °**bouteille** bottle
brave brave; decent
un **Breton** (**une Bretonne**) person from Brittany
un **bricoleur** do-it-yourself man; handyman
brièvement briefly
une **brigade** squad, detachment
brillant shiny, brilliant
le **brio** brilliance; dash
britannique British
le **bronze** bronze
°**brun** brown
°**brusquement** abruptly, bruskly
brut rough, gross; **le produit national brut** gross national product
°**brutal** (*pl* **brutaux**) brutal
brutalement brutally, abruptly
bûcher (student slang) to study hard
un °**budget** budget
un **buffet** sideboard, buffet for storing dishes and table linen
un °**bureau** desk; office; **un bureau de poste** post office
la **bureaucratie** bureaucracy
un °**but** aim, goal
buvable drinkable

C

°**ça** (= **cela**) that
un °**cabinet** office; **un cabinet de médecin** doctor's office, doctor's practice; **un cabinet ministériel** minister's departmental staff
un **cadastre** cadastral survey, land registry
une **cadence** rhythm, rate, pace
un °**cadre** frame, framework, setting; corporate executive
un °**café** sidewalk café; **le °café** coffee
un °**cahier** notebook
une °**caisse** case, box; cash register
un °**calcul** computation, calculation; calculus
°**calculer** to calculate, to compute; **une machine à calculer** adding machine
calculateur (*f* **calculatrice**) calculating
un **calculateur** calculator
la **Californie** California
°**calme** calm, quiet
une **calomnie** calumny
un °**camarade** comrade, friend; classmate
la **camaraderie** comradeship, friendliness
le **Cambodge** Cambodia
une **caméra** movie camera
un °**camion** truck
un °**camp** camp; **un camp de touristes** tourist camp
la °**campagne** country, countryside
le **Canada** Canada
canadien (*f* **canadienne**) Canadian
un °**candidat** candidate
une **candidature** candidacy
un **canon** cannon, gun
une **cantatrice** singer, "soprano"
un **canton** administrative area consisting of several communes
°**capable** capable
°**capital** capital, main, principal, primary
un °**capital** (*pl* **capitaux**) capital, asset, sum of money; **des capitaux** money
une °**capitale** capital
capitaliste capitaliste
une **capitulation** capitulation, defeat
capricieux (*f* **capricieuse**) capricious, whimsical
°**car** for, because, since
un **caractère** character
caractériser to characterize; **se caractériser par** to be distinguished by, to be distinguishable by
une **caractéristique** characteristic, feature
un **carcan** iron collar
cardinal (*pl* **cardinaux**) cardinal, primary, very important
le **carnaval** carnival; Mardi Gras
une °**carotte** carrot
°**carré** square
une °**carte** map; card; **une carte postale** postcard
un °**cas** case
une **caste** caste
un **cataclysme** cataclysm, disaster
un **catalogue** catalog; repertory
une **catastrophe** catastrophe
catastrophique catastrophic

une °**catégorie** category, group
catégorique categorical
une °**cathédrale** cathedral
°**catholique** Catholic
une °**cause** cause; °**à cause de** because of
cavalièrement in an offhand manner
une °**cave** cellar; **une cave de jazz** jazz club
une **caverne** cave
°**c'est-à-dire** that is to say
°**ceci** this
°**céder** to give in, to yield; to cede
C.E.G. (= **Collège d'Enseignement Général**) technically oriented junior high school
°**cela** that
°**célèbre** famous
célébrer to celebrate
une **cellule** cell
°**celui-ci** (*f* **celle-ci,** *pl* **ceux-ci**) this one, the latter
°**celui-là** (*f* **celle-là,** *pl* **ceux-là**) that one, the former
une **censure** censorship
°**cent** hundred, one hundred
une °**centaine** hundred; **des centaines de** hundreds of
centennaire century old; centennial
centralisateur (*f* **centralisatrice**) centralizing, which centralizes
un °**centre** center, **le centre-ville** inner city, downtown area
°**cependant** however
la **céramique** ceramics
un **céramiste** potter, ceramic craftsman
un °**cercle** circle
cérébral (*pl* **cérébraux**) cerebral
°**certain** certain, sure; **certains, certaines** certain ones, a few
C.E.S. (= **Collège d'Enseignement Secondaire**) comprehensive junior high-school
°**cesser de** to stop, to cease
°**chacun** each, each one, everyone, everybody
une °**chaîne** chain; **une chaîne de télévison** channel
une °**chaise** chair
chaleureux (*f* **chaleureuse**) warm, cordial
un °**champ** field; **à travers champ** cross country
le **champagne** champagne wine
un **champion** champion
la °**chance** luck; **avoir de la chance** to be lucky
un °**changement** change
°**changer** to change
un °**chant** song; chant
un **chanteur** (**une chanteuse**) singer
un °**chantier** worksite; **un chantier naval** shipyard
un °**chapeau** hat
°**chaque** each, every
un °**charcutier** pork butcher
la **charité** charity
le **charme** charm
un **charmeur** (**une charmeuse**) charmer
une **charpente** timber framework, beams
un **charpentier** carpenter
un °**château** castle
°**chaud** warm, hot; °**avoir chaud** to be warm, to be hot
le **chaume** straw (for a roof)
une °**chaussure** shoe
chauve bald
le **chauvinisme** chauvinism, exaggerated patriotism
un °**chef** chief, head, leader; **un chef d'orchestre** conductor (of a band or orchestra)
un **chef-d'œuvre** masterpiece
un **chef-lieu** the seat or main town of an administrative area
un °**chemin** path, way, road; °**un chemin de fer** railroad
un °**chèque** check; **un chèque de voyage** traveler's check
°**cher** (*f* **chère**) expensive, dear; **coûter cher** to be expensive
°**chercher** to look for; **chercher à** to try to; **chercher refuge** to find refuge
un **chercheur** research worker, scientist
chérir to cherish
un °**cheval** (*pl* **chevaux**) horse
un **chevalier** knight
le **chewing-gum** gum
°**chez** in, at, to someone's house, office
la **chicanerie** chicanery, quibbling
un °**chien** dog
un °**chiffre** figure, number; **un chiffre d'affaires annuel** annual sales
la °**chimie** chemistry
°**chimique** chemical
un °**chimiste** chemist
la **Chine Populaire** Red China
un **choc** shock, conflict
le °**chocolat** chocolate
°**choisir** to choose
un °**choix** choice
le °**chômage** unemployment
choquer to shock
une °**chose** thing, matter

une **chronique** chronicle; feature, regular column (in a magazine); **la chronique mondaine** ladies' page
une **chute** fall, downfall
le **cidre** hard cider
un °**ciel** sky
un °**cimetière** cemetery
un **ciné-club** movie club
le °**cinéma** movies; **un** °**cinéma** movie theater
une **cinémathèque** movie theater specializing in film classics
une **cinquantaine** about fifty
un **cinquième** fifth; **la Cinquième République** Fifth Republic (1958–)
la **circonspection** circumspection, caution
une °**circonstance** circumstance
un °**circuit** circuit; **un circuit touristique** route of an organized tour
la °**circulation** traffic
un **cirque** circus
°**citer** to quote
un °**citoyen** (**une citoyenne**) citizen
une °**civilisation** civilization
clairement clearly
clairvoyant perspicacious, clearsighted
la **clarté** clarity, clearness
une °**classe** class
classé classified; **un restaurant classé** luxury restaurant
°**classer** to rank, to class; to file, to classify
°**classique** classical
un **cliché** cliché
un °**client** client, customer
une °**clientèle** clientele, clients, patrons
un °**climat** climate
un **clocheton** bell-turret
une **cloison** wall, partition
cloisonné partitioned
un **cloisonnement** partitioning
clos closed
un **clown** clown
un **club** club
la **Cochinchine** Cochin China (now southern part of Vietnam)
un **code** code
codifier to codify
un °**cœur** heart, center; **le cœur même** the very center
la **coexistence** coexistence, existing side by side
coexister to coexist, to exist side by side
la **cohésion** cohesion
la °**colle** glue; **une colle** (student slang) exam
°**collectif** (*f* **collective**) collective
une **collection** collection
collectionner to collect
une **collectivité** collectivity, group
un °**collège** private high school; public junior high school
un **collègue** colleague
°**coller** to glue, to stick; (student slang) to flunk
un **colon** settler
colonial (*pl* **coloniaux**) colonial
le **colonialisme** colonialism
une **colonie** colony
colonisateur (*f* **colonisatrice**) colonizing, colonial
un **colonisateur** colonizer
coloniser to colonize
une °**colonne** column
colossal (*pl* **colossaux**) colossal, huge
°**combattre** to combat, to fight
°**combien** (**de**) how much, how many
combiner to combine, to group
combler to fill in, to make up for; **combler un retard** to catch up
une °**comédie** comedy
un **comédien** (**une comédienne**) comedian, actor
un **commandant** commander
°**commander** to command, to order
°**comme** since, as; like
°**commencer** to begin; **commencer par** to begin with
°**comment** how
un **commentaire** comment, commentary
commenter to comment upon, to make remarks about
un °**commerçant** shopkeeper, small businessman
un °**commerce** commerce, business, trade
°**commercial** (*pl* **commerciaux**) commercial
°**commettre** to commit
une **commode** bureau
le **Commonwealth** British Commonwealth
°**commun** common; **en commun** in common, jointly
communautaire communal, of the community
une °**communauté** community; **la Communauté Economique Européenne** European Economic Community (or Common Market); **la Communauté Française** French Community
une °**commune** commune (the smallest administrative division of the French territory); **la Commune de Paris** Paris

Commune (1871)
une °**communication** communication; **les communications** communications (mail, telephone, telegraph services)
une **communion** communion
le °**communisme** Communism
°**communiste** Communist
une °**compagnie** company
une °**comparaison** comparison
°**comparer** to compare
compartimenté divided, partitioned
une **compensation** compensation
compenser to compensate, to make up for
compétitif (*f* **compétitive**) competitive
une **compétition** competition; contest
un °**complément** complement, object (of a sentence)
°**compléter** to complete, to finish; to complement
un **complexe** complex
°**compliqué** complicated, difficult
°**compliquer** to complicate; **se compliquer** to become complicated
°**comporter** to comprise, to consist of; °**se comporter** to act, to behave
°**composer** to write, to compose
un **compositeur** composer
une °**composition** composition; written exam
°**comprendre** to understand; to include
compris (*adj*) included
compromettre to compromise; to jeopardize
compromis *past participle of* **compromettre**
un **compromis** compromise
°**compter** to count; to own, to possess, to consist of; **ses jours sont comptés** his days are numbered
un **comptoir** counter; small commercial establishment
un **comte** count
concentrer to concentrate, to focus
une **conception** conception, concept
concevoir to conceive, to design; **concevoir pour** to design for
conclu concluded, finished
concluant conclusive
une °**conclusion** conclusion
concourir à to cooperate for
un °**concours** contest; competitive exam; **un concours d'entrée** entrance test; **prêter son concours** to lend one's assistance
concret (*f* **concrète**) concrete, solid; actual
concrétiser to make in concrete form; **se concrétiser** to materialize
conçu *past participle of* **concevoir**
la **concurrence** competition
une **condamnation** condemnation
°**condamner** to condemn
la **condescendance** condescending attitude
une °**condition** condition; °**à condition de, à condition que** provided that
un **conducteur** driver
°**conduire** to drive; **conduire à** to lead to
°**se conduire** to act, to behave
la °**conduite** conduct, behavior
une °**conférence** lecture
la °**confiance** confidence
une **confidence** secret
°**confier** to confide; to entrust
se confiner to limit oneself, to be limited
une **confirmation** confirmation
°**confirmer** to confirm
un **conflit** conflict; **entrer en conflit avec** to conflict with, to clash with
conformiste conformist
le °**confort** comfort
confronter to confront, to face
un °**congé** holiday, day off; **les congés payés** vacation with pay
le **Congo** Congo; Congo River
une **conjonction** conjunction
conjugal conjugal; **la vie conjugale** married life
conjuguer to conjugate
une °**connaissance** friend, acquaintance; knowledge; **les connaissances** knowledge; **faire la connaissance de** to meet
un **connaisseur** connoisseur, expert
°**connaître** to know, to be acquainted with; **connaître un succès** to be popular, successful; **connaître un essor rapide** to enjoy a rapid growth
une **connotation** connotation, meaning
connu *past participle of* **connaître**
un **conquérant** conqueror
conquérir to conquer
une **conquête** conquest
conquis *past participle of* **conquérir**
°**consacrer** to consecrate, to devote
conscient conscious
un °**conseil** council; piece of advice; **des conseils** advice
le **Conseil de Sécurité** Security Council
un **consensus** consensus
un **consentement** consent
consentir à to consent to, to accept
une °**conséquence** consequence; **les conséquences** results, aftermath

conséquent: °**par conséquent** consequently, as a result
conservateur (*f* **conservatrice**) conservative
le **conservatisme** conservatism
°**conserver** to preserve, to keep
°**considérable** considerable, large, huge, important
°**considérablement** considerably
°**considérer** to consider
consolateur (*f* **consolatrice**) consoling
consolider to consolidate
un **consommateur** customer
une °**consommation** consumption; **la société de consommation** consumer society
°**consommer** to consume
constamment constantly, always
constant constant
°**constater** to ascertain, to realize
°**constituer** to constitute, to form; **un groupe constitué** an organized group
une °**constitution** constitution
constructif (*f* **constructive**) constructive
une °**construction** construction; building
°**construire** to build; **se construire** to be built, to be in construction
construit *past participle of* **construire**
consulter to consult
un **contact** contact
un **conte** tale, story
contempler to contemplate, to look at
un **contemporain** contemporary
°**contenir** to contain
°**contenter** to satisfy; °**se contenter de** to be happy with
le **contenu** contents
un **continent** continent
continuellement continually
°**continuer** to continue
un **contour** contour, outline
une **contradiction** contradiction
contradictoire contradictory
une **contrainte** constraint; restraint, limit, restriction
le °**contraire** opposite; **au contraire** on the contrary
un **contraste** contrast
°**contre** against
contredire to contradict
une **contrepartie** opposite view, other side; **en contrepartie** on the other side
contribuer to contribute, to help
un °**contrôle** check
°**contrôler** to check, to verify, to supervise
convaincant convincing
°**convaincre** to convince
convaincu (*adj*) convinced, firm
convenable proper, appropriate
°**convenir de** to agree upon
une **convention** convention
une **conviction** conviction
une °**coopérative** coop
coordonné coordinated
copier to copy, to imitate
coquet (*f* **coquette**) coquettish, cute
un °**cordonnier** shoe repairman
la **Corée** Korea
un **corollaire** corollary
un °**corps** body
°**correspondre** to correspond, to fit
une **corrida** bullfight
corriger to correct
une **corruption** corruption
la **Corse** Corsica
cosmique cosmic
cosmopolite cosmopolitan, international
un °**costume** dress; men's suit
une °**côte** shore
la **Côte d'Azur** French Riviera
la **Côte d'Ivoire** Ivory Coast
un °**côté** side; °**à côté de** next to; **de côté** aside, to the side; **d'un côté... d'un autre côté** on the one hand... on the other hand
un **coteau** small hill, hillside
le °**coton** cotton
se °**coucher** to go to bed
une °**couleur** color
un °**coup** blow, strike; **un coup de feu** shot; **un coup de plume** a stroke of the pen; **faire les 400 coups** to have a dissipated life
°**couper** to cut
une °**cour** court; yard
le °**courage** courage
°**courant** current; widespread; currently accepted; **la vie courante** everyday life
une °**courbe** curve, curved line
°**courir** to run
un **couronnement** coronation, crowning
un °**cours** course; class; °**au cours de** in the course of, during, over; **au cours des âges** through time; **avoir cours** to be legal tender
une °**course** race; **une course de vélos** bicycle race
°**court** short
courtiser to pay court to, to court
courtois courteous; **l'amour courtois** courtly love

un °**cousin** cousin; **un petit cousin** distant cousin; **un cousin à la mode de Bretagne** very distant cousin
un **coussin** cushion
un **coût** cost
un °**couteau** knife
°**coûter** to cost
coûteux (*f* **coûteuse**) costly, expensive
une **coutume** custom
coutumier (*f* **coutumière**) customary
une **couturière** dressmaker
un **couvent** convent; nuns' school
°**couvert** *past participle of* **couvrir**
°**couvrir** to cover; **se couvrir** to become covered
°**craindre** to fear
craint *past participle of* **craindre**
craquer to crack, to give way
une °**création** creation
une **crédence** dining room sideboard for storing dishes and glasses
un °**crédit** credit; **le Crédit Agricole** bank specialized in farm loans
un **crémier** seller of dairy products
créateur (*f* **créatrice**) creative, fruitful
un **créateur** creator
°**créer** to create; **se créer** to create for oneself; to be built
un **crible** sieve, wire screen; **passer au crible** to screen
un °**crime** crime
une °**crise** crisis
un **critère** criterion
°**critique** critical; **esprit critique** critical mind; **l'esprit de critique** exaggerated love for criticism
une °**critique** critic
°**croire** to believe, to think
la **croissance** growth, development
croissant increasing, growing
croître to grow, to increase
une °**croix** cross; **la croix de Malte** Maltese cross
une **croyance** belief
°**cru** raw, crude; unmitigated, unpolished
un **cru** locality in which wine is made; wine of good vintage
°**cruel** (*f* **cruelle**) cruel
le **cubism** Cubism (artistic movement)
la **cuisine** cuisine, cooking; **la cuisine bourgeoise** home cooking; **la grande cuisine** cordon-bleu cooking; **faire la cuisine** to cook
une °**cuisine** kitchen
le °**cuivre** copper
culinaire culinary, related to cooking
culminant culminating, highest; **le point culminant** summit, highest point
un °**culte** cult
°**cultivé** cultivated; cultured, educated
°**cultiver** to cultivate
un °**cultivateur** farmer
la °**culture** culture; cultivation
culturel (*f* **culturelle**) cultural
une **cure** cure
le °**curé** parish priest
une **curiosité** curiosity
cynique cynical
un **cyprès** cypress

D

une °**dactylo** typist
une °**dame** lady
un **damné** a damned person, a wretched person
le **Danemark** Denmark
°**dangereux** (*f* **dangereuse**) dangerous, harmful
dangereusement dangerously
°**dans** in, within
une °**danse** dance
un **danseur** (**une danseuse**) dancer
le **darwinisme** Darwinism (theory of the survival of the fittest)
une °**date** date
dater to date
°**davantage** (**de**) more
°**de** of; from; **de peur que, de peur de** for fear that
débarquer to land
un **débat** debate
débattre to debate; **se débattre** to struggle
la **débrouillardise** the ability to manage with the available resources
un °**début** beginning
°**décembre** (*m*) December
décerner to award
décevoir to deceive; to disappoint
°**décider de** to decide; **se décider à** to make up one's mind to
décimer to decimate, to kill off
une °**décision** decision
°**déclarer** to declare, to state
déclencher to trigger, to set off
un **déclin** decline
décolonisateur (*f* **décolonisatrice**) decolonizing
la **décolonisation** décolonization
déconcertant disconcerting

décongestionner to relieve, to ease (traffic)
décontracté relaxed
décoratif (*f* **décorative**) decorative, ornamental
une **décoration** decoration
une **décoratrice** interior decorator
décorer to decorate
découper to cut up, to divide
un **découpage** cutting up
°**découvrir** to discover
une **découverte** discovery
un **décret** law, decree
décréter to decree, to decide
décrier to disparage, to decry, to discredit
°**décrire** to describe
décrit *past participle of* **décrire**
déçu disappointed
déçut *passé simple 3rd sg of* **décevoir**
dédaigner to disdain
une **défaite** defeat
un °**défaut** fault, default
défavorable unfavorable
défavorisé underprivileged
°**défendre** to defend, to uphold; **défendre de** to forbid
une °**défense** defense; prohibition; **défense d'entrer** do not enter
un **défi** challenge
un **défilé** parade
°**définir** to define
une °**définition** definition
définitivement definitely; forever
déformant tending to exaggerate, to deform
déformer to deform, to distort
défunt defunct, dead
le **dégagement** clearing; **autoroute de dégagement** bypass
se **dégager** (**de**) to free oneself (from)
se **dégrader** to deteriorate; to diminish in quality, to decline
un °**degré** degree
déguiser to disguise; **se déguiser** to disguise oneself
un **déguisement** disguise
°**dehors** outside; **en dehors de** outside of
°**déjà** already
delà: au delà de beyond
délicat delicate, sensitive
la **délicatesse** delicacy
°**demain** tomorrow
°**demander** to ask, to ask for; °**se demander** to wonder
un **démantèlement** dismantling
démanteler to dismantle
démesuré beyond measure, inordinate
une **demeure** residence
un °**demi** half
un **demi-tour** U-turn
une **démission** resignation; **donner sa démission** to resign, to retire
démissionner to quit (a job), to resign
la **démocratie** democracy
se **démocratiser** to become more democratic
démodé old-fashioned, behind the times
le **démodé** what is old fashioned
démographique demographic; **les statistiques démographiques** vital statistics
°**démolir** to demolish
démontrer to demonstrate
dense dense, thick
une **densité** density
un °**dentiste** dentiste
un °**départ** departure, leaving; **au départ** in the beginning, at the outset
un °**département** department (French administrative division)
°**dépasser** to pass, to go beyond, to exceed
se **dépêcher** to hurry
°**dépendre** to depend; **dépendre de** to be dependent on, to depend on
les **dépens** costs; **aux dépens de** at the expense of
une °**dépense** expense
°**dépenser** to spend
dépensier (*f* **dépensière**) spendthrift
un °**déplacement** shift, transfer, trip
°**déplacer** to displace; °**se déplacer** to move, to travel
déplorer to deplore
°**depuis,** °**depuis que** since
déraisonnable unreasonable
déraisonner to talk nonsense
dérouler to unwind; **se dérouler** to take place, to happen
°**dernier** (*f* **dernière**) last
°**derrière** behind
dès: dès lors consequently
un **désaccord** disagreement
désagréable unpleasant
se **désagréger** to fall apart, to disintegrate
un **désarroi** disarray, disorder
désastreux (*f* **désastreuse**) disastrous
un **désavantage** disadvantage
°**descendre** to go down, to descend
une **description** description
°**désespéré** desperate, hopeless
un **désengagement** disengagement

°**désert** deserted, empty
un °**désert** desert
°**désigner** to designate
désintéressé disinterested, unselfish
la **désinvolture** offhandedness
un °**désir** desire
°**désirer** to desire, to want
désormais henceforth, from now on
dès que as soon as
un °**dessin** design, drawing
°**dessiner** to draw, to design, to sketch
°**destiner à** to destine for, to intend for
destructif (*f* **destructive**) destructive
destructeur (*f* **destructrice**) destructive
un °**détail** detail
se **détendre** to relax
détenir to hold; **détenir un record** to hold a record; **détenir l'autorité** to have the authority; **détenir un monopole** to hold a monopoly
détestable awful, detestable, abominable
°**détester** to hate, to dislike, to detest
un **détracteur** detractor, disparager
un **détriment** detriment
°**détruire** to destroy
une °**dette** debt
un °**deuil** mourning
deux two
devancer to pass, to step ahead of
°**devant** in front of
dévastateur (*f* **dévastatrice**) devastating, destructive
un °**développement** development; **les pays en voie de développement** developing countries
°**développer** to develop, to grow; °**se développer** to develop, to grow; to be developed
°**devenir** to become
devint *passé simple 3rd sg of* **devenir**
une **devise** motto
dévoiler to unveil, to reveal
°**devoir** must, to have to; to owe
un °**devoir** task, assignment, obligation
dévolu devolved; **être dévolu à** to fall to (someone)
°**dévoué** devoted, loyal
un °**dévouement** self sacrifice, dedication, devotion to duty
un **dialecte** dialect
un **dialogue** dialog
un **diamant** diamond
un **diamètre** diameter
un °**dictionnaire** dictionary
°**Dieu** (*m*) God

une °**différence** difference; **à la différence de** contrary to
un **différend** dispute, disagreement
°**différent** different
°**difficile** difficult, hard
une °**difficulté** difficulty, problem
une **diffusion** diffusion
°**dimanche** (*m*) Sunday; **le dimanche** on Sundays
une °**dimension** dimension
diplomate diplomatic
la **diplomatie** diplomacy
diplomatique diplomatic, of diplomacy
diplomatiquement diplomatically
°**dire** to say
°**direct** direct
un °**directeur** manager
une °**direction** direction
un **dirigeant** leader
°**diriger** to direct, to head, to supervise, to control
le **dirigisme** state planning
la **discipline** discipline
une **discipline** discipline; academic discipline
un °**discours** speech, discourse
discret (*f* **discrète**) discreet, cautious
la **discrimination** discrimination
une °**discussion** discussion, argument
°**discuter** to discuss, to argue
°**disparaître** to disappear
disparate dissimilar, ill-matched
disparu *past participle of* **disparaître**
dispenser to dispense, to exempt; **se dispenser de** to excuse oneself from, to refrain from
disperser to disperse, to scatter
°**disposer de** to dispose of
la °**disposition** disposition, layout
se °**disputer** to argue, to fight, to quarrel
un °**disque** record
disséminé scattered, spread out thinly
dissimuler to dissimulate, to hide; **se dissimuler** to be hidden
dissoudre to dissolve
dissous *past participle of* **dissoudre**
la **dissymétrie** dissymmetry
une °**distance** distance
distiller to distill
distinct distinct
distinctif (*f* **distinctive**) distinctive
une **distinction** distinction
°**distingué** distinguished, eminent
°**distinguer** to distinguish, to characterize, to perceive, to see

une °**distraction** distraction; **les distractions** amusements, entertainment
°**distribuer** to distribute
dit *past participle of* **dire**
un **divan** sofa, divan
°**divers** diverse, various
la **diversification** diversification, variety
diversifié diversified
la **diversité** diversity
divertir to divert; to entertain, to amuse
une °**division** division, group, part
le **divorce** divorce
°**divorcer** to divorce
dix-huit eighteen
une °**dizaine** about ten; **des dizaines** tens of
docile docile
un °**docteur** doctor
une **doctrine** doctrine; **la doctrine Monroe** Monroe doctrine
un **documentaire** documentary
dogmatique dogmatic
doit *present form of* **devoir**
un °**domaine** domain, field, area
°**domestique** domestic; **l'économie domestique** home economics; household finances
un **domestique** servant
dominateur (*f* **dominatrice**) domineering, authoritarian
dominical *adj* Sunday
°**donc** therefore, then, so, thus
°**donner** to give
°**dont** whose, of whom, of which, which
°**doré** golden
un **dossier** file; back (of a chair)
une **dot** dowry
doter to endow, to equip; **se doter de** to become equipped with
°**douanier** (*f* **douanière**) of customs
le °**double** double
la °**douceur** mildness, sweetness
une °**douche** shower
un °**doute** doubt; °**sans doute** probably, no doubt
°**douter** to doubt; °**se douter de** to suspect
°**doux** (*f* **douce**) mild, sweet
une **douzaine** dozen
un **dramaturge** playwright
un **dressoir** buffet or cupboard with shelves for storing dishes
droit straight; right
le °**droit** law; **en droit** legally
un °**droit** right; **le droit de vote** right to vote; **être sujet de droits** to possess rights
la °**droite** right
°**drôle** funny
dû *past participle of* **devoir**
un **duché** duchy
un **duel** duel
°**dur** hard
durable lasting, durable
°**durant** during
durcir to harden
une **durée** duration, length (in time)
la **dureté** hardness, harshness
°**durer** to last
dynamique dynamic

E

l' °**eau** (*f*) water; **l'eau minérale** mineral water
l' **eau-de-vie** (*f*) brandy
un **ébéniste** cabinet maker
échanger to exchange
un **échantillon** sample
une **échappatoire** escape hatch, escape
°**échapper à** to escape, to elude
un **échec** defeat, setback, failure
une °**échelle** scale; ladder
échouer to fail
°**éclairé** illuminated; enlightened
un °**éclat** luster, brilliancy, shine, sparkling
un **éclatement** bursting, rupture, splintering, shattering
une **éclipse** eclipse
une **éclosion** blooming, blossoming
une °**école** school; **une école de commerce** business school; **une école supérieure** graduate school
un **écolier** (**une écolière**) pupil, child in elementary school
un **écologiste** ecologist
économe thrifty
une °**économie** economy; **l'économie domestique** household finances, home economics; **des économies** savings; **faire des économies** to save money
°**économique** economic, economical
économiquement economically
économiser to economize, to save
un **économiste** economist
s' **écouler** to pass, to elapse
°**écouter** to listen (to)
°**écrire** (**à**) to write (to); **écrit** *past participle of* **écrire**
des **écrits** (*m*) writings
une **édition** edition
un **éditorial** (*pl* **éditoriaux**) editorial

un **éditorialiste** éditorialist
éducatif (*f* **éducative**) educational
une °**éducation** upbringing; education
un **éducateur** (**une éducatrice**) one who brings up children, educator
éduqué (*adj*) well-mannered
éduquer to bring up; to educate
°**effacé** in the shade; away from the limelight, which stands aside
les **effectifs** (*m*) manpower, staff
°**effectuer** to perform; **effectuer une réparation** to carry out a repair
l' **effervescence** (*f*) effervescence
un °**effet** effect; °**en effet** as a matter of fact
s' **effondrer** to break down, to collapse
s' **efforcer de** to try to, to strain to
un °**effort** effort; **les efforts** attempts, efforts
effrayant scary, frightening
°**égal** (*pl* **égaux**) equal; **l'égal de** the equal of
égaler to equal, to match
l' **égalisation** (*f*) equalizing, leveling
égalitaire egalitarian
l' °**égalité** (*f*) equality
un °**égard** regard, respect, **à bien des égards** in many respects
une °**église** church; **l'Eglise** Catholic church
l' **égocentrisme** (*m*) egoism
l' **égoïsme** (*m*) egoism
élaborer to elaborate
un **élan** impetus
élargi (*adj*) enlarged
élargir to broaden, to widen; **s'élargir** to expand, to broaden
une °**élection** election
électoral (*pl* **électoraux**) electoral
un **électorat** electorate
un °**électricien** electrician
l' °**électricité** (*f*) electricity
un **électron** electron
°**électronique** electronical
l' °**électronique** (*f*) electronics
l' °**élégance** (*f*) elegance
élégamment elegantly
élégant elegant, well-dressed
élémentaire elementary
un °**élève** student, pupil
°**élevé** high, elevated; **peu élevé** not very high
°**élever** to raise, to erect, to set up
éliminer to eliminate; **éliminer du circuit des études** to eliminate from the educational system
°**élire** to elect
l' **élite** (*f*) elite
°**éloigné** distant
élu *past participle of* **élire**
un **émancipateur** emancipator
émanciper to emancipate, to free
émasculer to emasculate
un **embarras** difficulty, trouble, embarrassment
un **emblème** emblem
s' **embourgeoiser** to become bourgeois, to have the middle class standards
émigrer to emigrate
éminemment eminently
éminent eminent, distinguished
une °**émission** (radio or TV) program
émotionnel (*f* **émotionnelle**) emotional
°**émouvoir** to move, to rouse (feelings)
°**empêcher** to prevent, to hinder, to obstruct
empêtrer to entangle
un **empire** empire
un °**emploi** job; **un emploi de bureau** office job, white collar job
un °**employé, une employée** employee, worker; **une employée de bureau** office worker
°**employer** to use, to employ
s' **employer à** to work at
un °**employeur** (**une employeuse**) employer
°**emporter** to carry, to carry away, to take along
emprisonner to imprison, to jail
°**emprunter à** to borrow from
°**en** in, into; while, by; **en avance** ahead of time; **en retard** late
une **enclave** enclave
encontre: à l'encontre de against, contrary to, in opposition to
°**encore** again, yet, still, furthermore
°**encourager** to encourage
encourir to incur, to draw upon oneself
°**endormir** to put to sleep
°**endormi** (*adj*) asleep, sleepy
un °**endroit** place, spot
°**énergique** energetic
s' °**énerver** to get upset
un °**enfant** child
°**enfermer** to close in, to shut
°**enfin** finally, at last
°**engager** to commit, to engage; **engager des négociations** to enter into negotiation
°**ennuyeux** (*f* **ennuyeuse**) boring
énoncer to set forth, to state
°**énorme** enormous, huge, big
°**énormément** a lot
une °**enquête** inquiry, investigation
°**enregistrer** to record

enrichir to enrich; **s'enrichir** to grow rich, to become richer, to increase in number, in wealth
l' °**enseignement** (*m*) education
°**enseigner à** to teach
°**ensemble** together
un °**ensemble** ensemble, whole; **dans l'ensemble** on the whole; **un ensemble** housing development
ensoleillé sunny
°**ensuite** then, after, next, afterwards, after that
entamer to begin, to enter into
entasser to pile up, to cram together
°**entendre** to hear; **se faire entendre** to make oneself heard; **s'entendre** to agree, to get along
°**entendu** *past participle of* **entendre; bien entendu** of course
une **entente** agreement, understanding
°**entier** (*f* **entière**) entire, whole
°**entièrement** entirely, completely
°**entourer** to surround
°**entraîner** to carry along
°**entre** between
entrecroiser to cross, to intersect
s' **entredétester** to hate each other
l' **entre-deux-guerres** the period between the first and the second World Wars (1918–1939)
entreprenant enterprising, undertaking
°**entreprendre** to undertake
une °**entreprise** enterprise, firm, company, business
°**entrer dans** to enter
°**entretenir** to maintain, to keep up
envers towards
l' **envers** (*m*) back side, opposite side, contrary, opposite
une °**envie** desire; °**avoir envie de** to want; **faire envie à** to tempt
°**envoyer** to send
°**épais** (*f* **épaisse**) thick
l' **épargne** (*f*) saving, thrift, economizing
épargner to spare; to save (money)
une **épée** sword
éphémère ephemeral, short-lived
un °**épicier** grocer
un **épisode** episode
épistolaire epistolary, by letter
une **épopée** epic narration, epic adventure
une °**époque** epoch, period, era
une **épouse** wife
les **époux** (*m*) husband and wife
une **épreuve** test, trial
°**éprouver** to feel, to experience a feeling of
équilibré (*adj*) balanced
l' °**équilibre** (*m*) harmony, balance, equilibrium
équilibrer to balance, to act as a counterweight for, to offset
une °**équipe** team
une **équipée** escapade
°**équiper** to equip, to outfit; °**s'équiper** to become equipped
une **équivalence** equivalence
équivalent equivalent
une **ère** era
erroné wrong, erroneous, in error
l' **esclavage** (*m*) slavery
ésotérique esoteric
une °**espace** space
l' **Espagne** (*f*) Spain
une °**espèce** kind, sort, species
°**espérer** to hope
l' °**espoir** (*m*) hope; **sans espoir** hopeless
un °**esprit** spirit, wit, mind; **l'esprit bourgeois** bourgeois way of thinking; **l'esprit d'entreprise** business sense
un °**essai** trial, attempt; essay
°**essayer** to try
l' °**essence** (*f*) gasoline
°**essentiel** (*f* **essentielle**) essential
un **essor** rise, growth, development, expansion; **un essor démographique** population growth
s' **essouffler** to get out of breath
l' °**est** (*m*) east
l' **Est** (*m*) Eastern bloc
l' **Estérel** (*m*) Esterel (rocky coast on the French Riviera)
esthétique esthetic
estudiantin of students
et and
°**établir** to establish, to set up
un °**établissement** establishment; **un établissement scolaire** educational institution, school
un °**étage** floor, story (of a house)
un **étalagiste** window dresser
un **étalon** standard; **l'étalon argent** money standard
étanche tight, water tight
une °**étape** halt, stop-over place; step, stage
un °**état** state; country, nation; **un état de choses** state of things, circumstances
l' **Etat** (*m*) Government, State

un **état-major** management (of a concern); head staff; headquarters
les **Etats-Unis** (*m*) United States
été *past participle of* **être**
un °**été** summer; °**en été** in summer
éteindre to extinguish, to put out, to turn off
°**étendre** to spread; °**s'étendre** to stretch, to reach, to extend; **s'étendre sur** to dwell upon (a subject)
°**étendu** (*adj*) spread out, extensive, far-reaching
éternel (*f* **éternelle**) eternal
l' **éternité** (*f*) eternity
éthéré ethereal
l' **étiquette** (*f*) etiquette
une °**étoffe** material, cloth, piece of cloth
une °**étoile** star
étonnamment surprisingly, astonishingly
°**étonnant** surprising, astonishing
°**étonné** astonished, surprised; **ne faites pas l'étonné** don't act surprised
l' **étonnement** (*m*) astonishment
°**étonner** to astonish, to surprise
étouffant suffocating, stifling
°**étranger** (*f* **étrangère**) foreign, stranger; **étranger à** unrelated to
un °**étranger** foreigner; **à l'étranger** abroad
°**être** to be
un °**être** being, person
°**étroit** narrow; **des liens étroits** close ties
étroitement closely, narrowly
une °**étude** study; **une étude de notaire** notary's office and practice
les °**études** (*f*) studies
un °**étudiant** (**une étudiante**) student
°**étudier** to study
évaluer to evaluate, to judge
évanescent fugitive
éveiller to wake up; **s'éveiller** to wake up, to come to life
éveillé (*adj*) wide-awake
un °**événement** event
éventré ripped open, smashed open
°**évidemment** obviously, evidently
°**évident** obvious, evident
°**éviter** to avoid; **s'éviter** to avoid each other
évolué (*adj*) up-to-date, modern, advanced, highly developed
évoluer to evolve, to change, to make progress
une °**évolution** evolution
°**évoquer** to evoke
eu *past participle of* **avoir**
eurent *passé simple 3rd pl of* **avoir**
l' **Europe** (*f*) Europe
européen (*f* **européenne**) European
eut *passé simple 3rd sg of* **avoir**
°**eux-mêmes** themselves
°**exact** true, accurate, exact, correct
°**exactement** precisely, exactly
un °**examen** examination, exam, test
un **examinateur** examiner
°**examiner** to examine, to inspect, to look at
une **excavation** excavation, digging
l' **excellence** (*f*) excellence
°**excellent** excellent
exceller to excel
l' **excentricité** (*f*) eccentricity; lack of regularity; remoteness
une °**exception** exception; **à l'exception de** with the exception of
°**exceptionnel** (*f* **exceptionnelle**) exceptional; out of the ordinary
exclusif (*f* **exclusive**) exclusive
une **exclusion** exclusion; **à l'exclusion de** with the exception of
une °**excursion** excursion, tour, outing
une **excuse** excuse; **faire ses excuses à** to apologize to
l' **exécution** (*f*) execution, performance, workmanship
exemplaire exemplary, model
un °**exemple** example; **par exemple** for example
°**exercer** to exercise
un °**exercice** exercise
une **exigence** demand, requirement
°**exiger** to demand, to require
exigu small, restricted
°**existant** existing, in existence
°**exister** to be, to exist; **il existe** there is, there are
un **exode** exodus, flight
une **expansion** expansion, growth, spread
une **expédition** expedition
l' °**expérience** (*f*) experience **une** °**expérience** experiment; **faire des expériences** to experiment, to carry out experiments
°**expliquer** to explain, to account for; **s'expliquer** to be explained
un °**exploit** exploit, feat
un **exploitant** (**agricole**) farmer (one who cultivates land)
l' °**exploitation** (*f*) exploitation; **une exploitation** (**agricole**) farm; **une exploitation viticole** vineyard

°**exploser** to explode
une °**explosion** explosion; **moteur à explosion** internal combustion engine
°**exporter** to export
°**exposer** to expose, to show, to exhibit
une °**exposition** exposition, exhibit; **faire l'exposition de** to describe, to set forth
une °**expression** expression; **d'expression française** who writes and expresses himself in French
°**exprimer** to express; °**s'exprimer** to express oneself, to speak, to talk
exsangue anemic
extasié ecstatic
une **extinction** extinction, disappearance
extravagant extravagant, outlandish
°**extrême** extreme, far-fetched
°**extrêmement** extremely
une °**extrémité** extremity

F

une **fac** university, school (student slang for **faculté**)
une °**façade** facade
une °**face** face, side; °**en face de** across from; **face à face** face to face
°**facile** easy, simple
°**facilement** easily
°**faciliter** to facilitate, to make easy
une °**façon** way, manner, fashion; °**de façon à** in such a way as to
un °**facteur** mailman
une **faction** faction
°**faible** weak, feeble; small, minor
faiblir to weaken, to grow weak, to diminish
la °**faim** hunger; **avoir faim** to be hungry
°**faire** to do, to make
faire appel à to appeal to
faire de (+sport) to play (a sport)
faire de (+musical instrument) to play (an instrument)
faire de (+school subject) to study (a subject)
faire la connaissance de to meet (someone)
faire les courses to go shopping
faire des économies to save money
faire une promenade to go for a walk
faire partie de to be a part of
faire une partie de to play a game of
faire l'affaire de to suit (someone)
faire de la peine à to hurt, to make sad
faire... kilomètres à l'heure to do... kilometers an hour
faire une visite à to pay a visit to
faire l'idiot to act stupidly
faire semblant de to pretend to
faire (+infinitive) to have (make) someone do something; to have something done
faire bouillir to boil
faire cuire to cook
faire marcher to operate (a machine)
faire suivre to forward
faire voir to show
cela ne fait rien that does not matter
se **faire** to be done; to be carried out
se faire un devoir de to consider as a personal duty to
se faire passer pour to pretend to be
un **faire-part** announcement
faisable feasible, workable
fait *past participle of* **faire**
fait: il fait . . . it is (weather)
il fait jour it is day, light
il fait nuit it is dark, it is night
il fait froid it is cold
il fait chaud it is warm, hot
il fait du vent it is windy
il fait du soleil it is sunny
il fait de l'orage it is stormy
il fait noir it is very dark
il fait beau it is nice
il fait mauvais the weather is bad
il fait un sale temps the weather is awful
un °**fait** fact; act, deed; **en fait** in fact, in reality; **de ce fait** because of this, therefore; **être le fait de** to be the product of, to be the consequence of; **un fait divers** news item of minor importance
une **falaise** cliff
°**falloir** to be necessary
fallu *past participle of* **falloir**
°**familial** (*pl* **familiaux**) familial, of the family
une °**famille** family; **une famille nombreuse** family with three or more children
se **faner** to wilt, to wither, to fade
une **fanfare** brass band
la °**fantaisie** fantasy
fantastique fantastic
la °**farine** (wheat) flour
farouche fierce
fasciner to fascinate
fasse *subjunctive 3rd sg of* **faire**
fastidieux (*f* **fastidieuse**) tedious, dull
fatal (*pl* **fatals**) fatal
°**fatigué** tired

°**faut: il faut** it is necessary
un **fauteuil** armchair
un **Fauve** a Fauve, a painter of the Fauve school
°**faux** (*f* **fausse**) false, wrong, untrue; **un faux ami** false cognate
favori (*f* **favorite**) favorite
°**favoriser** to favor, to help
fécond fecund, fruitful, productive prosperous
féministe feminist; **ligue féministe** woman's league
la **féminité** femininity
une °**femme** woman; wife; **la «femme au foyer»** the woman's place is in the home
une femme-professeur female teacher
le °**fer** iron; **le chemin de fer** railroad; °**un fil de fer** wire
une °**ferme** farm
°**fermer** to close, to shut
un °**fermier** farmer
féroce ferocious, fierce
ferroviaire of the rail, of the railroad
un **festin** feast
un **festival** (*pl* **festivals**) festival
une °**fête** feast, holiday; **un jour de fête** holiday
un °**feu** fire; **au feu!** fire!; **un coup de feu** shot; **un feu d'artifice** fireworks
une °**feuille** leaf, sheet
un **feuilleton** serial
°**février** (*m*) February
une °**ficelle** string
fictif (*f* **fictive**) fictitious
°**fier** (*f* **fière**) proud
la **fierté** pride
un **figuier** fig tree
une °**figure** face
un °**fil** wire, thread; °**le fil de fer** wire
une **filiation** relationship
une °**fille** girl; daughter
un °**fils** son; **un fils du pays** native son
°**fin** fine
une °**fin** end; **sans fin** endless; **mettre fin à** to put an end to
°**final** (*pl* **finals**) final
la °**finance** finance, financial world
financer to finance
les °**finances** money resources, finances
°**financier** (*f* **financière**) financial
financièrement financially
la **finesse** finesse, delicacy
°**finir** to finish
firent *passé simple 3rd pl of* **faire**
une **firme** firm, company
fiscal (*pl* **fiscaux**) fiscal
fit *passé simple 3rd sg of* **faire**
°**fixer** to fix, to set; to establish, to determine
flagrant flagrant
flatter to flatter, to coax
flatteur (*f* **flatteuse**) flattering
fléchir to bend; to fall off, to give way
un °**fleuve** river
flexible flexible
florissant flourishing
flou blurred, hazy, fuzzy
fluide fluid
focal (*pl* **focaux**) focal
la °**foi** faith
une °**foire** fair; **la Foire aux Vins** wine fair
une °**fois** time; **deux fois** two times, twice; **à la fois** at the same time
le **folklore** folklore
°**foncé** dark; **vert foncé** dark green
foncier (*f* **foncière**) fundamental, deep-set
une °**fonction** function, duty
un °**fonctionnaire** civil servant
fonctionnel (*f* **fonctionnelle**) functional
fondamental (*pl* **fondamentaux**) basic, fundamental
fondamentalement fundamentally
fondateur (*f* **fondatrice**) who founded, founding
un **fondateur** founder
une **fondation** founding; foundation
fonder to found
le **football** soccer; **le football américain** football
la °**force** force; strength, vigor
une °**force** force; **une force de frappe** striking force; **les Forces Françaises Libres** Free French Forces (during World War II)
°**forcé** forced, exaggerated
°**forcer** to force, to oblige
une °**forêt** forest
°**forger** to forge
un °**forgeron** blacksmith
un **format** format, size
une **formation,** formation; training, education, background, upbringing
une °**forme** form, shape; **prendre forme** to take shape
°**former** to shape, to form; **se former** to take shape
une °**formule** formula
formuler to formulate, to design
°**fort** heavy, strong; **à forte majorité** with a heavy majority, overwhelmingly
fortement strongly, very well
une **forteresse** fortress, stronghold

la °**fortune** chance, luck; wealth; **connaître une fortune** to have a fate
un °**fossé** ditch, gap; **un fossé entre les générations** generation gap
une **fossette** dimple
°**fou** (*f* **folle**) crazy, mad
une °**foule** crowd
°**fournir** to furnish, to provide
un **fourre-tout** hold-all; carry-all
un **foyer** household, home; center
une **fraction** fraction
°**frais** (*f* **fraîche**) fresh, cool
des °**frais** (*m*) expenses
°**franc** (*f* **franche**) frank
un °**franc** franc (=about 20 cents)
franchement frankly
°**français** French
le °**français** French, the French language; **en français** in French
un °**Français** (**une Française**) French person; **les Français** the French
la °**France** France
franchir to cross, to get through, to get over
franco-africain French-African
franco-britannique French-British
franco-israëlien French-Israeli
un **francophone** French speaker
franco-prussien: la guerre franco-prussienne Franco-Prussian War (1870–1871)
le **franglais** use of English words or expressions in French
frappe: la force de frappe striking force
°**frapper** to strike, to hit
la °**fraternité** fraternity, brotherhood
une **fraude** fraud
une **frayeur** fright, fear
la **frénésie** frenzy
fréquemment frequently, often
fréquent frequent
une **fréquentation** frequentation; **les fréquentations** people one associates with
°**fréquenté** (*adj*) patronized, having many clients
°**fréquenter** to spend time with, to be associated with (someone)
un °**frère** brother
°**froid** cold; °**avoir froid** to be cold
la **froideur** coldness
un °**fromage** cheese
un °**front** front, frontline, battlefront
une °**frontière** border, boundary
fructeux (*f* **fructueuse**) fruitful
un °**fruit** fruit
funèbre funeral; **les pompes funèbres** funeral homes, funeral homes industry
furent *passé simple 3rd pl of* **être**
un **fuseau** spindle
une **fusion** fusion, merging
fut-ce were it
°**futur** future

G

le **Gabon** Gabon (an African country)
°**gagner** to earn, to win; **gagner sa vie** to earn a living
un **gain** gain
un **galet** flat round pebble
une **gamme** gamut; series
un °**garage** garage; repair station
une °**garantie** guarantee, warranty
°**garantir** to guarantee, to warrant
le **Gard** Gard (small river in Southern France)
un °**garde** guard; **un garde républicain** elite guard present in dress uniform on certain public occasions
°**garder** to keep; **garder un souvenir** to remember
un °**gardien** (**une gardienne**) guardian, keeper
une °**gare** (railroad) station
°**garni** furnished, stocked; **mieux garni** more copious
°**gaspiller** to waste, to spend wastefully
gâté spoiled
°**gauche** left; **être de gauche** to be politically on the left
gaulliste Gaullist, supporter of de Gaulle's policies
gaulois Gallic; earthy, lustful
le °**gaz** gas (for domestic use); **le gaz de ville** city gas
gazeux (*f* **gazeuse**) gaseous; **boisson gazeuse** carbonated drink
un **géant** giant
le **gemmail** picture made with superimposed layers of colored glass
la **gendarmerie** French national police
°**général** (*pl* **généraux**) general
un **général** (*pl* **généraux**) general
une **généralisation** generalization
généraliser to generalize; **se généraliser** to become widespread
une **génération** generation; **la génération perdue** the Lost Generation
°**généreux** (*f* **généreuse**) generous, noble, liberal
la **générosité** generosity

génial (*pl* **géniaux**) brilliant, full of genius
le °**génie** genius
un °**genre** kind, sort; gender
les °**gens** (*m*) people; **les gens de lettres** writers
°**gentil** (*f* **gentille**) kind, nice; **être gentil avec** to be kind to
une **gentilhommière** small manor-house
la °**géographie** geography
la **géométrie** geometry
géométrique geometrical, geometric
germano-polonais German-Polish
la **gestion** management
gigantesque gigantic
une °**glace** mirror
un **golfe** gulf
un °**gourmand** glutton, one who eats a lot
un °**gourmet** gourmet, one who appreciates fine food
un °**goût** taste
un °**gouvernement** government
le °**gouvernement** ruling party or coalition
gouvernemental (*pl* **gouvernementaux**) governmental; of the government
°**gouverner** to govern, to rule; **se gouverner** to govern oneself
la °**grâce** grace
°**grâce à** thanks to
une **gradation** gradation, degree
la °**grammaire** grammar
un °**gramme** gram
°**grand** big, large, tall; **un grand jour** an important occasion
le **grand** that which is grandiose
la **Grande-Bretagne** Great Britain
la **grandeur** grandeur, bigness
°**grandir** to grow, to grow bigger
les °**grands-parents** (*m*) grandparents
une **grange** barn
le **granit** granite
°**gratuit** free
un **graveur** engraver
gré: au gré de to the liking of; **au gré du gouvernement** at the government's wish
grec (*f* **grecque**) Greek
grégaire gregarious, who loves the company of others
une °**grève** strike; **en grève** on strike; **faire grève** to go on strike
une °**grille** entrance gate
grincheux (*f* **grincheuse**) grumpy
une **grippe** flu
°**gris** gray
°**gros** (*f* **grosse**) big, fat, great, large
°**grossier** (*f* **grossière**) vulgar, crude
°**grossir** to grow fatter, to gain weight
un °**groupe** group
la **Guadeloupe** Guadeloupe (a French Caribean island)
guère: ne... guère scarcely, hardly
guérissable curable
une °**guerre** war; **d'avant guerre** of before World War II; **être en guerre avec** to be at war with
un °**guide** guide
la **Guinée** Guinea (an African country)
guise: à sa guise at his liking, in his own way
une **guitare** guitar
la **Guyane** French Guiana (a South American country)

H

l' **habileté** skill
un °**habitant** inhabitant
l' **habitat** (*m*) housing, type of housing; living area
une **habitation** house, dwelling
l' **habitation** (*f*) habitation, living
°**habiter** to live, to live in
une °**habitude** custom, habit; **d'habitude** usually
habituellement usually, normally, customarily
une °**haie** hedge, row
les **Halles** wholesale food market
un **hameau** hamlet, very small village
une **hantise** obsession, haunting fear
le °**hasard** chance
°**haut** high, tall, elevated
le °**haut** top; °**en haut** up, upstairs; **de haut en bas** from top to bottom **avoir ... de haut** to be ... in height
un °**hebdomadaire** weekly magazine
un °**hectare** hectare (=2.47 acres)
un **hectolitre** hectoliter (=100 liters or about 36 gallons)
un **héritage** inheritance; heritage, past
un **héritier** heir
une **héroïne** heroine
un **héros** hero
hésitant hesitating, hesitant
°**hésiter** to hesitate
une °**heure** hour; time; **à l'heure** on time; **à l'heure actuelle** at present; **à quelle heure?** when? at what time?
°**heureux** (*f* **heureuse**) happy, fortunate
°**heureusement** fortunately
heurté hurtled

un **hexagone** hexagon, six-sided figure
l' **hexagone** (*m*) metropolitan France
°**hier** yesterday; **d'hier** of the past
une **hiérarchie** hierarchy; official channels
hiérarchique hierarchical
hiérarchisé stratified, arranged in a hierarchy
hippique relating to horses; **une chronique hippique** racetrack news
histégé social studies (student slang for **histoire et géographie**)
l' °**histoire** (*f*) history; story, tale; **une autre histoire** another story
un **historien** historian
historique historical
historiquement historically
l' °**hiver** (*m*) winter; °**en hiver** in winter
H.L.M. (**Habitation à Loyer Modéré**) low-income housing
le **hockey** hockey
la **Hollande** Holland, Netherlands
Hollandais Dutch
un °**homme** man; **un homme politique** politician
homogène homogeneous
°**honnête** honest; **un «honnête homme»** a man well versed in all aspects of culture
un °**honneur** honor; **faire honneur à** to do honor to, to do justice to; to be a credit to
honorable honorable, respectable
la °**honte** shame; **sans honte** without shame; °**avoir honte** (**de**) to be ashamed (of); **faire honte à** to shame, to disgrace
un °**hôpital** hospital
hospitalier (*f* **hospitalière**) relating to hospitals
°**hors de** outside (of)
l' **hospitalité** (*f*) hospitality
une **hostie** host
hostile hostile, unfriendly
un °**hôtel** hotel; mansion, townhouse; **un hôtel particulier** private mansion, townhouse
une **hôtesse** hostess, stewardess
l' °**huile** (*f*) oil
°**humain** human
une °**humeur** humor, mood; **suivant les humeurs** according to one's tastes
humide humid, wet
humilier to humiliate
humoristiquement humorously
l' °**hygiène** (*f*) hygiene
un **hymne** hymn; **l'hymne national** national anthem
un **hypermarché** large supermarket

I

°**ici** here
idéal (*pl* **idéaux**) ideal
idéaliser to idealize
l' **idéalisme** (*m*) idealism
une °**idée** idea
identifier to identify
identique identical, (the) same
l' °**identité** (*f*) identity, personality
idiot stupid, idiotic; **faire l'idiot** to act stupid, to act like an idiot
une **idole** idol, hero
°**ignoré** (**par**) unknown (to), forgotten (by)
°**ignorer** to be unfamiliar with; not to pay attention to; to ignore; to be uninformed, not to know
une **initiative** initiative
il y a there is, there are; **il y a** (time) (time) ago; **il y a** (time) **que** for (time)
une °**île** island
l' **île de la Cité** island on the Seine in the center of Paris
l' **Ile-de-France** province around Paris
illogique illogical
illuminer to illuminate, to light up; to enlighten
une **illusion** illusion
une **illustration** illustration
illustre famous, well-known
°**illustrer** to illustrate
un **îlot** small island, enclave
une °**image** picture, image; **être à l'image de** to resemble
°**imaginer** to imagine
imbécile stupid, idiot, imbecile; **faire l'imbécile** to act as a fool
imbuvable undrinkable
°**imiter** to imitate, to copy
immangeable inedible, uneatable
immatériel (*f* **immatérielle**) intangible
°**immédiat** immediate, direct
°**immédiatement** immediately
un °**immeuble** building, apartment building
une **immigration** immigration
immobilier (*f* **immobilière**) relating to real estate
l' **immobilisme** (*m*) immobility
immuable unchanging
impartial (*pl* **impartiaux**) impartial
impartialement impartially
s' **impatienter** to grow impatient, to get nervous
impénétrable impenetrable

°**impérialiste** imperialistic
impérieux (*f* **impérieuse**) imperative
s' **implanter** to implant oneself, to settle
une **implication** implication
impopulaire unpopular
une °**importance** importance
°**important** important, large, sizeable
°**importer** to import; to be of consequence; **peu importe** it is of little importance
imposer to impose
s' **imposer** to be indispensable; **s'imposer à** to compel the recognition of; **s'imposer sur** to force upon
°**impossible** impossible
l' °**impossibilité** (*f*) impossibility
un °**impôt** tax
imprécis imprecise, lacking precision
une °**impression** impression
un **impressionniste** impressionist, painter of the Impressionist school
impressionnant impressive
°**imprimer** to print
une **impulsion** impulsion, impetus
inacceptable unacceptable
inaliénable inalienable
inaltérable unalterable, unchanging, unvarying
inattaquable unassailable
inattendu unexpected
incompatible incompatible
inconfirmable unconfirmable
°**inconnu** unknown
une **inconséquence** inconsistency
inconséquent inconsistent, irresponsible, inconsequent
incontestable incontestable, undeniable
incontestablement undeniably, unquestionably
un °**inconvénient** disadvantage, drawback
une **incrustation** incrustation; inlaid work
inculte wild, uncultivated
une **incursion** foray, raid
indécis doubtful, undecided
indéfiniment indefinitely
une °**indemnité** indemnity; **une indemnité de chômage** unemployment compensation
l' °**indépendance** (*f*) independence
°**indépendant** independent
indien (*f* **indienne**) Indian
°**indiquer** to indicate, to point out, to signal
indirect indirect
indirectement indirectly
l' **indiscipline** (*f*) lack of discipline
°**indispensable** indispensable; **indispensable à** necessary for
un °**individu** individual, person; fellow, guy
l' **individualisme** (*m*) individualism
individualiste individualist, individualistic, independent
l' **Indochine** (*f*) Indochina
indulgent indulgent, lenient
une °**industrie** industry
°**industriel** (*f* **industrielle**) industrial
inefficace ineffective, inefficient
l' **inefficacité** (*f*) ineffectiveness
l' **inégalité** (*f*) inequality
inévitable inevitable, unavoidable
inexistant non-existent
l' **inexpérience** (*f*) inexperience, lack of experience
infaisable unfeasible, unworkable
infectieux (*f* **infectieuse**) infectious
l' **infériorité** (*f*) inferiority
infidèle unfaithful
s' **infiltrer** to infiltrate, to infiltrate oneself
un °**infirmier** (**une infirmière**) nurse
une °**influence** influence
une °**information** news, news item; **les informations** news
l' **informatique** (*f*) information processing, data processing
un °**ingénieur** engineer
l' **ingéniosité** (*f*) ingenuity, cleverness
ingouvernable ungovernable
ingrat ungrateful; unproductive, thankless
un **ingrédient** ingredient
inhabitable unlivable
une **initiative** initiative
°**injuste** unjust, unfair
l' °**injustice** (*f*) injustice
°**innocent** innocent; harmless
innovateur (*f* **innovatrice**) innovating, innovative
inoubliable unforgettable
inouï unheard of, extraordinary
°**inscrire** to write, to inscribe, to enter (an item), to register; °**s'inscrire** to sign up, to register
l' **insécurité** (*f*) insecurity
insensiblement imperceptibly
l' **insociabilité** (*f*) unsociableness
l' **insolence** (*f*) insolence, impertinence, freshness
insoluble insoluble, without solution
insoutenable untenable
inspecter to inspect, to examine
un °**inspecteur** (**une inspectrice**) inspector

un **inspirateur** inspirer
une **inspiration** inspiration
inspirer to inspire
l' **instabilité** (*f*) unstableness, instability
°**installer** to install; °**s'installer** to become installed, to settle
un °**instant** instant, moment; **pour l'instant** for the time being
un °**instinct** instinct
un °**instituteur** (**une institutrice**) elementary school teacher
une **institution** institution
l' °**instruction** (*f*) education, learning
instruire to teach, to instruct, to educate
insu: à l'insu de without the knowledge of
insuffisamment insufficiently
l' **insuffisance** (*f*) insufficiency, lack, shortage
insuffisant insufficient
insulter to insult
intact intact
intégral (*pl* **intégraux**) integral, entire, complete
l' **intégralité** (*f*) integrality, entireness, wholeness
l' **intégration** (*f*) integration
intégrer to integrate; **s'intégrer** to become integrated, to join
°**intellectuel** (*f* **intellectuel**) intellectual
intelligemment intelligently
°**intelligent** intelligent, smart
intense intense
l' **intensité** (*f*) intensity
une °**intention** intention; **avoir l'intention de** to intend to
°**interdire** to prohibit, to forbid
°**intéressant** interesting, worthy of interest
s' °**intéresser à** to be interested in, to take an interest in
°**intérieur** inner, internal
un °**intérieur** interior; °**à l'intérieur de** inside, inside of, within
°**international** (*pl* **internationaux**) international
interne internal
une **interprétation** interpretation
un °**interprète** interpreter
interpréter to interpret
°**interrompre** to interrupt
interurbain interurban, intercity
une **interview** interview
intolérable intolerable, unbearable
intouchable untouchable
intransigeant intransigent, uncompromising
°**introduire** to introduce
l' **intuition** (*f*) intuition
°**inutile** useless; **inutile de dire que** it goes without saying that
invariable invariable, unchanging
une **invasion** invasion
un **inventaire** inventory
°**inventer** to invent
un °**inventeur** inventor
inventif (*f* **inventive**) inventive
l' **inverse** (*m*) opposite; **à l'inverse** on the other hand; **à l'inverse de** contrary to
inversement vice versa
un **investissement** investment
inviolable sacred, inviolable
irez *future 2nd pl of* **aller**
l' **Irlande** (*f*) Ireland
irréalisable impossible, unfeasible; unrealizable
irréfléchi thoughtless, unthinking
irremplaçable irreplaceable
l' **isolement** (*m*) isolation
isoler to isolate
israélien (*f* **israélienne**) Israeli
issu stemming from; **issu de la Libération** having been founded at the time of the Liberation (1944)
l' **Italie** (*f*) Italy
italien (*f* **italienne**) Italian
l' **italien** (*m*) the Italian language
italique italic; **en italique** in italics
l' **ivoire** (*m*) ivory

J

jalonner to stud, to mark with, to stake out
la °**jalousie** jealousy
°**jamais** never; °**ne... jamais** never, not ever
°**janvier** (*m*) January
le **Japon** Japan
un °**jardin** garden; **un jardin à la française** formal garden
°**jaune** yellow
le **jazz** jazz
Jésus-Christ: avant Jésus-Christ B.C.
un °**jeu** game; **un jeu de boules** bowling game; **un jeu télévisé** TV game
mettre en jeu to stake; to bring into play
le **jeu** gambling, acting
un °**jeudi** Thursday
°**jeune** young
un **jeune** young person
la °**jeunesse** youth; young people
la °**joie** joy, happiness
°**jouer** to play; **jouer à** to play (a game)
un **joueur** (**une joueuse**) player; gambler

°**jouir de** to enjoy, to take pleasure in
un °**jour** day; **un grand jour** an important occasion; **un jour de fête** holiday
un °**journal** (*pl* **journaux**) newspaper
le **journalisme** journalism
un °**journaliste** journalist, reporter, newscaster
une °**journée** day; daytime; **toute la journée** all day long
jovial (*pl* **joviaux**) jovial, merry
°**joyeux** (*f* **joyeuse**) happy
judiciaire judicial, legal
judicieux (*f* **judicieuse**) judicious
un °**juge** judge
°**juger** to judge, to consider, to think
°**juif** (*f* **juive**) Jewish
°**juillet** (*m*) July
°**juin** (*m*) June
juridique judicial, legal, relating to law
la **jurisprudence** jurisprudence, statute law
le °**jus** juice
°**jusqu'à** as far as, up to, until; °**jusqu'à ce que** until
°**juste** just, right, fair; **tout juste** barely; **juste au milieu** right in the middle
°**justement** precisely
la °**justice** justice; **faire justice à** to do justice to
°**justifier** to justify
juvénile juvenile, youthful

K

une **kermesse** village fair, charity fair
un °**kilo** (=°**kilogramme**) kilogram (about 2.2 pounds)
un °**kilomètre** kilometer (about 0.624 mile); **un kilomètre carré** square kilometer

L

°**là** there
un °**laboratoire** laboratory
un °**lac** lake
la °**laine** wool
°**laisser** to leave, to let; **laisser de côté** to leave aside; **laisser à désirer** to leave-something to be desired
se **laisser aller** to let oneself go, to be negligent with oneself
le °**lait** milk
laitier (*f* **laitière**) relating to milk or dairying
un **lancement** launching
°**lancer** to throw, to cast; **se lancer** to set out, to dash; to launch
un **langage** language
la °**langue** language
le **Laos** Laos
un °**lavabo** bathroom sink
la **lavende** lavender
°**laver** to wash, to clean; °**se laver** to wash, to wash up
une °**leçon** lesson
un °**lecteur** (**une lectrice**) reader
une **lecture** reading
une **légende** legend
°**léger** (*f* **légère**) light; **une femme légère** a woman of easy morals
°**légèrement** lightly, slightly, somewhat
la **légèreté** lightness
une **légion** legion, crowd; **être légion** to be many
un °**légume** vegetable; **des légumes secs** dried vegetables
°**lent** slow
la **lenteur** slowness
°**lequel** (*f* **laquelle**, *pl* **lesquels, lesquelles**) which, which one
la **léthargie** lethargy, apathy
une °**lettre** letter; **les lettres** humanities
le **levain** yeast, leavening
°**lever** to raise, to lift; °**se lever** to get up
le **Liban** Lebanon (a country in the Middle East)
libéral (*pl* **libéraux**) liberal; **une profession libérale** professional occupation
libérateur (*f* **libératrice**) liberating, freeing
la °**libération** liberation
la **Libération** (liberation of France from German occupation in 1944)
libérer to free, to liberate
la °**liberté** freedom, liberty
libertin libertine, licentious
le **libertinage** licentiousness, loose way of life
une °**librairie** bookstore
°**libre** free
un **licenciement** laying off
un **lien** link, tie, relationship
°**lier** to tie, to link
un °**lieu** place, spot; **au lieu de** instead of; **un lieu de stationnement** parking place °**avoir lieu** to take place
une °**ligne** line
une **lignée** lineage
une **ligue** league; **la Ligue des Nations** League of Nations
°**limiter** to limit, to restrict, to bound
la **limonade** carbonated drink like ginger ale
le °**linge** household linen, clothing
linguistique linguistic
un **lion** lion

une **liqueur** liqueur, brandy
°**liquide** liquid; **l'argent liquide** cash
liquider to liquidate, to get rid of
°**lire** to read
une °**liste** list
un °**lit** bed
un °**litre** liter (about 1 quart)
littéraire literary
la °**littérature** literature
un **littoral** coast
un °**livre** book
°**local** (*pl* **locaux**) local
localiser to localize; to locate
un °**logement** lodging
°**loger** to lodge, to live, to stay
°**logique** logical
la °**logique** logic
un **logis** housing, living quarters, house
une °**loi** law
°**loin** (**de**) far (from); **de loin** from far away, from a distance; **aller plus loin** to go further; **loin de se perdre** far from being lost
lointain distant
la **Loire** Loire (a French river)
un °**loisir** leisure; **les loisirs** leisure time
°**long** (*f* **longue**) long; °**le long de** along
°**longtemps** for a long time
longuement at length
la °**longueur** length; **avoir....de longueur** to be....long
loquace loquacious, talkative
°**lors de** during, at the time of
°**lorsque** when
un **losange** lozenge, diamond shape
une **loterie** lottery
°**louer** to praise; to rent
la **Louisiane** Louisiana
°**loyal** (*pl* **loyaux**) loyal, faithful
un **loyer** rent
lu *past participle of* **lire**
°**lui-même** himself, itself; **en lui-même** in itself
une °**lumière** light; **le siècle des Lumières** the Enlightenment, the 18th century
lumineux (*f* **lumineuse**) luminous, bright
un °**lundi** Monday
le **lustre** luster, shine
Lutèce Roman name of Paris
un **luthier** violin maker
la °**lutte** struggle; wrestling
°**lutter** to struggle, to fight
un °**luxe** luxury
le **Luxembourg** Luxemburg
°**luxueux** (*f* **luxueuse**) luxurious
un °**lycée** high school
un **lycéen** (**une lycéenne**) student in a lycée

M

Mach Mach (speed of sound)
une °**machine** machine; **une machine à laver** washing machine
un **machiniste** machine operator, engineer
un °**maçon** mason
le **Madagascar** Madagascar (a large island east of the African continent)
un °**magasin** store
un **magazine** illustrated magazine
magnifier to magnify, to make bigger
°**magnifique** magnificent, wonderful
°**mai** (*m*) May
°**maigre** thin, meager
°**maigrir** to grow thinner, to lose weight
une °**main** hand; **la main mise sur** strict control over
la °**main-d'œuvre** manpower; hired labor; **une main-d'œuvre salariée** hired help
°**maintenant** now
°**maintenir** to maintain, to keep, to hold; **se maintenir** to hold, to remain
le **maintien** deportment; maintenance
un °**maire** mayor
une °**mairie** city hall
°**mais** but, however
une °**maison** home, house
un °**maître** master, boss; **un maître à penser** ideological or philosophical leader
une °**maîtresse** mistress; **une maîtresse de maison** housewife; **une idée maîtresse** leading idea, main idea
la °**majorité** majority
°**mal** poorly, badly, bad; **pas mal** not bad
un °**mal** evil
°**malade** sick
une °**maladie** illness, sickness
un **malaise** uneasiness, discomfort, trouble
°**malgré** in spite of
malhabile clumsy, awkward, unskillful
°**malheureusement** unfortunately
°**malheureux** (*f* **malheureuse**) unfortunate, unhappy
le **Mali** Mali (an African country)
malsain unhealthy
Malte Malta (an island in the Mediterranean Sea)

le **malthusianisme** malthusianism (a doctrine advocating birth control)
malthusien (*f* **malthusienne**) Malthusian, interested in controlling the population
la **Manche** English Channel
le **manganèse** manganese
mangeable edible, eatable
°**manger** to eat
une **manie** mania, fad, craze
une °**manière** manner, way; **les manières** manners, way of acting; **les bonnes manières** good manners; **la manière de vivre** way of life
maniéré affected
une **manif** demonstration (student slang for **manifestation**)
la °**manifestation** manifestation, outward sign; demonstration
°**manifester** to show, to manifest; **se manifester** to appear, to show itself
un **mannequin** (fashion) model
°**manquer** to miss, to be missing, to be lacking; **manquer à** to be missing, lacking; **manquer de** to lack; **manquer de** (+infinitive) to almost do something
le **manque** lack, absence
mansardé with a mansard roof, with dormer windows
un °**manteau** coat
manuel (*f* **manuelle**) manual
un **marathon** marathon
le **marbre** marble
un °**marchand** merchant, storekeeper, salesman; **un marchand de journaux** newspaper salesman; **un marchand de légumes** vegetable man
une °**marche** step, march; **une marche militaire** march
un °**marché** market
le **Marché Commun** Common Market
°**marcher** to walk
un °**mardi** Tuesday
un **maréchal** (*pl* **maréchaux**) marshall
un °**mari** husband
un **mariage** marriage, wedding; **un mariage de raison** a marriage of convenience
°**marié** married
se °**marier avec** to get married to
°**maritime** maritime
le **marketing** marketing
le **Maroc** Morocco
marquant prominent, outstanding
°**marquer** to mark
la **marqueterie** inlaid-work
°**mars** (*m*) March
un **Martiniquais** person from Martinique
la **Martinique** Martinique (a French island in the Caribbean Sea)
°**masculin** masculine
un **masque** mask
un **mas** small farmhouse of southern France
une °**masse** mass, bulk
massif (*f* **massive**) massive, heavy, bulky
un **match** game, match
le °**matériau** (*pl* **matériaux**) material
maternel (*f* **maternelle**) maternal
matérialiste materialistic
°**matériel** (*f* **matérielle**) material
les **math** (*f*) math
les °**mathématiques** (*f*) mathematics
la °**matière** matter, substance; **en matière de** in the area of
la **maturité** maturity
un **Maure** Moor
les **Maures** (hills in Southern France)
maussade glum, sullen, grumpy
°**mauvais** bad
°**mauve** mauve, purple
un °**mécanicien** mechanic
°**mécanique** mechanical; **les constructions mécaniques** machine industry
la °**mécanique** mechanics; **la mécanique ondulatoire** wave mechanics
se **mécaniser** to become mechanized
une **mécanographe** key-punch operator
°**méchant** bad, nasty
le **mécontentement** discontent, dissatisfaction
un **médaillon** medallion; **dossier en médaillon** oval back (of a chair)
un °**médecin** doctor, physician
la °**médecine** medicine
un **médiateur** mediator
°**médical** (*pl* **médicaux**) medical
des °**médicaments** (*m*) medicine
médiéval medieval
médiocre mediocre, poor, of little value
la **médisance** back-biting, slander
la **Méditerranée** Mediterranean
méditer to think about, to ponder, to meditate
la **méfiance** mistrust, distrust
°**meilleur** better; **le meilleur** the best
un °**mélange** mixture
°**mélanger** to mix, to stir together
°**mêler** to mix, to blend
une **mélodie** melody
mélodieux (*f* **mélodieuse**) melodious
un °**membre** member

même same, identical; even; very; **tout de même** all the same, nevertheless, after all; **même pas** not even; **le type même** the very example
la °**mémoire** memory
une °**menace** threat, menace
°**menacer** to threaten, to menace
un °**ménage** household; husband and wife
une °**ménagère** housewife
°**mener** to lead
mental (*pl* **mentaux**) mental, of the mind
°**menu** small
le **mépris** scorn
°**mépriser** to scorn
une °**mer** sea; **la mer des Antilles** the Caribbean Sea
un °**mercredi** Wednesday
une °**mère** mother
méridional (*pl* **méridionaux**) from the South; from Southern France
un **Méridional** (*pl* **Méridionaux**) inhabitant of Southern France
le °**mérite** merit
°**mériter** to merit, to deserve
mésalliance misalliance
mesquin petty; stingy
une °**mesure** measure, measurement; measuring stick
se °**mesurer** to be measured
un °**métal** (*pl* **métaux**) metal
une **métamorphose** change, transformation, metamorphosis
une °**méthode** method
un °**métier** job, trade, profession
un °**mètre** meter (about 3.28 feet)
métrique metric
le °**métro** subway
une **métropole** large urban center
la **Métropole** continental France
métropolitain metropolitan, urban; relating to continental France
un °**metteur en scène** (movie) director
°**mettre** to put, to place, to set; **mettre de côté** to set aside, to save; **mettre en place** to put in place, to put in effect, to set up; **mettre fin à** to put an end to, to terminate; **mettre par terre** to tear down
se °**mettre à** to start; **se mettre à la tâche** to get to work
un °**meuble** piece of furniture
meure *subjunctive form of* **mourir**
meurtrier (*f* **meurtrière**) deadly, murderous
mi-chemin: à mi-chemin halfway
°**mieux** better
migratoire migratory
le °**milieu** middle, center; **juste au milieu** right in the middle
un °**milieu** milieu, circle
°**militaire** military
un °**militaire** soldier, member of the military
militant militant, militating
°**mille** thousand; one thousand
un **mille** mile; **un mille carré** square mile
un °**millier** about a thousand; **des milliers** thousands
un °**million** million
une °**mine** mine
°**minéral** (*pl* **minéraux**) mineral
minime small, minimal, trivial
ministériel (*f* **ministérielle**) ministerial
un °**ministre** minister, cabinet member
une °**minorité** minority
minuscule minuscule, tiny
la **minutie** precision
un **miracle** miracle
miraculeux (*f* **miraculeuse**) miraculous
un **miroir** mirror
mis *past participle of* **mettre**
une **mise en scène** stage production
°**misérable** wretched
la °**misère** misery
une **mission** mission, task
mi-temps half-time; **un emploi à mi-temps** part-time job
mixte mixed; coeducational; **un lycée mixte** coeducational high school
mobile mobile, changing
un **mobile** motive, motivation; mobile
un **mobilier** furniture
la **mobilité** mobility
un °**mode** means, way; mode, mood
une °**mode** fashion; **un magasin de modes** dress shop, ladies' fashion store
un °**modèle** model, example
modéré moderate
°**moderne** modern, up-to-date; **le Modern Style** Art Nouveau
°**moderniser** to modernize; **se moderniser** to become modern
°**modeste** modest, small
modifiable which can be modified
°**modifier** to modify, to change
°**moindre** lesser; **le moindre** the least, the smallest

°**moins, moins de** less; **moins de... que** less... than; °**au moins** at least; **tout au moins** at the very least; **en moins de** in less than; **à moins de/que** unless
un °**mois** month
un **moisson** harvest
une °**moitié** half; **la moitié de** one half of
moléculaire molecular
la **mollesse** softness
un °**moment** moment, time; **au moment de** at the time of
la **monarchie** monarchy
monarchique relating to monarchy
un **monarque** monarch, king
les **mondanités** (*f*) social events
un °**monde** world, earth; **du monde** many people; **un monde à part** a world apart; **le tiers monde** the underveloped nations
mondial (*pl* **mondiaux**) worldwide; **une guerre mondiale** World War
monétaire monetary
la °**monnaie** change; currency
un **monopole** monopoly
la **monotonie** monotony
un °**monsieur** man, gentleman
montagnard from the mountain
une °**montagne** mountain
une **montée** rise
°**monter** to go up; **monter dans** to get on (a plane), to get in (a car)
Montmartre Montmartre (a section of Paris)
une °**montre** watch
°**montrer** to show, to exhibit, to display; **se montrer** to appear, to show oneself as
un °**monument** monument; **un monument aux morts** war memorial
monumental (*pl* **monumentaux**) monumental, huge
se °**moquer de** to make fun of
°**moral** (*pl* **moraux**) moral
une **morale** morals, ethics, ethical system
un °**morceau** (*pl* **morceaux**) piece
morceler to break up, to divide in pieces
°**mort** dead; *past participle of* **mourir**
la °**mort** death
un °**mort** dead (person), casualty
mortel (*f* **mortelle**) mortal
un °**mot** word; **un mot apparenté** cognate; **un mot en partie apparenté** partial cognate
un °**moteur** motor; **un moteur à explosion** internal combustion engine
un **motif** motive; design, pattern
se **motoriser** to get motorized, to buy a car
°**mourir** to die
un **mousquetaire** musketeer
un °**mouvement** movement, motion
°**moyen** (*f* **moyenne**) middle, middle-sized, average, medium; **le Moyen Age** the Middle Ages; **la moyenne bourgeosisie** middle class
un °**moyen** means, way
une **moyenne** average; **en moyenne** on the average
muet (*f* **muette**) mute, silent
multiple multiple; **de multiples** many
une **multitude** multitude, large number, crowd
une **municipalité** city government
un °**mur** wall
un °**musée** museum
un °**musicien** musician
la °**musique** music
°**musulman** muslim, moslem
mutuel (*f* **mutuelle**) mutual, reciprocal
un °**mystère** mystery
°**mystérieux** (*f* **mystérieuse**) mysterious
un **mythe** myth
mythologique mythological

N

°**naître** to be born
napoléonien (*f* **napoléonienne**) Napoleonic
une °**nappe** tablecloth, sheet
narcissiste narcissist, self-centered (person)
une **narration** narrative, story; **le présent de narration** narrative present
natal (*pl* **natals**) native
la **natalité** birth, birth-rate
une °**nation** nation, country; **les Nations Unies** United Nations
°**national** (*pl* **nationaux**) national
une **nationalisation** nationalization
nationaliste nationalist
la °**nationalité** nationality
la °**nature** nature
°**naturel** (*f* **naturelle**) natural
naval (*pl* **navals**) naval
ne: ne ... guère scarcely; °**ne ... jamais** never, not ever; °**ne ... ni ... ni** neither ... nor; °**ne ... pas** not; °**ne ... personne** no one, nobody, not anyone, not anybody; °**ne ... plus** no more, no longer, not any more, not any longer; **ne ... point** not at all; °**ne ... que** only; °**ne ... rien** nothing, not anything

°**né** *past participle of* **naître**
°**nécessaire** necessary
nécessairement necessarily
une °**nécessité** necessity, need
une **négation** negation, denial
négatif (*f* **négative**) negative
négativement negatively, in the negative
négligeable negligible
négliger to neglect, to disregard
une **négociation** negotiation
négocier to negotiate
la **négritude** negritude, blackness
négro-africain Black African
°**nerveux** (*f* **nerveuse**) nervous, hysterical
°**net** (*f* **nette**) clean, clear
°**nettement** clearly, definitely
la **netteté** neatness, distinctness
°**neuf** (*f* **neuve**) new
le **neuf** that which is new
le **neutralisme** neutralism, neutrality
la **neutralité** neutrality
neutre neutral, plain
un **neutre** neutral country
un °**neveu** (*pl* **neveux**) nephew
°**ni** ... **ni** neither ... nor
le **nickel** nickel
le **Niger** Niger (Niger River)
le °**niveau** (*pl* **niveaux**) level; **le niveau de vie** standard of living
nobiliaire relating to nobility
noble noble, aristocratic
la **noblesse** nobility
une **noce** wedding; **les noces d'argent** silver anniversary; **les noces d'or** golden anniversary; **les noces de diamant** diamond anniversary
°**Noël** (*m*) Christmas
°**noir** black, dark
un °**noir** Black, Negro
un °**nom** name; noun
un °**nombre** number; **un grand nombre d'entre eux** many of them
°**nombreux** (*f* **nombreuse**) numerous
le **nombril** navel; center
°**nommer** to name
°**non** no; not
nonchalamment nonchalantly
la **nonchalance** nonchalance, jaunty carelessness
un **non-conformiste** non-conformist
non-monétaire non-monétary
le °**nord** north
°**normal** (*pl* **normaux**) normal
normand of Normandy; Norman
la **Normandie** Normandy (a French province on the Channel)
la **Norvège** Norway
la **nostalgie** nostalgia
°**notamment** notably, in particular
un **notaire** lawyer who handles contracts, wills, financial matters
une °**note** note; grade
°**noter** to note
une **notion** notion, idea
notoire notorious
la **nourriture** food
°**nouveau** (*f* **nouvelle**) new; °**à nouveau,** °**de nouveau** again; **la Nouvelle Angleterre** New England
le **nouveau** novelty
une °**nouvelle** news; short story; **des nouvelles** news; **envoyer de ses nouvelles** to write about what is happening
°**novembre** (*m*) November
un **noyau** (*pl* **noyaux**) nucleus
une **nuance** nuance, shade of expression
nuancé with nuances
nucléaire nuclear
une **nuée** cloud, host
°**nul** (*f* **nulle**) void; zero, null, nothing; no
numérique numerical
numériquement numerically
un °**numéro** number

O

l' **O.N.U.** (= **Organisation des Nations Unies**) UN (United Nations)
l' **O.R.T.F.** (= **Office de la Radio-Télévision Française**)
l' **O.T.A.N.** (= **Organisation du Traité de l'Atlantique Nord**) NATO
°**obéir** (**à**) to obey
un **objectif** objective
objectivement objectively
l' **objectivité** (*f*) objectivity
un °**objet** object
°**obligatoire** required, obligatory
°**obliger** to oblige
un **observateur** observer
une **observation** observation
observer to observe
obstinément obstinately
°**obtenir** to obtain
obtint *passé simple 3rd sg of* **obtenir**
oc: langue d'oc French of the Midi

une °**occasion** opportunity, occasion, chance; °**à l'occasion** when the need arises; **en toutes occasions** at all times; **servir d'occasion à** to lend itself to
°**occidental** Western
un **occupant** occupant
une °**occupation** occupation, job
°**occuper** to occupy, to employ; °**s'occuper de** to attend to, to take care of
un °**océan** ocean; **l'océan Atlantique** Atlantic Ocean
l' **Océanie** (*f*) South Pacific
ocre ocher, yellow-brown
°**octobre** (*m*) October
odieux (*f* **odieuse**) odious, distasteful
l' **odieux** (*m*) that which is odious, distasteful
une °**œuvre** work
°**offert** *past participle of* **offrir**
°**officiel** (*f* **officielle**) official
officiellement officially
un **officier** officer
°**offrir** to offer, to give
l' **Ohio** (*m*) Ohio
oïl: langue d'oïl French of Northern France
une **oligarchie** oligarchy, government of the few
un °**olivier** olive tree
une °**ombre** shadow; shade, dark
omettre to omit
un °**oncle** uncle
ondulatoire wavy
un °**opéra** opera
°**opérer** to operate; **s'opérer** to take place
une °**opinion** opinion; public opinion
l' **opportunisme** (*m*) opportunism
°**opposer** to oppose; °**s'opposer à** to oppose
une °**opposition** opposition
optimiste optimistic
une **option** option
l' **optique** (*f*) optics
°**or** however
l' °**or** (*m*) gold
un °**orage** storm; **il fait de l'orage** it's stormy
°**orange** orange
un °**orchestre** orchestra
°**ordinaire** ordinary; **d'ordinaire** usually, ordinarily
un **ordinateur** computer
°**ordonner** to order, to organize
°**ordonné** (*adj*) organized
un °**ordre** order; **à l'ordre du jour** current business; **de second ordre** second-rate, of secondary status
l' **Oregon** (*m*) Oregon
un °**organe** organ
°**organiser** to organize; °**s'organiser** to be organized
un **organisme** organism, body; organization
l' °**orgueil** (*m*) pride
une **orientation** orientation
°**orienter** to orient; °**s'orienter vers** to major in
un **originaire** native
original (*pl* **originaux**) original
un **original** eccentric
originalement originally
l' **originalité** (*f*) originality
une °**origine** origin; **d'origine** by birth
une **ornementation** ornamentation
°**orner** to decorate; **s'orner** (**de**) to become decorated (with)
un °**orphelin** orphan
une °**orthographe** spelling
°**oser** to dare
l' **ostentation** (*f*) ostentation, show
°**ou** or
°**où** where
°**oublier** to forget
l' °**ouest** (*m*) west, western
un °**outil** tool
un **outillage** machinery, tools
°**outre: outre cela** moreover; **d'outre-mer** overseas
ouvert open
un °**ouvrage** work
ouvrier (*f* **ouvrière**) worker
un °**ouvrier** (**une ouvrière**) worker
°**ouvrir** to open

P

une °**page** page
le °**pain** bread
la °**paix** peace
des **palabres** (*f*) long boring discussion
°**pâle** pale
une **pâleur** paleness, pallor
une **pancarte** sign
un **panorama** panorama
une °**panne** breakdown
un **panneau** sign
une **panthère** panther
du °**papier** paper
un **paquebot** ocean liner
°**par** by, through; **par contre** on the other hand; **commencer par** to begin with
le **paradis** paradise

paradoxal paradoxical
un **paradoxe** paradox
un **paragraphe** paragraph
°**paraître** to seem, to appear; °**il paraît** it seems
parallèle parallel
paramedical paramedical
un °**parc** park
°**parce que** because
°**parcourir** to travel through, to wander through
pardonnable pardonable, excusable
°**pardonner** to pardon
un °**parent** relative; **les parents** parents, relatives; **en parente pauvre** as a poor relative
la °**parenté** parenthood, relationship
des **parenthèses** (*f*) parentheses
°**paresseux** (*f* **paresseuse**) lazy
°**parfait** perfect
°**parfois** occasionally, sometimes
un **pari** bet, wager
parisien (*f* **parisienne**) Parisian
un **Parisien** (**une Parisienne**) Parisian
les **Parisii** Celtic tribes who lived in the Paris area 2000 years ago
le °**Parlement** government
°**parler** to speak; **parler à** to talk to; **parler de** to talk about; **Tu parles!** That's what you think!
un **parler** speech
°**parmi** among
parodier to parody
parquer to put (in a pen); to park (a car)
la °**part** portion; **à part** apart, aside; **de part et d'autre** on both sides
°**partager** to share, to divide
un **partenaire** partner
un °**parti** party, political party
un **particularisme** particularity
une **particule** particle (the word **de** before the last name of a person)
°**particulier** (*f* **particulière**) particular, peculiar; **particulier à** characteristic of; **en particulier** in particular
°**particulièrement** particularly, especially
une °**partie** part; **tirer partie de** to take advantage of
partiel (*f* **partielle**) partial
partiellement partially
°**partir** to leave; **à partir de** as of
un **partisan** partisan, supporter
la **parure** jewelry

°**pas: ne ... pas** not; **Pourquoi pas?** Why not?
un °**passage** passage; **de passage** temporary, passing through
un °**passager** (**une passagère**) passenger
un °**passant** passer-by
le °**passé** past
un °**passeport** passport
°**passer** to pass; to spend (time); **passer par** to go through; **passer un examen** to take an examination, to have an examination; **passer le bac** to take the baccalauréat examination; **passer pour** to be considered, to pass for; °**se passer de** to do without
passif (*f* **passive**) passive
une °**passion** passion
le **pastel** pastels
le **pastis** pastis (an aniseed aperitif)
paternaliste paternalistic
paternel (*f* **paternelle**) paternal; on the father's side
la **patience** patience
°**patient** patient
le °**pâtissier** pastry baker
un **patois** provincial or regional dialect
la °**patrie** fatherland, homeland
le **patrimoine** patrimony, heritage, family heritage
le °**patron** boss
°**pauvre** poor; unfortunate
le °**pauvre** the poor man
°**payer** to pay (for)
le °**pays** country
les **Pays-Bas** Netherlands (Holland)
le °**paysage** countryside, landscape
un °**paysan** peasant, farmer
pécuniaire pecuniary, financial
la **pédiatrie** pediatrics
°**peindre** to paint
une °**peine** trouble; punishment; sorrow; **sous peine de** on the pain of; °**à peine** barely, scarcely
le °**peintre** painter, artist
la **peinture** painting, paint
°**pencher** to lean
°**pendant** during; **pendant que** during
une **pendule** clock
pénétrable penetrable
la **pénétration** penetration
pénétrer (**dans**) to penetrate, to enter
la **Pennsylvanie** Pennsylvania
la °**pensée** thought

°**penser** to think, to believe; **penser à** to think of, to think about (as the topic of thought); **penser de** to think of, to think about (as having an opinion about)
un **penseur** thinker
pensif (*f* **pensive**) pensive, thoughtful
la **pension** board
la °**pente** slope
une **pénurie** scarcity, shortage, lack
un **percepteur** tax collector
°**perdre** to lose, to waste
un °**père** father; **de père en fils** from father to son
une °**période** period
la **périphérie** periphery, outskirts (of a town), borders (of a country)
périr to perish
la **permanence** permanence
°**permanent** permanent
°**permettre** to permit, to allow, to let
perpétuellement perpetually
perpétuer to perpetuate; **se perpétuer** to perpetuate oneself
la **persévérance** perseverance
persévérant persevering
un °**personnage** person, character
une **personnalité** personality
une °**personne** person
°**personne: ne ... personne** no one, nobody, not anyone, not anybody
°**personnel** (*f* **personnelle**) personal
le **personnel** personnel; **le personnel enseignant** teaching staff
personnellement personally
perspicace perspicacious
la **perspicacité** perspicacity
une °**perte** loss
°**peser** to weigh
°**petit** little, small, short; **un petit cousin** distant cousin
un **petit-fils** grandson
pétrochimique petrochemical
un **pétrolier** oil tanker
°**peu** little; hardly, not very, not very much; °**peu de** few, not many, not much; °**à peu près** about, approximately; °**peu à peu** little by little
un °**peu** a little, a little bit; °**un peu de** a little bit (of)
un °**peuple** people, country
°**peuplé** populated
la °**peur** fear; °**avoir peur** (**de**) to be afraid (of); **de peur que** for fear that; **de peur de** for fear; °**faire peur à** to frighten
°**peureux** (*f* **peureuse**) fearful, easily frightened
°**peut-être** maybe, perhaps
une °**pharmacie** pharmacy, drugstore
un °**pharmacien** pharmacist
un °**phénomène** phenomenon
un **philosophe** philosopher; **«philosophe»** (of the eighteenth century)
la **philosophie** philosophy
une °**photo** photograph
la **photographie** photography
une **phase** phase
une °**phrase** sentence
°**physique** physical
la °**physique** physics
un **pianiste** pianist
un °**piano** piano
la **Picardie** Picardy (a northern province on the Belgian border)
une °**pièce** coin; room; theatrical play
un °**pied** foot; **à pied** on foot; **une promenade à pied** a walk; **aux pieds de** at the foot of
une °**pierre** stone, rock
un °**piéton** pedestrian
pieux (*f* **pieuse**) pious
un °**pin** pine tree
le **ping-pong** pingpong
un **pique-nique** picnic
un **pirate** pirate
le °**pire** worst; **au pire** at worst
la °**pitié** pity; **avoir pitié de** to pity; **faire pitié à** to arouse pity in
pitoyable pitiful
pittoresque picturesque
un **pivot** pivot
une °**place** rank, place; **de la place** room; **une mise en place** setting; **faire place à** to give way to
la °**plage** beach
°**plaindre** to pity; °**se plaindre** (**de**) to complain (about)
une °**plaine** plain
°**plaire** to please
une **plaisanterie** joke
un °**plaisir** pleasure; **faire plaisir à** to please, to do a favor for
un °**plan** plan; map; area, sphere, level; **des plans** blueprints; **sur le plan** ... in the area of ...; **de premier plan** first-rate, of prime importance
°**plancher** to go to the blackboard (student slang)
planifié based on plans, planned

le **planning** planning
°**plat** flat
un °**plateau** plateau
platonique platonic, which contains no element of sexual desire
un **plébéien** plebeian, commoner
°**plein** full; **à plein temps** full-time
un °**plombier** plumber
une °**plume** pen
la °**plupart** (**de**) the majority, most of
°**plus** (**de**) more (than); °**plus … que** more … than; °**le plus** the most; **le plus grand** the biggest; **non plus** neither; °**ne … plus** no more, no longer, not anymore, not any longer; **en plus de** in addition to
°**plusieurs** several; **plusieurs d'entre vous** many of you
°**plutôt** rather; **plutôt que** (**de**) rather than
une °**poche** pocket; **l'argent de poche** pocket money, spending money; allowance
la °**poésie** poetry
un °**poète** poet
un °**point** point, tip; **à ce point** to that degree; **un point de vue** point of view, viewpoint; **un secteur de pointe** technologically advanced industries or sector
le °**poisson** fish
un **pôle** pole
°**politique** political; **un homme politique** politician
une °**politique** policy; **la politique** politics; **la politique intérieure** domestic politics
politiquement politically
la **pollution** pollution
une °**pomme** apple
une °**pomme de terre** potato
un °**pommier** apple tree
les **pompes funèbres** funeral homes; morticians
un °**pont** bridge
°**populaire** popular
populariser to popularize
la **popularité** popularity
la °**population** population
un **port** port, harbor
la **porte** door
°**porter** to carry, to wear, to bear; **porter sur** to concentrate on
la **portion** portion, part
un **portrait** portrait
portugais Portuguese
°**poser** to pose, to place; **poser une question** to ask a question
une °**position** position
°**posséder** to possess
°**possible** possible
le **potentiel** potential
une **poterie** (piece of) pottery
les **potins** gossip
un °**poulet** chicken
°**pour** for, in order to, to; °**pour cent** per cent; °**pour que** for, in order that
un °**pourcentage** percent, percentage
°**pourquoi** why
la **poursuite** pursuit
°**pourtant** however, nevertheless
pourvu que provided that
°**pousser** to push; **pousser un cri** to scream, to emit a cry
°**pouvoir** to be able, can
un °**pouvoir** power
une °**prairie** meadow
la °**pratique** practice; **en pratique** in practice
pratiquement easily, practically, almost
pratiquer to practice, to play
°**précédent** preceding
un **précédent** precedent
prêcher to preach
précipiter to precipitate
°**précis** precise
°**précisément** precisely
°**préciser** to give details about
un **précurseur** precursor, forerunner
la **prédilection** predilection; **de prédilection** favorite; **une place de prédilection** favored position
prédire to predict
prédominer to dominate, to predominate
°**préféré** favorite
une **préférence** preference; **de préférence** preferably
préférentiel (*f* **préférentielle**) preferential
°**préférer** to prefer
le °**préfet** prefect (highest administrative official in a **"département"**)
un **préjugé** prejudice
le **prélude** prelude, beginning
°**premier** (*f* **première**) first, main; **les premières œuvres** the early works
la **première** opening night, first performance, premiere
°**prendre** to take; **prendre un café** to have a cup of coffee; **prendre une importance** to assume an importance
°**préparer** to prepare; **se préparer** to get ready
une **préposition** preposition
une **prérogative** prerogative

°**près** (**de**) near; **de près** from close up; °**à peu près** about, approximately
le **présalaire** salary paid to students who upon graduation intend to work for the public education system
prescrire to prescribe
la **présence** presence; **la présence aux cours** classroom attendance
°**présent** present; "here" (in answer to roll call)
présentable presentable
une **présentation** presentation
°**présenter** to present, to introduce
préserver to preserve, to keep
la **présidence** presidency
présider to preside
°**presque** almost
la °**presse** press; **la presse écrite** newspapers and magazines; **la presse parlée** radio and television; **la presse d'information** newspapers; **la presse périodique** magazines, periodicals
le **prestige** prestige
prestigieux (*f* **prestigieuse**) prestigious
°**prêt** (**à**) ready (to)
°**prétendre** to claim
prétentieux (*f* **prétentieuse**) pretentious
°**prêter** to lend
un °**prétexte** pretext, excuse
une °**preuve** proof; **faire preuve de** to manifest, to show, to display
prévenant thoughtful, kind, considerate
°**prévenir** to warn
°**prévoir** to foresee
une °**prière** prayer
primer to take precedence
une **princesse** princess
°**principal** (*pl* **principaux**) principal, main
principalement mainly
un °**principe** principle
le °**printemps** spring; °**au printemps** in the spring
la **priorité** priority
prirent *passé simple 3rd pl of* **prendre**
pris *past participle of* **prendre**
une **prise de conscience** act of becoming aware
un °**prisonnier** (*f* **prisonnière**) prisoner
°**privé** private
°**priver** to deprive; °**se priver de** to do without
privilégié privileged
un °**prix** price, prize; **à tout prix** at any cost; at all costs
pro-américain pro-American
la **probabilité** probability; **le calcul des probabilités** science of probability
un °**problème** problem
°**proche** near
proclamer to proclaim
procréateur (*f* **procréatrice**) of begetting, of procreating children
la **productivité** productivity
la °**production** production
°**produire** to create, to produce; **se produire** to take place, to happen; to be happening
produit *past participle of* **produire**
un **produit** product; **un produit national brut** gross national product (GNP)
un **prof** teacher, professor (student slang for **professeur**)
une °**profession** profession
°**professionnel** (*f* **professionnelle**) professional
le **profit** profit; **au profit de** in favor of; **tirer profit de** to profit from
°**profiter de** to take advantage of
°**profond** deep, profound, deep-seated
pro-gouvernemental pro-government
un °**programme** program; (political) platform
un **programmeur** programmer
le °**progrès** progress; **les progrès** progress
progresser to progress, to make progress
la **progression** moving forward, advancing, progression
la **prohibition** prohibition
un **projet** project
le **prolétariat** proletariat, working classes
une °**promenade** walk; **faire une promenade à pied** to go for a walk; **faire une promenade en voiture, à bicyclette** to go for a ride
°**promettre** to promise
la **promotion** promotion; growth
prompt prompt
un °**pronom** pronoun; **un pronom complément direct** direct object pronoun; **un pronom complément indirect** indirect object pronoun
pronominal (*pl* **pronominaux**): **verbe pronominal** reflexive verb
la **prononciation** pronunciation
la **propagande** propaganda
une **proportion** proportion
un **propos** remark; **à tout propos** in all instances
une °**proposition** proposition, proposal; clause

°**propre** clean; own, of its own; **ses propres biens** his (her) own property
°**propre à** belonging to
le °**propriétaire** owner; **un propriétaire-récoltant** vineyard owner who makes and sells his own wine
la °**propriété** property
prosaïque prosaic
prospère prosperous, wealthy, rich
la **prospérité** prosperity
une °**protection** protection
protectionniste protectionist
un **protectorat** protectorate
°**protéger** to protect
°**protestant** protestant
°**protester** to protest
protocolaire formal
la **prouesse** prowess, skill
provençal of Provence
une **Provençale** girl (lady) from Provence
la **Provence** Provence (a province in south-eastern France)
un **proverbe** proverb
la **providence** Providence
une °**province** province; **la province** France with the exception of Paris
un **provincial** an inhabitant of the provinces (as contrasted to a Parisian)
les °**provisions** (*f*) food, provisions
provisoire temporary
°**provoquer** to provoke, to bring about
la **proximité** nearness, proximity
la °**psychologie** psychology
°**psychologique** psychological
public (*f* **publique**) public
le °**public** public; **le grand public** general public
publier to publish
la **pudeur** modesty
°**puis** then
°**puisque** since
une **puissance** power
°**puissant** powerful
puissent *subjunctive 3rd pl of* **pouvoir**
°**punir** to punish
punitif (*f* **punitive**) punitive
°**pur** pure
purement purely, plainly
purent *passé simple 3rd pl of* **pouvoir**
la **pureté** purity
un **puriste** purist
une **pyramide** pyramid; **la pyramide des âges** age pyramid (a population chart)
les **Pyrénées** Pyrenees mountains

Q

quadrupler to quadruple
une **qualification** qualification
une °**qualité** quality; **en qualité de** in his role as
°**quand** when
°**quant à** as for
quantique quantum
une °**quantité** quantity
°**quarante** forty
un °**quart** fourth
un °**quartier** district, area, neighborhood; **un beau quartier** elegant neighborhood
°**quatre** four
°**quatrième** fourth; **la Quatrième République** Fourth Republic (1946–1958)
la **quasi-totalité** more or less all
°**que** what?; whom, which, that; °**ne ... que** only
°**qu'est-ce qui?** what?
le **"qu'en dira-t-on?"** What will people say?
le **Québec** Quebec
un **Québecois** inhabitant of Quebec
°**quel** (*f* **quelle**) what; **quel que** whatever
°**quelconque** any ... whatever
°**quelque** some; °**quelque chose** something; **quelque soit** whatever may be; **les quelques ressources** the limited resources
°**quelquefois** sometimes
°**quelques-uns** (*f* **quelques-unes**) some
°**quelqu'un** someone
une °**question** question; **il était fort question de** it was almost decided to; **question ...** in the area of ...
une °**queue** line; tail
°**qui** who, which, that
°**quinze** fifteen
°**quitter** to leave; to resign from
°**quoi** what
°**quoique** although
°**quotidien** (*f* **quotidienne**) daily
un **quotidien** daily newspaper

R

rabattre to lower; **se rabattre** to fold back
racial racial
raconter to tell
radical (*pl* **radicaux**) radical
radicalement radically
radieux (*f* **radieuse**) radiant
la °**radio** radio
radiophonique radio
la **radio-activité** radioactivity
le °**rail** rail

la °**raison** reason; °**avoir raison** to be right; **à raison** rightly (so); **à tort ou à raison** right or wrong; **un mariage de raison** marriage of convenience; **une raison d'être** reason for existing
°**raisonnable** reasonable, sensible
le **raisonnement** reasoning
rajeunir to rejuvenate
un **rang** rank, position; row
ranimer to revive
°**rapide** rapid, fast
°**rapidement** rapidly
la **rapidité** rapidity, quickness, speed
°**rappeler** to call back, to recall; to bring to the forefront; °**se rappeler** to remember, to remind, to bring to mind
un °**rapport** relation, relationship; yield, report, ratio; contact; **par rapport à** with relation to
°**rapporter** to bring back
le **rapprochement** coming together, bringing together
une **raquette** racket
°**rare** rare
°**rarement** rarely
une **rareté** something rare, rarity
raté ruined, unsuccessful; missed
se **rattacher à** to belong to
ravager to ravage, to devastate, to lay waste to
ravaler (**une façade**) to clean, to resurface (the façade of a building)
un °**rayon** ray
le **rayonnement** influence; radiance
un **raz de marée** tidal wave
réadmettre to readmit
réalisable feasible
un **réalisateur** producer, one who carries things out
une °**réalisation** contribution
°**réaliser** to accomplish; to realize, to carry out
réaliste realistic
la °**réalité** reality
réapparaître to reappear
se **rebeller** to rebel
une **rébellion** rebellion
recaler to fail
°**récemment** recently
un **recensement** census, poll
°**récent** recent
une **réceptionniste** receptionist
un **receveur** (bus) conductor
°**recevoir** to receive, to get; to welcome, to entertain
°**réchauffer** to heat again
la °**recherche** search; **la recherche de** search for, pursuit of; **à la recherche de** in search of; **des recherches** research; **faire des recherches** to carry out research
recherché select; affected
°**réclamer** to complain, to lodge a complaint, to claim rights; to demand, to ask for, to claim
une °**récolte** crop, harvest
°**récolter** to harvest
recommandable advisable
une **recommandation** piece of advice; **faire des recommandations** to give advice
°**recommander** to recommend
°**recommencer** to start over, to begin again
°**récompenser** to reward
la **réconciliation** reconciliation
réconcilier to reconcile
réconfortant comforting
reconnaissable recognizable, which can be recognized
la **reconnaissance** recognition
°**reconnaître** to recognize
reconquérir to reconquer
reconstituer to reconstruct, to reconstitute, to rebuild
un °**record** record
recruter to recruit; **se recruter** to be recruited
rectangulaire rectangular
le **recteur** rector
rectiligne rectangular; with square corners
reçu *past participle of* **recevoir; être reçu à un examen** to pass an exam
reçurent *passé simple 3rd pl of* **recevoir**
rédactionnel (*f* **rédactionnelle**) editorial
redébarquer to land again
rédiger to write out, to edit
redonner to give back
redorer to regild; **redorer le blason** to regild the coat of arms, i.e., to bring money into the family
°**réduire** to reduce, to cut down, to cut back; to shorten
réduit smaller in size; **un modèle réduit** scale model
°**réel** (*f* **réelle**) actual
réellement actually
°**refaire** to do over, to do again, to redo
un **référendum** referendum
°**réfléchir** to reflect upon, to ponder, to think

refléter to reflect
la **réflexion** reflection, thought
un **réformateur** reformer
réformer to reform
un **refuge** refuge
le **refus** refusal
°**refuser** to refuse, to fail (a student); **se refuser à** to refuse
réfuter to refute
°**regarder** to look at, to regard, to watch
un °**régime** regime; diet; **suivre un régime** to be on a diet; **l'Ancien Régime** period before the French Revolution
une °**région** region
une °**règle** rule
°**régler** to rule, to legislate; to settle; to determine; **régler une différence** to settle a difference
régner (**sur**) to reign (over)
°**regretter** to regret
le **regroupement** regrouping
se **regrouper** to get reorganized, regrouped
°**régulier** (*f* **régulière**) regular
régulièrement regularly
rehausser to enhance, to heighten
réjouir to make happy, to delight
les **réjouissances** enjoyable events
la **relâche** respite
se **relâcher** to become lax
°**relatif** (*f* **relative**) relative
une °**relation** connection, relation; **des relations** friends
relativement relatively
°**relever** to spice
°**relier** to join, to link
°**religieux** (*f* **religieuse**) religious
relire to reread, to read again, to read over
°**remarquable** remarkable
°**remarquer** to remark, to notice
le **remboursement** reimbursement
°**rembourser** to reimburse
un **remède** remedy
°**remettre** to postpone, to put off
°**remonter** to go back to; to climb up; to wind; **remonter une rivière** to sail up a river
un **remorqueur** tugboat
un **rempart** rampart
un **remplaçant** replacement
°**remplacer** to replace
la **rémunération** remuneration
rémunérer to remunerate, to pay; **bien rémunéré** well paid
la **renaissance** rebirth; **la Renaissance** Renaissance (in France, the sixteenth century)
°**rencontrer** to meet
le °**rendement** yield, output
°**rendre** to make; to give back, to render; **rendre la mémoire de** to make someone remember; **se rendre à/chez** to go to
renforcer to reinforce; to grow stronger, to strengthen
le **reniement** denial
renier to deny
°**renoncer à** to give up the idea of, to renounce
le **renouveau** renewal
°**renouveler** to renew; **se renouveler** to renew oneself
la **rénovation** renovation, renewal
rénover to renovate
des °**renseignements** (*m*) information
°**renseigner** to provide information, to inform
un **renversement** reversal
°**renverser** to turn over; to reverse (a tendency)
°**renvoyer** to send back
réoccuper to reoccupy
une **réorganisation** reorganization
réorganiser to reorganize
un **repaire** den
reparaître to reappear
une °**réparation** repair, repair job
°**réparer** to repair, to fix
la **répartition** distribution
reparu *past participle of* **reparaître**
le °**repas** meal
se °**répéter** to repeat oneself
°**répondre** (**à**) to answer, to respond; to correspond to; **répondre à un problème** to offer a solution to a problem
une °**réponse** answer
un **reportage** special report, documentation
un **reporter** reporter
reposer to put back again; °**se reposer** to rest
°**reprendre** to take back
un °**représentant** representative
une **représentation** show
°**représenter** to represent
répressif (*f* **répressive**) repressive
°**reprocher** (**à**) to reproach, to blame
une **reproduction** reproduction
reproduire to reproduce
une °**république** republic

une **réputation** reputation
réputé well-known
requérir to demand, to ask for
requis required
une °**réserve** reserve
°**réserver à** to reserve for
une **résidence** residence
une °**résistance** resistance
°**résister** (**à**) to resist
résolu *past participle of* **résoudre**
°**résoudre** to resolve, to solve
le °**respect** respect
°**respecter** to respect
respectif (*f* **respective**) respective
respectueux respectful
°**respirer** to breathe
un °**responsable** someone who is responsible
une **ressemblance** resemblance, similarity
°**ressembler à** to resemble
ressentir to feel
ressortir de to come out again
une °**ressource** resource
un °**restaurant** restaurant
le °**reste** rest, remainder
°**rester** to remain, to stay; **il reste quelque chose** something is left
restreint limited
restrictif (*f* **restrictive**) restrictive
un °**résultat** result
résulter (**de**) to result (from)
le °**retard** time lag, delay; slowness, backwardness; **en retard** late
retardataire backward
°**retarder** to retard, to slow down
°**retenir** to retain; to remember
retentissant resounding
°**retirer** to take from
le °**retour** return
la °**retraite** retirement; retirement pension
rétrograde backward
une **rétrospective** retrospective exhibit
rétrospectivement in retrospect
°**retrouver** to find again; to return to
se **retrouver** to get together
°**réuni** together
une °**réunion** meeting; reunion
la **Réunion** Réunion (an island in the Indian Ocean east of Madagascar)
°**réunir** to join, to get together, to bring together
°**réussir** (**à**) to succeed (in), to be successful (in)
une **réussite** success
une °**revanche** revenge
°**réveiller** to wake; **se** °**réveiller** to wake up
la **révélation** revelation
°**révéler** to reveal
revendiquer to make claims
°**revenir** to come back, to return; **revenir à** to be someone's due
le °**revenu** revenue, income
un °**rêve** dream
revêtir to put on (clothing)
rêveur (*f* **rêveuse**) dreamy
un **rêveur** (**une rêveuse**) dreamer
°**revoir** to see again
se **révolter** to revolt
une °**révolution** revolution
la **Révolution** French Revolution (1789–1799)
révolutionnaire revolutionary
une °**revue** magazine; illustrated magazine
le **Rhône** Rhone River
°**riche** rich; **un nouveau riche** a person newly rich
la °**richesse** riches, wealth, richness
une **ride** wrinkle
un °**rideau** curtain
°**ridicule** ridiculous
le °**ridicule** ridiculousness, ridicule
°**rien** nothing; °**ne** … **rien** nothing, not anything
rigide rigid
la **rigidité** rigidity
la **rigueur** rigor; **de rigueur** essential, required, necessary
°**rire** to laugh
un °**rire** laughter
un **risque** risk; **au risque de** at the risk of
une **rivale** rival
rivaliser to compete
la **rive** bank; **la rive gauche** Left Bank; **la rive droite** Right Bank
une °**rivière** river
la °**robe** gown; dress
un °**roi** king
un °**rôle** role, part
romain Roman
un °**roman** novel
un **romancier** novelist
romanesque sentimental; romanesque
romantique romantic
°**rose** pink
°**rouge** red
rouspéter to complain
une °**route** highway, road; **une route nationale** national highway
routinier (*f* **routinière**) bound by routine;

lacking imagination; routine, commonplace
la **royauté** royalty
la **rubrique** heading; column (of a newspaper)
la °**rue** street
le **rugby** rugby
°**rural** (*pl* **ruraux**) rural
un °**rural** (*pl* **ruraux**) person living in the country
russe Russian
la **Russie** Russia
le **rythme** rhythm

S

le °**sable** sand
un °**sac** bag
la **sagesse** wisdom
la **saignée** bloodletting, bleeding
saisir to seize; to strike
une °**saison** season
un °**salaire** salary
un °**salarié** salaried employee
°**sale** dirty; nasty
une °**salle** room; **une salle de théâtre** theater; °**une salle à manger** dining room
un **salon de coiffure** beauty salon
°**saluer** to salute, to greet
°**samedi** (*m*) Saturday
sanctionné sanctioned by law
le **sanctuaire** sanctuary
un °**sandwich** sandwich
sanglant bloody
sanitaire sanitary; **l'équipement sanitaire** plumbing
°**sans** without; °**sans que** without; **sans fin** endless; °**sans doute** no doubt, probably
la °**santé** health
le **sarcasme** sarcasm
un **satellite** satellite
°**satisfait** (**de**) satisfied (by)
une °**sauce** sauce
°**sauf** except
°**sauvage** wild
°**sauver** to save; **sauver la vie à** to save the life (lives) of
°**savant** erudite
un °**savant** scientist; erudite person
°**savoir** to know
le **savoir-vivre** good manners; etiquette
la **Savoie** Savoy (a province in the French Alps)
scandaleux (*f* **scandaleuse**) scandalous
la °**scène** stage, podium; scene
un **scepticisme** skepticism

une °**science** science; **les sciences politiques** political sciences; **Sciences Politiques** = **L'Institut des Sciences Politiques** Paris graduate school in political science; **les sciences naturelles** natural sciences
°**scientifique** scientific
°**scolaire** school, related to the school; **la télévision scolaire** educational television
la **scolarité** tuition; school attendance
scrupuleusement scrupulously
°**sculpter** to sculpt
la °**sculpture** sculpture
la **sécession** secession; **la Guerre de Sécession** US Civil War
°**sécher** to dry; (school slang) to cut (a class)
°**second** second
secondaire secondary
°**secourir** to bring help to, to help
un °**secret** secret
un °**secrétaire** secondary; small desk
un °**secteur** sector; **le secteur tertiaire** service industries; **un secteur de pointe** technologically advanced industries
la °**sécurité** safety; °**la Sécurité Sociale** Social Security
le °**sein** breast; **au sein de** in the bosom of
la **Seine** Seine River
selon according to
une °**semaine** week
°**semblable à** similar to
°**sembler** to seem
°**semer** to sow
semi-continental semi-continental (climate)
semi-délinquant half-delinquent
un **séminaire** seminar
semi-officiel (*f* **semi-officielle**) semi-official; quasi-official
semi-socialiste semi-socialist
un °**sénateur** senator
le **Sénégal** Senegal (a country in Western Africa)
un **Sénégalais** person from Senegal
la **sénilité** senility, old age
un °**sens** sense, meaning; direction; **à sens unique** one-way; **en sens contraire** in the opposite direction
sensationnel (*f* **sensationnelle**) sensational, extraordinary
le **sensationnel** sensational events
la **sensibilité** sensitivity
°**sensible** sensitive; noticeable
un °**sentiment** feeling, sentiment
sentimental sentimental; **la vie sentimentale** love life

°**sentir** to feel
la **séparation** separation
°**séparer** to separate; to part
septante seventy (in Belgium and Switzerland)
°**septembre** (*m*) September
une **série** series
°**sérieux** (*f* **sérieuse**) serious
un °**serrurier** locksmith
la **serviabilité** obligingness
le °**service** service; **au service de** in the service of; **le secteur des services** service industries
°**servir** to serve; **servir de** to act as; **servir à** to be useful for; **servir d'occasion à** to lend itself to; °**se servir de** to use
°**seul** alone, only
le **seul** the only one
°**seulement** only
°**sévère** severe, strict
un °**sexe** sex
sexuel (*f* **sexuelle**) sexual
du **shampooing** shampoo
le **shopping** shopping
°**si** if; whether
un °**siècle** century; **le Grand Siècle** seventeenth century, the reign of Louis XIV
le °**siège** seat
°**signaler** to signal, to indicate; **se signaler** to be signaled; to distinguish oneself
un **signataire** signer
un °**signe** sign
°**signer** to sign
significatif (*f* **significative**) significant
le °**silence** silence
la **silhouette** figure
une **similarité** similarity
°**simple** simple
la **simplicité** simplicity
simplifier to simplify; **se simplifier** to become simple
simultané simultaneous
singulièrement singularly
°**sinon** if not
une °**situation** situation
°**situer** to situate, to locate
°**six** six
le **ski** skiing; **du ski nautique** water skiing
°**sobre** sober, simple, plain
la **sobriété** sobriety, moderation
la **sociabilité** sociableness
sociable sociable
°**social** social
socialement socially
une °**société** society
la **sociologie** sociology
sociologique sociological
un **sociologue** sociologist
°**soi** himself, herself, itself; **en soi** in itself
le °**soif** thirst; °**avoir soif** to be thirsty
un °**soin** care
un °**soir** evening; °**ce soir** tonight
une **soirée** evening
°**soit!** okay! fine!
soit *subjunctive 3rd sg of* **être**
une **soixantaine** about sixty
°**soixante** sixty
le °**sol** soil
un °**soldat** soldier
le °**soleil** sun; **il fait du soleil** it's sunny
la °**solidarité** solidarity
°**solide** solid
un **solitaire** one who enjoys being alone
la °**solitude** solitude, loneliness
une °**solution** solution
sommairement summarily
une °**somme** sum; total; **en somme** all in all
le °**sommeil** sleep; °**avoir sommeil** to be sleepy
un °**sommet** peak, summit
le °**son** sound
une **sonate** sonata
un **sondage d'opinion** opinion poll
le °**sort** future, destiny; fate
une °**sorte** sort, kind; **en quelque sorte** in a way
une °**sortie** outing; date
°**sortir** to go out, to leave; **sortir de** to escape from
un °**souci** worry, concern, care
se **soucier de** to worry about
soucieux (*f* **soucieuse**) **de** concerned with
le **souffle** breath, wind; **à bout de souffle** out of breath
°**souffler** to blow
la **souffrance** suffering
°**souffrir** to suffer
souhaitable desirable
°**souhaiter** to desire
soulager to alleviate
souligner to underline, to underscore
°**soumettre** to submit
soumis submissive
une °**soupe** soup
°**souple** supple, flexible
une °**source** source; **les sources** headwaters
un °**sourd** deaf man
°**sourire** to smile
un °**sourire** smile

°**sous** under
une **sous-classe** subclasse
sous-développé under-developed
°**soutenir** to support, to uphold; to sustain
soutenu sustained; **une étude soutenue** constant study
le **soutien de famille** family breadwinner
un **souvenir** souvenir; memory
se °**souvenir de** to remember
°**souvent** often
la **souveraineté** sovereignty
soviétique soviet
soyez *imperative 2nd pl of* **être**
spatial (*pl* **spatiaux**) spatial, happening or existing in space
un **speaker** (**une speakerine**) radio or TV announcer
°**spécial** special
spécialisé specialized
spécialiser to specialize; **se spécialiser** to become specialized
une **spécialité** specialty
spécifique specific
un °**spectacle** show
spectaculaire spectacular
un °**spectateur** spectator
spirituel (*f* **spirituelle**) spiritual; witty, humorous
spontané spontaneous
un °**sport** sport; **du sport** sports; **faire du sport** to engage in sports
°**sportif** (*f* **sportive**) athletic; sporting
un °**sportif** player (of a sport)
une **stabilité** stability
stable stable
la **stagnation** stagnation
un **statisticien** statistician
une **statistique** statistics
le °**stationnement** parking
une °**statue** statue
le **statut** status
stérile sterile
stimuler to stimulate
stipuler to stipulate
stratégique strategic, of strategy
la **stérilisation** sterilization
strictement strictly
une °**structure** structure
stupide stupid, dumb
la **stupidité** stupidity
le °**style** style
se **styliser** to become stylized
su *past participle of* **savoir**
subalterne subordinate
°**subir** to undergo; **subir des pertes** to suffer losses; **subir l'influence de** to come under the influence of
subit sudden
le **subjonctif** subjunctive
le **sublime** sublime
subsister to subsist, to continue to exist
substituer to substitute
subtil subtle
subvenir: subvenir aux besoins de to provide for the needs of
une **subvention** subsidy
subventionné subsidized
°**succéder** (**à**) to succeed, to follow (after)
se **succéder** to follow each other
un °**succès** success; **connaître du succès** to experience success, to be popular, to be successful
un **successeur** successor
une **succursale** branch office
du **sucre** sugar
le °**sud** south
sud-américain South American
le **sud-est** southeast
suffisamment sufficiently
°**suffisant** sufficient
une **suffragette** suffragette
suggérer to suggest
le **suicide** suicide
suisse Swiss
un **Suisse** Swiss person
la **Suisse** Switzerland
la °**suite** following; **à la suite de** following, as a result of; **avoir une suite** to have an aftereffect; **par la suite** subsequently
°**suivant** following
°**suivre** to follow, to come after
un °**sujet** subject; **être sujet à** to be subject to
une **superficie** area
superficiel (*f* **superficielle**) superficial
°**supérieur** higher, superior
supérieurement highly, extremely
la **supériorité** superiority
un **supermarché** supermarket
se **superposer** to coincide, to match
supersonique supersonic
°**supplémentaire** additional
supportable bearable
la **suppression** doing away with; suppression
°**supprimer** to suppress, to do away with
la **supranationalité** supranationality
la **suprématie** supremacy
°**sur** on, about; **un sur cinq** one out of five
une **surboum** (student slang) party

une **surcompensation** overcompensation
surprenant surprising
°**surprendre** to surprise, to take by surprise
une **surprise-partie** informal party
le **surréalisme** surrealism
°**surtout** predominantly, especially
la **surveillance** supervision
°**surveiller** to survey, to watch over
survécu *past participle of* **survivre**
la **survie** survival
survivre to survive
susciter to arouse, to elicit
un **symbole** symbol
symboliser to symbolize
la **symétrie** symmetry
sympa nice (student slang for **sympathique**)
une **symphonie** symphony
symptomatique symptomatic
un **synonyme** synonym
la **syntaxe** syntax (grammar)
la **synthèse** synthesis
synthétique synthetic, artificial
la **Syrie** Syria
systématique systematic
un °**système** system; regime; **le système D** = **le système débrouillardise** system of always managing with available resources

T

une °**table** table; **la table** food
un °**tableau** painting; blackboard
une **tablette** bar, tablet
un °**tablier** apron; smock
une °**tâche** task, job; **se mettre à la tâche** to get to work
le **tact** tact
la **tactique** strategy
la °**taille** figure
le °**talent** talent
°**tant pis** too bad
une °**tante** aunt
tapageur (*f* **tapageuse**) loud, flashy, showy
la **tapisserie** tapestry
le **tapissier** tapestry maker
°**tard** late; °**plus tard** later
une °**tasse** cup
tandis que whereas
tantôt sometimes
les **taudis** (*m*) slums
un **technicien** technician
°**technique** technical
la °**technique** technique; technical jobs
technologique technological
tel (*f* **telle**) such
le °**téléphone** phone
un **téléscope** telescope
un **téléspectateur** (television) viewer
téléviser to televise
une °**télévision** television set; **la télévision** television
témoigner to witness, to provide evidence for
un °**témoin** witness; mark, sign
un **tempérament** temperament
un **temple** temple
tempéré temperate
une °**tempête** storm
temporaire temporary
temporairement temporarily
le °**temps** time, tense; weather
une °**tendance** tendancy
°**tendre** (**à**) to tend (to)
°**tendre** tender
la °**tendresse** tenderness
°**tenir** to hold, to keep
du **tennis** tennis
un **tentateur** (**une tentatrice**) temptor
une °**tente** tent
°**tenter** to tempt
un °**terme** term
°**terminer** to terminate, to come to an end, to finish; °**se terminer** to end in
se **ternir** to become tarnished, to lose its shine
le °**terrain** terrain, land; area; **un terrain de camping** campground
la °**terre** land; piece of land; earth; **terre à terre** down to earth, materialistic
un °**territoire** territory
le **terroir** wine-producing area
un **testament** testament
une °**tête** head; **à tête de** with the head of a
le **Texas** Texas
un °**texte** text, reading
le °**textile** textile
du °**thé** tea
le °**théâtre** theater
un **thème** theme
un **théoricien** theoretician
une °**théorie** theory
théoriquement theoretically
une **thèse** thesis
un °**tiers** third; **le Tiers Monde** Third World
un **tigre** tiger
la **timidité** timidity
un **tirage** edition, printing; **à grand tirage** with a large circulation

°**tirer** to draw; to pull out, to shoot; **tirer un avantage de** to get an advantage out of; **tirer parti de** to take advantage of; **tirer d'affaire** to get along, to manage
un **tiret** dash
le °**tissu** cloth
un °**titre** title, honorary title; **au même titre que** for the same reason; in the same capacity as; **à ce titre** in this respect
un **titulaire** recipient, holder
un °**toit** roof; **un toit en pente** sloping roof
la **tolérance** tolerance
tolérant tolerant
°**tomber** to fall; **tomber malade** to get sick
un °**ton** tone
tonifiant invigorating
le **Tonkin** Tonkin (now northern part of Vietnam)
la **topologie** topology
un °**torrent** rapid stream
la **torpeur** torpor
un °**tort** wrong; **à tort** wrongly (so); **à tort ou à raison** right or wrong
°**tôt** soon; early
°**total** (*pl* **totaux**) total
°**toucher** to touch; **toucher un salaire** to be paid a salary
°**toujours** always
la **Touraine** Touraine (a province in central-western France)
tourangeau (*f* **tourangelle**) of Touraine, of Tours
une **tourelle** small tower, turret
le °**tourisme** tourism
un °**touriste** tourist
touristique touristic
°**tourner** to turn; **tourner en ridicule** to ridicule, to make fun of; **se tourner (vers)** to turn (to)
°**tout** quite, very; °**tout à fait** quite; completely
°**tout** all; **tout à l'heure** in a (little) while; °**tout de suite** at once, right away, immediately; **tout en restant** although remaining; **tous les cinq ans** every five years
°**toutefois** however, nevertheless
tracer to trace, to draw
un °**tracteur** tractor
une °**tradition** tradition
traditionnel (*f* **traditionnelle**) traditional
traditionnellement traditionally
traduire to translate; to express; **se traduire par** to find expression in
une **traduction** translation
°**tragique** tragic
un °**train** train; °**être en train de** to be in the process of
la **traîne: à la traîne** at the tail end
un °**trait** trait, characteristic
un °**traité** treaty, treatise
traiter to treat
la **tranquillité** calm, tranquillity
la **transcendance** transcendence, transcendency
°**transformer** to transform; °**se transformer** to change, to become transformed
transgresser to break (a law)
une **transition** transition
transmettre to transmit; **se transmettre** to be transmitted
la **transmission** transmission
le °**transport** transportation; **les transports** transportation
transposer to transpose
traumatiser to traumatize
un **traumatisme** traumatism, nightmares
le °**travail** work
°**travailler** to work
un °**travailleur** (**une travailleuse**) worker
travers: °**à travers** throughout, across; **à travers le monde** around the world
le **tremblement** trembling
°**trembler** to tremble
trépidant bustling, very busy
°**très** very
tribal (*pl* **tribaux**) tribal
le °**tribunal** court; **le Tribunal d'Enfants** Children's Court
trier to sort
trilingue trilingual, speaking three languages
un **triomphe** triumph, victory
trivial trite, vulgar; trivial
°**troisième** third; **la Troisième République** Third Republic (1871–1940)
le **trône** throne
°**trop** too, too much; °**trop de** too much, too many
un **trophée** sculpted coat of arms
°**troublé** troubled
une °**troupe** troop
°**trouver** to find; °**se trouver** to be, to be located, to be situated
°**tuer** to kill
la **tuerie** slaughter, killing
une °**tuile** tile
tumultueux (*f* **tumultueuse**) tumultuous

la **Tunisie** Tunisia
la **tutelle** tutelage; guardianship
°**type** typical
un °**type** type; (slang) guy
typique typical
la **tyrannie** tyranny
tyrannique tyrannical

U

unificateur (*f* **unificatrice**) unifying
un **uniforme** uniform
l' **uniformité** (*f*) uniformity, sameness
une **union** union; marriage; **l'Union Soviétique** Soviet Union
°**unique** sole, unique
unir to unite
une °**unité** unit; unity
l' **universalité** (*f*) universality
universel (*f* **universelle**) universal
universitaire university, of the university
les **universitaires** (*m*) university professors
une °**université** university
l' **urbanisation** (*f*) urbanization
l' **urbanisme** (*m*) urbanism
un °**usage** usage, use; **le bon usage** proper usage (of grammar)
une °**usine** factory
°**utile** useful
°**utiliser** to use
utilitaire utilitarian
l' °**utilité** (*f*) usefulness
utopique utopian

V

des °**vacances** (*f*) vacation; **les grandes vacances** summer vacation; **en vacances** on vacation
un **vacancier** vacationer
un °**vaccin** vaccine
la **vaccination** vaccination
une °**vache** cow
°**vaincre** to win
un °**vainqueur** winner
la °**vaisselle** dishes
valable of value, worthwhile; valid
la °**valeur** value; **de valeur** worthy, valuable
une °**valise** suitcase; **faire une valise** to pack a suitcase
une °**vallée** valley
°**valoir** to be worth
valu *past participle of* **valoir; valoir à** to win for
variable variable
une **variante** variant, alternate form
°**varié** varied
°**varier** (**avec**) to vary (according to)
une °**variété** variation; kind, species; variety
°**vaste** vast
vaudra *future 3rd sg of* **valoir; elle en vaudra mieux** it will be worth even more
°**vaut** *present tense 3rd sg of* **valoir; il vaut mieux** it's better to
vécu *past participle of* **vivre; la société vécue** present-day society
la °**veille** the night before, the day before
°**veiller à** to watch over
un °**vélo** bicycle
°**vendre** to sell
°**vendredi** (*m*) Friday
la **vénération** veneration
vénérer to venerate
°**venir** to come; °**venir de** to have just
le °**vent** wind; **il fait du vent** it's windy
la °**vente** sale; **un acte de vente** bill of sale
un °**verbe** verb
°**véritable** veritable, real
la °**vérité** truth
un **vernis** varnish, polish, gloss
le °**verre** glass
le **verrier** maker of stained glass
°**vers** toward; about, around (a time)
le °**vert** green
une °**vertu** virtue
un **vestige** vestige, remains
des °**vêtements** (*m*) clothing
un **vétérinaire** veterinarian
vétuste old, decrepit
le **vice** vice
une °**victime** victim
une °**victoire** victory
victorieusement victoriously
°**vide** empty
°**vider** to empty; **se vider** to become empty
la °**vie** life; **gagner sa vie** to earn a living
°**vieille** see **vieux**
vieillir to become obsolete; to grow old
une **vierge** virgin; **les Iles Vierges** Virgin Islands
le **Viet-Nam** Vietnam
vietnamien (*f* **vietnamienne**) Vietnamese
°**vieux** (**vieil,** *f* **vieille,** *pl* **vieux**) old
un **vieux** an older person
la **vigne** vine, vinyard
un **vigneron** wine-grower
un **vignoble** vinyard
la **vigueur** vigor; **en vigueur** in power; **reprendre vigueur** to regain strength
la °**villa** country house, villa

un °**village** village
la °**ville** city, town; **une ville-satellite** satellite city, a city which depends economically on another city
du °**vin** wine; **du vin ordinaire** table wine; **du vin fin** vintage wine; **du vin doux** sweet wine
°**vingt** twenty
vinrent *passé simple 3rd pl of* **venir**
la **virtuosité** virtuosity
un °**visage** face, countenance
vis-à-vis de with respect to; vis-à-vis
°**violent** violent
la **visibilité** visibility
visible visible, noticeable
un **visiteur** visitor
la **vitalité** vitality
vit *present tense 3rd sg of* **vivre**
vit *passé simple 3rd sg of* **voir**
une °**vitesse** speed
viticole wine-producing
un **viticulteur** wine grower, wine producer
un **vitrail** (**des vitraux**) stained glass
la **vivacité** vivacity
°**vivant** alive; **de son vivant** while alive
°**vivre** to live
un °**vocabulaire** vocabulary
une **vocation** vocation
de la **vodka** vodka
la **vogue** style, fashion; **en vogue** in fashion
°**voici** here is, here are
la °**voie** way, track; **en voie de** on the way to, on the road to
°**voilà** there is, there are; **voilà dix ans que** for ten years
°**voir** to see
°**voisin** neighboring
un °**voisin** (**une voisine**) neighbor
une °**voiture** car; **une voiture à essence** car with an internal combustion engine; **une pleine voiture** a carful
°**voler** to fly; to steal
un °**volet** shutter
volontaire strong-willed
°**volontiers** freely, willingly, gladly
un °**volume** volume, book
les **Vosges** (*f*) Vosges mountains in Eastern France
un **votant** voter, one who has voted
le °**vote** vote
°**voter** to vote
le °**vôtre** yours
°**vouloir** to want, to wish; **vouloir bien** to be willing; **vouloir dire** to mean; **en vouloir à** to bear a grudge against, to be angry with
un **Vouvrillon** (**une Vouvrillonne**) native of Vouvray
un °**voyage** trip
°**voyager** to travel, to voyage
un °**voyageur** (**une voyageuse**) traveler
°**vrai** true, real
°**vraiment** truly, really
une **vue** view; **un point de vue** point of view, viewpoint; **à première vue** at first sight
la **vulnérabilité** vulnerability
vulnérable vulnerable

W

le **Wyoming** Wyoming

X

la **xénophobie** xenophobia, dislike of foreigners

Y

°**y** there; °**il y a** there is, there are; **il y a dix ans** ten years ago
le **yaourt** yogurt
les °**yeux** (*m*) eyes

Z

un **zoologiste** zoologist
une °**zone** zone

Illustration Acknowledgments

Part One

Pages xvi, 1: Robin Forbes.

Chapter 2 PAGE 18: Musée National du Château de Versailles; Photographie Bulloz. (Detail, Van der Meulen, *The Entry of Louis XIV and Maria Theresa into Arras.*)

PAGE 19: *Right margin, top:* Photographie Bulloz. *Right margin, center:* Château de Ferney-Voltaire; Photographie Bulloz. *Right margin, bottom:* Musée de Saint-Quentin; Photographie Bulloz. *Bottom of page:* Bibliothèque Nationale. (Fourth frame, *Tableaux Memorables,* woodcut printed in Orléans in 1791.)

PAGE 20: Musée du Louvre; Photographie Bulloz. (Gros: *Bonaparte at the Arcole Bridge.*)

PAGE 21: *Top:* Gernsheim Collection, Humanities Research Center, University of Texas at Austin. Bottom: UPI.

PAGE 24: UPI.

Chapter 3 PAGE 37: Claude del Boca, Rapho-Guillumette Pictures.

PAGE 38: *Left:* Robert Doisneau, Rapho-Guillumette Pictures. *Right:* Frances Bannett, DPI.

PAGE 39: French Embassy, Press and Information Division.

Chapter 4 PAGE 50: Harbrace photo.

PAGES 51, 64: Robert Doisneau, Rapho-Guillumette Pictures.

Chapter 5 PAGE 65: Michèle da Silva, Pictorial Parade.

PAGE 68: Hélène Adant, Paris.

Part Two

PAGES 78, 79: Almasy, Neuilly, France.

Chapter 6 PAGE 80: Sherwood Films.

PAGE 81: *Left:* Canadian Government Travel Bureau. *Right:* Marc and Evelyne Bernheim, Rapho-Guillumette Pictures.

PAGE 82: Pictorial Parade.

Chapter 7 PAGE 97: Marc Riboud, Magnum.

PAGE 98: Monroe Pinckard, Rapho-Guillumette Pictures.

PAGE 99: *Top:* French Embassy, Press and Information Division. *Bottom:* French Government Tourist Office.

PAGE 100: Harbrace photo.

Chapter 8 PAGE 113: UPI.

PAGE 114: *Top:* French Embassy, Press and Information Division. *Bottom:* Musée Condé, Chantilly; Photographie Bulloz. (Detail, Geoffroy Tory (?): *Francis I Listening to a Reading of Diodorus of Sicily.*)

PAGE 115: French Government Tourist Office.

PAGE 117: *Left:* France Actuelle. *Right:* French Government Tourist Office.

Chapter 9 PAGE 130: Photo J. Germain, Tours, France.

Chapter 10 PAGE 142: Reprinted from the book *Great Rivers of Europe,* © 1966 by George Weidenfeld and Nicolson Ltd., London.

PAGE 143: Cabinet des Estampes, Bibliothèque Nationale.

PAGE 144: Collection Kees Van Dongen, Paris.
PAGE 145: Serge de Sazo, Rapho-Guillumette Pictures.

Part Three

PAGES 156, 157: Pictorial Parade.

Chapter 11 PAGE 159: J. H. Lartigue, Rapho-Guillumette Pictures.
PAGE 160: Janine Niepce, Rapho-Guillumette Pictures.
PAGE 161: Marc Riboud, Magnum.

Chapter 12 PAGE 175: Bibliothèque Nationale.
PAGE 176: Cossira Collection.
PAGE 179: Janine Niepce, Rapho-Guillumette Pictures.

Chapter 13 PAGE 192: Monroe Pinckard, Rapho-Guillumette Pictures.
PAGE 193: Frances Bannett, DPI.
PAGE 194: Henri Cartier-Bresson, Magnum.

Chapter 14 PAGE 204: Bruno Barbey, Magnum.
PAGE 206: © Tourdjmann, Réalités.
PAGE 214: Courtesy of Janus Films. Photo from the Film Stills Archive of The Museum of Modern Art, New York.
PAGE 217: French Embassy, Press and Information Division.

Chapter 15 PAGE 219: Laurence Brun, Rapho-Guillumette Pictures.
PAGE 220: *Margin, top:* The Granger Collection.
PAGE 222: French Embassy, Press and Information Division.

Part Four

PAGES 232, 233: Alain Dejean, Gamma, New York.

Chapter 16 PAGE 236: UPI.
PAGE 238: Paul Pougnet, Rapho-Guillumette Pictures.
PAGE 239: France Actuelle.

Chapter 17 PAGE 250: J. Pavlovsky, Rapho-Guillumette Pictures.
PAGE 253: Bruno Barbey, Magnum.
PAGE 255: French Embassy, Press and Information Division.

Chapter 18 PAGE 266: UPI.
PAGE 268: French Embassy, Press and Information Division.
PAGE 269: Wide World Photos.
PAGE 270: UPI.

Chapter 19 PAGES 281, 282: Henri Cartier-Bresson, Magnum.
PAGE 283: Sabine Weiss, Rapho-Guillumette Pictures.
PAGE 284: *Top:* Courtesy of Mr. and Mrs. Bernard de Malglaive, *Bottom:* Courtesy of Mr. and Mrs. Vincent J. Lacour.

Chapter 20 PAGE 300: Pictorial Parade.
PAGE 301: Kay Lawson, Rapho-Guillumette Pictures.
PAGE 302: Georg Gerster, Rapho-Guillumette Pictures.
PAGE 303: Picture Collection, The New York Public Library, Astor, Lenox, and Tilden Foundations.
PAGE 313: UPI.

Index

3
B 4
C 5
D 6
E 7
F 8
G 9
H 0
I 1
J 2